C·H·Beck
PAPERBACK

Markus Frenzel

ChinaLeaks

Pekings geheimes Netzwerk in Deutschland

C.H.Beck

Originalausgabe

www.chbeck.de
Umschlaggestaltung: geviert.com, Nastassja Abel
Umschlagabbildung: © shutterstock / Vladimir Ovchinnkov
Satz: C.H.Beck.Media.Solutions, Nördlingen
Druck und Bindung: CPI – Ebner & Spiegel, Ulm
Printed in Germany
ISBN 978 3 406 82308 4

verantwortungsbewusst produziert
www.chbeck.de/nachhaltig

Inhalt

PROLOG

«Sie werden Ihres Lebens nicht mehr froh!»

Auf einmal stand der Mann mitten in ihrem Büro. Sie hatte ihn nicht eintreten sehen und eigentlich auch niemanden mehr erwartet. Eigenartigerweise hatte auch der Empfang den Besucher nicht gemeldet. Der Mann zückte seinen Dienstausweis. Verfassungsschutz? Die ältere Frau starrte den Fremden an und begann zu zittern. Was konnte der Inlandsgeheimdienst nur von ihr wollen? Sie lebte schon lange in dem Ort in Süddeutschland, verrichtete pflichtbewusst ihre Arbeit im örtlichen Stadtmuseum, führte ein braves bürgerliches Leben. Nichts Aufregendes, deutscher Alltag. Auch hatte sie weder Kontakte zu extremistischen Zirkeln noch zu den Vertretern fragwürdiger Diktaturen am anderen Ende der Welt. «Es geht um Ihren Sohn», sagte der Mann sofort, «aber Sie brauchen keine Angst haben.» Dann überlegte er kurz: «Zumindest noch nicht.»[1]

Über die Mutter hoffte der Spitzel unauffälliger in Kontakt mit dem Sohn treten zu können – eine richtige Annahme. Bald darauf kam es zu einem Treffen in einer europäischen Hauptstadt. Ein Agent des Dienstes, Abteilung Gegenspionage, verabredete sich mit dem jungen Mann in einem Café. Um ihn zu schützen, nennen wir ihn Lutz Heppner. «Sie haben nichts Illegales getan», versicherte der Geheimdienstmitarbeiter gleich zu Beginn des Treffens, «aber ich würde mich gerne mit Ihnen unterhalten.» Dann kam der Mitarbeiter des Verfassungsschutzes sofort zur Sache. «Die Chinesen interessieren sich für Sie.» Für Heppner kam diese Erkenntnis nicht überraschend, das hatte er selbst schon festgestellt. Und ungewöhnlich schien ihm das auch nicht, immerhin hatte er Sinologie studiert. Während der Zeit an der Uni, insgesamt vier Jahre, lebte er mehr in Peking als in der deutschen Stadt, in der er eingeschrieben war. Und jetzt promovierte er mit einer Dissertation zu dem Land der Mitte, arbeitete für eine kleine Organisation zu China, organisierte Fachkonferenzen, schrieb Forschungspapiere und kam regelmäßig mit anderen Experten zusammen. Da wäre es bedenklicher gewesen, wenn sich die Chinesen nicht für ihn interessiert hätten. Erst kürzlich hatte ihn auf einem Abendempfang bei einem Glas Sekt ein Vertreter der chinesischen Nachrichtenagentur *Xinhua* angesprochen. Der Mann war überrascht, wie gut Heppner Chinesisch sprach. Er befragte ihn zu seinem Promotionsthema, zeigte sich beeindruckt von dem profunden Wissen, das Heppner über China besaß. Irgendwann schlug er dem Deutschen vor, dass er für *Xinhua* einmal einen Text schreiben könnte. Ungefähr drei Seiten. Dafür würden sie zwischen 700 und 1000 Euro zahlen. Für den Promotionsstudenten schien das Angebot nicht übertrieben hoch. Er wolle es sich überlegen, antwortete er. Gerade hatte Heppner seine Dissertation abgegeben, wartete noch auf das Ergebnis. Der Job, den er machte, war sicher nur eine Notlösung. Mal sehen, was da noch so kommen sollte. Das Treffen war erst einige Tage her.

«Im vergangenen Monat haben wir 35 Anwerbeversuche von chinesischen Diensten bei Ihnen festgestellt», sagte der Mitarbeiter des Verfassungsschutzes in dem Café. Es erwischte Lutz Heppner wie ein Schlag in die Magengrube.

Phase 1 – Köder

35 Versuche? In einem Monat? «Das ging schon weit über das hinaus, was ich erwartet hatte», erinnert sich Heppner heute an das Treffen mit dem Geheimagenten. Zum ersten Mal überhaupt erzählt er seine Geschichte für dieses Buch in der Öffentlichkeit. Dass der Vertreter von *Xinhua* eventuell ein chinesischer Spion sein könnte, hatte er selbst schon vermutet. Immerhin untersteht die Nachrichtenagentur direkt der Propagandaabteilung und diese wiede-

rum dem Zentralkomitee der Kommunistischen Partei Chinas (KPCh) und hat mit unabhängigem Journalismus in etwa so viel zu tun wie der Werbeprospekt einer Möbelhauskette. Deswegen hatte er sich auch nicht zurückgemeldet. Aber wer waren die anderen? Der Mann vom Verfassungsschutz zog eine Liste heraus und legte sie dem Sinologen vor. Akribisch waren darauf Namen, Orte und Zeitpunkte vermerkt. Konzentriert sah der Wissenschaftler die Liste vor sich auf dem Tisch durch. Alles stimmte, Heppner war verblüfft. Aufgelistet waren auch mehrere Personen, die über Internet-Plattformen Kontakt mit ihm aufnehmen wollten. Ein Anwerbeversuch zum Beispiel einige Wochen zuvor über das Karrierenetzwerk LinkedIn. Heppner erinnerte sich vage, dass er die Anfrage gesehen, aber nicht reagiert hatte. Der Mann war also ein chinesischer Geheimagent. Erst viel später verstand der Wissenschaftler, welch großen Aufwand Peking betreibt, um neue Zuträger in der ganzen Welt zu rekrutieren. So sammelt das Regime planmäßig alles, was es über Zielpersonen in die Hände bekommen kann, egal ob auf legalem oder illegalem Wege. Wissenschaftliche Veröffentlichungen, persönliche Homepages oder Angaben in Karrierenetzwerken wie LinkedIn oder Xing werden akribisch ausgewertet. Das private Umfeld wird ausgekundschaftet, Familie, Freunde, Partner. Profihacker saugen im Auftrag der Partei aber auch vertrauliche Personaldatenbanken, Arztkarteien oder E-Mail-Konten ab. Wenn es eine Person wert erscheint, dann betreiben die chinesischen Dienste einen immensen Aufwand. Sie erstellen umfangreiche Psychogramme des jeweils Betroffenen, skizzieren darin die Karriereschritte, persönliche und berufliche Interessen.

«Investigation und Nachforschungen sind zentraler Bestandteil der Verknüpfungsarbeit», schreiben Mark Stokes und Russel Hsiao.[2] Schon vor mehr als zehn Jahren haben der einstige Offizier der US-Luftwaffe und der amerikanische Politikwissenschaftler die Taktik der chinesischen Führung seziert, westliche Gesellschaften zu unterwandern, nur hat ihnen da noch kaum jemand zugehört. Speziell haben sie die Arbeitsweise der Abteilung für politische Arbeit der Zentralen Militärkommission untersucht, die wie die gesamten chinesischen Streitkräfte der Kommunistischen Partei untersteht. So würden im Ausland «psychologische Beurteilungen der führenden Figuren der Elite» erstellt, in denen das «kulturelle Niveau, die persönliche Motivation, Wertvorstellungen, politische Orientierung und Parteizugehörigkeit, der soziale Status» der Zielpersonen akribisch aufgelistet werden. Stokes und Hsiao haben intime Kenntnisse über den Machtapparat in Peking, waren teils eingesetzt in Geheimoperationen der US-Dienste. Bei ihren Forschungen stützten sich die beiden zudem auf Studien der regimenahen National Defense University in Peking. «Investigation und Nachforschung», schreiben die Insider weiter, «sind die Grundlage, um die operationelle Effizienz einer politischen Kriegsführungskampagne feststellen zu können.» Denn was kaum jemandem bewusst ist: Die Volksrepublik China sieht sich schon länger in einem Krieg mit der westlichen Welt. Vorerst einem informellen Krieg. In diesem Krieg geht es darum, die Deutungshoheit zu gewinnen und die politische Erzählung der anderen Seite zu diskreditieren. Weil sie verstanden haben, wie wichtig diese Auseinandersetzung auch für ihr eigenes Überleben ist, wenden die Machthaber in Peking dafür erhebliche Mittel auf. «Die KPCh verfolgt ein ambitioniertes, gut geplantes Programm zur weltweiten Einflussnahme und Einmischung», schreiben die China-Experten Clive Hamilton und Mareike Ohlberg, «und kann gewaltige wirtschaftliche und technologische Ressourcen einsetzen, um ihre Vorhaben zu verwirklichen.»[3] Am Anfang steht eine Aufteilung der Menschen in Freund- und Feind-Kategorien. Zwischen beiden gibt es noch eine «Grauzone» mit Personen, die noch nicht auf der Seite des Regimes stehen, aber möglicherweise überzeugt werden können. Interessant sind für die chinesischen Dienste nur die «Freunde» und in eingeschränkterem Maße die Personen in der «Grauzone». Wenn jemand als möglicher Zuträger ausgemacht wurde, dann beginnen die Bemühungen.

Auch bei dem Sinologen Heppner ist davon auszugehen, dass die chinesische Seite seine Person bereits vor dem ersten Kontakt komplett durchgescannt hatte. Wahrscheinlich hatten sie ihn im Graubereich eingeordnet. Rückblickend sagt er heute, dass er die

Dimension der chinesischen Unterwanderung unterschätzt habe. Vor allem habe er nicht begriffen, wie ernst es dem kommunistischen Regime ist, Zugänge in die höchsten Etagen der westlichen Gesellschaften zu bekommen, um dann von dort Politik und Wirtschaft zu unterwandern und zu beeinflussen. «Der Kontakt mit *Xinhua* war typisch für die Chinesen», sagt Lutz Heppner. «Die suchen sich Leute aus, die später einmal einflussreich sein könnten.» Bei ihm lagen die Agenten aus Fernost ziemlich richtig. Heute gehört der Deutsche zu den einflussreichsten China-Experten in der westlichen Welt. Er hat Zugang zu mächtigen Politikern, geht in Ministerien ein und aus. Sein Wort hat Gewicht, wenn es um die Bewertung und die Reaktion auf chinesische Politik geht. Dass der junge Student es einmal so weit bringen könnte, hatten die Chinesen vor Jahren bereits vorausgeahnt. Wenn er heute an das mysteriöse Treffen mit dem Agenten von *Xinhua* zurückdenkt, dann weiß Heppner, dass der Anwerbeversuch, die Schmeicheleien und das Geldangebot bei dem Empfang noch harmlos waren im Vergleich zu dem, was die chinesischen Dienste noch in ihrem Werkzeugkasten haben. «Das war nur Phase 1», weiß er aus eigener Erfahrung.

Phase 2 – Drohung

Nach dem Treffen mit dem Verfassungsschutz fühlte sich der Sinologe bei der Arbeit und in der Stadt, in der er erst kurze Zeit wohnte, ständig beobachtet und vermutete überall chinesische Spione. Entsprechend hatte er seinen Job bei der Organisation gekündigt und war in ein anderes Land gezogen, tiefste europäische Provinz, wieder viele Hundert Kilometer von seiner süddeutschen Heimat entfernt. Es war im Herbst 2019, gerade kochte in Hongkong der Protest der Studenten hoch. Fast jeder dritte Bewohner ging auf die Straße, insgesamt ca. zwei Millionen Menschen. Allein an einem Tag reihten sich 200 000 Demonstranten in einer Menschenkette durch die südchinesische Metropole. Es waren beeindruckende Bilder, die allabendlich in den Fernsehnachrichten liefen. Und bittere Bilder zugleich. Bei den Protesten handelte es sich um ein letztes großes Aufbegehren gegen die Gleichschaltungspolitik der Kommunisten in Hongkong, die immer offener zeigten, dass sie von dem Prinzip «Ein Land, zwei Systeme» nicht viel hielten und auch nicht bereit waren, ihre Zusagen auf eine demokratische Zukunft der Stadt einzuhalten. Und die Bereitschaft zum Kompromiss wurde immer geringer, je lauter der Widerstand wurde. Die Demonstrationen in Hongkong gehörten zu den größten Widerstandsbewegungen im Machtbereich der Kommunistischen Partei in den vergangenen Jahren, entsprechend brutal reagierte das Regime.

Lutz Heppner hatte sich eigentlich auf die Ruhe gefreut, die er sich vom Umzug und vom Jobwechsel erwartete. Doch die Massenproteste in Hongkong machten ihm einen Strich durch die Rechnung. In dem neuen Land gab es nicht viele China-Experten, entsprechend schnell kamen die Journalisten auf ihn zu, und der Wissenschaftler wurde zu einem Dauergast in den Fernsehnachrichten und Zeitungen. Auslöser für die Proteste war ein geplantes Gesetz gewesen, das es erlauben sollte, Häftlinge an die Volksrepublik China auszuliefern. Die Demokratiebewegung befürchtete einen gezielten Vorstoß, um gegen Kritiker vorgehen zu können. Lutz Heppner konnte die Ängste der Protestierenden nachvollziehen, was er in seinen Interviews auch immer wieder äußerte. Das Thema ließ ihn nicht mehr los. Schließlich plante der Sinologe, auch wissenschaftlich tiefer in das soziologisch-politische Phänomen einzutauchen, dazu zu forschen und eine Online-Konferenz zu organisieren, zu der Joshua Wong, das Gesicht der Massenproteste in Hongkong, zugeschaltet werden sollte. Von der Veranstaltung, die einige Wochen später stattfinden sollte, bekam die chinesische Botschaft Wind und reagierte prompt. Der Erste Sekretär der Auslandsvertretung meldete sich auf einmal bei Heppner. «Er war sehr unfreundlich», erinnert sich der China-Experte, «auch wenn es zuerst keine direkten Drohungen gab.» Allerdings war der Ton von Beginn an erschreckend, der chinesische Gesandte schrie den deutschen Wissenschaftler am Telefon minutenlang an. Was ihm einfalle, einen Separatisten einzuladen. Joshua Wong verletze die Souveränität Chinas. Und das stelle ein schweres Verbrechen dar. Wenn er Wong ein Podium biete, dann verletzte auch er, Heppner, die Souveränität Chinas. Von der Wucht der Vorwürfe war der Wissenschaftler überrascht, aber sie zeigte ihm, wie das Regime auch international eine immer härtere Gangart einschlug. Und hinter allem, war sich Heppner sicher, musste der Botschafter stecken. «Das war so ein Wolfskrieger-Diplomat», sagt der Sinologe heute.

Als «Wolfskrieger» werden in China Personen bezeichnet, die sich ultranationalistisch geben und absolut loyal zum kommunistischen Regime stehen. Der Begriff geht auf eine chinesische Fernsehserie zurück, in der sich ein Superheld à la Rambo durch die Reihen seiner Feinde ballert und am Ende im Alleingang für die Volksrepublik den Sieg erringt. In der Realität schießen die «Wolfskrieger» jedoch nicht mit Kugeln, sondern mit Worten. Prototyp eines solchen Kämpfers neuen Stils ist Zhao Lijian. Der Diplomat war bis vor Kurzem noch Sprecher des chinesischen Außenministeriums. Seinen steilen Aufstieg im Apparat hat er seiner scharfen Zunge zu verdanken. Noch als junger Mitarbeiter in der Botschaft in Pakistan legte er den Grundstein für seine eigene PR-Maschine im Dienst des Regimes, indem er regelmäßig alles und jeden über Twitter und andere chinesische Chat-Dienste kommentierte und im Sinne der KPCh einordnete. Seine Tweets waren so erfolgreich, dass er sich eine riesige Fangemeinde aufbaute und eine beachtliche Karriere im diplomatischen Dienst hinlegte. Schon der Weggang aus der Botschaft in Islamabad war der *South China Morning Post* einen Artikel wert, was bemerkenswert ist, immerhin war Zhao nur die Nummer zwei. Für seinen «Krieg der Worte» sei der Mann bestens bekannt, schrieb die Journalistin.[4] Große Popularität erlangte Zhao in China, als er sich sogar mit der nationalen Sicherheitsberaterin der USA anlegte. «Wer in Washington, D. C. ist, der weiß genau, dass die Weißen nie in die südwestliche Ecke der Stadt gehen», hatte er völlig undiplomatisch geschrieben, «weil das nur eine Gegend für Schwarze und Latinos ist.» Susan Rice hatte Zhao daraufhin eine «rassistische Schande» genannt und «schockierend unwissend». Der Chinese gab die Beschimpfung umgehend zurück. Als B-Apparatschik profitierte er jedoch massiv von der überraschenden Aufmerksamkeit, machte die Methode fortan zu seinem Markenzeichen und stieg kurz danach zum Sprecher des Außenministeriums in Peking auf, von wo seine Karriere weiter steil nach oben führte. Inzwischen hat Zhao 1,9 Millionen Follower bei X und gilt als Vorbild für eine ganze Generation junger Diplomaten, die ihm nacheifern. Sie hetzen gegen ihre Gastländer, egal ob in Singapur, dem Iran oder Kasachstan, und verbreiten eine aggressive, schöngefärbte Propagandaerzählung der Volksrepublik China. Mit einem solchen «Wolfskrieger» hatte es nun auch Lutz Heppner zu tun bekommen.

Zum zweiten Mal war der Sinologe ins Visier des chinesischen Machtapparats geraten. Ihm war klar, dass er sich nun entscheiden musste, wie er sich in Zukunft gegenüber dem chinesischen Regime verhalten wollte. Von seinen zukünftigen Veröffentlichungen zu China würden der Kommunistischen Partei mit hoher Wahrscheinlichkeit nur wenige gefallen. Und für einen Sinologen wären die Konsequenzen eines Staatsboykotts dramatisch – höchstwahrscheinlich kein Visum mehr, auch zukünftige wissenschaftliche Kooperationen ausgeschlossen, gegebenenfalls sogar Diffamierung in der Fachwelt. «Für mich stellte sich die Frage, ob ich Selbstzensur betreibe oder ob ich über sensible Themen überhaupt nicht schreibe», erinnert er sich, «aber das war für mich keine Option.» Er sagte dem Anrufer aus der Botschaft, dass er bei seinem Plan bleiben und Joshua Wong zu der Online-Konferenz zuschalten werde. «Wenn Sie das machen, dann wird es Vergeltung geben», drohte ihm da auf einmal der Diplomat, «dann werden Sie Ihres Lebens nicht mehr froh werden!»

Phase 3 – Eskalation

Anfangs bemerkte Lutz Heppner nicht, wie sich von einem Tag auf den anderen sein Leben veränderte. Denn der Angriff der chinesischen Seite verlief erst einmal verdeckt, ohne dass es der Wissenschaftler bemerken konnte. Im Geheimen hatten die chinesischen Geheimdienste falsche Twitter-Profile unter seinem Namen angelegt. Alles schien echt, die Kurzbiografie, das Foto, auch die Inhalte. Es gab immer wieder hintergründige Texte zu China, nichts Kritisches, aber trotzdem interessante Einblicke. Doch jeder zwanzigste Tweet war auf einmal pornografisch. Der renommierte China-Experte Lutz Heppner postete derbe Fotos, Links zu Erotikseiten und Sexvideos. Zumindest musste es so auf die Öffentlichkeit wirken. «Erst nach einer Weile bekam ich das mit, als Kollegen mich auf meine eigenartigen Posts ansprachen», so Heppner. «Mein Ruf sollte ruiniert werden.»

Einige Zeit später verschoben sich die Angriffe ins Private. Auf einmal schickte sein Handy per SMS auch pornografische Bilder an die Lebensgefährtin und die Mutter von Lutz Heppner. Ständig folgten von seiner Mobilfunknummer neue verstörende Sex-Nachrichten an die Familie und an Bekannte. «Das hatte nur ein Ziel», sagt Heppner, «sie wollten mir zeigen, dass sie in meinem Adressbuch sind.» Auf einmal hatte der junge Mann begriffen, wie gefährlich seine Gegner tatsächlich waren. Die Attacke gefährdete nun nicht mehr nur seine berufliche Zukunft, auch sein privates Umfeld konnte durch die Aktionen erheblichen Schaden nehmen. Vor allem konnte sich der Sinologe in nichts mehr sicher sein. Stammte eine Nachricht an ihn tatsächlich von der vermuteten Person? Hörten sie seine Gespräche mit? Konnte er fremden Gesprächspartnern noch trauen? Wem konnte er überhaupt noch trauen? Was würde morgen über ihn im Internet stehen? Heppner schlief schlecht, vertraute mit Ausnahme seiner Familie niemandem mehr, witterte überall nur noch Nachstellungen, spürte, wie er durchzudrehen begann. Da erinnerte er sich an den Mann aus dem Café einige Jahre zuvor, den Agenten der deutschen Gegenspionage, und er kontaktierte nun seinerseits den Verfassungsschutz. Wieder kam ihn ein Mitarbeiter besuchen. Sie verständigten auch den Geheimdienst des neuen Gastlandes, in dem er gerade lebte. Nachdem sie sein Mobiltelefon untersucht hatten, bestätigten ihm beide Seiten, dass es sich um einen staatlichen Angriff handeln musste. Zu professionell war die Attacke durchgeführt. Beenden konnten aber auch die beiden westlichen Dienste den Spuk nicht. Was sich niemand mehr vorstellen konnte, trat ein. Es wurde noch schlimmer. Auf einmal verschickte Heppners Handy wahllos private Bilder, Urlaubsaufnahmen, Erinnerungen von Familientreffen. Ein Kollege schrieb dem Forscher irritiert zurück: «Ich glaube, das war für jemand anderen bestimmt.» Lutz Heppner war jetzt mit den Nerven ziemlich am Ende. «Man hat permanent ein ungutes Gefühl», erinnert er sich an die schlimme Zeit, «weil Sie nicht wissen, was kommt noch?»

Und es kam noch etwas. Ein letztes Mal eskalierten die Chinesen. Diesmal wurde es völlig skurril. Jetzt griffen sie direkt in Gespräche ein. Wenn Heppner mit jemandem über sein Telefon sprach, wurde die erste Antwort des Gegenübers aufgezeichnet und anschließend in Dauerschleife abgespielt. Die echten Antworten des Gesprächspartners liefen ins Leere. Auf alle Fragen bekam Heppner also immer die gleiche Antwort, während am anderen Ende das tatsächlich Gesagte ankam. Irgendwann legte jeder Anrufer frustriert auf, ein normales Telefonat war mit Lutz Heppner nicht mehr möglich. Der Sinologe sollte gezielt in den Nervenzusammenbruch getrieben werden. Und verschärfend kam hinzu, dass es kaum Möglichkeiten gab, die Situation zu ändern. «Es war in der Coronazeit, ich war auf das Telefon angewiesen, und auch wenn ich mir eine neue Nummer zugelegt hätte, die hätte ich nur über das alte Telefon weitergeben können, und alles hätte wieder von vorne begonnen», erinnert sich Heppner.

Nach Monaten des Psychoterrors sahen alle Beteiligten nur noch eine Möglichkeit, das Ganze zu beenden. Sogar die Geheimdienste der beiden betroffenen europäischen Länder, die Mitarbeiter in der Abteilung Gegenspionage, wussten keinen anderen Ausweg: Über das Auswärtige Amt wurde der Fall offiziell in die deutsch-chinesischen Beziehungen eingespielt, und der damalige deutsche Außenminister Heiko Maas (SPD) sprach den Vorfall bei seinem chinesischen Gegenüber Wang Yi an.[5] Wie von Zauberhand hörte die Schikane danach von einem auf den anderen Tag auf.

Häutung eines Systems

Die schlimmen Erfahrungen, die Lutz Heppner mit dem chinesischen Regime machen musste, stellen nur einen von vielen Fällen chinesischer Einflussnahme in Deutschland dar. Politiker im Bundestag werden diffamiert, andere gekauft, Unternehmer müssen nach den chinesischen Regeln tanzen oder sie erfahren harte Konsequenzen mit teils desaströsen wirtschaftlichen Auswirkungen für sich und ihre Betriebe, Kritiker werden in Deutschland auf offener Straße eingeschüchtert und bedroht, Demonstranten müssen Angst haben, ausspioniert und sanktioniert zu werden. Es geht so weit, dass sogar ihre Familien auf der anderen Seite der Erdkugel in Furcht leben müssen, wenn in Berlin, Frankfurt oder Hamburg ihre Töchter, Neffen oder Cousins auf die Straße gehen. Für das Regime in Peking gilt die Sippenhaft: Wer sich in Deutschland nicht so verhält, wie es die kommunistischen Machthaber wünschen, dessen Familie drohen in China Schikane und Gefängnis.

Die kommunistische Volksrepublik war nie demokratisch. Schon in den 1950er und 1960er Jahren kam es unter Mao Zedong zu schlimmsten Verbrechen im Reich der Mitte. Während in Deutschland manche noch heute nostalgisch an die kleinen roten Büchlein zurückdenken, die «Mao-Bibeln», die unter linksalternativen Studenten und den 68ern populär waren, erinnern sich chinesische Familien an geschundene, erschossene und verhungerte Vorfahren. Dutzende Millionen zählen die Toten, welche auf das Konto des ersten Vorsitzenden der Kommunistischen Partei Chinas (KPCh) gehen. Allein der «Große Sprung nach vorn» soll bis zu 45 Millionen Menschenleben gefordert haben, während der dunklen Jahre der «Großen Proletarischen Kulturrevolution» könnten noch einmal bis zu 20 Millionen Tote dazugekommen sein. Anders als etwa bei Josef Stalin wird bis heute auch im Westen das Bild des «Großen Vorsitzenden» Mao gerne verklärt, der eher mit putzigen Sprüchen wie «Der Revolutionär muss sich im Volk bewegen wie im Wasser» in Verbindung gebracht wird als mit den schrecklichen Menschheitsverbrechen.

Hinzu kommt, dass die Nachfolger Maos ab Ende der 1970er Jahre tatsächlich einen Kurs der politischen und wirtschaftlichen Öffnung eingeschlagen haben. So verfolgte der «Überlegene Führer» Deng Xiaoping konsequent einen Weg der Reformen, der 1989 durch das Massaker auf dem Platz des Himmlischen Friedens (Tian'anmen) jedoch rüde unterbrochen wurde. Seine politischen Nachfolger, KPCh-Generalsekretär und Staatschef Jiang Zemin und Ministerpräsident Zhu Rongji, nahmen den Faden wieder auf und öffneten die Volksrepublik weiter. Um die Jahrtausendwende kam es schließlich zu einer erheblichen Anzahl an Privatisierungen von einst volkseigenen Betrieben. Weniger als die Hälfte aller Unternehmen war danach noch in staatlicher Hand. Unter dem Eindruck der weitgehenden wirtschaftlichen Öffnung, der boomenden Börse und des sprudelnden internationalen Handels mit dem Reich der Mitte geriet schnell in Vergessenheit, dass China weiterhin ein kommunistischer Ein-Parteien-Staat blieb, der kaum politische Freiheiten zuließ und Gegner wegsperrte.

Mit dem Amtsantritt von Xi Jinping im November 2012 zuerst als Generalsekretär der KPCh und vier Monate später, im März 2013, auch noch als Staatspräsident der Volksrepublik China schwang das Pendel ganz klar wieder in die andere Richtung. Erneut zogen die Kommunisten die Zügel fester an – nur dass sie diesmal ihren Machtanspruch nicht auf chinesisches Territorium begrenzt sahen. Schon länger verfolgt Staats- und Parteichef Xi einen aggressiven Expansionskurs, wie bereits Taiwan und die Anrainerstaaten im Südchinesischen Meer schmerzlich erfahren mussten. Zunehmend geraten aber auch westliche Staaten ins Visier des Pekinger Regimes. In Australien und Kanada verfolgt die KPCh schon seit Jahren äußerst erfolgreich eine Politik der Unterwanderung. Bis in höchste Regierungskreise hatten die Kommunisten in beiden Ländern ihren Einfluss ausgebaut, sogar Spitzel und Einflussagenten in Regierungen installiert – deswegen mussten letztlich Spitzenpolitiker zurücktreten, Parlamentssausschüsse versuchten das Ausmaß der feindlichen Attacke zu ermitteln.

Nun stehen vor allem die Vereinigten Staaten und die Europäische Union im Fokus – und hier ganz vorne das reichste und einflussreichste Land der EU, Deutschland. Seit gut fünf Jahren wird die Gangart schärfer. Ständig eskaliert die chinesische Seite weiter, sogar mit dem Risiko, ernsthafte diplomatische Verstimmungen zu provozieren. Kritische Verbalnoten des Auswärtigen Amtes werden ignoriert. Immer eindringlicher warnende Berichte des Verfassungsschutzes lassen die Chinesen völlig kalt. Das Regime in Peking agiert in Deutschland inzwischen völlig skrupellos. Selbst bis vor Kurzem noch unvorstellbare Operationen wie verdeckte Polizeiaktionen, direkte Einflussnahme in Bundestagsausschüssen oder die Diffamierung von deutschen Spitzenpolitikern in Berlin sind heute an der Tagesordnung. Die Schergen der KPCh machen keinen großen Unterschied mehr zwischen chinesischen und deutschen Gegnern, wovon der Sinologe Lutz Heppner berichten kann. Wer die Volksrepublik und ihre Spielregeln ablehnt, wird als Feind gesehen und muss nach der Logik des Regimes bekämpft werden. Längst ist eine großangelegte Unterwanderung Deutschlands und seiner Bevölkerung im Gang, die eine ganze Gesellschaft in absehbarer Zeit in den Würgegriff nehmen kann. Dem Großteil der Bevölkerung ist die gefährliche Entwicklung noch nicht bewusst, auch wenn immer öfter verstörende Details ans Licht kommen. So errichtet das Regime weltweit in fremden Ländern eigene Polizeistationen. Dass dies verboten ist, stört die Mächtigen in Peking wenig. Auch in Deutschland gibt es solche Einrichtungen, und es finden auch hier verbotenerweise Operationen der chinesischen Sicherheitsbehörden statt (wie weiterführende Recherchen in diesem Buch zeigen), mit denen die Chinesen hierzulande Angst und Schrecken verbreiten.

Vor allem aber hat das Pekinger Regime ein geheimes Netz von Unterstützern und Kontaktpersonen in der ganzen Welt aufgebaut, das im Verborgenen die Unterwanderungsstrategie der KPCh vorantreibt. Das ergibt sich aus einem Daten-Leak, das Journalisten und China-Insidern zugespielt wurde und die Grundlage für dieses Buch darstellt. Auch in Deutschland frisst sich diese Struktur durch sämtliche Bereiche der Gesellschaft, durch Politik, Wirtschaft, Wissenschaft oder Kultur. Bei den Personen handelt es sich zumeist um gebürtige Chinesen, manche haben inzwischen den deutschen Pass. Sie agieren verdeckt und in gut abgeschirmten Zirkeln. Kaum einem ist auch nur im Ansatz bekannt, welche Ziele die Einflussagenten in Nürnberg, Berlin, Mannheim oder Hamburg tatsächlich verfolgen. Entsprechend ungeniert agieren sie. Mehr als ein Jahr hat eine Gruppe von europäischen Journalisten dieses Netzwerk recherchiert. Zehn Länder sind daran beteiligt, einundzwanzig Reporter haben geheime Akten gewälzt und Informanten getroffen. Intern haben wir das Projekt unter dem Namen «DragonCoop» geführt, weil «China Leaks» zu offensichtlich gewesen wäre. Exklusiv für Deutschland hat *RTL* dem internationalen Investigativteam angehört, die Ergebnisse der langwierigen und aufwändigen Recherchen stehen in diesem Buch. Durch unsere Arbeit werden einflussreiche Manager demaskiert, Mitarbeiter der Verwaltung großer Städte, Kulturschaffende, Topjuristen, aber auch ganz normale Leute wie Restaurantbetreiber oder Funktionäre im örtlichen Karnevalsverein.

Zum ersten Mal wird hiermit ein klandestines Netz von Kontaktpersonen in Deutschland enttarnt, das bislang weitgehend unter dem Radar läuft. Die Mitglieder gehören allesamt zum Vorfeld der Abteilung für Einheitsfrontarbeit der KPCh, einer strategischen Einheit der Partei, die für die kommunistische Unterwanderung und das Ziel der ideologischen Gleichschaltung auf der ganzen Welt arbeitet. Bei den Personen handelt es sich nicht um Spione oder Agenten im klassischen Sinne, die für eine fremde Macht spitzeln und denunzieren. Im Englischen gibt es den Begriff «agent of influence». Solche «Einflussagenten» nutzen – so eine Definition –

ihre gesellschaftliche Position und Bedeutung, um bestimmte Narrative oder Botschaften im Sinne einer ausländischen Regierung zu verbreiten. Gleichzeitig versuchen sie bestimmte Gruppen, in unserem Fall die chinesische Diaspora, auf Linie des Pekinger Regimes zu bringen. Gezielt sollen Landsleute an die Staatspartei gebunden und für deren Ziele mobilisiert werden. Das Konspirative dabei ist, dass zumeist kaum jemand von den verdeckten Verbindungen der «Einflussagenten» zu den kommunistischen Machthabern in der Volksrepublik weiß. Sogar der Verfassungsschutz gibt teils offen zu, dass er darüber so gut wie keine Informationen besitzt. Umso wichtiger ist es, dass die Öffentlichkeit von den verdeckten Strukturen erfährt. Denn einige der Mitglieder haben Zugang in höchste politische und wirtschaftliche Kreise in Deutschland, wie sich auf den folgenden Seiten zeigen wird. Als im Juni 2023 der chinesische Ministerpräsident Li Qiang zu einem Staatsbesuch nach Berlin reiste, wurde er so empfangen, wie es das Regime in Peking nicht besser hinbekommen hätte. Kritiker wurden weitab auf eine Wiese verbannt, vor dem Kanzleramt zog ein Jubelheer mit Fähnchen der Volksrepublik China auf, und bei der Pressekonferenz im Kanzleramt durften die anwesenden Journalisten nur den Ausführungen des chinesischen Ministerpräsidenten Li und des deutschen Bundeskanzlers Olaf Scholz zuhören, Fragen waren nicht erlaubt. Als Tage später noch herauskam, dass Vertreter des Regimes die unbequemen Demonstranten ausspioniert und ihre Verwandten in China bedrängt hatten, verschanzte sich die Bundesregierung hinter einigen wenigen harmlosen Protestnoten. Dem großangelegten Angriff auf unsere Demokratie, auf unsere Art zu leben und unsere Werte steht die Politik in Deutschland, wie es scheint, hilflos gegenüber. Dabei ist die Dringlichkeit des Handelns den deutschen Sicherheitsbehörden längst bewusst. «Russland ist der Sturm, China ist der Klimawandel», sagte kürzlich Verfassungsschutzchef Thomas Haldenwang. Die knackige Umschreibung hat er sich von seinem britischen Amtskollegen vom MI5 abgeguckt. Mit dem Machtantritt von Xi Jinping haben die Volksrepublik China und die regierende Kommunistische Partei Chinas (KPCh) endgültig ihre Tarnumhänge fallen gelassen und zeigen nun ihr wahres Gesicht. Das autoritäre China hat uns den Krieg erklärt.

Eigentlich müssten die deutsche Politik, ihre Sicherheitsbehörden und Geheimdienste also längst alle Hebel in Bewegung setzen, um die Gefahr aus dem Reich der Mitte abzuwehren. Doch das Gegenteil ist der Fall: Naivität, Profitgier, Kurzsichtigkeit und Trägheit führen dazu, dass Politiker, Parteien und Ministerien die Bedrohung durch chinesische Agenten und Organisationen in Deutschland nicht nur unterschätzen, sondern teils sogar zu willfährigen Helfershelfern werden. Wie Marionetten lassen sich manche deutschen Politiker und auch offizielle Stellen aus Peking führen – ohne die Gefahr für unsere Demokratie und den Rechtsstaat zu sehen. Ähnlich blauäugig verhielten sich bis vor wenigen Jahren auch die Verantwortlichen in Australien. Erst nachdem kritische Journalisten und Wissenschaftler die Unterwanderung der demokratischen Gesellschaft recherchiert und angeprangert hatten, reagierte die Politik. Es kam zu Prozessen und Verurteilungen. Zu den wichtigsten Akteuren bei der Enttarnung der chinesischen Netzwerke gehörte Clive Hamilton, der als Professor an der Charles Sturt University lehrt und auch die australische Regierung berät. In einem Buch deckte er persönliche Verbindungen auf, zeichnete Abhängigkeitsnetze nach und skizzierte die enorme Wirkkraft chinesischen Geldes in Sydney, Darwin oder Canberra. «Wer herausfinden will, wie Peking die australische Gesellschaft und Politik beeinflusst, der muss die Aktivitäten einzelner Individuen analysieren und Namen nennen», sagte Hamilton, «und genau das habe ich getan.» Und genau das will auch dieses Buch tun. Diesmal für Deutschland. Zwei Anmerkungen: Zur besseren Lesbarkeit ist das Buch passagenweise im Präsens geschrieben, auch wenn das Geschehen in der Vergangenheit liegt. Zum heutigen Zeitpunkt können sich bestimmte, im Buch beschriebene Umstände, etwa Ämter oder Haltungen von Personen, verändert haben. Redaktionsschluss für dieses Buch war der 13. September 2024. Alle danach beim Autor eingegangenen Informationen und Erkenntnisse können erst in einer möglichen Folgeauflage berücksichtigt werden.

TEIL EINS

Der Angriff

Dort, wo sie herkommt, ist die Welt noch in Ordnung. Plattes Land, saftig grüne Wiesen, im nahen Hafen von Husum liegen die Kutter bei Ebbe auf dem Schlick, bei Flut schaukeln sie an der Kaimauer. Ihre Kindheit verbrachte Gyde Jensen in einem Dorf in Schleswig-Holstein. Die große gefährliche Welt schien da weit weg. «Ich bin in einem absolut sicherheitsverwöhnten Umfeld aufgewachsen», sagt die Bundestagsabgeordnete, «wo alle ihre Häuser offen lassen, weil sowieso niemand einbricht.»[1] Am 16. Mai 2018 bekam diese heile Welt einen Riss. In das bislang so beschauliche Leben der jungen Politikerin brach mit einem Schlag die brutale Weltpolitik ein. In einem Brandbrief an den Bundestagspräsidenten sowie sämtliche Fraktionsvorsitzenden beschwerte sich der chinesische Botschafter über Jensen, die vor wenigen Monaten erst ins deutsche Parlament eingezogen war. «Auf diesem Weg wollen wir unsere große Unzufriedenheit zum Ausdruck bringen», schrieb Shi Mingde, der sich mit den ersten Schritten der Abgeordneten im Parlament überhaupt nicht zufrieden zeigte.[2] Weil es für die FDP-Frau als Newcomerin nicht so einfach war, direkt in ihr Lieblingsgebiet, die Außenpolitik, einzusteigen, hatte sie sich für den Menschenrechtsausschuss entschieden. Prompt wurde sie dort zur Vorsitzenden gewählt und arrangierte sogleich ein Treffen mit dem Chef der tibetischen Exilregierung, Lobsang Sangay. Für die Chinesen kam das einem Affront gleich, weshalb sie nun offiziell ihren Unmut zeigten. Der Adressat des Schreibens, der damalige Bundestagspräsident Wolfgang Schäuble, sollte «seinen persönlichen Einfluss geltend machen», so die Aufforderung der Chinesen, damit die

Zusammenarbeit in Zukunft wieder «reibungslos und erfolgreich» verlaufe. Eine unverhohlene Drohung in Richtung der Abgeordneten aus dem Dorf in Schleswig-Holstein. In einem persönlichen Brief an Jensen legte der Botschafter nach. «Mit großem Bedauern und tiefer Unzufriedenheit habe ich zur Kenntnis genommen, dass Sie sich ungeachtet unserer Mahnungen mit dem Chef der sogenannten ‹Tibetischen Exilregierung› (…) getroffen haben», schrieb Shi. «Als Bundestagsabgeordnete und junge Politikerin der FDP wären Sie gut beraten, statt Gegenwind für mehr Rückenwind für eine gesunde Weiterentwicklung unserer bilateralen Beziehungen zu sorgen.»

Der gewünschte Rückenwind für die Sache Chinas blieb jedoch aus. Weiterhin bohrte die Abgeordnete Jensen unangenehm nach, thematisierte das Unrecht in China, sprach mit Dissidenten und Opfern des Regimes. Ihr Missfallen zeigten die Chinesen nun, wo es nur ging. Als es ein klärendes Gespräch zwischen Jensen, dem Botschafter und dem Bundestagspräsidenten geben sollte, ließen die Männer die junge Frau wie ein Schulmädchen vor der Türe warten, bevor sie hereingerufen wurde. Das Signal, auf welches die Chinesen hinarbeiten wollten, war klar. «Die richtigen Staatsmänner, die wissen, wie es läuft», beschreibt Jensen den Eindruck, den sie bei dem Termin bekommen sollte, «die junge Kollegin nicht. Das wollte man mir vermitteln.» Nach dem kurzen, technischen Gespräch gab es zwischen den chinesischen Diplomaten und der deutschen Politikerin keinen direkten Kontakt mehr. Aus ihren Fängen lässt das Regime in Peking die junge Frau aber bis heute nicht mehr. Wo es nur geht, versucht die chinesische Seite Jensen zu schikanieren, zu überwachen und zu bekämpfen. Als die Vorsitzende in einem Schreiben darum bat, den Menschenrechtsausschuss nach China einreisen zu lassen, um dort auch Tibet und die Uiguren-Region Xinjiang zu besuchen, verweigerte die Volksrepublik die Visa. Als Jensen mit einer kleinen FDP-Delegation doch einmal ins Land gelassen wurde, kam sogleich ein Vertreter des Regimes auf sie zu. «Sie werden empfangen, weil Sie Teil der Delegation von Christian Lindner sind», habe die chinesische Seite ihr mitgeteilt, so die Erinnerung der Abgeordneten an den Besuch in Schanghai und Peking. Es gehört zur Strategie der Machthaber im Reich der Mitte, verbal maximal auf Konfrontation zu gehen. Und wenn es sein muss, vor den Augen der Welt.

Seit einigen Jahren hat sich die Gangart der chinesischen Seite massiv verschärft. Inzwischen schreckt Peking auch vor offenen Rangeleien nicht mehr zurück. Was Gyde Jensen im Kleinen erlebt hat, müssen manchmal ganze Nationen erfahren. So vor nicht allzu langer Zeit Österreich. Im Mai 2012 kam der Dalai-Lama zu einem elftägigen Besuch in die Alpen. Publikumswirksam und für die Fotografen posierte das geistige Oberhaupt der Tibeter Hand in Hand mit dem österreichischen Kanzler und dem Wiener Kardinal vor dem Stephansdom. Bereits im Vorfeld hatten die Machthaber in Peking versucht, Druck aufzubauen. Österreichische Diplomaten wurden in der Volksrepublik ins Außenministerium einbestellt. Managern aus der Alpenrepublik wurde signalisiert, dass der Besuch nicht gut für ihre Geschäfte sein würde. Zu einem gewissen Punkt handelte es sich dabei um eingespielte Rituale. Doch diesmal eskalierte China die Lage. Für gut ein halbes Jahr verweigerte das Regime danach Staatsbürgern des EU-Landes die Einreise. «Keine Tibet-Visa für Österreicher», titelten die Journalisten, «China bestraft Österreich». Dabei war der Besuch des obersten Tibeters nichts Neues. Der Dalai-Lama war bereits viermal zuvor nach Österreich gereist, hatte sich schon ins Goldene Buch der Stadt Wien eingetragen, war ein andermal offiziell im Rathaus empfangen worden. 2007 hatte ihm auch der Bundeskanzler die Hand geschüttelt, ohne dass es größere Verstimmungen gegeben hätte. Die Eskalation zwischen Peking und Wien trug sich im Vorfeld der Machtübernahme Xi Jinpings zu, als im Hintergrund schon die Fäden gezogen wurden und alles für seinen Aufstieg an die Spitze Chinas vorbereitet wurde. Seit der mächtigste Mann der KPCh ganz oben angekommen ist, versucht er sein Land immer mehr zu einer skrupellosen Ein-Mann-Diktatur auszubauen. Unter Xi verschärfen die Kommunisten ihre Politik nicht nur zu Hause, sondern auch im Ausland. «Bestraft» wurden im Mai 2012 neben Österreich auch

Großbritannien, Norwegen und Südkorea, wo ebenfalls hohe Vertreter aus Tibet und chinesische Bürgerrechtler geehrt worden waren. Xi und seine Entourage vergessen auch nicht. Noch ein Jahr nach dem Besuch des Dalai-Lama in Wien sann die chinesische Seite auf Vergeltung – nun drohte Peking, das Panda-Pärchen Yang Yang und Long Hui zurück in die Heimat zu holen, die Hauptattraktion des Tierparks im Schloss Schönbrunn. Nur mit einer enormen Charmeoffensive gelang es den Österreichern, die Vertreter aus Fernost wieder einigermaßen zu besänftigen. In der Austrian Chinese Business Association werben inzwischen ehemalige Kanzler, Landeshauptleute, Bürgermeister und Abgeordnete für reibungslose Beziehungen nach Fernost. Nach dem Besuch des Dalai-Lama wurden chinesische Infrastrukturkonzerne ins Land geholt und bis zum Ausbruch des Ukrainekrieges sogar eine Beteiligung des EU-Landes am Prestigeprojekt der Neuen Seidenstraße erwogen. «Die Einschüchterung von chinesischer Seite hat funktioniert», erinnert sich Tenzyn Zöchbauer, die in Wien aufgewachsen ist und auch durch den Besuch des Dalai-Lama im Frühjahr 2012 politisiert wurde. Heute lenkt sie die Tibet Initiative in Berlin. «Gerade auch das Kuschen der österreichischen Seite hat das Selbstbewusstsein der Chinesen noch einmal gestärkt», so die Menschenrechtsaktivistin, «und sie haben verstanden, dass sie so weit gehen können.»[3] Die Volksrepublik China hatte gewonnen, Österreich war auf Linie gebracht. Mit Gyde Jensen lief es nicht so rund. Entsprechend beließen es die Chinesen nicht bei Demütigungen und Einschüchterungen. Im September 2020 lud die Abgeordnete Menschenrechtsaktivisten und Vertreter aus Taiwan zu einer Videokonferenz ein. Sie sprachen auch über das Spannungsverhältnis zwischen der Volksrepublik China und den Vereinten Nationen. Thematisieren wollten die Teilnehmer eine UN-Resolution aus dem Jahr 1971, die von Juristen immer wieder in die eine oder andere Richtung interpretiert wird, je nachdem, welchem Lager die Experten nahestehen, der Volksrepublik China oder der Republik China (Taiwan). Jensen und die Menschenrechtsaktivisten wollten verstehen, inwiefern der kurze Text vielleicht wirklich als Grundlage für eine Zwei-China-Politik gelesen werden kann. Gemeinsam suchen und analysieren wollten die Experten den Text gleich – es handelte sich um die UN-Resolution 2758 –, aber davor brauchten sie dringend eine Kaffeepause. Die Bundestagsabgeordnete klappte ihren Laptop zu und verließ mit den anderen den Raum. Als sie einige Zeit später zurückkam und das Gerät wieder öffnete, tauchte vor ihr auf dem Bildschirm die UN-Resolution 2758 auf. «Ich bin mir zu 150 Prozent sicher, dass ich die zuvor nicht aufgerufen hatte», erinnert sich Jensen heute, «und ich hatte auch keine Siri-Spracherkennung oder irgendetwas anderes an. Ich war permanent offline.» Heute scheint für die deutsche Abgeordnete klar, dass hinter dem Zugriff auf ihren Rechner chinesische Dienste stecken mussten. Die Botschaft: Wir wissen genau, worüber du gerade sprichst, und wir können überall die Kontrolle über dich erlangen. «Man denkt die ganze Zeit, dass man sich das alles einbildet», sagt Jensen. Aber fünf Jahre nachdem die Weltpolitik in das beschauliche Leben der jungen Politikerin aus Schleswig-Holstein gepoltert kam, kennt sie die geostrategischen Hintergründe und weiß, wie ernst es das Regime in Peking mit seinem Ziel meint, zur Weltmacht Nummer eins aufzusteigen. Vor allem aber weiß sie, wie weit der dafür notwendige Angriff der chinesischen Seite auf unsere westlichen Demokratien bereits vorangeschritten ist. Gerade auch in Deutschland. «Vielleicht traf damals grenzenlose Naivität auf erschreckend autoritäre Zustände», sagt Jensen. «Später habe ich dann aber wahrgenommen, wie entschlossen die chinesische Seite tatsächlich ist.» Mit dieser Erkenntnis ist die junge Frau aus Schleswig-Holstein der großen Mehrheit in der deutschen Bevölkerung einen Schritt voraus. Bislang ahnen die wenigsten, wie gezielt und skrupellos das chinesische Regime große Teile der Gesellschaft in Deutschland unterwandert.

Die Höhle des Drachen

Nur wenige Gehminuten vom Alexanderplatz entfernt liegen in Berlin, direkt an der Spree, zwei burgartige Komplexe. Mit seinen hohen Backsteinmauern, den Erkern, Zinnen und dem von einem spitzen Kupferdach gekrönten Turm wirkt das Märkische Museum, das 1908 im neogotischen Stil errichtet wurde, wie ein mittelalterlicher Wehrbau. Einige Meter weiter ragt eine Festung aus unserer Zeit in den Himmel, die Botschaft der Volksrepublik China. In den letzten Jahren der DDR als «Haus der Gewerkschaften» gebaut, dann nach der Wende kurzzeitig als Kongresszentrum genutzt, erwarben die Chinesen schließlich das Gebäude, ließen es völlig umbauen und führten darin die Botschaften aus beiden deutschen Staaten zusammen. Bedrohlich verschlossen, thront der Komplex hinter Bäumen, nur wenige Meter vom Flussufer entfernt. Das komplette Gebäude ist in einen Mantel aus silbernen, metallenen Platten gehüllt, aus dem Dach ragt eine riesige Antenne. In den beiden Seitenflügeln reihen sich die verspiegelten Fenster wie Schießscharten aneinander, aus der Mitte wächst ein fensterloser Bau wie ein Bergfried in die Höhe. Hinter dem Hochsicherheitszaun, direkt neben der roten chinesischen Fahne mit den fünf gelben Sternen, hütet ein steinerner Wächterlöwe den Eingang. Wer an ihm vorbeiwill, wird durch unzählige Kameras beobachtet.

Die Botschaft der Volksrepublik ist die Kommandozentrale der chinesischen Einflussnahme in Deutschland. Hier laufen die Fäden für die verschiedenen Operationen zusammen. Aus dem siebenstöckigen Gebäude lenkt die Volksrepublik China ihre Truppen in Deutschland. Schon die offiziellen Zahlen sind beeindruckend. In acht Abteilungen plus Verwaltung arbeitet hier eine Heerschar von chinesischen Diplomaten und Entsandten. Offiziell nennt die Auslandsvertretung keine Zahlen. Wie viele Chinesen hier genau arbeiten, kommt in Berlin einem Staatsgeheimnis gleich. Mehrere gut informierte Quellen bestätigen übereinstimmend, dass offiziell 130 Personen bei der Bundesregierung akkreditiert seien. Aber vertraulich wird in westlichen Sicherheitskreisen die Zahl von 500 Mitarbeitern genannt, die aus der Festung an der Spree heraus agieren würden. Jeder Zehnte soll sich nur mit Fragen rund um Taiwan beschäftigen, also Unterstützernetzwerke ausfindig machen, wirtschaftliche Verflechtungen analysieren oder Vertreter des Inselstaates in Deutschland bespitzeln. Für derart sensible Aufgaben kann Peking auf einen höchst loyalen Apparat vertrauen. Experten der Europäischen Union gehen davon aus, dass so gut wie alle Mitarbeiter – wie in den allermeisten Botschaften der Volksrepublik auch – Mitglieder der KPCh sind oder zumindest einen Beitrittsantrag gestellt haben. Welche herausragende Rolle diese Personen für das kommunistische Regime spielen, zeigt sich an Botschafter Wu Ken. Nach einer steilen Karriere im diplomatischen Dienst war er kurz nach der Jahrtausendwende für mehrere Jahre Generaldirektor der Kaderabteilung des Außenministeriums in Peking. Dort verantwortete er die Auswahl der jungen Diplomaten, die zukünftig für das kommunistische Regime in die Welt geschickt werden. Einige Jahre später trat er sogar direkt als Politiker für die KPCh in Erscheinung. Von 2013 bis 2016 war er stellvertretender Generalsekretär der Volksregierung der Provinz Guangdong, was einem hohen Kabinettsposten in einer deutschen Landesregierung entsprechen würde. Fast seine ganze Karriere hat Botschafter Wu im deutschsprachigen Raum verbracht – in Österreich, der Schweiz, nur mit einem Abstecher in die Niederlande. Seit 2019 ist der Diplomat zurück in Europa und dient seinem Land nun als Botschafter in Berlin. Damit ist er einer der einflussreichsten Strippenzieher hinter der offenen und unsichtbaren Einflussnahme Chinas in Deutschland.

Mit dem ihm in der Botschaft unterstehenden Diplomaten und anderen Mitarbeitern gebietet Botschafter Wu über einen Apparat, der vom Personal her fast so groß ist wie das Bundeskanzleramt. Während in deutschen Auslandsvertretungen normalerweise maximal eine Handvoll Personen für die verschiedenen Aufgaben wie Bildung, Sicherheit oder Kultur verantwortlich sind, haben die Chinesen riesige Stäbe in ihrem Hochsicherheitsbau an der Spree aufgebaut. So gibt es eine Politische Abteilung, eine Militärabteilung, eine Bildungsabteilung, eine Wirtschafts- und Handelsabteilung. Das kann jeder auf der Homepage der Botschaft nachlesen. Ganz transparent, wie es auf den ersten Blick scheint. Doch die wichtigsten Einheiten werden offiziell nicht genannt, die Trupps für heimliche Einflussnahme, für Spionage und Erpressung. Teils wird dafür auch Personal aus den offiziellen Abteilungen verdeckt eingesetzt.

Das Botschaftspersonal ist nicht nur in diplomatischer Mission unterwegs. Mitarbeiter aus der Vertretung übernehmen auch nachrichtendienstliche Funktionen. Und es kommt vor, dass ihr Vorgehen äußerst rustikal gerät und eher an Mafiamethoden erinnert als an feine diplomatische Gepflogenheiten. Am 20. Juni 2023 hat sich das auf dramatische Weise auf der ganz großen Bühne gezeigt. An dem Tag kam der chinesische Ministerpräsident Li Qiang zu Besuch nach Berlin und traf Bundeskanzler Olaf Scholz. Es war für beide Seiten ein wichtiges Signal: Die ganze Welt sollte sehen, dass Deutschland und China trotz der Spannungen, welche die Beziehungen der Volksrepublik zu anderen westlichen Staaten aktuell stark belasten, einander weiterhin freundschaftlich verbunden sind. Entsprechend harmonisch sollte das Treffen ablaufen. Kritischer Gegenprotest wurde daher schon im Vorfeld auf eine abgelegene Wiese verbannt, direkt vor dem Kanzleramt durfte hingegen eine Jubeltruppe des Pekinger Regimes aufmarschieren, die Fähnchen schwingend ihren Ministerpräsidenten begrüßte. Allerdings reichte die deutsche Hilfe für positive PR den Chinesen offenbar nicht aus. Trotz allem wollten sie auch wissen, wer die widerborstigen Landsleute waren, die das harmonische Bild zu trüben suchten. Mit einigem Aufwand wollten sie daher herausfinden, wer genau sich an dem Gegenprotest gegen die eigene Regierungsdelegation beteiligte. Und für diese heikle Aufgabe stand ein Sondertrupp aus der Botschaft bereit, der die Kritiker ausspähen sollte.

Hu Jiangqiao gehörte zu der kleinen Gruppe von Gegendemonstranten, die sich getraut hatten, ihren Protest herauszuschreien und Transparente gegen den mächtigen Besucher hochzuhalten.

Der junge Mann stammt aus der Provinz Sichuan im Nordosten Chinas. Seit einem knappen Jahr lebte er als Austauschstudent in Deutschland. Bis zu seinem Besuch in Berlin hatte er sich nur wenig für Politik interessiert, wie er betont. Dass er zu den Protestierenden gehörte, sei eher Zufall gewesen. Ein Freund hatte ihn gefragt, ob er mit zu der Demonstration in die deutsche Hauptstadt fahren wolle. «Ich dachte, das könnte spaßig werden», erinnert sich Hu. «Wir wollten den chinesischen Ministerpräsidenten und das Regime ein bisschen ärgern.»[4] Hu studiert Physik, er ist ein zutiefst rationaler Mensch. Aber im Juni 2023 hatte er einmal nicht jeden Schritt vorausgeplant. «Ich hatte nicht an die Konsequenzen gedacht», sagt er rückblickend. Denn für die Machthaber in Peking ist Protest gegen die eigene Politik, vor allem wenn ein wichtiger Repräsentant vor den Augen der Welt kritisiert wird, ein schlimmes Vergehen. Das musste auch Hu Jiangqiao bald schmerzhaft feststellen.

Insgesamt waren sie nicht sehr viel mehr als 20, 30 Personen. Schnell hatte sich die Gruppe untereinander vorgestellt. Einige kannten sich auch schon von früheren Treffen. Sie packten ihre Plakate aus, positionierten sich. Da beobachtete Hu auf einmal etwas Eigenartiges. Mehrere Personen – bewusst erinnert er sich an zwei, deren Gesichter er wahrgenommen hat – näherten sich der Gruppe und schienen sich für sie zu interessieren. «Da war diese Frau, die mich die ganze Zeit beobachtet hat», berichtet Hu einige Monate nach dem Vorfall. «Sie kam auf einmal zu mir, fragte mich, wo ich herkomme und was ich studiere.» Die Frau habe wissen wollen, an welcher Universität der chinesische Student eingeschrieben sei, versuchte mehr über seinen familiären Hintergrund in China herauszufinden. Hu kam die Situation seltsam vor. Er hatte die Person noch nie zuvor gesehen und wurde erst recht stutzig, als sie und ein weiterer Mann, der neben ihr stand, auf einmal Fotos von ihm und den anderen Demonstrierenden machten. Da schaltete er seine Handykamera ein, hielt das Telefon unbemerkt auf Hüfthöhe und ging erneut auf die beiden zu. Neugierig begann nun er, die beiden auszufragen. Es ist ein beeindruckendes Video-Dokument über die

Rolle, die chinesische Diplomaten offenbar ganz selbstverständlich für das Ausspionieren kritischer Landsleute in Deutschland übernehmen. In dem Film sind zwei Personen zu sehen, die Frau und ein Mann, der komplett in Schwarz gekleidet ist. Hu stellt sich vor sie, das Handy hält er in der linken Hand auf Bauchhöhe und lässt es unbemerkt weiterlaufen. «Wer sind Sie eigentlich?», fragt er die beiden auf Mandarin. «Wir sind Touristen», antwortet die Frau. «Und warum fotografieren Sie uns?» «Wir finden das interessant», sagt sie weiter. In dem Video ist für den Bruchteil einer Sekunde das Handydisplay des Mannes zu sehen. Darauf lässt sich erkennen, dass dieser die Fotos offenbar verschickt und Antworten bekommen hat. Als eine weitere Demonstrantin die Szene bemerkt, schreit sie: «Chinesische Spione!» Sofort drehen sich die beiden Beobachter weg und rennen davon.

Dass die Personen nicht aus reiner Neugier bei der Demonstration aufgetaucht waren, begriffen die Teilnehmer wenige Tage später. Familienangehörige in China – neben Hus Familie in Sichuan auch andere Eltern in Peking und der Region Guangxi – bekamen Besuch von Sicherheitskräften. Eine Mutter wurde gefragt, warum sich ihre Tochter kritisch gegenüber dem Regime äußere. Einem Vater wurde ein Foto vorgelegt, das seinen Sohn beim Gegenprotest vor dem Kanzleramt zeigte. Er solle seinen Sohn schnell zurück nach China holen. Sogar Geschwister und Cousins wurden eingeschüchtert. Wenn ihre Angehörigen in Deutschland nicht auf der Stelle mit ihrem Protest aufhörten, bekomme die Familie in China ernste Probleme, sagten die Polizisten. Aber woher wusste das Regime, wer am Protest im 7300 Kilometer entfernten Berlin teilgenommen hatte?

Auf dem Video von Hu Jiangqiao sind die Gesichter der beiden Personen nur sehr kurz und halb verdeckt zu sehen. Allerdings hat auch die Aktivistin und Journalistin Su Yutong, die ebenfalls an dem Protest teilnahm, die beiden fotografiert.[5] Seit sie 2010 nach Deutschland geflohen ist, arbeitete die Frau für westliche Medien, anfangs als Reporterin für die *Deutsche Welle*, inzwischen für das amerikanische *Radio Free Asia*, und engagiert sich als Menschenrechtsaktivistin. Deswegen dokumentiert sie auch die meisten regimekritischen Proteste in der deutschen Hauptstadt. Su hat über die Jahre eine feine Sensorik dafür entwickelt, wer tatsächlich protestieren und wer die Gruppen nur ausspionieren möchte. Am 20. Juni 2023 beobachtete Su Yutong drei Personen – und sie fotografierte sie alle. Neben der Frau und dem Mann, den vorgeblichen Touristen, war ihr eine weitere Person am Rande aufgefallen, die ebenfalls nicht zu den Protestierenden gehörte. Auf den Aufnahmen der chinesischen Regimekritikerin sind beide Männer und die Frau gut zu erkennen, die tatsächlich alle wie Touristen gekleidet sind. Die Frau trägt eine bunte Bluse, Adidas-Sneaker, einen Rucksack. Ein Mann – T-Shirt, Hose, Turnschuhe, alles in Schwarz – steht freundlich lächelnd am Rand und telefoniert. Über chinesischsprachige Internetseiten ließ sich später herausfinden, um wen es sich bei den Personen tatsächlich handelte.

Alle drei Personen, so die Recherche der Journalistin Su und ihrer Kollegen von *Radio Free Asia*, können direkt der chinesischen Botschaft in Berlin zugeordnet werden. Bei der Frau soll es sich demnach um Pan Mengqiu handeln, die in der Bildungsabteilung arbeite. Ein Mann soll Huang Wei sein, der sich als Ministerialrat um die Fragen internationaler Studenten kümmere.[6] Auch das Bundesinnenministerium bestätigt auf Nachfrage, «dass die in Rede stehenden Aufnahmen, auch unter Beteiligung von Mitarbeitern der Bildungsabteilung, gefertigt wurden».[7] Konkret lägen den deutschen Sicherheitsbehörden keine Informationen darüber vor, dass die Fotos auch nach Peking weitergeleitet wurden. «Davon ist aber auszugehen angesichts des Bestrebens chinesischer Sicherheitsbehörden, regimekritische Demonstranten zu identifizieren», so die Antwort aus dem Ministerium. Auf konkrete Nachfragen zu den ungewöhnlichen Aktivitäten ihrer Mitarbeiter gibt es aus der chinesischen Botschaft keine Antworten. Global behauptet die Pressestelle, dass sich China stets an das Wiener Übereinkommen über diplomatische Beziehungen halte. «Einzelne antichinesische Kräfte lassen nichts unversucht, um die chinesisch-deutschen Beziehungen zu stören und chinesischen Diplomaten bei der Ausübung der normalen Arbeit Steine in den Weg zu legen», heißt es weiter. «Wir hoffen, dass die deutschen Medien diese böse Absicht durchschauen können und damit aufhören, solche Fiktionen weiter zu kolportieren.»[8] Auf den fragwürdigen Auftritt der chinesischen Diplomaten in Berlin hat die deutsche Staatsspitze nach eigener Aussage jedoch reagiert. «Die Bundesregierung hat gegenüber der chinesischen Regierung derartige statuswidrige Ausspähaktivitäten missbilligend angesprochen», heißt es weiter in der Antwort des Ministeriums. «Über Einzelheiten können wir öffentlich keine Auskünfte geben.» Ungeschönt beschreiben die Ministerialen aber die Methoden des Pekinger Regimes, die auch in Deutschland zur Anwendung kommen – unter Druck setzen, einschüchtern, ausspähen, diskreditieren, gegeneinander ausspielen.

Dabei ist der Bundesregierung schon länger bewusst, wie dreist und rechtswidrig das chinesische Regime gerade auch mit Hilfe der Auslandsvertretung gegen die chinesische Diaspora in Deutschland vorgeht. Schon 2019 beobachteten die Sicherheitsbehörden massive Übergriffe auf Kritiker in Hamburg, als sich die Proteste für Demokratie in Hongkong zuspitzten. Und auch die neue China-Strategie der Bundesregierung legt das nahe.[9] Auf 64 Seiten hat das Auswärtige Amt im Namen aller Ministerien aufgeschrieben, wie die deutsche Politik China sieht – gerade auch die Bereiche, in denen sie China kritisch einschätzt. Behutsam wird eine Bewertung des immer skrupelloseren Auftretens der Volksrepublik versucht. Von «illegitimer Einflussnahme durch offizielle chinesische Stellen» ist die Rede. Im Klartext heißt das, dass die Botschaft geltendes Recht bricht, indem sie Landsleute in Deutschland verfolgt oder gar bedrohen lässt. Gegenüber solchen Einschüchterungsversuchen wolle die Bundesregierung in Zukunft «wachsam» sein, heißt es in dem Papier weiter. Konkrete Abwehrmaßnahmen oder Konsequenzen werden jedoch nicht benannt. «Wachsam» kann eben viel heißen – auch, dass gar nichts geschieht. In Kapitel 3, Paragraf 3 der China-Strategie beteuert die Bundesregierung noch, dass sie sich für geschützte Räume (safe spaces) für chinesische Regierungskritiker in Deutschland einsetzen wolle und dafür sorgen werde, «dass ihre

Stimmen Geltung finden». Bei den Protesten vor dem Kanzleramt ging das auf jeden Fall gründlich schief. Weder konnten die Stimmen der mutigen Kritiker überhaupt Gehör finden, noch konnten die Demonstranten vor Nachstellungen der chinesischen Botschaft geschützt werden. In den Ohren der Dissidenten müssen die Zeilen in der China-Strategie wie Hohn klingen.

Was Auslandschinesen in ihrem Alltag zwischen Flensburg und Garmisch-Partenkirchen erleben, sind entgegen den offiziellen deutschen Versprechungen jedoch eher «dangerous spaces». Und an allererster Stelle rangiert hier die chinesische Botschaft in ihrer Festung an der Spree. Eine Person, der seit Jahren in der Botschaft in Berlin besonders übel mitgespielt wird, ist eine tibetische Frau, die aus Angst vor den chinesischen Behörden anonym bleiben will. Wer mit ihr spricht, bemerkt sofort, wie sehr sie das despotische Agieren der chinesischen Botschaft in Berlin eingeschüchtert hat. Die Frau ist Mitte vierzig, spricht perfekt Deutsch, ist inzwischen in Deutschland verheiratet und hat die deutsche Staatsbürgerschaft. Ihre Töchter besitzen nur den deutschen Pass. Doch wenn man sie in ihrer Altbauwohnung besucht, wird schnell deutlich, wo ihre Wurzeln liegen. Bunte tibetische Tücher dienen als Sichtschutz zwischen zwei Zimmern, auf dem Tisch stehen Schalen mit Edamame, getrockneten Kiwi und einem süßen frittierten Gebäck. Dabei handelt es sich um Khapse, eine tibetische Spezialität, die zum Neujahrsfest gereicht wird, ähnlich den deutschen Weihnachtsplätzchen.[10]

Die Frau stammt aus dem chinesischen Teil Tibets, also einem von vier Landstrichen, die mehrheitlich von Tibetern bewohnt werden, jedoch in eine chinesische Provinz eingegliedert wurden. Als Kind, so erzählt sie, habe sie nur wenig von der Diskriminierung ihrer Volksgruppe mitbekommen. Allenfalls gab es kleinere Hänseleien in der Schule, weil sie keine Han-Chinesin war. Tibetischen Jungen konnte es schon mal passieren, dass sie wegen ihrer Herkunft in Raufereien mit Klassenkameraden verwickelt wurden. Nicht angenehm, aber auch nicht besonders schlimm, wie sie sagt. Problematisch wurde es erst, als sie nach Deutschland kam und irgendwann entschied, in dem Land für immer bleiben zu wollen. Ein Verwandter, der schon länger in Bonn lebte, hatte ihr dazu geraten. «Ein Onkel sagte mir, du solltest lieber hierbleiben», erinnert sie sich. «Hier hast du wenigstens deine Freiheit.» Nach einigem Überlegen konnte sich die Frau mit der Idee anfreunden. «Ich entschied mich für den deutschen Pass, um Sicherheit zu bekommen», sagt sie heute. «Ich dachte, dann könnte ich wenigstens überall hinreisen, völlig unproblematisch.» Doch damit sollte sie falschliegen. Zu einem bestimmten Land wurde ihr der Zutritt fortan verwehrt – zur Volksrepublik China.

Als Studentin in Deutschland war die Frau ohne Probleme ein- bis zweimal pro Jahr zurück in die Heimat geflogen. China akzeptiert allerdings keine doppelten Staatsbürgerschaften: Wer den deutschen Pass bekommt, gilt für die Behörden in der Volksrepublik ab sofort als Ausländer. Zumindest dann, wenn er nicht ins große Bild passt. Für Tibeter, Uiguren oder andere Minderheiten kann ein ausländischer Pass leicht als Vorwand herangezogen werden, um eine Einreise zu verhindern. Unterstützer des Regimes kommen jederzeit ohne Probleme ins Land, auch wenn sie ihre chinesische Staatsbürgerschaft abgelegt und die deutsche angenommen haben (siehe Teil zwei, Kapitel vier). Auf jeden Fall musste die Frau aus Tibet nun jedes Mal ein Visum beantragen, um wieder in ihre Heimat reisen zu können. Erstmalig versuchte sie dies 2016, kurz nach ihrer Einbürgerung. Damals hielt sie sich für einige Zeit in London auf, wo ihr Mann zu dem Zeitpunkt lebte. In der dortigen chinesischen Botschaft wollte sie ihr Visum beantragen, das Vereinigte Königreich gehörte da noch zur Europäischen Union. Prinzipiell macht es keinen Unterschied, in welchem EU-Staat ein Visum für China beantragt wird. Doch die Diplomaten hinter dem Schalter sagten ihr, dass sie nicht so einfach einen Einreiseantrag stellen könne. Sie müsse zuerst eine Person sprechen, deren Nummer ihr auf einem Zettel gereicht wurde. «Als ich den Mann anrief, sagte er mir, dass er mich erst einmal kennenlernen wolle», erinnert sich die Frau. «Wir trafen uns dann in einem Café in der Nähe der Londoner Botschaft.» Bei dem Treffen fragte sie der Mann intensiv aus. Die Frau ist keine Dissidentin, sie betätigt sich nicht politisch, verhält sich auch sonst zurückhaltend. «Mein Bruder hat mir immer gesagt, dass ich mich nicht politisch irgendwo einmischen soll», berichtet sie. Ihre Familienmitglieder sind in China brave Bürger, von denen mehrere sogar für den Staat arbeiten, als Polizisten, Mitarbeiter in Behörden oder Lehrer, was ihr aber nichts half. Ein zweites Treffen fand im Büro des Mannes in der Botschaft statt, wo sie zumindest ihren Antrag einreichen konnte. Danach wartete sie Wochen, Monate. Irgendwann wurde ihr mitgeteilt, dass ihre Anfrage abgelaufen sei. Zurück in Deutschland, versuchte sie es wieder. Einmal hatte sie Glück, weil der Freund ihres Bruders, der inzwischen Bürgermeister geworden war, sich für sie in China verbürgte. Eigentlich hatte sie einen Antrag für einen dreimonatigen Aufenthalt gestellt, genehmigt wurden ihr schließlich 30 Tage. Zumindest konnte sie so noch einmal Zeit mit ihren Angehörigen verbringen. Damals ahnte die Frau nicht, dass ihr das kommunistische Regime nie mehr erlauben würde, ihre Eltern zu sehen.

2018 wurde die Mutter schwer krank. Der Bruder schickte seiner Schwester die ärztliche Diagnose nach Deutschland, es war klar, dass die alte Frau nicht mehr lange leben würde. «Als meine Mutter im Sterben lag, da wurde es für mich sehr heftig», sagt sie. «Ich wollte unbedingt zurück nach China, sie noch einmal sehen.» Die Tochter mit dem deutschen Pass hatte sich schon ein Flugticket gekauft, hatte alles für ihre eigenen Kinder organisiert. Ihre Schwägerin wollte während ihrer Abwesenheit auf die beiden Mädchen aufpassen in der Zeit, wenn ihr Mann bei der Arbeit sein würde. Aber die Botschaft in Berlin zeigte sich von der härtesten Seite. In dem abgeschirmten Bau gibt es Mitarbeiter, die sich nur um die Tibeter kümmern. Die Ansprechpartnerin der Frau war immer dieselbe Diplomatin, und diese lehnte den Visumsantrag ab. Mitgefühl kennt das Regime nicht, nicht einmal in den schwersten persönlichen Lagen. Die Frau ging leer aus. «Ich war so traurig», berichtet sie heute, und in ihre Augen treten Tränen. «Ich konnte meine Mama nicht mehr sehen, bevor sie starb.» Sie konnte ihre Mutter auch nicht begraben, dafür verweigerten die Funktionäre ebenfalls das Visum.

Genauso lief es einige Jahre später, als ihr Vater starb. In der Festung an der Spree sitzen Ritter des 21. Jahrhunderts, die ihre Schlachten nicht mehr mit Schwert und Lanze führen, sondern hartherzig mit Verwaltungsakten. Um ins Visier der chinesischen Funktionäre zu geraten, müssen die Betroffenen nicht einmal etwas Gesetzeswidriges getan haben, was der Fall der tibetischen Frau zeigt. Ziel ist es, die Menschen zu brechen und gefügig zu machen. «Ich habe immer noch Hoffnung», sagt die Frau weiterhin, «dass ich eines Tages zumindest meine Brüder noch einmal sehen kann.» Dieses unmenschliche Spiel mit Hoffnungen, Ängsten und tiefer Trauer verrät viel über den wahren Charakter des Pekinger Regimes.

Über ähnliche Erlebnisse können Chinesen in Deutschland mannigfach berichten. Die Dependancen der Volksrepublik sind Außenposten eines brutalen Machtapparats, der kein Mitgefühl zulässt. Menschen werden erniedrigt, ausgehorcht, erpresst, instrumentalisiert – quer durch die Republik. Neben der Botschaft in Berlin gibt es eine Außenstelle in Bonn, dazu Generalkonsulate in Düsseldorf, Frankfurt am Main, Hamburg und München. Bei den Einrichtungen handelt es sich ebenfalls um teils riesige Liegenschaften, die sich oft in bester Lage befinden. In Hamburg residiert die Vertretung in einer mehr als hundert Jahre alten Jugendstil-Villa an der Elbchaussee, die auch hier wie eine verschachtelte Burganlage mit mehreren Gebäudeflügeln und hohen Dächern wirkt. In Düsseldorf ziehen die chinesischen Entsandten die Fäden aus einem fünfstöckigen Zweckbau heraus, nicht weit vom noblen Viertel Oberkassel gelegen. Auch in Frankfurt und München verfügt die Volksrepublik über ansehnliche Immobilien. In Berlin sitzt dazu noch eine Wirtschafts- und Handelsvertretung der Sonderverwaltungsregion Hongkong, die aber ebenso längst im Würgegriff der KPCh ist. Insgesamt dürften dem Pekinger Regime in Deutschland an den verschiedenen Standorten zusammen wohl an die 1000 Personen direkt unterstehen, allesamt Erfüllungsgehilfen eines menschenverachtenden Apparats. Sie stellen für die Volksrepublik ein riesiges, engmaschiges Netz an loyalen Mitarbeitern dar, das auch für Einschüchterung, Überwachung und Ausspionieren in ganz

Deutschland bereitsteht. Doch China verfügt nicht nur über offizielle Mitarbeiter.

Diplomatische Schattenarmee

Auf dem G7-Gipfel im japanischen Hiroshima kam es im Mai 2023 zu einem beispiellosen Vorgang. Die mächtigsten Industriestaaten der westlichen Welt sandten eine ultimative Botschaft an China. Im Abschlussdokument forderten die sieben Regierungschefs das kommunistische Regime auf, die Unterwanderung westlicher Staaten zu stoppen. Wenig diplomatisch formulierten der deutsche Bundeskanzler Olaf Scholz und seine G7-Amtskollegen eine klare Warnung an die Volksrepublik. «Wir fordern China dazu auf, sich an seine Verpflichtungen aus dem Wiener Übereinkommen über diplomatische Beziehungen und dem Wiener Übereinkommen über konsularische Beziehungen zu halten», heißt es im Text, «und nicht weiter Einflussaktionen durchzuführen, die darauf abzielen, den Schutz und die Sicherheit unserer Gemeinschaften, das Funktionieren unserer demokratischen Institutionen und unseren wirtschaftlichen Wohlstand zu untergraben.»[11] Erstmalig prangerten westliche Regierungen in aller Öffentlichkeit Chinas Versuch an, ihre eigenen demokratischen Gesellschaften zu unterwandern. Dass die Formulierung so hart und eindeutig ausfiel, hängt mit dem immer skrupelloseren Vorgehen der chinesischen Auslandsvertretungen zusammen. Gerade auch in Deutschland.

Seit mindestens zehn Jahren baut die chinesische Führung weltweit ein verdecktes Netz von Helfershelfern auf, die sogenannten konsularischen Freiwilligen. Erste Strukturen dieser diplomatischen Schattenarmee schuf das Regime ab 2013 in Belgien, wie die Nachrichtenagentur *Xinhua* einmal ohne großes Aufheben verriet.[12] Innerhalb weniger Jahre hatten die Chinesen ein engmaschiges Netz über das kleine europäische Land gelegt, mit Freiwilligenstellen in zehn Provinzen sowie der Hauptstadt Brüssel. Belgien diente als Blaupause für die anderen EU-Staaten. Auch wenn in

Deutschland erst später mit dem Aufbau begonnen wurde, sind die Arbeiten auch hier inzwischen weit fortgeschritten. So zeigen Recherchen, dass in München mindestens zehn, in Hamburg mindestens 30 «konsularische Freiwillige» geführt werden. Auf einem Foto des Generalkonsulats in Düsseldorf posiert Generalkonsul Feng Haiyang mit 36 Landsleuten, die an einem Festakt für Neuernannte teilgenommen haben. Auch in Frankfurt am Main, Berlin und Bonn dürften Dutzende weitere Freiwillige geführt werden, deutschlandweit müssen wohl sehr viel mehr als 100 Chinesen zum verdeckten Netz der «konsularischen Freiwilligen» gezählt werden.[13]

Allerdings täuscht der Name der Struktur über die eigentliche Funktion. Bei den «Freiwilligen» handelt es sich nicht um einen losen Zusammenschluss von Leuten, die sich ab und an zu harmlosen Freizeitaktivitäten treffen, wie man das aus dem Sport, der Zivilgesellschaft, dem sozialen Bereich oder künstlerischen Projekten kennt. Zwar erhalten die Beteiligten tatsächlich keinen Lohn für ihr Engagement, auch kommen sie nicht in den Genuss diplomatischer Privilegien wie Immunität oder Reiseerleichterungen. Trotzdem unterstehen sie staatlichen Stellen, die klare Anweisungen ausgeben. Offiziell lässt die Regierung in Peking verlauten, die «Freiwilligen» stünden für Unterstützungsleistungen bereit, die Auslandschinesen das Leben erleichterten. So heißt es in einem chinesischen Regierungspapier: «Der Staat ermutigt relevante Organisationen und Einzelpersonen, durch den Freiwilligendienst konsularischen Schutz und Hilfestellungen zu gewähren.» Dies könnten Hilfen bei der Ausstellung eines neuen Passes, von Visa oder Beistand in Rechtsfragen sein. Sogar chinesische Touristen könnten sich hilfesuchend an die Freiwilligen wenden. Doch Beobachter erkennen auch andere Aufgaben, welche die Schattentruppe ausführt – Einmischungen im Ausland, geleugnete verdeckte Einflussnahme, Desinformation bis hin zur rustikalen Unterdrückung von Landsleuten.[14]

Hinter dem Begriff «konsularische Freiwillige» versteckt sich demnach ein ausgeklügeltes System mit einer hierarchischen Struktur, das die KPCh in der ganzen Welt aufbaut, um ihre eigenen Interessen auch auf unkonventionellem, wenig diplomatischem Weg vertreten zu können. Im Prinzip handelt es sich um flexibel steuerbare Personen, die auch für robuste Einsätze eingesetzt werden können. Wie in zahlreichen Staaten weltweit hat das chinesische Regime auch in Deutschland bewusst eine verdeckte Struktur aufgebaut, um im Schatten agieren zu können. Es gibt Belege dafür, dass die Freiwilligentrupps gerne für Jubelaktionen und Demonstrationen im Sinne der KPCh genutzt werden. Auffällig ist auf jeden Fall, dass es immer wieder auch zu gewalttätigen Ausbrüchen von Pro-Peking-Aktivisten kommt. Dieser Krawall spielt den Machthabern oft in die Karten, auch wenn sie immer darauf achten, mit solchen Aktionen nicht direkt in Verbindung gebracht werden zu können. Ob es auch bei den brutalen Übergriffen im Ausland eine direkte Verbindung zum Regime gibt, oder ob es sich um wütende Privatpersonen handelt, lässt sich nicht sagen. Zumindest versucht das Regime bei rustikalen Methoden von Aktivisten immer einen möglichst großen Abstand zu wahren. «In der Regel möchte man sich natürlich davon distanzieren und sagen können: Wir machen nichts, aber für unsere Bevölkerung können wir nicht garantieren», so Mareike Ohlberg.[15] Für die China-Expertin des German Marshall Fund schreibt sich das teils robuste Vorgehen gegen Regimegegner auch im Ausland in eine Strategie ein, die im Heimatland an der Tagesordnung sei. «Das ist ein Schema, das wir aus China schon sehr lange kennen.» Wenn gegen unliebsame Journalisten vorgegangen werden soll, dann machen das nicht Polizisten in Uniform, sondern schwarz gekleidete Schlägertrupps. Bei den Demonstrationen für Demokratie in Hongkong haben Männer in weißen T-Shirts die Teilnehmer angegriffen und zusammengeschlagen. «Es ist wahnsinnig praktisch, wenn man Leute hat, auf die man für gewalttätige Aktionen zurückgreifen kann», so Ohlberg, «mit denen man selbst nicht in Verbindung gebracht werden möchte.» Denn viele der Aktionen der Pro-Peking-Aktivisten sind alles andere als vornehm diplomatisch. Und die Grenzen zwischen Freiwilligentrupps, die auf Bestellung jubeln, und brutalen Schlägern sind manchmal schwer zu erkennen. Durch ein informelles Heer von Unterstützern werden Proteste gestört, Leute tauchen dann teils maskiert auf, schüchtern ein oder werden auch schon einmal handgreiflich. «Das ist in den letzten Jahren auch noch aggressiver geworden, weil der chinesische Staat heute ein noch größeres Interesse hat, sämtliche Proteste gegen ihn zu unterbinden», so Ohlberg, «Protestierende einzuschüchtern und sicherzustellen, dass die Leute sich nicht mehr trauen, gegen den chinesischen Staat auf die Straße zu gehen.»

Als Xi Jinping im November 2023 Joe Biden in San Francisco traf, eskalierte die Lage. In der kalifornischen Stadt gerieten Regimegegner und die offiziellen Unterstützer derart aneinander, dass am Ende sogar Blut floss. Es kam zu Hetzjagden gegen Kritiker, zu Diffamierungen und zu Schlägereien. Menschen, die friedlich auf den Straßen demonstriert hatten, wurden mitten in Kalifornien von ausländischen Trupps mit Gewalt an ihrer freien Meinungsäußerung gehindert, eingeschüchtert und teils sogar verletzt. Videos zeigen, wie Pro-Peking-Aktivisten Demonstranten zusammentreten, während Helfer versuchen, die brutalen Übergriffe mit China-Fahnen zu verdecken. In einer Tiefgarage rennt ein Mob hinter einer Handvoll «Freiheit für Tibet»-Demonstranten her und treibt sie schließlich brutal in einen Aufzug. Auf Fotos sind Demonstranten zu sehen, denen die Lippen blutig geschlagen wurden, in deren Gesichtern Platzwunden klaffen. «Natürlich ist es absolut illegal, Menschen auf der Straße zusammenzuschlagen», so China-Expertin Ohlberg. «Es ist auch illegal, Informationen über protestierende Leute auf deutschen Straßen zu sammeln und an chinesische Behörden weiterzugeben. Das sind alles illegale Sachen.» Doch die westlichen Gesetze scheren die Vertreter des Pekinger Regimes offenbar nicht. Für sie zählen allein die eigenen strategischen Interessen. Und ein weiterer Vorteil der illegalen Konstruktion besteht darin, dass die chinesische Seite Aktionen für die eigene Propaganda nutzen kann. So wird gerne behauptet, bei den teils gewalttätigen Ausschreitungen handle es sich um den Zorn der eigenen Bevölkerung. Die Mehrheit der Chinesen stehe eben hinter Xi Jinping und seiner Regierung. «Das kann dann vom Regime gezielt genutzt werden, nach dem Motto: Seht her, alle Chinesen sind wahnsinnig empört über das Verhalten der westlichen Welt!» So erfüllen die unterschiedlichen Gruppen von Pro-Peking-Aktivisten, zu denen auch die «konsularischen Freiwilligen» gehören, gleich mehrere Funktionen. Manche Akteure agieren als rustikale Straßentrupps, die auch mal etwas härter zugreifen können. Und gleichzeitig lassen sich gerade die «konsularischen Freiwilligen» für die staatliche Propaganda ins Feld führen. «Das hilft natürlich für die eigene Erzählung, wenn man behaupten kann, dass die Demonstranten des Regimes für das ganze Volk sprächen und die Chinesen eben alle wahnsinnig empört über die Proteste gegen die eigene Regierung seien», so Ohlberg weiter.

Auch wenn die diplomatische Schattenarmee außerhalb Chinas bereits Angst und Schrecken verbreitet, laufen die «Freiwilligen» bisher unter dem Radar der Öffentlichkeit und an sämtlichen internationalen Abkommen vorbei. Zwar weiß auch die Bundesregierung von der verdeckten Struktur, beschränkt sich bislang allerdings nur auf gelegentliche Protestnoten. Dass das chinesische Vorgehen ein diplomatischer Affront ist, scheint den deutschen Diplomaten dennoch klar zu sein. «Das Auswärtige Amt hat konsularische Tätigkeiten durch andere Personen als die Konsularbeamtinnen und -beamten der konsularischen Vertretungen der Volksrepublik China nicht genehmigt», bestätigt das deutsche Außenministerium auf Anfrage die gesetzeswidrige Struktur.[16] Das Vorgehen stellt also eindeutig einen Verstoß gegen die Wiener Abkommen dar. Während sich die deutschen Diplomaten offenbar scheuen, das Problem klar zu benennen, sprechen Menschenrechtsaktivisten Klartext. «Die vielfältigen Parallelstrukturen, welche Institutionen der Volksrepublik China im Ausland in Zusammenarbeit mit lokalen, der Einheitsfront angeschlossenen Gruppen aufgebaut haben, sind für uns klar illegal», sagt Laura Harth von Safeguard Defenders, «und stellen eine dreiste Verletzung der territorialen Souveränität der Gastländer dar.»[17]

Bei den «Freiwilligen» handelt es sich zumeist um junge Leute, oft auch Studenten, die durch eine offizielle Ernennung, besiegelt mit einer Urkunde, in den Freiwilligendienst aufgenommen werden. Die Undercover-Aktivisten der Botschaft mischen sich oft unter größere Mengen von Pro-Peking-Aktivisten, bei denen kaum erkennbar ist, wer am Ende in offizieller Mission unterwegs ist und wer nicht. Offiziell behauptet China, keinerlei direkten Einfluss auf die eigenen Unterstützergruppen zu nehmen. Doch belegen geleakte Chatnachrichten aus Kanada aus geheimen WeChat-Gruppen, dass es weit engere Verbindungen gibt, als die chinesische Seite zugibt. Offenbar kommt es durchaus zur gegenseitigen Informierung über geplante Aktionen, und von diplomatischer Seite kann es auch schon Anweisungen geben.[18] Auch aus dem Urteil eines Bundesgerichts in Ottawa geht indirekt hervor, wie die Befehlsketten laufen. Ein Chinese hatte geklagt, weil er keinen permanenten Aufenthaltsstatus in Kanada bekam. Der Grund für die Weigerung der Behörden war, dass der Mann mehr als 20 Jahre für die Overseas Chinese Affairs Office (OCAO) arbeitete, eine Unterabteilung der Einheitsfront. Diese Einrichtung kümmert sich um die Belange der chinesischen Diaspora weltweit und koordiniert zugleich Einflussaktionen rund um den Globus. Ihre Order bekommt die OCAO direkt aus der Zentrale der Einheitsfront in Peking. Über das Office werden die Anweisungen dann in die Auslandsvertretungen eingespeist, wo diese an Diplomaten und Nicht-Diplomaten weitergegeben werden. Auch wenn es keinen direkten Bezug zwischen OCAO und «konsularischen Freiwilligen» gibt, so zeigt sich hier zumindest, auf welch verschlungenen Wegen die Order aus dem Parteiapparat in der Volksrepublik über die verschiedenen Kanäle in die chinesische Diaspora fließen. In dem Urteil vom Januar 2022 heißt es, dass die OCAO eine Einheit sei, «die für Spionage verantwortlich ist und ‹gegen kanadische Interessen› handelt».[19] Hauptaufgabe der Unterabteilung sei es, «die Kontrolle der KPCh über die Gesellschaft der Volksrepublik, die chinesischen Unternehmer und auch die Mitglieder der chinesischen Diaspora sicherzustellen», heißt es in einer Notiz des German Marshall Fund, in der auf das Gerichtsurteil Bezug genommen wird.[20] Ihre Mitarbeiter platziert die OCAO in Botschaften, Konsulaten und offiziellen Agenturen in aller Welt, wo diese direkten Einfluss auf die Diaspora ausüben können.[21]

In Berlin steht Su Yutong auf der Liste der chinesischen Staatsfeinde ganz oben. Entsprechend vorsichtig verhält sie sich. Niemand soll wissen, in welchem Stadtteil sie wohnt, die genaue Adresse hütet sie wie ein wertvolles Schmuckstück. Gerade ist sie wieder umgezogen, nachdem ihre staatlichen Gegner die letzte Adresse herausbekommen hatten. Spätestens da war für die chinesische Regimekritikerin und Journalistin klar, dass sie auch in Deutschland nicht sicher ist. Über Monate hatten ihre Gegner zuvor immer neue Drohbotschaften geschickt. Wie sie an ihre private Nummer gekommen sind, bleibt für die Menschenrechtsaktivistin ein Rätsel. Su vermutet, dass Spitzel des chinesischen Regimes, die sich verdeckt in Chatgruppen von Dissidenten bewegen, ihre Nummer weitergegeben haben. Über die chinesische App WeChat erhielt sie ständig neue Botschaften. Ein Mann war besonders grausam. «Er sagte: ‹Ich werde dich töten und vergewaltigen!›», berichtet Su und zeigt die Nachricht auf ihrem Mobiltelefon. «Fast täglich gab es solche Nachrichten.» Su ging zur Polizei, meldete den Vorfall und reichte eine Strafanzeige ein, das Berliner LKA nahm Ermittlungen auf. In einem Schreiben mit der Vorgangsnummer 221124-1800-392129 taucht der Name des Verdächtigen auf. Doch offenbar schafften es die Ermittler nicht, den Mann ausfindig zu machen. Am Ende wurde das Verfahren nach wenigen Monaten eingestellt.[22]

Danach ging es erst richtig los. Immer neue Personen, die alle zumeist anonym blieben, versuchten, der Frau über das Telefon Angst zu machen. Als die Bedrohungen und Einschüchterungsversuche nach einiger Zeit jedoch keinen Erfolg hatten, wechselten sie die Strategie. Ein Mann stellte Su auf einmal eine große Zahlung in Aussicht. «Er sagte, er würde mir viel Geld geben, wenn ich die Klappe halte», so die Regimekritikerin. Auf ihrem Bildschirm tauchte ein Foto von einem Koffer auf, in dem Geldbündel gestapelt waren, daneben lag ein Diplomatenpass. «Beim ersten Mal bot er mir 50 000 Euro, und dann bot er sogar 100 000 Euro an.» Als die Frau den Unbekannten fragte, wer ihn geschickt habe, gab er ganz offen zu, wer seine Auftraggeber seien. «Er sagte: ‹Ich arbeite für das chinesische Außenministerium und in Deutschland für die chinesische Botschaft.›» Die Nachricht in dem chinesischen Messengerdienst WeChat hat Su archiviert. «Aber mein Büro ist nicht in der Botschaft», beschrieb die Person in dem Post detailliert und völlig ungeniert die eigene Arbeitsweise. Als die Regimekritikerin weder durch Morddrohungen noch durch mögliche Geldzahlungen mundtot gemacht werden konnte, wurden die Übergriffe schmierig. Ein Mann stellte ein Foto von Su Yutong auf eine Pornoseite im Internet. Daneben schrieb er ihren Namen, ihre Adresse und behauptete, dass es sich bei der Frau um eine professionelle Prostituierte handele. Mehrfach kamen vermeintliche Freier bei Su vorbei und klingelten bei ihr. Die Frau ist sich sicher, dass auch die angeblichen Kunden Schergen des Regimes waren. Sie sah ihren Verfolgern direkt in die Augen. Danach war für die Chinesin klar, dass sie dringend umziehen musste.

Auf Nachfragen zur genauen Zahl der «konsularischen Freiwilligen» in Deutschland geht die chinesische Botschaft nicht ein. Auch gibt es keine Auskunft darüber, ob die chinesische Seite die Personen offiziell beim Auswärtigen Amt gemeldet hat. Genauso wenig äußert man sich zur Frage, ob die «Freiwilligen» an der Einschüchterung und Beobachtung chinesischer Staatsbürger beteiligt sind. Ausweichend antwortet die Botschaft in Berlin: «Gemäß dem Wiener Übereinkommen über diplomatische Beziehungen sowie aufgrund der Verordnung für konsularischen Schutz und Beistand der Volksrepublik China gewähren wir allen chinesischen Staatsangehörigen in Deutschland völkerrechtskonforme konsularische Unterstützungen.»[23] Kein Wort zu der Freiwilligentruppe – über ihre Größe, die Organisation und ob diese korrekt beim deutschen Staat angemeldet ist.

Die Frage zur fragwürdigen Rolle der «konsularischen Freiwilligen» bei der Überwachung und Einschüchterung chinesischer Staatsbürger und unliebsamer anderer Kritiker in Deutschland verärgert die Botschaft ganz offensichtlich. Das «Presseteam», wie sich die Absender in der Botschaft nennen, schreibt: «Die sogenannte ‹Überwachung und Einschüchterung chinesischer Staatsbürger in Deutschland› ist aus der Luft gegriffen.» Die Botschaftssprecher fügen hinzu: «Solche reißerischen Behauptungen dienen nur der Verleumdung und Verunglimpfung Chinas.» Auffällig ist, dass die Presseabteilung über eine Google-Mailadresse kommuniziert. Während sämtliche offiziellen Seiten der Botschaft und ihrer Abteilungen über Server in China laufen, ist die Kommunikation offenbar ausgelagert.[24] Und die teils wahrscheinlich auch deutschen Zuarbeiter wissen genau, welchen Ton sie gegenüber Journalisten anschlagen müssen, zumindest sehen sie das sicher so: «Wir hoffen, dass die deutschen Medien die Spreu vom Weizen trennen und sich nicht an Verbreitung solcher Fiktionen beteiligen.»

Dass die «Freiwilligen» auch in Deutschland klare Anweisungen für ihre Aufgabe bekommen, gibt allerdings das Generalkonsulat in Düsseldorf – zumindest indirekt – zu. So hat die Auslandsvertretung vor einiger Zeit ein Foto veröffentlicht, auf dem ein «Handbuch für Verbindungspersonen zum konsularischen Schutz» zu sehen ist. Bei dem Druckwerk handelt es sich um nichts weniger als einen Leitfaden für die diplomatische Schattenarmee. Und die steht auch in Deutschland für besonders kritische politische Situationen parat. Ihr Aufgabenbereich reicht von bestelltem Jubel bis zur Einschüchterung und Bedrohung von Regimekritikern. Mehrfach haben «konsularische Freiwillige» in Deutschland versucht, Stimmung für das eigene Regime und gegen die westliche Demokratie zu machen. Bei den Jubelchören im Juni 2023 vor dem Kanzleramt war ebenfalls mit einiger Wahrscheinlichkeit eine größere Anzahl von «Freiwilligen» beteiligt. Dass die Botschaft weit mehr in die Koordinierung der Pro-Peking-Gruppe eingebunden war, zeigte sich an der Versorgung der Claqueure. Zur Mittagszeit fuhr ein von der Botschaft bestelltes professionelles Catering für die Unterstützer des Regimes bei der Demo vor. Auf Fotos stehen Demonstranten vor dem Eingang zur U-Bahn-Haltestelle «Deutscher Bundestag», ihre rot-gelben China-Fahnen neben sich an einen Mauersims gelehnt, und löffeln von Plastiktellern ihre Verpflegungsrationen.

Weitaus aggressiver war der Auftritt der Schattenkämpfer einige Jahre zuvor. Als im September 2019 bekannt wurde, dass der Hongkonger Demokratieaktivist Joshua Wong nach Deutschland zu Besuch kommen sollte, zog das Pekinger Regime alle Register.[25] Zuerst wurde die Bundesregierung aufgefordert, dem Flugzeug Wongs keine Landeerlaubnis zu erteilen. Nachdem die deutschen Regierenden dies abgelehnt hatten, drohten die Kommunisten ganz unverhohlen. Wenn es auch nur ein Foto mit dem Aktivisten und einem Mitglied des Bundeskabinetts gebe, dann werde das schwerwiegende Konsequenzen haben. Als auch das nichts brachte, kündigte Peking «Vergeltungsmaßnahmen» an. Deutschland werde Wongs Besuch «teuer bezahlen», wenn es tatsächlich dazu komme. Der Hongkonger Studentenführer landete schließlich in Berlin – und die KPCh versuchte zumindest noch, die Stimmung zu vermiesen. Vor dem Brandenburger Tor marschierte eine Front von gut 40 Personen auf, die diplomatische Schattenarmee. Sie spannten großformatige Fahnen der Volksrepublik China auf und hielten Schilder mit eindeutigen Botschaften in die Luft.[26] «Unterstützt die Hongkonger Polizei», stand auf einem, «Gegen Gesetze verstoßen ist nicht Demokratie», auf einem anderen. Zumindest diskreditieren wollten sie so den Besuch Wongs, wenn sie ihn schon nicht verhindern konnten. Offiziell reichte die chinesische Regierung später Beschwerde bei der Bundesregierung ein, sogar der deutsche Botschafter wurde in Peking einbestellt. Und die Vergeltung ließ auch nicht lange auf sich warten. Mehrere Monate lang bekamen deutsche Diplomaten in China keine Termine mehr, sie wurden von der chinesischen Politik völlig isoliert. Auch den Dissidenten in Deutschland ließen die Machthaber der Volksrepublik signalisieren, dass die Gegner nicht ungeschoren davonkommen würden. Unter den Regimebefürwortern hielt ein junger Mann in einer roten Adidas-Jacke und mit Sneakern ein Pappschild in die Höhe. «Wir sind alle Chinesen», stand darauf, «kommt friedlich nach Hause.» Was auf den ersten Blick freundlich klang, war eine unverhohlene Drohung. Den Demonstranten wurde damit mitgeteilt, dass sie ihrer Herkunft niemals entkommen könnten – und dass sie eines Tages sowieso in der Volksrepublik enden würden. Was Regimegegnern bevorsteht, wenn sie tatsächlich eines Tages zurück in die Volksrepublik China reisen sollten, zeigen die Repressalien und Einschüchterungen, die ihre Verwandten in der Heimat schon jetzt erfahren, nur weil die Familienangehörigen im fernen Deutschland auf die Straße gehen und demonstrieren. Dass ihre diplomatische Schattenarmee an sämtlichen internationalen Abkommen vorbei agiert und gesetzeswidrig ist, stört die Machthaber in Peking nicht. Nach der harschen Kritik der westlichen Regierungen auf dem G7-Gipfel in Japan und der klaren Feststellung, dass die «konsularischen Freiwilligen» illegal sind, hat das kommunistische Regime eine kosmetische Korrektur vorgenommen. Am 1. September 2023 trat ein Dekret des Staatsrats der Volksrepublik China in Kraft, damit wurden die «konsularischen Freiwilligen» von chinesischer Seite formalisiert. Ein einseitiger Schritt, der die Situation auf internationaler Ebene nicht ändert, aber das interessiert in Peking sowieso niemanden. «Das ist der Mittelfinger Chinas an den Rest der Welt», urteilt der belgische Politikprofessor Jonathan Holslag.[27]

Die Märchen des Konfuzius

Im November 2020 kam es im Bundestag zu einem bizarren Vorfall. In seiner 66. Sitzung der laufenden Legislatur wollte sich der Menschenrechtsausschuss mit der «Lage der Menschenrechte in China» beschäftigen. Als Experten waren eine Professorin vom renommierten King's College in London und der Chef von Human Rights Watch Deutschland per Videostream zugeschaltet, eine chinesische Whistleblowerin und weitere Wissenschaftler waren im Saal anwesend. Mit in der Runde saß auch die emeritierte deutsche Professorin Mechthild Leutner. Besondere Brisanz hatte das Treffen erlangt, da in den Wochen und Monaten zuvor immer neue Berichte über die Unterdrückung der muslimischen Minderheit der Uiguren im Nordwesten Chinas bekannt geworden waren, es gab Beweise für willkürliche Verhaftungen, Folter, Zwangsarbeit, spurlos verschwundene Personen. Satellitenbilder belegten die Existenz von Straflagern in der Region Xinjiang, die von den Uiguren «Ostturkestan» genannt wird. Mechthild Leutner, ehemals Sinologie-Professorin am Ostasiatischen Seminar der Freien Universität Berlin, wies zu Beginn ihrer Ausführungen darauf hin, dass sie keine Vertreterin einer Interessengruppe sei. Umso erstaunter waren die Teilnehmer, als auf einmal ein Vortrag im Stile der Kommunistischen Partei folgte. Es hatte den Anschein, als betrachte die deutsche Wissenschaftlerin die Lager für Angehörige der muslimischen Minderheit allein durch die Brille Pekings. Leutner, die sich in ihrer wissenschaftlichen Karriere vor allem mit Fragen zur Emanzipation der Frau in China beschäftigt hat, malte das große Schreckensbild des internationalen islamistischen Terrors an die Wand, das auch für die Volksrepublik China immer bedrohlicher werde. So behauptete sie, dass sich 300 uigurische Kämpfer bis zum Jahr 2000 den Taliban angeschlossen hätten, sogar 5000 zuletzt dem Islamischen Staat. «Und 25 000 Uiguren leben allein in der Türkei», orakelte die Wissenschaftlerin weiter.[28] Mehrere hundert Chinesen seien durch islamistische Anschläge in China ums Leben gekommen, womit Leutner recht hat: Auch die Volksrepublik wurde mehrfach durch Brandanschläge, Messerattacken und Selbstmordattentäter erschüttert, die etliche Tote zur Folge hatten. Die Frage dabei ist jedoch, wie groß der tatsächliche Täter- und Mitwisserkreis ist. Laut der deutschen Professorin hätten die Sicherheitskräfte 1500 Terrorgruppen ausfindig gemacht und zerstört, 12 000 Terroristen seien festgenommen worden. Sollten diese Zahlen auch nur ansatzweise stimmen, würde das bedeuten, dass die uigurische Gesellschaft von gewaltbereiten Kriminellen geradezu durchsetzt ist. Internationale Beobachter gehen davon aus, dass der chinesische Sicherheitsapparat völlig überzogen vorgeht und Männer schon weggesperrt hat, wenn sie nur einen zu langen Bart trugen oder in einer Moschee beteten. Doch in den Schilderungen der deutschen Professorin wirkte die muslimische Provinz, die längst durch gezielte Bevölkerungsverschiebungen von Han-Chinesen demografisch umprogrammiert wurde – sie machen inzwischen die Hälfte der Einwohner aus –, wie ein brodelndes Nest von Gefährdern. «Dieses Terrorismusproblem bezieht sich insbesondere auf Xinjiang mit seiner muslimischen Bevölkerung», schwadronierte Leutner weiter. «Es haben sich fundamentalistische Ideen mit Ideen des Separatismus verbunden.» Sämtliche Muslime schienen nach den Ausführungen der Professorin per se eine Gefahr zu sein, das Durchgreifen des kommunistischen Sicherheitsapparates nur konsequent und nachvollziehbar.

Von den anderen Experten, die die Abgeordneten in ihre Runde eingeladen hatten, verteidigte niemand das brutale Vorgehen des Regimes gegen die Uiguren. Im Gegenteil. Die Wissenschaftler und Menschenrechtsaktivisten sprachen von «moderner Sklaverei», von zwangsweiser Medikamentierung, erwähnten das «Verschwindenlassen» von Kritikern. Eine Augenzeugin berichtete davon, wie einem Kind im Kindergarten der Mund mit Klebeband zugeklebt worden sei, weil es seine Muttersprache Uigurisch und nicht Mandarin gesprochen habe. Sämtliche Kinder in der Gruppe seien auf die gleiche Weise mitbestraft worden. Durch die Ausführungen der Experten wurde klar, welch brutaler Alltag vor allem in den Gefängnissen und Straflagern der Region herrscht. «Zu den üblichen Foltermethoden gehören Schläge, Zwangsernährung, Verharren in qualvollen Positionen, sensorische Überreizung, Elektroschocks, Waterboarding und Würgen, Isolationshaft und sexuelle Übergriffe», erläuterte die chinesische Journalistin Lea Zhou.

Besonders beklemmend gerieten die Schilderungen von Sayragul Sauytbay. Die Uigurin musste als Chinesischlehrerin für die Inhaftierten in einem der Straflager arbeiten. Unter erheblichen Gefahren konnte sie später aus China fliehen, gelangte über Kasachstan nach Schweden, von wo sie nun per Livestream zugeschaltet war. «In jenem Konzentrationslager, dessen Lebensbedingungen ein einziger erstickender Alptraum waren, saßen etwa 2500 Gefangene, Männer wie Frauen aus allen Altersgruppen, ein», berichtete sie über ihre Erlebnisse. Bei den Insassen habe es sich vor allem um Kasachen, Uiguren und Kirgisen gehandelt. «Allen war der Kopf kahl rasiert worden, viele trugen Handschellen oder Fußfesseln», so

Sauytbay weiter, «den meisten war jeder Lebensmut entwichen, ihre Augen waren stumpf.» Der Anblick der Menschen habe ihr das Herz gebrochen. Mit dem brutalen Vorgehen unterzögen die kommunistischen Machthaber die Insassen «einer terrorgleichen Gehirnwäsche», sagte die ehemalige Lehrerin weiter. «Ich habe all das, was eigentlich unvorstellbar ist, mit eigenen Augen gesehen.»

Doch die schockierenden Schilderungen der Expertenkollegen schienen nicht ins Weltbild der emeritierten Professorin von der Freien Universität Berlin zu passen. Sie wolle «eine eigene Deutungskompetenz entwickeln» und nicht abhängig sein «von Studien, von Thinktanks, die eben ganz andere Interessen haben, und Institutionen, hinter denen eben auch beispielsweise ganz starke evangelikale Ziele stehen, die China als das Böse an sich deklarieren», sagte Mechthild Leutner. Mit zwei, drei Sätzen wischte die Wissenschaftlerin sämtliche Kritik an den Menschenrechtsvergehen des kommunistischen Regimes vom Tisch. Von «China-Bashing» sprach sie, bei dem die Volksrepublik als Feind konstruiert werde. Dagegen stellte die deutsche Sinologin ein komplett anderes Szenario, versuchte die Regierung in ein weitaus positiveres Licht zu rücken. Für Leutner greift Peking nicht nur hart durch, sondern gehe schon länger auch präventiv gegen mögliche neue Gewalttäter vor. «Dazu gehörten Programme zur Armutsbeseitigung und zur beruflichen Qualifizierung sowie zur Schaffung von Arbeitsplätzen», so die ehemalige Professorin. Dann kommt die Wissenschaftlerin zu einer Einschätzung, welche die meisten Teilnehmer noch Jahre später entsetzt. «Kurz zu dieser Institution der beruflichen Ausbildungszentren», fuhr die emeritierte Professorin fort. «Die gibt es in China schon sehr lange und auch in Xinjiang.» In der gesamten Provinz befänden sich etwa 1,3 Millionen Personen in solchen Einrichtungen. Was die deutsche Professorin «berufliche Ausbildungszentren» nannte, bezeichnen renommierte China-Experten jedoch als «Konzentrationslager». Es gibt Fotos von Insassen solcher Lager, die etwa während eines Gefangenentransports am Boden kauernde Männer in Blaumännern zeigen, die Köpfe kahl rasiert, die Augen verbunden und den Kopf gesenkt. Dazwischen patrouillieren chinesische

Sicherheitsmänner. In einem vertraulichen Lagebericht aus dem Jahr 2019 nennt auch das Auswärtige Amt die Einrichtungen «faktische Umerziehungslager», in denen die Insassen mit «drakonischen ideologischen Ausbildungskursen» gefügig gemacht werden sollen.[29] Mechthild Leutner habe mit «Vorhaltungen, Verdrehungen und Verharmlosungen» argumentiert, hieß es tags darauf in der Zeitung.[30] Abgeordnete, die bei der Anhörung im Bundestag anwesend waren, berichten noch Jahre später, wie schockiert sie über die Ausführungen der deutschen Wissenschaftlerin waren. Doch gibt es für die einseitige Einschätzung der Professorin wohl eine Erklärung: Mechthild Leutner pflegt schon lange eine besondere Nähe zur Volksrepublik China, die sie überhaupt nicht verhehlt. Sie ist seit Jahren Gastprofessorin ehrenhalber der Peking-Universität und der Historischen Fakultät der Nanjing-Universität.[31] Vor allem aber stand die Professorin von 2006 bis 2014 dem Berliner Konfuzius-Institut vor. Eines ist die Professorin in ihrer Expertise damit nicht: neutral.

Die Konfuzius-Institute gehören zu den effizientesten Propagandainstrumenten der KPCh. Vordergründig scheint es sich um kulturelle Einrichtungen zu handeln, vergleichbar dem Goethe-Institut, dem British Council oder dem Institut français. Als entsprechend harmlos wurden daher über lange Zeit auch die chinesischen Institute angesehen. Doch die Konfuzius-Institute fungieren als Tarneinrichtungen, um die Weltsicht des Pekinger Regimes in die deutsche Gesellschaft einsickern zu lassen. Geschickt greifen die Chinesen dafür Befürchtungen auf und wandeln sie ins vermeintliche Gegenteil. So heißt es oft, die gegenwärtigen Beziehungen seien von Misstrauen geprägt, weshalb die chinesische Führung auf einen größeren Austausch dringe, um so auf ein besseres gegenseitiges Verständnis hinzuarbeiten. Und nichts sei dafür wichtiger, als die Kultur und Sprache des jeweils anderen zu verstehen, Wissenswertes über Land und Leute zu vermitteln – scheinbar harmlose Bestrebungen, die für gegenseitige Toleranz und ein besseres Miteinander sorgen sollen. Geschickt platziert die chinesische Propaganda immer wieder dieses Narrativ. «Chinas Wirtschaft und die damit verbundenen internationalen Beziehungen zu Deutschland haben in den letzten Jahren ein sehr starkes Wachstum erfahren», heißt es etwa auf der Internetseite eines der Institute. «Es besteht daher zunehmend Bedarf an chinesischen Sprachkursen.» Aber auch auf den Austausch in Musik, Kunst und Literatur – manchmal sogar beim Kochen – wird immer wieder Bezug genommen. In der Sprache Pekings klingt das wie folgt: «Zusätzlich ist erkennbar, dass eine wirtschaftliche Verflechtung ohne einen kulturellen Austausch auf die Dauer nicht nachhaltig ist.»[32]

Doch bei den Konfuzius-Instituten geht es nicht um kulturellen Austausch. Vielmehr verkörpern sie einen stramm geführten Apparat der Unterwanderung, mit dem Einfluss bis in höchste gesellschaftliche, vor allem politische Kreise ermöglicht werden soll. Der Plan geht zurück auf den 19. Parteitag der Kommunistischen Partei Chinas. Damals, im Oktober 2017, haben Xi Jinping und seine Führungsmannschaft festgelegt, dass sie ihren Machtbereich umfangreich umstrukturieren wollen. Von einer «zweiten Revolution Chinas» sprach der Staats- und Parteichef später, die er und seine Mitstreiter betrieben. Mit ihrem Vorstoß werde nicht nur das Land, sondern die ganze Welt tiefgreifend verändert. Die chinesische Nachrichtenagentur *Xinhua* feierte schon einen «Sozialismus chinesischer Prägung für eine neue Ära». Im Zentrum: die Konfuzius-Institute. Wenige Jahre später trat eine neue komplizierte Verwaltungsstruktur in Kraft. Die Institute unterstehen nun nicht mehr wie zuvor der Regierungsstelle «Hanban», die zum Bildungsministerium gehörte. Sie werden neuerdings von der Chinesischen Stiftung für internationale Bildung geführt, die wiederum vom Zentrum für Sprachbildung und -kooperation abhängt. Nach außen wird so der Eindruck von Unabhängigkeit erweckt. Doch bei dem neu eingerichteten Zentrum handelt es sich um nichts anderes als die bisherige Zentrale der Konfuzius-Institute, die nur einen anderen Namen bekommen hat. Kenner des chinesischen Machtapparats gehen davon aus, dass die Regierung bewusst Verwirrung schaffen wollte, um ihre wahren Ziele zu verdecken. Entsprechend warnte im Oktober 2022 sogar der Verfassungsschutz vor einer weiter bestehenden Gefahr durch die Konfuzius-Institute. Sie würden auch nach der Verwaltungsreform «als wichtige politische Einflussakteure und Instrumente der Machtprojektion der KPCh im Ausland aktiv bleiben».[33] Dem schloss sich die Bundesregierung an. «Inhaltlich und personell zeigt sich bei beiden Institutionen keine nennenswerte Neuausrichtung», hieß es in einer Stellungnahme zu den zwei Dachorganisationen der Institute. Die direkte Befehlskette vom Zentralkomitee der Partei hinab zu den einzelnen Instituten gelte weiter. «Die Nähe der Konfuzius-Institute zur KPCh bleibt daher nach Einschätzung der Bundesregierung bestehen», so die Mitteilung.[34]

Und die Nähe besteht nicht nur zu offiziellen Parteiorganen. Vor einigen Jahren erschütterte ein Skandal Belgien, der handfeste diplomatische Verwerfungen nach sich zog. Die Sicherheitsbehörden hatten herausgefunden, dass der Top-Repräsentant des Konfuzius-Instituts in Brüssel die Einrichtung als Spionageplattform benutzte. Belgische Ermittler hätten beobachtet, dass Song Xinning, Direktor des Konfuzius-Instituts an der Vrije Universiteit in Brüssel, als Rekrutierer für chinesische Geheimdienste gearbeitet habe, berichtete im Herbst 2019 die *South China Morning Post*.[35] Nach Recherchen belgischer Journalisten soll Song Studenten und Geschäftsleute mit chinesischem Hintergrund angeworben haben, um gegen Geldzahlung Informationen für die Volksrepublik zu beschaffen.[36] Die Enthüllungen schockierten das Land im Herzen Europas. Song wurde aus der EU ausgewiesen, er erhielt ein achtjähriges Einreiseverbot in den Schengenraum. Später wurde das Visa-Verdikt zwar von einem belgischen Gericht wegen Mangels an Beweisen aufgehoben. Song kann also wieder in den Schengenraum einreisen. Doch würde ihm in Belgien weiterhin ein Gerichtsverfahren wegen Spionage drohen.[37]

Und die Vorgänge in Brüssel waren kein zufälliger Einzelfall, die dahinterstehende, präzise durchgeplante Strategie eint alle Institute. Nur dass sie mancherorts offensiver durchgeführt wird als andernorts. Mit vordergründig kulturellen Kooperationen sollen weltweit Gesellschaften – auch die deutsche – unterwandert und ausspioniert werden. Dafür hat das Regime einen gut getarnten Apparat aufgebaut. Global unterhält die Volksrepublik mehr als 500 Konfuzius-Institute, allein in Deutschland gibt es 19. Mit vier derartigen Einrichtungen führt Nordrhein-Westfalen (Bonn, Düsseldorf, Duisburg-Essen, Paderborn) die Liste an, gefolgt von Bayern mit drei Standorten (München, Nürnberg, Ingolstadt). In Baden-Württemberg (Freiburg, Heidelberg) und Niedersachsen (Göttingen, Hannover) gibt es jeweils zwei Institute. Dazu existieren die chinesischen Häuser auch in Berlin, Bremen, Frankfurt, Hamburg, Trier, Leipzig und Erfurt. Nur in Brandenburg, dem Saarland, Sachsen-Anhalt und Schleswig-Holstein gibt es keine solche Einrichtung. Vereinzelt wurden in den vergangenen Jahren kritische Stimmen laut, vor allem aus den Reihen der FDP. «Wenn ich Uni-Präsidentin wäre, gäbe es bei mir kein Konfuzius-Institut», sagte etwa Forschungsministerin Bettina Stark-Watzinger.[38] Oft sind die Institute an Hochschulen angegliedert, was die Struktur zusätzlich heikel macht. Denn die Einrichtungen würden von der Kommunistischen Partei politisch instrumentalisiert, was zugleich die Freiheit von Forschung und Lehre bedrohe. Unterstützung bekam sie von Parteifreunden. «Es soll uns die Propaganda der Kommunistischen Partei übergestülpt werden», warnte der Bundestagsabgeordnete Frank Müller-Rosentritt aus Chemnitz. Einige Konfuzius-Institute wurden inzwischen zumindest von den Partnerhochschulen losgelöst (Frankfurt, Hamburg, Hannover, Trier), geschlossen wurde bis heute aber kein einziges. Denn selbst die immer lauter werdenden Warnungen vom Verfassungsschutz, von einzelnen Bundesministern und den deutschen Sicherheitsdiensten ändern an der deutsch-chinesischen Entente bislang kaum etwas. Bis heute wurde, anders als etwa in Schweden, Kanada oder den USA, kein einziges Konfuzius-Institut geschlossen, was wohl auch an der Unterstützung aus höchsten Kreisen der deutschen Politik liegt.

In Mecklenburg-Vorpommern ist dem Pekinger Regime ein regelrechter Coup gelungen. Die damalige Bundeskanzlerin Angela Merkel hatte sich 2016 extra einen roten Blazer angezogen, fein abgestimmt mit der Farbe der Fahne der Volksrepublik China.

Verzückt lächelnd stand sie bei dem Festakt neben dem damaligen chinesischen Botschafter Shi Mingde und neben Xu Lin, einer Vertreterin des Bildungsministeriums der Volksrepublik. Die hohe Regierungsbeamtin, in Peking Geschäftsführerin in der Zentrale aller Konfuzius-Institute und somit deren oberste Verwaltungschefin, hatte anderthalb Jahre zuvor einen internationalen Skandal ausgelöst. Im portugiesischen Braga war die European Association for Chinese Studies zu ihrer Jahreskonferenz zusammengekommen. Als Teilnehmerin war auch Xu Lin anwesend. Doch als diese die ausliegenden Programmhefte durchsah, bemerkte sie darin die Annonce einer taiwanischen Stiftung, was in den Augen der KPCh einen Verstoß gegen die Ein-China-Linie der Partei darstellt.[39] Wütend sammelte die Chefin der Konfuzius-Institute sämtliche Hefte ein und ließ die Stapel abtransportieren. «Sie hatte alle Programmhefte konfisziert», erinnert sich eine deutsche Teilnehmerin Jahre danach an den Vorfall, «später brachte sie mit dem Taxi wieder alle Hefte zurück, aber die Seiten mit der taiwanischen Anzeige waren herausgerissen.» Schockiert verfolgten die westlichen Wissenschaftler das befremdliche Treiben der chinesischen Staatsbeamtin. Kurze Zeit später wurde Xu von einem britischen Reporter interviewt. Der Journalist sprach sie auch auf den Vorfall in Portugal an. Doch die kritischen Nachfragen dazu gefielen der chinesischen Funktionärin überhaupt nicht. «Freilich bereute sie schnell, in das Interview eingewilligt zu haben», berichtete der BBC-Reporter später, «und forderte uns auf, große Teile unserer Aufnahme zu löschen.»[40] Damit sollte das Interview eines großen europäischen Fernsehsenders zensiert werden. Die Briten sahen sich jedoch der Pressefreiheit verpflichtet und strahlten das Gespräch am Ende trotzdem in voller Länger aus. Der herrische Ton der Konfuzius-Chefin, ihre ganz selbstverständliche Zensur einer wissenschaftlichen Konferenz und die Erwartung, dass kritische Fragen aus einem Interview gestrichen werden, zeigen, welcher Geist hinter den «Kultureinrichtungen» tatsächlich steckt. Das Fernsehinterview ist ein audiovisueller Beweis für die autokratische Denkweise und aggressive Grundhaltung der Führungsspitze der Konfuzius-Institute.

In Stralsund störte die unschöne Episode unter den Feiernden aber niemanden. Dass Xu Lin extra aus Peking zu dem Eröffnungsakt angereist kam, belegte doch den Stellenwert, welchen die kommunistische Führung dem Projekt in Deutschland beimaß. Auf einer Staffelei lehnte ein metallenes Schild, auf dem unter den vier chinesischen Zeichen und dem Logo die deutsche Übersetzung stand: «Konfuzius-Institut Stralsund». Dass in der 60 000-Einwohner-Stadt an der Ostsee nun ebenfalls eine derartige Einrichtung entstand, ging auf Vermittlung der CDU-Politikerin Merkel zurück, die ihren Wahlkreis dort hatte. «Angesichts der turbulenten Entwicklungen in der Welt setzen China und Deutschland mit ihrer guten Zusammenarbeit, deren Bedeutung weit über den bilateralen Rahmen hinausgeht, ein Beispiel für Frieden, Stabilität und stabile Entwicklung weltweit», sagte Botschafter Shi.[41] China-Insider beobachten schon länger, dass es eine Kommunikationsstrategie der KPCh ist, mit Schmeicheleien Vertrauen und Nähe aufzubauen. Auch in Stralsund hatte dies offenbar Erfolg. In seinem Vortrag sah der Festredner Paul U. Unschuld von der Berliner Charité in der Eröffnung eines weiteren Konfuzius-Instituts in Deutschland ein «Zeichen dafür, dass sich zwei Kulturen Schritt für Schritt einander annähern». Seine ganze Rede durchzieht ein befremdlicher Ton der Anbiederung und Unterwürfigkeit. «Jeder, der die Medien auch nur oberflächlich verfolgt, weiß um die positive Entwicklung, die China genommen hat», so der Professor, der vor Jahren von Bundespräsident Horst Köhler für seine China-Forschung sogar das Bundesverdienstkreuz am Bande verliehen bekommen hat. Als der mit dem hohen deutschen Orden ausgezeichnete Wissenschaftler nun seine Festrede in Stralsund hielt, war Xi Jinping bereits drei Jahre an der Spitze der Volksrepublik, sein Kurs hin zu einer neuen Ein-Mann-Diktatur hatte längst begonnen. Doch China-Experte Unschuld schien das nicht zu stören, er ging sogar noch weiter und zitierte Mao Zedong. Dazu rühmte er die Erfolge der Kommunistischen Partei und bezeichnete die gigantischen Menschheitsverbrechen der «Kulturrevolution» und des «Großen Sprungs» als «Irrwege», die aber von der chinesischen Führung berichtigt worden seien. «Es war die Durchsetzungskraft der Vernunft», so Unschuld, «die von innen heraus die Entwicklung zurück auf einen guten Weg brachte.» Die Kommunistische Partei Chinas hätte eine Rede auf die eigene Vergangenheit und die Leistungen ihrer führenden Köpfe nicht besser schreiben können.

Kurz nach seiner Gründung zog das Institut, dessen Grundlage ein gemeinnütziger Verein ist, in eines der schönsten Gebäude der Stadt, das Wulflamhaus. Wie überall scheint es auch hier vorrangig um Kulturelles zu gehen. «Faust» wird als moderne Peking-Oper inszeniert, am Sund finden Seminare der meditativen Bewegungsform Qigong statt, im Institut selbst gibt es kostenlose Schnupperkurse für Chinesisch. Inzwischen bezeichnet die *Frankfurter Allgemeine Zeitung* das Gebäude aus der Hansezeit, das mit seinen hohen Kontorfenstern und dem kunstvollen Backsteingiebel seit mehr als 600 Jahren zu den schönsten Stralsunds zählt, als chinesische «Spionagebasis».[42] Und auch die Landesregierung hat erhebliche Bedenken. «Es ist davon auszugehen, dass alle offiziellen Kontakte zu chinesischen Organisationen der chinesischen Staatsräson folgen und Informationen auch an chinesische staatliche Stellen, einschließlich der Nachrichtendienste, weitergegeben werden», so eine Auskunft in Schwerin. «Davon muss auch bei den Aktivitäten des Konfuzius-Instituts in Mecklenburg-Vorpommern ausgegangen werden.»[43]

Die Berliner Charité schmückt sich noch immer mit der Eröffnungsrede ihres ehemaligen Professors, der schon seit Jahren im Ruhestand ist. Bis heute steht der Vortrag auf der Homepage. «Dieses Institut wird ein kleiner, aber bedeutender Beitrag sein zu dem großen, weltgeschichtlichen Vorgang, in dem wir uns gegenwärtig befinden und der uns zuweilen nicht geringe Kopfschmerzen bereitet», so Paul U. Unschuld in dem Text weiter. Man solle keine Angst vor dem Neuen, dem Fremden haben. «Es geht darum, hier in Stralsund wie auch anderswo, eine neue global ausgerichtete Zivilisation zu errichten.»[44] Nichts anderes hat Staats- und Parteichef Xi Jinping vor. Er will eine neue Zivilisation errichten, die global ausgerichtet ist und sich am Modell Pekings orientiert. Dem gleichgeschalteten kommunistischen Einheitsstaat, der von einem starken

Mann ohne Opposition gelenkt wird und Werte wie Demokratie, Rechtsstaat und Menschenrechte ablehnt. Und dafür spielen die Konfuzius-Institute eine zentrale Rolle. Die Kader in Peking waren nach dem Festakt an der Ostseeküste sicher hochzufrieden mit dem Fortschritt ihres Projekts in Deutschland. Besser hätten sie ihre Ziele selbst nicht bewerben können.

Besonders eng ist die Bindung jedoch in Bayern, das gerne auf eine lange Tradition des Austauschs mit China verweist. Das Konfuzius-Institut in Nürnberg wurde 2006 gegründet, nur wenige Monate nach dem Berliner Pendant, und gehört damit zu den ersten beiden in Deutschland. Heute residiert es in einer riesigen Villa direkt am Stadtpark, einer der besten Lagen der Stadt. Von außen wirkt das Haus eher wie die noble Residenz eines Lebkuchen-Barons, doch passt dazu nicht der kommunistisch-staatstragende Wind, der offenbar im Inneren weht. Denn mit der Gründung der Einrichtung kam eine der größten Sammlungen sozialistischer Literatur nach Deutschland, eine Art fernöstliche Mikroversion der Staatsbibliothek der DDR, nur weiß kaum jemand davon. Zur Eröffnung des Konfuzius-Instituts, das eng mit der Universität Erlangen-Nürnberg verbunden ist, vermeldete die Hochschulführung eine «großzügige Spende der Akademie der Sozialwissenschaften in Shanghai».[45] Die gigantische Menge von 100 000 Büchern umfasste das Paket, das die chinesischen Partner auf den Weg nach Franken geschickt hatten und welches – so die Hoffnung der Uni – «die Grundlage zur Errichtung eines Recherche-Zentrums zur Geschichte, Gesellschaft und Politik der Volksrepublik China» darstellen sollte. «Die Bände decken die Geschichte der chinesischen Umbrüche der Nachkriegszeit einschließlich der Kulturrevolution und deren Nachfolgezeit bis Mitte der 90er Jahre ab», jubilierte die deutsche Seite. «Damit werden die Universität und ihre Sinologie über eine europaweit einmalige Bibliothek über die Volksrepublik China und ihre neuere Geistes-, Sozial- und Technikgeschichte verfügen.» Sie hätten wohl hinzufügen sollen, dass sämtliche Bücher durch die strenge Zensur der KPCh gegangen sind und somit darin lediglich die offizielle Geschichtsschreibung aus Sicht einer kommunistischen Diktatur nachzulesen ist. Um ausgewogene wissenschaftliche Veröffentlichungen, die auch vor kritischer Forschung bestehen können, handelt es sich bei derartigen Publikationen nur in den allerseltensten Fällen. Fotos aus den Beständen, die einige Jahre später aufgenommen wurden, zeigen reihenweise Werke des «Überragenden Führers» und «Großen Steuermanns» Mao Zedong. Es gibt Stapel von Büchern über die Geschichte der internationalen kommunistischen Bewegung. Aus den Bibliotheksverzeichnissen geht hervor, dass selbst in den thematischen Unterabteilungen wie Politik, Soziologie oder Wirtschaft vieles politisch gerahmt ist. So gibt es die Sektion «Marxistisch-Leninistische Theorien zur Geschichte», «Marxistisch-Leninistische politische Theorie» oder «Marxistische und Leninistische Theorien zu Diplomatie und Außenpolitik», dazu massenhaft Bestände zu kommunistischen Jugendligen, zu Pionieren und zu Arbeiterparteien auf der ganzen Welt.[46]

Dass gerade auf dem Gebiet der Geisteswissenschaften wissenschaftliche Werke nicht überall auf der Welt internationalen Standards entsprechen, hat sich in Erlangen-Nürnberg zuvor wohl niemand überlegt. Die Uni-Führung bejubelte 2006, dass mit Bücherschenkung und Institutseröffnung «wichtige Schritte zur Intensivierung des wissenschaftlichen Austausches» zwischen China und Deutschland gemacht würden. «Sie geben nicht nur der Sinologie vor Ort unschätzbare neue Anstöße zur Forschung, sondern bieten auch eine europaweit einzigartige Wissenschafts- und Forschungsplattform», fügte Karl-Dieter Grüske, der Rektor der Universität, stolz hinzu. Vor allem aber bietet das Konfuzius-Institut dem Regime in Peking eine Plattform, sich in besseres Licht zu rücken und in Deutschland eine loyale Basis zu installieren. Wie zentral die Nürnberger Dependance offenbar für den kommunistischen Propaganda-Apparat ist, zeigt sich an dem Stellenwert, den Peking der Einrichtung beimisst. So wurde die Direktorin Yan Xu-Lackner vom kommunistischen Regime mit Auszeichnungen nur so überhäuft. Zweimal, 2010 und 2019, erhielt sie für ihre persönliche Leistung den «Global Confucius Institute Advanced Individual Award», 2021 sogar noch die «Confucius Institute Director Memorial Medal». Die Einrichtung unter ihrer Führung wurde 2013 und 2018 mit der Ehrung «Global Advanced Confucius Institute» ausgezeichnet, was in etwa dem Preis «Konfuzius-Institut des Jahres» entspricht. Seit 2015 darf sich Nürnberg dazu mit dem Titel «Global Model Confucius Institute» schmücken und gehört damit zur Elite der 15 Modell-Konfuzius-Institute. Denn die Auszeichnung bezog sich auf alle 500 Einrichtungen weltweit.[47] Dadurch lässt sich auf eine besondere Nähe zur KPCh schließen. Als Direktorin Xu-Lackner mit den Recherchen konfrontiert wird, reagiert sie empört. «Ihren Fragen entnehme ich eine Tendenz, mich in die Ecke einer Art Befehlsempfängerin des ‹kommunistischen Regimes› versetzen zu wollen», schreibt sie in einer Mailantwort, «dieser Tendenz möchte ich auf das Deutlichste widersprechen.»[48] Ihre Arbeit will sie ohne direkten Einfluss der KPCh oder chinesischer Regierungsbehörden durchführen können. Auch die Ehrungen durch das kommunistische Regime bezögen sich «ausschließlich auf die Qualität und den innovativen Ansatz» der Institutsleitung. «Die Auszeichnung des Jahres 2010 erhielt ich aufgrund meiner ehrenamtlichen Arbeit als Direktorin, jene des Jahres 2019 für meine innovative Idee zur Gründung des Kunstraums in Nürnberg», so Xu-Lackner. «Die Confucius Institute Director Memorial Medal (2021) erhielten alle, die 15 Jahre als Direktor/in arbeiteten.» Warum ihr Haus seit fast zehn Jahren als Modell-Konfuzius-Institut firmiert, verrät sie nicht. Auf jeden Fall scheinen die Machthaber in Peking mit der Arbeit ihrer Kulturbotschafterin in Nürnberg doch mehr als zufrieden zu sein.

Wie ein Wolf im Schafspelz schleichen sich die chinesischen Tarnorganisationen in die Mitte der westlichen Gesellschaften, um dann über die Herde herzufallen. Das hat sogar ein einstmals mächtiger Insider des chinesischen Machtapparats verraten. «Ich denke, die Konfuzius-Institute, die es heute überall auf der Welt gibt, wirken wie Schlachthöfe, die Konfuzius und seine Lehren verderben», twitterte 2018 Bao Tong, ein ehemaliger hoher Funktionär der KPCh, der in Ungnade gefallen war. «All diese Konfuzius-Institute haben nichts mit Konfuzius zu tun. Sie sind kommunistische Institute, keine Konfuzius-Institute.»[49] Im gleichen Jahr veröffentlichte die U.S.-China Economic and Security Review Commission (USCC) den Artikel «China's Overseas United Front Work: Background and Implications for the United States».[50] Der Text wurde von Richard Fadden geschrieben, dem einstigen Direktor des kanadischen Geheimdienstes CSIS. Der Nachrichtendienstler ging einen Schritt weiter, er benannte klar die Hierarchie innerhalb des kommunistischen Machtapparats. So unterständen die Konfuzius-Institute der Propagandaabteilung der KPCh, die wiederum neben der Einheitsfront-Abteilung beim Zentralkomitee der Partei aufgehängt sei. Die Finanzierung der Institute laufe damit ganz eindeutig über die KPCh, kontrolliert würden sie von den Botschaften und Konsulaten der jeweiligen Gastländer. Auch in Deutschland gibt es Beispiele dafür, wie sich etwa Generalkonsuln in die Programme der Institute eingemischt und unliebsame Veranstaltungen verhindert haben. Die besondere Nähe zum Kern der Kommunistischen Partei besteht schon immer und geht auf die Gründungsphase der Einrichtungen zurück. Denn die «Erfinderin» der Konfuzius-Institute, Liu Yandong, habe 2004, als sie die chinesischen Auslandsvertretungen ins Leben rief – so Geheimdienstmann Fadden –, gleichzeitig die Einheitsfront-Abteilung der KPCh geleitet. Allein diese personelle Doppelrolle zeige die enge Verquickung von kommunistischem Machtapparat und den «Kulturinstituten».

Wie gefährlich die Konfuzius-Institute tatsächlich sind, zeigt die politische Reaktion der US-Regierung. Bereits 2018 hat ein republikanischer Senator die Gefahr erkannt, die von der Struktur ausgeht, und darauf gedrungen, dass sein Land die feindliche Unterwanderung abwehrt. Ein Gesetz aus der Nazizeit wurde deswegen herangezogen. Der Foreign Agents Registration Act (FARA) war eigentlich in den 1930er Jahren aufgesetzt worden, um den propagandistischen Einfluss der NSDAP in den Vereinigten Staaten zu unterdrücken. Dieser Gesetzestext sollte nun auf den chinesischen Fall ausgeweitet werden, indem auch die Förderung von Sprachkursen als mögliche Gefahr für Feindpropaganda, Ausspionieren und eine mögliche unerwünschte Beeinflussung eingestuft wurde. «Es geht um ein Mindestmaß an Transparenz», kommentierte damals der verantwortliche Senator Joe Wilson.[51] So haben die Amerikaner schon 2018 die Struktur als ein Netz chinesischer Unterwanderung identifiziert und entsprechend gehandelt. Zwei Jahre später stellten sich beide großen Parteien in den USA – Republikaner und Demokraten – hinter einen offenen Brief, in dem die Schließung der Konfuzius-Institute im Land gefordert wurde.[52] «Im Kampf gegen Autoritarismus können Universitäten weiterhin von der Großzügigkeit eines sich aufschwingenden autoritären Staates profitieren», hieß es im Text, «oder sie können auf der richtigen Seite der Geschichte stehen. Beides geht nicht.» Nicht viel anders sieht es der deutsche Verfassungsschutz, der mittlerweile ganz offen vor der Instrumentalisierung der deutschen Häuser durch die Machthaber in Peking warnt: Die chinesischen Konfuzius-Institute dienten «innerhalb der Einflußnahmestrategie der KPCh insbesondere dazu, ein makelloses Chinabild zu verbreiten».[53] Ernste Konsequenzen hat die Warnung bislang jedoch nicht.

Ein Paradebeispiel für dieses «makellose Chinabild» lieferten im Herbst 2023 zwei deutsche Wissenschaftler mit engen Verbindungen zu den Konfuzius-Instituten. Zusammen mit Kollegen hatten die Sinologen Thomas Heberer[54] und Helwig Schmidt-Glintzer[55] unter strenger Aufsicht der chinesischen Führung die Provinz Xinjiang bereist. Anschließend veröffentlichten die beiden Wissenschaftler in der *Neuen Zürcher Zeitung* einen Meinungsbeitrag, der eine neue Sicht auf die Vorgänge im Uigurengebiet bringen sollte. Von einer Rückkehr zur «Normalität» sprachen die Autoren. «Eine generelle Diskriminierung der uigurischen Sprache und Kultur konnte die Reisegruppe nicht feststellen», schrieben die beiden in ihrem Gastbeitrag. Entsprechend forderten sie den Westen auf, seine kritische Haltung zu ändern. «Wenn sich die Menschenrechtslage weiter nachweisbar normalisiert, sollte die EU den Dialog aufnehmen und die wegen Xinjiang gegen China verhängten Sanktionen überdenken.»[56] Die Veröffentlichung provozierte scharfe Kritik. «Beschämend leichtgläubig» nannte James Palmer vom Fachblatt *Foreign Policy* die Autoren. «Ich war entsetzt», sagte der Sinologe Björn

Alpermann von der Universität Würzburg. «Der Artikel gibt eins zu eins die Positionen der chinesischen Regierung wieder, die an keiner Stelle hinterfragt oder eingeordnet werden.»[57] Andere sprachen von Relativierung und mangelnder Selbstreflexion. Das Konfuzius-Institut in Göttingen führt Helwig Schmidt-Glintzer als Mitglied, der vom Pekinger Regime bereits mit dem «Special Book Award of China» ausgezeichnet wurde[58] – Thomas Heberer gehörte 2009 zum Gründerkreis des Konfuzius-Instituts in Duisburg-Essen und stand ihm bis 2022 als Co-Direktor vor. Auch wenn in Deutschland die Kritik an dem Namensbeitrag harsch ausfiel und das China-Bild nicht wirklich positiv verändert hat, so spielte der Text in der Volksrepublik durchaus eine Rolle. In chinesischen Medien wurden die Einschätzungen der beiden Deutschen breit gestreut und als Beleg dafür herangezogen, dass angeblich der Westen seine Sicht auf die muslimische Provinz Xinjiang und das Handeln der Regierung dort ändere. Wieder einmal hatten die Konfuzius-Institute und ihre engen Vertrauten allerbeste Propagandaarbeit geliefert. Auch wenn das die beiden Autoren ganz anders sehen.

«Niemand hat bisher jedoch Belege für die angebliche Unterdrückung kritischer Themen vorgebracht», behauptete Heberer noch vor wenigen Jahren in Bezug auf sein Konfuzius-Institut. «Weder die Bundesregierung, noch der Bundestag haben jemals eine Einflussnahme Chinas auf unser Programm feststellen können.»[59] Die Belege lieferte Heberer bald selbst. Ein knappes Jahr später sagte das Konfuzius-Institut Duisburg-Essen unter seiner Leitung die Lesung zweier kritischer Journalisten ab. Stefan Aust und Adrian Geiges hatten eine Biografie über Xi Jinping geschrieben, die offenbar den Mächtigen in Peking nicht genehm war. Deshalb habe sich, so beschrieb es damals der für das Buch verantwortliche Piper Verlag, der Generalkonsul in Düsseldorf eingeschaltet, um die Lesung zu verhindern.[60] Aber auch vor dem Vorfall hatte Heberer seine mindestens wohlwollende Nähe zur KPCh gezeigt. Bereits 2008 hatte der Sinologe kurz vor den Olympischen Spielen in Peking beklagt, dass das China-Bild im Westen und damit auch in Deutschland einen «traurigen Tiefpunkt» erreicht habe, es herrsche ein «negatives Zerrbild» vor.[61] Mit 14 Thesen versuchte der Professor dagegen anzuschreiben. Als Knackpunkt für das schlechte Image der Volksrepublik machte Heberer die Lage in Tibet aus – in den Augen des deutschen Sinologen allerdings zu Unrecht. «Erstens meine ich, dass Tibet völkerrechtlich keineswegs einfach ein besetztes Land ist», schrieb er. Zwar habe der damalige Dalai-Lama im Jahr 1913 die Unabhängigkeit erklärt, doch sei die weder von China noch von Russland oder Großbritannien anerkannt worden. Ein Selbstbestimmungsrecht der Tibeter sah Heberer offenbar nicht. Zu den Protesten gegen Olympia berichtete er, dass die chinesische Führung diese als «von der Dalai-Lama-Clique» organisiert betrachte. «Sie hat zweifellos Recht», pflichtete Heberer der kommunistischen Parteispitze bei, «dass die Proteste vor dem Hintergrund der Olympischen Spiele organisiert worden sind und nicht spontan waren.» Gegen einen Boykott des größten Sportevents der Welt wendete er sich entschieden. «Die Berichterstattung in den westlichen Medien wiederum gleicht einer Art Hysterie», so Heberer damals weiter. Ein Jahr nach seinem Meinungsartikel wurde der Sinologe 2009 zum Co-Vorsitzenden des Konfuzius-Instituts in Duisburg-Essen ernannt. Ein Kritiker des chinesischen Kurses hätte diese hohe Position sicher nicht bekommen. Das zeigt, wie naiv die deutsche Seite schon lange im Umgang mit der Volksrepublik ist. Noch mehr zeigt sich das jedoch beim Geld.

Bis zum heutigen Tag fließen erhebliche Summen an Steuergeld in die Finanzierung der Konfuzius-Institute, obwohl vor ihnen inzwischen sogar die deutschen Sicherheitsdienste warnen. Oft braucht es langwierige Recherchen, um die genauen Summen herauszufinden. Auch in Deutschland halten die politisch Verantwortlichen ihre Zuwendungen lieber verdeckt. Allerdings lassen sich die Gelder aus den Haushaltsplänen der verschiedenen Kommunen und Landesministerien rekonstruieren. Die Stadt Freiburg etwa überweist für ihr Konfuzius-Institut über drei Jahre etwas mehr als 100 000 Euro (2022–2024).[62] Eine von der KPCh in Peking abhängende und von Vertrauensleuten des Regimes gelenkte Einrichtung bekommt damit höhere Zuschüsse als etwa die Breisgauer Narrenzunft, in der 2000 Bürger der Stadt mitmachen, um badisches Brauchtum zu organisieren und jedes Jahr die Freiburger Fasnet auf die Straße zu bringen. Dabei wissen die Verantwortlichen auch hier sehr wohl, wie fragwürdig die Einrichtungen sind. So gibt die Landesregierung in Stuttgart in einer Stellungnahme offen zu, dass die Konfuzius-Institute durch das chinesische Bildungsministerium, eine direkt von der KPCh abhängende Regierungsorganisation, maßgeblich finanziert würden und damit vom Regime abhängen. Auch weiß man von der neuen Strategie, welche die Machthaber in Peking im Januar 2018 ausgegeben haben, nämlich den «Aufbau sozialistischer Kultur» und «Diplomatie chinesischer Prägung» zu betreiben. Dazu schreibt die Stuttgarter Landesregierung nur: «Im Bereich des akademischen Lehrbetriebs ist diese Einflussnahme nach Einschätzung der Universitäten nicht bemerkbar.»[63] Nicht weniger hoch fallen die Zahlungen in Bayern aus, wo das Institut in Nürnberg seit 2014 von der Staatsregierung wie auch der Stadtverwaltung gefördert wird. Innerhalb der ersten fünf Jahre haben sich die jährlichen Zahlungen von etwas mehr als 30 000 Euro (2014) auf mehr als 60 000 Euro (2019) verdoppelt. Eine kleine Anfrage des SPD-Abgeordneten Markus Rinderspacher weist für das Jahr 2020 fast 70 000 Euro aus, in den darauffolgenden Jahren gingen die Zahlungen in ähnlicher Höhe weiter. Mehr als 40 000 Euro flossen auch einmalig in das Haus in München (2017). Insgesamt hat die bayerische Landesregierung damit in den vergangenen zehn Jahren weit mehr als eine halbe Million Euro in die Institute des kommunistischen Regimes gepumpt.

Während die Amerikaner harte Geschütze gegen die chinesische Unterwanderung durch die Konfuzius-Institute auffahren, hat es in Deutschland den Anschein, als wolle niemand so genau hinsehen. Frei nach dem Motto: Wer nicht sucht, der findet auch nicht. Wie sonst ließe sich erklären, dass Vertreter der Konfuzius-Institute als Experten im Bundestag gehört werden oder dass weiterhin Hunderttausende Euro in Einrichtungen fließen, die vom Verfassungsschutz als gefährlich eingestuft werden? Nicht einmal diejenigen, die es eigentlich wissen sollten, nämlich die deutschen Diplomaten, sehen offenbar die Gefahr. Als im Frühjahr 2023 ein Buch zu den deutsch-chinesischen Beziehungen veröffentlicht wurde, das vom Auswärtigen Amt mitfinanziert und unterstützt worden war, taucht als eine der Autorinnen Yan Xu-Lackner auf, die Chefin des Nürnberger Konfuzius-Instituts.[64] Ihre Vita und Funktion werden in der Biografie eingehend beschrieben. Was nicht genannt wird, ist die herausragende Rolle, die Xu-Lackner offenbar für das Regime in Peking spielt. Denn dass eine Kulturfunktionärin, die von den Mächtigen in Peking mehrfach zur besten Vorsitzenden der Propagandaeinrichtungen im Ausland gekürt wurde, nun am China-Bild mitarbeiten darf, welches die deutsche Politik von der Volksrepublik zeichnet, kann mindestens als naiv bezeichnet werden.

Im äußersten Nordosten von Berlin befinden sich die «Gärten der Welt», eine 21 Hektar große Parkanlage im Stadtteil Marzahn. Hier zeigt sich, wie gezielt sich das Pekinger Regime mit dem Namen des großen Philosophen Konfuzius schmückt und damit von den eigenen Überzeugungen abzulenken versucht. Zwischen Plattenbauriegeln wächst eine grüne Oase aus dem Betonmeer, die so kaum jemand in dem sozialen Randgebiet erwarten würde. Hinter Wasserfontänen lassen sich die kunstvollen Holzornamente eines orientalischen Pavillons erkennen, Totempfähle mit riesigen verzerrten Gesichtern und aufgerissenen Mündern sollen koreanische Geister besänftigen, direkt an einem Teich versteckt sich eine rot angestrichene japanische Pagode hinter Fächerahorn und Trauerweiden. Der «Garten des wiedergewonnenen Mondes» gehört zu den ältesten Teilen der Anlage, er geht auf eine Initiative aus dem Jahr 1994 zurück, als Berlin und Peking eine Städtepartnerschaft unterzeichneten und das Areal als irdischer Beweis für die neue Freundschaft eingerichtet wurde. Ein strahlendes Beispiel – so schien es damals – für die kulturelle Annäherung beider Länder. Sämtliche Materialien für das Parkstück wurden aus der Volksrepublik an die Spree verschifft, in hundert Seecontainern wurden sogar Steine, Hölzer und Felsen nach Deutschland gehievt. Bei der Installation soll es sich um einen klassischen Gelehrtengarten handeln. In der Mitte ragt das «Berghaus zum Osmanthussaft» in die Höhe, ein chinesisches Teehaus, das bei den Besuchern besonders beliebt und über eine verwinkelte Brücke zu erreichen ist. Etwas abgeschieden steht eine weiße Steinfigur, ein alter Mann mit langem Bart und wehendem Gewand. Sie stellt den Gelehrten Konfuzius dar. In den Marmorsockel darunter ist ein Zitat des chinesischen Philosophen eingemeißelt: «Was du nicht willst, das man dir tu', das füg' auch keinem andern zu». Nichts zeigt den verlogenen Charakter des Regimes besser als diese Statue, die von den chinesischen Machthabern nach Deutschland verschickt wurde. Nach außen präsentieren sich die kommunistischen Herrscher aus dem Reich der Mitte als friedlich und tolerant, sie verstecken ihre feindlichen Machenschaften hinter dem Namen eines großen Denkers aus ihrer eigenen Geschichte. Doch steht der Philosoph der Nächstenliebe und Demut für das genaue Gegenteil der Ideologie der KPCh, weshalb die Partei nach ihrer Machtergreifung auch Statuen und Tempel, die im Namen des großen chinesischen Ethikers erbaut wurden, schleifen ließ. Sogar das Grab des Konfuzius wurde von Schergen des Regimes zerstört. Die Leiche eines späten Familienangehörigen, ein Mitglied der 76. Generation seiner Sippe, wurde 1966 von Rotgardisten sogar aus dem Grab geholt und an einem Baum aufgeknüpft. Konfuzius' Lehren interessieren heute in Peking kaum noch jemanden, die Mächtigen treten sie täglich mit Füßen, was besonders eindrücklich ein bisher unvorstellbarer Tabubruch zeigt.

Lange Arme und geheime Wachen

Grimmig blicken die drei Männer und die Frau hoch auf die Videoübertragung, die vor ihnen an die Wand projiziert wird.[65] Jeder der Männer hat eine Akte vor sich auf dem Tisch liegen. Einer trägt Uniform, der andere Anzug und Krawatte. Die Frau stützt das Kinn auf ihre Hand und hört konzentriert zu. Vor dem Mann im weißen Hemd leuchtet das rote Licht an seinem Mikrofon auf, er führt das Verhör. Bei der Gruppe handelt es sich um «Chinesische Übersee-Staatsanwälte». Am europäischen Neujahrstag 2020 sitzen sie in einer Reihe an einem langen Pult, vor ihnen Namensschilder mit Schriftzeichen, daneben für jeden noch eine türkisfarbene Teetasse aus Porzellan. Alles ist penibel angeordnet. Die Verhandlung wird in einem Gerichtssaal der Stadt Lishui in der südostchinesischen Küstenprovinz Zhejiang geführt. Doch die Stuhlreihen hinter der Gruppe sind leer, denn hier findet kein ordentliches Gerichtsverfahren statt. Der Delinquent sitzt vor einer Kamera am anderen Ende der Welt, in der spanischen Hauptstadt Madrid, 9200 Kilometer entfernt. Übergroß wird sein Gesicht vor den vier Verhörenden an die Wand geworfen. Ganz offensichtlich eingeschüchtert, hört der Angeklagte den Ausführungen seiner Landsleute zu. Wenn er gefragt wird, antwortet er leise und knapp. Von dem Verfahren gegen den angeblichen chinesischen Delinquenten wissen die spanischen Behörden nichts. Das Verhör des Mannes, der Liu heißt und aus einer kleinen Stadt im Südosten Chinas stammt, findet im Geheimen statt, in einer von chinesischen Sicherheitskräften inmitten der spanischen Hauptstadt eigens für solche Vorfälle eingerichteten Polizeistation. Aufgebaut wurde das Büro von einem verdeckt agierenden chinesischen Team, das mit den Sicherheitsbehörden in der Volksrepublik kooperiert. Die Männer agieren wie chinesische Undercover-Polizisten. Sie waren es auch, die Liu in Madrid aufgespürt, konfrontiert und nun für den Prozess in ihre Räume einbestellt haben.

Bei Liu handelt es sich um einen chinesischen Geschäftsmann. Im Jahr 2008 hatte er 352 017 Yuan (knapp 50 000 Euro) in eine Raffinerie im südchinesischen Bezirk Qingtian investiert. In der Anlage sollte Altöl recycelt werden. Dreckiges Motorenöl wandelten die Arbeiter in Diesel um, nur dass sie dabei offenbar nicht sehr gewissenhaft vorgingen und sich nicht an die Vorschriften hielten. Auch sollen sie keine offizielle Lizenz für die Verarbeitung gefährlicher Abfallstoffe von der örtlichen Umweltschutzbehörde gehabt haben. Knapp zehn Jahre später offenbarte sich, dass durch die Raffinerie und die illegalen Machenschaften die Natur erheblich verschmutzt worden war. Zumindest warfen die Ankläger in China dies dem Mann in Spanien vor. Auf ihren Beweisfotos sind Wasserbecken im Außenbereich der Fabrik zu sehen, auf denen riesige Ölaugen schwimmen. Rohre und Tankverschlüsse im Inneren sind verrostet, von den Wänden bröckelt überall der Putz. Ein Bild zeigt einen Bagger, der weiße Säcke mit kontaminiertem Erdreich wegschafft. Im Jahr 2017 hatten die Behörden die Schließung der Fabrik verfügt, bei den Verantwortlichen erfolgten Durchsuchungen. Doch der Finanzier im Hintergrund, Geschäftsmann Liu, war spurlos verschwunden. Nach einiger Zeit fanden ihn die Ermittler des kommunistischen Regimes in Spanien. Dorthin war er vor den Strafverfolgern geflohen.

Für die Verhandlung haben die chinesischen Behörden keinen Antrag bei den spanischen Behörden gestellt. Weder gab es ein Auslieferungsgesuch für den Unternehmer Liu noch eine offizielle Anfrage für Amtshilfe durch die spanische Polizei – in derartigen Fällen das einzig legale Vorgehen für einen anderen Staat. Von dem Agieren der fremden chinesischen Polizeikräfte im Ausland wusste auch Interpol nichts. Ohne Benachrichtigung der zuständigen Sicherheitsbehörden sind die Chinesen auf fremdem Boden aktiv geworden, haben den Landsmann aufgespürt, ihn kontaktiert und angeordnet, dass er in die illegale geheime Polizeistation kommen soll, die sie extra für solche Fälle in Madrid eingerichtet haben. Ein klarer Bruch internationaler Gesetze und ein schwerer Verstoß gegen die Integrität und Souveränität Spaniens, wo die eine Hälfte des Verhörs nun stattfand. Und wo mehrere Personen verdeckt und völlig ungeniert als offizielle Vertreter Chinas agierten. Einmal sieht man auf dem Videoscreen einen der Geheimpolizisten im schwarzen Jackett und hellblauen Hemd, eine Art Protokollführer. Im Hintergrund hängt ein Banner mit dem Logo der «Qingtian-Vereinigung», ein Hinweis auf die Gruppe, welche in der spanischen Hauptstadt die geheime Polizeistation aufgebaut hat. «Da hier ein Fehler geschah, sollten wir ihn korrigieren», sagt Jin Shuangen, der stellvertretende Vorsitzende der Vierergruppe, der Qingtian County Federation of Overseas Chinese, in der Sitzung. «Sie sollten zurückkommen, sich klar zu den Fakten äußern und die Angelegenheit zufriedenstellend zu Ende bringen.»

Seine Ankläger kann der Beschuldigte über die stabile Verbindung der Remote-Videoarbeitsplattform «Home of Overseas Chinese» nur auf dem Bildschirm vor sich sehen. Niemand wird ihn gleich abführen können und in Untersuchungshaft sperren, so weit reichen die langen Arme Pekings dann doch nicht. Allerdings scheint Liu das Cybertribunal auszureichen, um die Ausweglosigkeit seiner Situation zu begreifen. Auf einmal hält er seine Augen gesenkt, über das Gesicht des Chefermittlers huscht ein Lächeln. «Ich verstehe», sagt darauf der Angeklagte Liu, «ich werde die Initiative ergreifen und mich stellen.» Mit Drohungen, Einschüchterungen und anderen psychologischen Tricks haben sie den Geschäftsmann geknackt. Wahrscheinlich haben sie ihn aber vor allem erpresst, so wie sie es oft machen. Mit Drohungen gegen Familienangehörige, gegen Kinder, gegen Eltern. Wenige Tage später stieg Liu in Madrid in eine Maschine der Air China und flog mit Flug CA738 zurück in die Heimat. Knapp zehn Stunden später, am 14. Januar 2020 um 4 Uhr 20 morgens, lief er am Capital International Airport in Peking die Gangway herunter. Ein Foto zeigt ihn, wie er, zurück auf chinesischem Boden, zwischen zwei Sicherheitskräften steht, die ihn am Arm halten und direkt abführen. «Ein besonderer Passagier stieg aus dem Flugzeug», jubelte später die lokale Staatsanwaltschaft mit Verweis auf das Bild, «es handelte sich um eine Person, die überredet wurde, in ihr Heimatland zurückzukehren und sich zu ergeben.» Ein Foto, das die verantwortliche Staatsanwaltschaft anschließend veröffentlicht hat, belegt den Vorgang.[66] Dass die staatlichen Stellen ihr verdecktes weltweites Agieren publik machten, hatte einen Grund. Mögliche neue Straftäter sollen eingeschüchtert, ihnen soll vor allem aber gezeigt werden: Ihr seid nirgends sicher. Selbst wenn ihr aus der Volksrepublik geflohen seid, werden wir euch finden. Und sei es am anderen Ende der Welt.

Die Rückführung des Geschäftsmannes Liu gehörte zur «Operation Fuchsjagd», die offiziell seit Juni 2014 läuft. Kurz nach dem Machtantritt von Xi Jinping wurde das Programm aufgelegt, um korrupte Chinesen auf der ganzen Welt zu verfolgen und in China vor Gericht zu stellen. Schnell ging es auch um käufliche Parteikader und Staatsbeamte, bei denen nicht immer nachvollziehbar war, ob die Vorwürfe tatsächlich fundiert waren, und die in großangelegten «Reinigungsaktionen» aussortiert wurden. Auch direkte Konkurrenten des neuen Staats- und Parteichefs wurden so festgenommen. Eine Kopfliste, die von chinesischen Stellen an Interpol übermittelt und weltweit zur Fahndung gegeben wurde, umfasst 100 hochrangige Funktionäre und Kader. Offiziell standen von Beginn an Wirtschaftskriminelle im Zentrum der Ermittlungen, von denen sich einige tatsächlich mit großen Geldsummen ins Ausland abgesetzt hatten und dort ein Luxusleben mit großen Villen und Jetset führten. So kam es immer wieder auch zu spektakulären Ermittlungen gegen korrupte Geschäftsleute, die gerade im Zuge des chinesischen Wirtschaftsbooms immer zahlreicher wurden. Auch in Europa gingen bald größere Fische ins Netz. Als erster Fall gilt hier eine chinesische Frau namens Zhang, die 2015 in Bologna festgenommen und ausgeliefert wurde, weil sie in einer Sicherheitsfirma mehr als 200 000 US-Dollar unterschlagen haben soll. In ihrer Heimatprovinz Heibei, wo Zhang der Prozess gemacht werden sollte, kann über Finanzbetrüger auch die Todesstrafe verhängt werden. Dennoch hatten die italienischen Behörden in dieser frühen Phase der «Operation Fuchsjagd» noch mit den chinesischen Ermittlern kooperiert und bei der Überführung geholfen. Zwei Jahre später, im März 2017, umgingen die chinesischen Ermittler bereits den rechtlich vorgeschriebenen Weg. In einer Nacht-und-Nebel-Aktion spürten lokale Polizisten aus der Volksrepublik gemeinsam mit Personal aus der Pariser Botschaft ihren Landsmann Zheng Ning in einem Vorort der französischen Hauptstadt auf und wirkten so stark auf ihn ein, dass er sich kurz darauf «freiwillig» nach China begab. Nach der Aktion schickte der französische Geheimdienst eine Protestnote an die Chinesen, was jedoch eher ein Zeichen der Hilflosigkeit darstellte. «Der Vorfall zeigt ein größeres Phänomen, nämlich die immer härtere Haltung des Regimes in Peking», sagte damals Paul Charon, ein China-Experte am Institut de Recherche Stratégique de l'Ecole Militaire, einem Thinktank der französischen Streitkräfte. «Das Regime traut sich inzwischen sogar, derartige Operationen weit weg im Ausland durchzuführen, wohlwissend, dass sie damit gegen die Souveränität anderer Staaten verstoßen.»[67]

Ein knappes Jahr nach dem offiziellen Beginn der «Operation Fuchsjagd» vermeldeten Regierungsstellen in Peking erste Erfolge. So sollen bereits während der ersten Monate an die 700 Verdächtige im Ausland gestellt und rücküberführt worden sein, was auf die hochprofessionelle Arbeit des Ermittlungsteams zurückzuführen sei. Zumindest behauptete das der Chef der Operation, Liu Dong. Außerdem verriet Liu, der zugleich stellvertretender Leiter der Abteilung «Wirtschaftsverbrechen» im Ministerium für öffentliche Sicherheit ist, dass die Einheit unter seiner Führung aus zwanzig «Jägern» bestehe. Manche seiner Ermittler seien gerade mal Anfang zwanzig, im Schnitt sei die Gruppe nicht viel älter als 30 Jahre alt. «Alle Mitglieder unseres ‹Fuchsjagd›-Teams müssen über besondere Intelligenz verfügen, um mit den gerissenen Füchsen klarzukommen», sagte der Kopf der Operation weiter, «sie müssen auch emotional sehr intelligent sein, um geschmeidig mit relevanten Strafverfolgungsstellen in den Zielländern umzugehen, und sie müssen einen hohen Widrigkeitsquotienten besitzen, um besser Notfallsituationen, Schwierigkeiten und Gefahren zu meistern.»[68] Für die Menschenrechtsorganisation Freedom House stellt die «Operation Fuchsjagd» des chinesischen Regimes «die anspruchsvollste und umfangreichste globale Kampagne von grenzüberschreitender Repression in der ganzen Welt dar».[69] Inzwischen hätten chinesische Spione die Gemeinschaften ihrer Landsleute im Ausland breit unterwandert und rekrutierten dort immer neue Agenten. Auch wenn das geheime Netz anfänglich aufgebaut wurde, um Wirtschaftskriminelle zu jagen, so wird es inzwischen längst für alle möglichen unliebsamen Personen genutzt, was der Fall des Unternehmers Liu zeigt, der gegen Umweltauflagen verstoßen hat. Aber auch sämtliche politische Gegner des Pekinger Regimes können mit Hilfe der geheimen Polizeistationen weltweit verfolgt werden. «Diese Taktiken können auch angewandt werden, um Dissidenten zum Schweigen zu bringen, um Druck auf politische Konkurrenten auszuüben», heißt es in einer Analyse des kanadischen Geheimdienst CSIS, «und generell Angst zu verbreiten, dass keine Person vor staatlicher Gewalt sicher ist, wo auch immer sie lebt.»[70]

Anders als in den allermeisten anderen Ländern geht die internationale Strafverfolgung in China jedoch nicht nur von der nationalen Ebene aus, sondern wird auch von lokalen Ermittlungsbehörden organisiert. Der Grund hierfür liegt in den Ursprüngen der neuartigen Geheimstrategie. In den Jahren nach dem Amtsantritt von Xi häuften sich in der Volksrepublik Fälle von Internetbetrug und anderen Online-Diebstählen. Viele dieser Taten wurden aus dem Ausland verübt, die Opfer befanden sich jedoch in China. Im Zuge der Corona-Lockdowns nahm das Problem noch einmal zu. Schon früh hatten die Sicherheitsdienste herausgefunden, dass viele der Betrüger ausgewanderte Chinesen waren. Einen Hotspot machten die Ermittler in dem relativ überschaubaren Kreis Anxi in der Region Fujian aus, einem Küstengebiet auf der gegenüberliegenden Seite von Taiwan. In kommunistischer Manier hatte der Staatsapparat pauschal die örtlichen Kader für das Anwachsen der Cyberkriminalität verantwortlich gemacht und angeordnet, das Problem in den Griff zu bekommen. Als Reaktion hielt die Lokalregierung am 18. September 2018 eine «Konferenz der tausend Personen» ab. Ein offizielles Foto belegt die Zusammenkunft.[71] Wie in einem riesigen Unihörsaal sitzen Hunderte Teilnehmer in aufsteigenden Stuhlreihen vor einem Podium, das an die Große Halle des Volkes in Peking erinnert, wo jährlich der kommunistische Volkskongress zusammenkommt. Auf dem Treffen beschlossen die Lokalpolitiker die Aktion «Kampf gegen Gangster und Betrüger, die aus ihrer Heimatregion ins Ausland gehen». Um den ansteigenden Internetbetrug in den Griff zu bekommen, einigte sich das Gremium auf einen Plan zur Umsetzung. Sämtliche Ebenen der Lokalregierung sollten unverzüglich fünf Maßnahmen gegen Internetbetrüger durchführen. Ob die Vorwürfe gegen die Personen gerechtfertigt waren, spielte keine Rolle. Gerichtsverfahren oder rechtsstaatliche Überprüfung der Informationen waren im Vorfeld sowieso nicht geplant.

Der Maßnahmenkatalog ist ein Crescendo des Schreckens. Als

Erstes soll Eigentum, das mit kriminellem Geld gebaut worden ist, zerstört und illegales Geld eingezogen werden. Als Nächstes sollen die Kinder der Verdächtigen aus den Schulen geholt und von jeglicher weiteren Bildung ausgeschlossen werden. In einem dritten Schritt ist geplant, Familienangehörigen die medizinische Versorgung komplett zu streichen und die Pässe einzuziehen. Danach soll sichergestellt werden, dass ein normales Leben für diese «unehrenhaften Personen» kaum mehr möglich ist. Sie sollen keine Hochgeschwindigkeitszüge oder Flugzeuge mehr nehmen dürfen und nicht mehr in Hotels einchecken können. Fünftens, sämtliche finanziellen Unterstützungsleistungen auf Kreisebene und höher müssen unverzüglich eingestellt werden. Der Strafkatalog ist ein Paradebeispiel für das herrschende Rechtsverständnis in der Volksrepublik China. Sippenhaft gehört genauso selbstverständlich dazu wie öffentlicher Pranger oder gar der Ausschluss aus der Gesellschaft. Das Vorgehen erinnert eher an mittelalterliche Rechtsprechung als an eine moderne Strafverfolgung im 21. Jahrhundert. Doch der Rachefeldzug gegen die Kriminellen endet damit längst nicht. Sollten aus einem Dorf mehr als zwei Verdächtige auftauchen, müssen auch die politisch Verantwortlichen zur Rechenschaft gezogen werden. Die Bürgermeister und Ortsvorsteher werden dann zum Rücktritt gezwungen. In den darauffolgenden Wochen gab es vereinzelt Kritik an den drakonischen Maßnahmen. Sogar die staatliche Nachrichtenagentur *Xinhua* berichtete darüber. In Frage gestellt wurde der Plan, die Kinder der Verdächtigen aus den Schulen zu schmeißen, da dies mit einem modernen Staatswesen nicht in Einklang zu bringen sei. Alle anderen Maßnahmen gingen jedoch ohne weitere Beanstandungen durch.[72]

Internationale Beobachter verzeichnen seit der Machtergreifung von Xi Jinping eine zunehmende Verschlimmerung der Menschenrechtslage. Gerade aus den westlichen Demokratien kommt es daher immer wieder zu Kritik am neuen harten Kurs der KPCh. Für die kommunistischen Kader schien bald klar, dass sie bei ihrer «Operation Fuchsjagd» nicht auf eine weitergehende Kooperation von Regierungen in Europa und Amerika würden setzen können.

So entstand die Idee, eigene geheime Polizeistationen rund um den Globus einzurichten. Organisiert werden diese zumeist von chinesischen Vereinigungen, in denen sich die Angehörigen bestimmter Regionen in der Fremde zusammenschließen, was eine jahrhundertelange Tradition hat. Im größeren Stil haben Leute aus Hunan, Fujian und Sichuan, typische Auswandererregionen in China, solche Vereinigungen gegründet. Diese Vereine, Clubs oder Treffs stellen oft den organisatorischen Rahmen für die Polizeistationen dar. Jedoch können ihre Dienste auch die Vertreter anderer Regionen in Anspruch nehmen. Bei den Anlaufstellen handelt es sich nicht um diplomatische Vertretungen im klassischen Sinne, die im Gastland offiziell angemeldet werden müssten. Vielmehr sind es informelle Büros, sogenannte Übersee-Dependancen, der lokalen Polizeieinheiten in der Heimat. Auch werden diese nicht von echten Polizeibeamten geführt. In den verdeckten Sicherheitsbüros mischen alle möglichen Auslandschinesen mit – vom Geschäftsmann bis zum Studenten. Aber so gut wie alle sind linientreue Vertreter der KPCh. Nicht immer geht es um die Verfolgung von Straftätern. Auch harmlose Dienstleistungen wie die Verlängerung des Führerscheins, Fragen zur Eheschließung oder andere zivilrechtliche Fragen werden dort geklärt. Touristen aus China können ebenso Hilfe bekommen wie Expats, wenn sie im Ausland ein Problem haben. Als die Polizeistationen im Herbst 2022 aufgedeckt wurden und weltweit für einen Aufschrei sorgten, verwies die chinesische Seite auf ebenjene Serviceaspekte, welche durch die Anlaufstellen übernommen würden. Als bekannt wurde, dass derartige Einrichtungen auch in Deutschland existierten, hat sich das Bundesinnenministerium in Berlin die Sprachregelung der Chinesen zu eigen gemacht und von «Service-Stationen» gesprochen, was viel weniger skandalös klingt. Dabei sind nicht einmal die vermeintlich harmlosen Hilfeleistungen ungefährlich. Jeder Kontakt mit der Diaspora bringt den chinesischen Sicherheitsbehörden neue Informationen. Und eine der wichtigsten Aufgaben der Polizeistationen ist es, die Auslandschinesen auszuspionieren und zu überwachen. Und kritische Landsleute zum Schweigen zu bringen.

Welches Ausmaß das Phänomen inzwischen angenommen hat, machte zuerst ein Bericht der Menschenrechtsorganisation Safeguard Defenders deutlich.[73] Nach Recherchen der Organisation betreibt China weltweit mindestens 102 Polizeistationen, von Vina del Mar in Chile über Benin City, vom schottischen Glasgow bis Seri Begawan in Brunei.[74] Wahrscheinlich sind es mehr, nur haben die Rechercheure dafür keine Beweise gefunden. Die große Masse der Polizeistationen liegt in Europa. So tauchen auf internen Listen der chinesischen Behörden Stationen in so gut wie allen Staaten der Europäischen Union auf, in manchen Städten wie Paris oder Madrid gibt es sogar drei, in mehreren weiteren Städten wie Prag, London oder Budapest existieren zwei.

Auch in Deutschland gibt es solche illegalen verdeckten Einrichtungen. Offiziell ist von nicht einmal einer Handvoll «Service-Stationen» die Rede. Insider wollen jedoch Hinweise auf ca. dreimal so viele derartige illegale Einrichtungen haben. Recherchen für dieses Buch ergaben, dass wohl allein in Berlin drei staatliche Anlaufstellen existieren – zwei in chinesischen Restaurants und eine zumindest zeitweilig auch im Dong Xuan Center, einem riesigen Asia-Markt im Stadtteil Lichtenberg. Erstmals wurde im Herbst 2022 eine Polizeistation in Frankfurt am Main enttarnt. Vom hessischen Verfassungsschutz hieß es dazu schlicht, man wolle die Informationen prüfen und versuchen, mehr herauszufinden. Dass der Inlandsgeheimdienst die geheimen Polizeistationen bis dato nicht wirklich auf dem Schirm hatte, zeigt, wie wenig sensibel die deutschen Sicherheitsbehörden in der Frage teils noch immer sind. In einer Verbalnote forderte zumindest das Auswärtige Amt die chinesische Botschaft auf, sämtliche vergleichbaren Einrichtungen in Deutschland umgehend zu schließen. «Die Bundesregierung hatte auch bereits zuvor gegenüber der Botschaft verdeutlicht, dass sie Verletzungen ihrer Souveränität nicht toleriert, und steht dazu weiterhin mit der chinesischen Seite im Austausch», beteuerte wenige Wochen später noch der damalige Staatssekretär im Auswärtigen Amt und heutige deutsche Botschafter in Washington Andreas Michaelis. Roderich Kiesewetter, CDU-Außenpolitiker und Mitglied seiner Partei im Parlamentarischen Kontrollgremium für die Geheimdienste, forderte trotzdem eine härtere Gangart gegenüber dem Pekinger Regime. «Solche Polizeistationen stellen eindeutig einen Eingriff in unsere Sicherheit dar, deshalb sollte die Bundesregierung hier sofort einschreiten und diese endlich schließen, wie dies andere Länder wie die Niederlande oder Tschechien bereits getan haben», forderte der Abgeordnete.[75] «Wir müssen endlich begreifen, dass China mit seinem zunehmend aggressiven Vorgehen eine Bedrohung für unsere regelbasierte Ordnung und unsere Sicherheit darstellt.»

Als die ehemalige AfD- und mittlerweile fraktionslose Abgeordnete Joana Cotar einige Monate später nachhakte, musste die Bundesregierung zugeben, dass bislang wenig geschehen sei. Als hätte es keinen internationalen Aufschrei gegeben, liefen die illegalen Stationen einfach weiter. «In Deutschland existieren derzeit zwei sogenannte Übersee-Polizeistationen (ÜPS)», teilte die Innenstaatssekretärin Rita Schwarzelühr-Sutter mit.[76] Dabei handele es sich jedoch nicht um offizielle, durch bilaterale Verträge legitimierte diplomatische Einrichtungen, sondern um informelle Außenposten lokaler chinesischer Polizeieinheiten aus typischen Auswandererregionen Chinas, wie etwa den Küstenprovinzen Fujian, Jiangsu und Zhejiang. An der Spitze dieser Polizeistationen stünden keine regulären chinesischen Polizeibeamten, sondern chinesischstämmige «Gemeindeführer», die teils sogar die deutsche Staatsangehörigkeit besäßen. «Es handelt sich dabei um Personen, die über gute Kontakte zu den diplomatischen Vertretungen der Volksrepublik China verfügen und das Vertrauen chinesischer Sicherheitsbehörden genießen», so die SPD-Politikerin weiter. Und diese Chefs der Polizeistationen, oft handle es sich um «Gemeindeführer» in der chinesischen Diaspora, engagierten sich zumeist in «Einheitsfrontorganisationen». Die «Abteilung für Einheitsfrontarbeit» gehört zur KPCh und soll sämtliche gesellschaftliche Kräfte auf den Kurs der Partei einschwören. Auch im Ausland wird dies zunehmend versucht. Gegenüber der Bundesregierung habe die chinesische Seite jedoch bestritten, dass in Deutschland «Übersee-Polizeistationen» überhaupt existiert hätten. Bestätigt habe sie lediglich, dass es auch in deutschen Städten «Service-Stationen» gegeben habe, die jedoch inzwischen geschlossen seien.

Tatsächlich hat die Volksrepublik China in Deutschland ein engmaschiges Netz der Überwachung aufgebaut, das von lokalen China-Vereinen bis in die Berliner Botschaft reicht. Fünf Polizeistationen, die alle in der Verantwortung allein einer einzigen chinesischen Stadtverwaltung liegen, sind strategisch klug über das ganze Land verteilt. Im Januar 2021 wurden die polizeilichen Auslandsvertretungen in Deutschland feierlich eröffnet. Die Einrichtungen befinden sich in Berlin, Hamburg, Düsseldorf, München und Duisburg. Verantwortlich dafür ist offenbar der Justizapparat der Stadt Lishui, der auch das Verfahren gegen den Umweltsünder in Madrid geführt hat. Auf einer Internetseite, die inzwischen nicht mehr existiert, wurden fünf Ansprechpartner für die «Lishui Übersee-Polizeistation» in Deutschland genannt.[77] Über den Kontaktdaten ist ein Foto zu sehen. 17 Chinesen posieren darauf für die feierliche Berufung – in der vorderen Reihe sitzen fünf Männer in Anzug und Krawatte und halten ihre Ernennungsurkunden in die Höhe, dahinter stehen weitere Männer und drei Frauen in edlem Schwarz. Augenscheinlich die Köpfe der Polizeistationen und ihre Helfer. Es gibt offenbar Belege dafür, dass die Polizeistationen jeweils von einem «Direktor» und zwei «Vize-Direktoren» geführt werden.[78] Für Berlin firmiert Xu Peihe als Hauptverantwortlicher, der ein großes China-Restaurant in Mitte betreibt und ebenfalls auf dem Foto zu sehen ist. Ein Video zeigt ihn zudem, wie er während der Coronazeit den Landsleuten seine Solidarität beweist, indem er für eine chinesische Sprachschule in Dortmund FFP2-Masken spendet.[79] Ein fingierter Anruf bei Xu ergibt, dass die Berliner Polizeistation noch immer aktiv ist. Pässe könnten zwar nicht ausgestellt werden, allerdings helfe man, wenn es «Ärger» gebe. Konfrontiert mit den Recherchen reagiert Xu ungehalten und sauer. «Das ist eine alte Geschichte», sagt der Restaurantchef. «Die Sache ist längst erledigt.»[80] Aber wie erklärt er es dann, dass es bei dem Telefonat mit dem chinesischen Gesprächspartner ganz anders geklungen hat? Xu wird schmallippig. Auf die Frage, ob die Polizeistation noch aktiv ist, antwortet er «nein». Dann ist das Gespräch vorbei.[81] In Hamburg soll laut Internet-Eintrag ein gewisser Shan Lianke die Station betreiben. Die angegebene Nummer funktioniert, der Mann bestätigt auch, dass er die richtige Person ist. Doch als es um die Polizeistation geht, stellt er sich unwissend. «Ich verstehe nichts», sagt er und legt kurz darauf auf.[82] Für München taucht ein Gastronom in einer nahe gelegenen Ortschaft auf, Zhan Xiao. In einem Gespräch bestätigt er, dass er und der Chinesische Qingtian-Verein während der Corona-Zeit für die chinesischen Behörden Hilfsdienste erledigten, indem sie die Identitäten von chinesischen Mitbürgern für die Verlängerung von Führerscheinen verifiziert hätten. «Das ist vorbei», sagt er, «für mich ist das Thema abgehakt.» Sicherheitsrelevante Aufgaben will er auch nicht übernommen haben. «Ich habe nie mit der chinesischen Polizei zu tun gehabt», so der Restaurantchef weiter.[83] In Düsseldorf wird Fu Hanhao genannt, der 1993 nach Deutschland gekommen ist. Nachdem er zwei China-Restaurants eröffnet hatte, gründete er eine Import-Export-Firma. Zuletzt handelte er auch mit Reitsportausrüstung. Noch vor einigen Jahren fungierte der Düsseldorfer Geschäftsmann Fu als Präsident der deutschen Qingtian-Vereinigung.[84] Damit scheint er eng in das chinesische Netzwerk in Deutschland eingebunden. «Die Sache ist schon lange vorbei», antwortet er auf telefonische Nachfrage, ob er die Polizeistation noch unterhält, und legt sofort auf.[85] Bis auf eine funktionieren noch alle Nummern auf der Liste der «Lishui Übersee-Polizeistationen» in Deutschland, und die angegebenen Personen dahinter sind identisch. Auffällig ist, dass sowohl hinter den Fassaden in Deutschland als auch rund um das spanische Cybertribunal immer wieder die gleichen Namen und Organisationen auftauchen. Dreh- und Angelpunkt ist die Stadt Lishui mit ihrem Kreis beziehungsweise Stadtteil Qingtian, der etwa ein Fünftel der Einwohnerschaft ausmacht. Aus der für chinesische Verhältnisse mittelgroßen Stadt im Südosten der Volksrepublik lenken die Hintermänner den Apparat im Ausland. Allerdings handelt es sich dabei nicht um eine rein lokale Angelegenheit, wie von offizieller

Seite oft behauptet wird. Es gibt weit mehr Verbindungen zur höchsten nationalen Ebene, als bislang bekannt. In der spanischen Polizeistation hing ein Banner der Qingtian-Vereinigung, die auch in Deutschland aktiv und bestens vernetzt ist. Recherchen für dieses Buch ergaben, dass Vertreter dieser Vereinigung von Auslandschinesen in Deutschland sogar in der chinesischen Botschaft empfangen wurden und dort eine Art Sicherheitseinweisung bekommen haben.[86] Auch andere Strukturen überschneiden sich, man kennt sich und unterstützt sich offenbar, wo es geht. Bereits 2019 hatte schon das Volksgericht des Landkreises Qingtian 46 «Genossen» zu Statthaltern der chinesischen Justiz in der Welt berufen. «Um die Rechtssprechungsarbeit mit Auslandschinesen umfassend zu fördern», «die Rolle der chinesischen Führer im Ausland weiter zu stärken» und «die wirtschaftliche und soziale Harmonie und Stabilität in den Heimatstädten der Auslandschinesen zu fördern, wurde beschlossen, chinesische Führer aus Übersee für eine Amtszeit von fünf Jahren zu Verbindungsleuten in Übersee zu ernennen», hieß es in einer offiziellen Mitteilung.[87] Auch für Deutschland tauchten zwei Namen auf der Liste auf: Yang Qianghua in Berlin[88] und Lai Chengmin in Frankfurt. Auch Yang spielte schon länger eine zentrale Rolle in wichtigen Strukturen der KPCh in Deutschland. So gehört er der All-Chinesischen Föderation der China-Heimkehrer an, zudem ist er Gründungspräsident der Deutschen Gesellschaft für Public Diplomacy der Übersee-Chinesen und Vorsitzender der Europäisch-Chinesischen Vereinigung für Wissenschaft und Technik.[89] Alle drei Organisationen sind eng mit dem kommunistischen Machtapparat verbunden und in der Hierarchie ganz oben angesiedelt. Eine Telefonnummer von Yang im Dong Xuan Center in Berlin Lichtenberg, «Deutschlands größtem Asiamarkt», funktioniert nicht mehr. Auf eine Mail mit ausführlichen Fragen zu seinen Tätigkeiten hat er nicht reagiert.[90] Laut einer chinesischen Internetseite fungiert der Hanauer Gastronom und Geschäftsmann Lai Chengmin als «Direktor der Verbindungsstation» im Rhein-Main-Gebiet, die für die Volksstaatsanwaltschaft des Landkreises Qingtian (Abteilung für Fallmanagement) offenbar als Dienstleister agiert. «Die Staatsanwaltschaft und die Verbindungsstationen in Übersee führen online und offline einen Informationsaustausch durch», berichtete Stationschef Lai einmal, «treiben regelmäßig die Dienstleistungspolitik im Ausland voran und geben Rückmeldung über die Stimmung und die öffentliche Meinung in Überseechina.»[91] In Notfällen, so Lai weiter, könne seine Station «in kürzester Zeit praktische Lösungen vorschlagen». Auf einen Fragenkatalog, der an mehrere Mailadressen ging, gab es keine Antwort.[92]

Einer der fünf Köpfe der Übersee-Polizeistationen von Lishui, Zong Chuanhai, steht wiederum einem engen Vertrauten der KPCh in Frankfurt nahe. Beide flogen vor einigen Jahren nach Peking und nahmen dort als Delegierte aus Deutschland an der Politischen Konsultativversammlung des chinesischen Volkes teil, einem quasi Einheitsfront-Äquivalent des Nationalen Volkskongresses, in dem die Vertreter der anderen Parteien und gesellschaftlichen Gruppen zusammengefasst werden (siehe Teil zwei, Kapitel vier). Damit besteht nachweislich ein intensiver Austausch zwischen den illegalen Polizeistationen und den obersten Ebenen der Kommunistischen Partei. Die Telefonnummer von Zong Chuanhai stimmt nicht mehr mit den offiziellen Angaben aus Lishui überein, allerdings ist die chinesische WeChat-Kennung identisch. Wir erreichen den Gastronomen schließlich unter einem anderen deutschen Anschluss. Doch will der Mann nichts von einer Polizeistation wissen. «Keine Ahnung, was das soll», sagt er.[93] Ganz so ahnungslos dürfte Zong aber nicht sein. Unter einem offenen Brief aus dem Jahr 2020, der in scharfem Ton alle Taiwaner dazu aufruft, für eine Vereinigung mit Festlandchina einzutreten, steht sein Name. Dahinter folgt die Funktion: Präsident einer Vereinigung, die sich in Deutschland für die Neue Seidenstraße einsetzt.[94]

In Nürnberg, Berlin, einem Vorort von Viersen und einem trotz intensiver Recherchen nicht zu ermittelnden weiteren Ort in Deutschland sitzen wiederum vier Mitglieder der Qingtian-Vereinigung, die ebenfalls Verbindungen zur «Abteilung für Einheitsfrontarbeit» der KPCh unterhalten zu scheinen und damit weitere Belege für die Verflechtung des regionalen Sicherheitsapparats mit der höchsten Spitze der chinesischen Politik liefern. Eine Frau in Berlin, auf die noch einzugehen sein wird, wurde bereits vor zwölf Jahren vom Regime angeheuert, eine informelle konsularische Kontaktperson zu werden (siehe auch Teil zwei, Kapitel vier).

«Heute scheint die Sonne vor dem Fenster, und die Anlaufstelle für den chinesischen Auslandsdienst ‹Global Communication› in Deutschland hat endlich ‹eröffnet›», hieß es im Februar 2021 in einer Mitteilung, «und wir werden es auf jeden Fall immer besser machen!»[95] Bei dem, was da so feierlich angekündigt wurde, handelte es sich um eine weitere Polizeistation, die in Bornheim bei Bonn aufgemacht wurde, wobei die Grenzen zwischen Polizei-, Service- und Konsularstation fließend sind. Auch hier wurde als verantwortliche Person mit Jin Jianshu wieder ein Mann genannt, der zuvor Präsident der Qingtian-Vereinigung gewesen sein soll.[96] Jin gehört nicht nur der chinesischen Exilgruppe an, gleichzeitig gehört er zum Führungsteam der Deutsch-Chinesischen Karnevalsgesellschaft in Bonn. Somit dient er als Bindeglied in die Heimatregion Wenzhou genauso wie zur Stadtgesellschaft in der einstigen deutschen Kapitale. «Die Eröffnungszeremonie wurde von Ye Jun, stellvertretender Direktor der Abteilung für Einheitsfrontarbeit des städtischen Parteikomitees von Wenzhou und Direktor des städtischen Büros für chinesische Angelegenheiten in Übersee, geleitet», hieß es weiter in der offiziellen Verlautbarung. «Shi Aizhu, Leiter der Abteilung für Einheitsfrontarbeit, und andere Führer nahmen teil.»[97] Damit zeigte sich auch in Deutschland ein weiteres Mal, wie hoch die Polizeistationen tatsächlich in China aufgehängt sind – und welche herausgehobene Rolle die Einrichtungen für die KPCh spielen. Außerdem scheinen die Einrichtungen durchaus in sicherheitsrelevanten Angelegenheiten aktiv zu werden. So wurde in China über einen Fall berichtet, in dem etwa ein Mann in Deutschland überführt worden sei, der mit illegalen Papieren mehrfach in die Volksrepublik eingereist sei. Ein «Anführer aus Übersee» habe dem Betroffenen, einem gewissen Lao Zhu, zugeredet, so dass sich dieser dem Online-Tribunal in der Polizeistation in Deutschland gestellt habe. Dort sei ihm der Ernst der Lage klargemacht worden.

«Solange er sich freiwillig dem Fall stellte, konnte er sich um Milde bemühen», hieß es dazu in einem offiziellen Bericht.[98] Danach ergab sich der Mann offenbar und flog von Deutschland zurück nach China, um sich den Behörden zu stellen. Angeblich sei er anschließend ohne Strafe davongekommen.

Bei den Polizeistationen – alias «Service-Stationen», manchmal werden sie in Anspielung auf die chinesische Nummer des Polizeinotrufs auch «110 Übersee» genannt – handelt es sich nicht um klassische Wachen, wie wir sie aus Fernsehkrimis kennen. Manchmal gibt es tatsächlich Räumlichkeiten, in denen die chinesischen Mitarbeiter ihre verbotenen Aktivitäten durchführen. Oft hängen sie dann auch Fahnen oder Banner an die Wand, auf denen «police station» zu lesen ist. Andere Male versteckt sich hinter dem Begriff «Polizeistation» aber auch ein Verein oder sogar nur eine einzelne Person. Es wird dann lediglich eine abstrakte Anlaufstelle für die chinesischen Behörden im Ausland markiert. Hinter dem Begriff «Polizeistation» verbirgt sich eine Art Aufkleber, der auf alles Mögliche gepappt werden kann. Dann gehören etwa ein Restaurant oder ein Verein temporär zu einem weltweiten Überwachungsnetz, das Gegner oder Kritiker des chinesischen Systems aufspüren und verfolgen kann. «Diesem illegalen Aufstöbern durch die chinesische Polizei sind chinesische Staatsangehörige im Ausland wehrlos ausgesetzt», heißt es im Bericht von Safeguard Defenders, «und sie erfahren wenig bis keinen Schutz, der ihnen theoretisch eigentlich durch nationale und internationale Gesetze zustehen müsste.»[99]

Allerdings agiert der Apparat zumeist hochkonspirativ. Zumeist werden die Personen so lange bearbeitet, bis sie «freiwillig» nach China zurückkehren. Die Erpressung und Angstmache gerichtsfest nachzuweisen, stellt sich als schwierig dar. Dabei gehen die Gesandten des Regimes nach einer klaren Handlungsanweisung vor. Für die Rückführungen nutzen die chinesischen Sicherheitsdienste eine Methode, welche sie als «zur Rückkehr überreden» bezeichnen. Zentral für den psychischen Druck auf die Delinquenten ist eine Form von emotionaler Erpressung, bei der es so gut wie immer um Angehörige geht. Sie werden in China eingeschüchtert, belästigt, kommen kurzfristig in Arrest oder werden längerfristig ins Gefängnis gesperrt. Es ist eine Spirale des Drucks, die beliebig erhöht werden kann, bis die Zielperson schließlich «freiwillig» nach China zurückkommt. Das verdeckte Verfahren gegen den Unternehmer Liu in Madrid kann als Beispiel für die Methode gesehen werden. Der direkte Druck auf die Zielperson muss dann nicht einmal über die staatlichen Akteure erfolgen. Oft sind es die Familienmitglieder selbst, die sich bei dem Betreffenden melden und ihn zur Rückkehr auffordern. Als Ultima Ratio könnten Chinesen im Ausland auch gekidnappt und nach China verschleppt werden, was allerdings so gut wie nie vorkommt. In Europa sorgte der Fall von Gui Minhai für einige Aufregung, der aus Schweden entführt wurde (siehe Teil zwei, Kapitel zwei). Niemals kommt es den Strafermittlern allerdings in den Sinn, dass die Zielpersonen unschuldig sein könnten. Entsprechend werden die harten Strafmaßnahmen ohne Gerichtsverfahren und den Beleg für die Schuld des Angeklagten angewandt. Selbst völlig unbescholtene Angehörige werden im Verständnis der Partei automatisch mitschuldig. Der Rechtsgrundsatz im Chinesischen ist «schuldig durch Zugehörigkeit» oder «Kollateralschaden». Wenn man so will, ist die Methode «zur Rückkehr überreden» das Werkzeug, mit dem die verdeckten Sicherheitsagenten Landsleute zwingen, in ihre Heimat zurückzukehren.

Inzwischen hat die verdeckte weltweite Strafverfolgung schwindelerregende Ausmaße angenommen. Allein zwischen April 2021 und Juli 2022 wollen chinesische Behörden global 230 000 Landsleute «zur Rückkehr überredet» haben, damit sie sich in der Volksrepublik vor Gericht stellen lassen.[100] Innerhalb von weniger als zehn Jahren hat sich das System auf fünf Kontinente ausgeweitet, überall gibt es verdeckte Polizeistationen, die unliebsame Chinesen für das kommunistische Regime aufspüren. Das Gros der Rückkehrer kommt aus den immer gleichen Regionen und Ländern. Allein im Süden Malaysias sollen mehr als Hunderttausend chinesische Kriminelle vor allem aus der angrenzenden Region Yunnan aktiv gewesen sein, in weiteren Ländern hat das Phänomen ebenfalls enorme Ausmaße angenommen, was tatsächlich ein immer größeres Sicherheitsproblem für die Volksrepublik darstellt. Deswegen hat das Regime eine Reihe von Staaten auf eine rote Liste gesetzt, «die neun verbotenen Länder». Chinesen dürfen diese Staaten nur noch bereisen, wenn sie «gute Gründe» haben. Andernfalls droht schon für einen dortigen Aufenthalt Strafe. Bei den Ländern handelt es sich um die Türkei, die Vereinigten Arabischen Emirate, Myanmar, Thailand, Laos, Malaysia, Kambodscha, die Philippinen und Indonesien. Alle neun Länder haben tatsächlich erhebliche Probleme mit Internetbetrug und anderen kriminellen Delikten. Doch geht Peking nun global gegen alle Landsleute vor, die irgendwie mit den «neun verbotenen Ländern» zu tun haben, egal ob sie in illegale Machenschaften verwickelt sind oder nicht. So wurde 2022 der Fall einer Frau aus dem Dorf Yuanzhuang bekannt, die nach Kambodscha ausgewandert war, um dort in der Hauptstadt ein Restaurant zu eröffnen.[101] Einige Jahre später wurde sie in Phnom Penh von der lokalen Polizei aus ihrem Heimatdorf kontaktiert und aufgefordert, nach China zurückzukehren. Als die Frau antwortete, dass sie keinerlei Straftat begangen habe und nur ihrem Lebensunterhalt nachgehe, antworteten die Polizisten, dass dies keine Rolle spiele. Kambodscha sei nun einmal tabu, und deswegen solle sie unverzüglich nach China zurückkommen, was die Gastronomin jedoch nicht tat. Daraufhin wurde die Frau massiv unter Druck gesetzt, schließlich schrieb die Polizei sie auf eine Liste mit Verdächtigen. Nun drohten die Sicherheitsbehörden der Wirtin harte Schritte an – so werde das Haus ihrer Mutter keinen Strom und kein Wasser mehr bekommen. Schergen des Regimes sprühten auf die Wand «Haus einer Internetbetrügerin», daneben hing eine Benachrichtigung der Polizei. Ihre Mutter wurde vor den Dorfrat zitiert und aufgefordert, ihre Tochter binnen Tagen nach China zurückzuholen. Der Fall belegt auf drastische Weise, wie skrupellos die chinesischen Behörden ihr System weltweit aufbauen und durchsetzen.

Während in Deutschland die Reaktion auf den Skandal der geheimen Polizeistationen eher zurückhaltend ausfiel, greifen die Strafverfolgungsbehörden in den USA inzwischen hart durch.[102] Im

April 2023 nahm das FBI in New York zwei Chinesen fest. Lu Jianwang und Chen Jinping besitzen beide die amerikanische Staatsangehörigkeit und sollen in Manhattan eine «inoffizielle Polizeistation» aufgebaut haben. Die Staatsanwälte werfen ihnen vor, «sich verschworen und als chinesische Agenten gehandelt zu haben». Außerdem hätten sie die amerikanische Justiz behindert, indem sie ihre Kommunikation mit Offiziellen des chinesischen Ministeriums für Staatssicherheit – des Geheimdiensts der Volksrepublik – gelöscht haben. Für ihre illegalen Machenschaften sollen die beiden 59 und 61 Jahre alten Männer in bester Lage in Downtown New York eine ganze Industrieetage angemietet und ausgerüstet haben, was Fotos aus den Ermittlungsakten belegen. Für die US-Ermittler ist klar, dass die beiden Männer ausspionieren, überwachen und einschüchtern sollten. Und sie hätten sogar einen konkreten Auftrag gehabt: «behilflich sein, um eine Zielperson zu lokalisieren». Staatsanwalt Breon Peace sprach von einer «eklatanten Verletzung der Souveränität unseres Landes durch die chinesische Regierung».[103] Den beiden Chinesen wird nun der Prozess gemacht. «So eine Polizeistation hat hier in New York City nichts zu suchen», sagte Peace weiter, «und auch nicht in irgendeiner anderen amerikanischen Stadt.» So weit sind die Behörden in Deutschland noch nicht.

TEIL ZWEI

Die geleakte Liste

In ihrer Schärfe kam die Warnung des Bundesamtes für Verfassungsschutz für viele politische Beobachter dann doch überraschend. «Die Staats- und Parteiführung Chinas hat in den vergangenen Jahren ihre Bemühungen zur Beschaffung hochwertiger politischer Informationen sowie zur Beeinflussung von Entscheidungsprozessen im Ausland deutlich forciert», teilte der Inlandsgeheimdienst im Juli 2023 mit.[1] Dass die Volksrepublik im großen Stil deutsche Konzerne und Technologielabore ausspionieren lässt, ist landläufig bekannt. Die gezielte Unterwanderung der Politik auch in Deutschland hingegen weit weniger. Doch als ein Dreivierteljahr nach der Alarmierung durch die Verfassungsschützer in Dresden, Bad Homburg und Düsseldorf mehrere Agenten des chinesischen Auslandsgeheimdienstes festgenommen wurden, schwante auch einer breiteren Öffentlichkeit, wie real die Gefahr aus Fernost tatsächlich ist. «Die Kommunistische Partei Chinas (KPCh) hat sich im Zuge dessen ein weltweites Netzwerk von Kontakten aufgebaut und ist stetig um dessen Erweiterung bestrebt», beobachtet die deutsche Gegenspionage schon länger. Zentraler Akteur auf chinesischer Seite sei das International Department of the Central Committee of the Communist Party of China (IDCPC), die Internationale Abteilung des Zentralkomitees der KPCh, schoben die Verfassungsschützer hinterher. Schon länger vermuten China-Experten, dass die Abteilung die Strippen hinter der Einflussnahme auf westliche Gesellschaften zieht, wie einige weitere Einheiten auch. Der diplomatische Arm des Zentralkomitees der Partei hat die Aufgabe, Kontakte zwischen ausländischen Parteien, Nichtregierungsorganisationen und anderen zentralen politischen Akteuren und der KPCh zu knüpfen. So wurden seit dem Fall der Mauer 1990 engere Beziehungen von der SPD, der CDU/CSU, der FDP – und in Ansätzen auch den Grünen – zur KPCh aufgebaut. Es gibt regelmäßige Treffen, Einladungen von einzelnen Politikern nach China oder Gegenbesuche in Deutschland. Dieser Dialog hat Spuren hinterlassen. So scheut sich etwa die SPD weiterhin, die autoritären Umtriebe des Pekinger Regimes klar zu verurteilen, und hält noch immer an altbackenen Rezepten ihrer Außenpolitik fest. Stichworte sind «Wandel durch Handel» oder «Wirtschaftspolitik auf Augenhöhe». Die konservativen Sozialdemokraten vom Seeheimer Kreis bringen es auf den Punkt: «In China erwirtschaften DAX-Unternehmen mehr als ein Drittel ihres gesamten Konzernumsatzes», heißt es in einem Strategiepapier. «Die deutsche Wirtschaft ist von zahlreichen Importen aus China abhängig, ohne die die Produktion in Deutschland stillstehen würde.»[2] Auch wenn immer wieder darauf verwiesen wird, dass etwa die Menschenrechte nicht außer Acht gelassen werden dürften, so befindet sich die Kanzlerpartei SPD doch in einem Dilemma. Die deutsche China-Strategie dürfe «keine ‹Anti-China›-Strategie» sein, fordern entsprechend die Seeheimer. «Der Dialog mit China sollte gesucht und robust und konstruktiv-kritisch geführt werden», versuchte zuletzt ein Parteitagsbeschluss vom Dezember 2023 den schwierigen Spagat. «Menschenrechtsverstöße oder Protektionismus gehören genauso angesprochen wie unser Bekenntnis zur Ein-China-Politik und zu der Überzeugung, dass die Taiwan-Frage nur einvernehmlich in einem friedlichen Verfahren geklärt werden kann.»[3] Aus den paar Zeilen spricht die sozialdemokratische Hoffnung, dass «Wandel durch Annäherung» am Ende doch immer und überall funktionieren könnte. Dass die Annäherung in letzter Zeit ziemlich einseitig stattfindet, dass das Regime in Peking selbst eigene Versprechen schamlos bricht – etwa dass Hongkong auch unter chinesischer Führung weiter eine demokratische Zukunft haben wird –, wollen die Genossen offenbar nicht sehen. Und mit ihrer Sicht steht die SPD im deutschen Parteienspektrum keineswegs allein da. Generell ist die Haltung gegenüber den immer selbstbewusster auftretenden Kommunisten eine Mischung aus Ängstlichkeit und Naivität. Diese Haltung ist schon einmal gegenüber Russland gehörig schief gegangen.

Auch die Warnung des Verfassungsschutzes zeigt nur einen kleinen Ausschnitt der Wirklichkeit. Was die Internationale Abteilung der KPCh plant und tut, stellt nur einen begrenzten, kaum verdeckten Bereich der chinesischen Einflussnahme dar. Der weit größere Teil der chinesischen Unterwanderung findet im Verborgenen statt. Und dabei spielt eine Schwesterorganisation der Internationalen Abteilung eine wichtige Rolle – die «Abteilung für Einheitsfrontarbeit», auf Englisch United Front Work Department (UFWD) –, die wir im Folgenden der Einfachheit halber kurz «Einheitsfront» nennen wollen. In Ländern mit einer großen Anzahl an chinesischen Einwanderern wie Australien, Kanada oder den USA gehört die «Einheitsfront» zu den zentralen Akteuren, auch wenn es um den Einfluss auf Politiker geht. In Europa ist die Abteilung der KPCh eine von mehreren Spielern – neben dem International Department oder der Gesellschaft des chinesischen Volkes für Freundschaft mit dem Ausland –, über die versucht wird, Narrative zu platzieren und so politischen Einfluss zu nehmen. Schon länger besteht der Verdacht, dass auch in Deutschland im Verborgenen wirkende chinesische Netzwerke versuchen, politisch Einfluss zu nehmen. Immer wieder warnen auch renommierte Thinktanks vor der unsichtbaren Gefahr. «China nutzt bestehende Kommunikationskanäle nach Deutschland, um Auslandschinesen auf Zielsetzungen der KPCh einzuschwören und chinesischen Nationalismus zu verbreiten», heißt es etwa in einer Studie der Stiftung Wissenschaft und Politik.[4] Doch wie genau und vor allem wie skrupellos diese Abteilung gerade auch in Deutschland vorgeht, ist selbst in der Fachwelt weitgehend unbekannt. So gibt es allein in Deutschland mehr als 200 Organisationen, die als Tarnstrukturen für die Unterwanderung dienen. Und das Ziel dieser Organisationen, wie das der gesamten Einheitsfront, ist eine gewisse Dominanz über die Exilchinesen zu gewinnen, um so teilweise auch auf die deutsche Politik besser einwirken zu können.

Auch wenn es in China offiziell mehrere Parteien neben der KPCh gibt, die sich jedoch der kommunistischen Führung untergeordnet haben und für sich nur in Anspruch nehmen, den Regierenden als Berater zu dienen, so zielt die Grundidee der «Einheitsfront» auf eine Form der breit angelegten politischen und gesellschaftlichen Gleichschaltung ab. Der Begriff «Gleichschaltung» ist in Deutschland vor allem aus der Zeit des Nationalsozialismus bekannt. Auch wenn die beiden Regime sicher nicht vergleichbar sind, so lässt sich die Definition der NS-Gleichschaltungspolitik gut auf das Verfahren der Kommunisten anwenden. Dadurch sollten «alle Lebensbereiche der Menschen unter die Kontrolle» der Regimes kommen. «Wer sich der Gleichschaltung widersetzte, wurde bekämpft. Gesetze wurden geändert, Andersdenkende wurden verfolgt und mit Gewalt eingeschüchtert», lautet eine Definition.[5] «Die Gleichschaltung war ein wichtiger Schritt auf dem Weg zur Errichtung der (...) Diktatur.» Damit sind ziemlich genau auch die Methode und das Ziel des chinesischen Ansatzes von heute beschrieben. Seit ihrer Gründung vor mehr als siebzig Jahren ist die KPCh auf ihrem Staatsgebiet darum bemüht, die größtmögliche Kontrolle über Menschen und Organisationen zu erlangen, indem staatliche Strukturen, die Armee, Kultureinrichtungen, Vereine auf die Partei ausgerichtet werden. Dieses Raster wird seit der Machtübernahme Xi Jinpings immer stärker auf das Ausland übertragen. In Europa ist die Gleichschaltungspolitik bereits in vollem Gange. Und zentral dafür ist auch hier die Einheitsfront, die ihre Helfershelfer seit Jahren gezielt nach Deutschland schickt.

Die Liste

Sein Name deutete bereits darauf hin, dass es sich bei dem User um eine sehr flüchtige, schwer fassbare Person handeln musste. Er nannte sich «NeonGhost». An einem Abend im Herbst 2021 stellte er für einen kurzen Moment ein digitales Informationspaket in das Hackerforum «Nulled». Die PDF-Files tauchten unter dem Titel

«Leaked List of CCP United Front Work Department (UFWD) Members» auf – es sollte sich dabei also um eine durchgesteckte geheime Mitgliederdatei der Abteilung für Einheitsfrontarbeit der Kommunistischen Partei Chinas handeln. Mit wenigen dürren Worten nannte «NeonGhost» noch den Grund, warum er die hochvertraulichen Informationen teilte: «Bin auf die geleakte Liste von Personen gestoßen, die für die Einheitsfront (United Front Work Department) arbeiten», schrieb er da, «teile sie wegen der hochrangigen Namen/Organisationen, die mit der Kommunistischen Partei Chinas (KPCh) verbunden sind.» Nur für kurze Zeit blieb das PDF-Dokument offen einsehbar und konnte heruntergeladen werden. Dann war es auf einmal verschwunden, genau wie «NeonGhost». Es gibt Hacker, die sich einer aufklärerischen, investigativen Mission verpflichtet fühlen. Zu diesen zählt sich offenbar auch der mysteriöse Datendieb. Wie sich einige Zeit später herausstellen sollte, stand die Person jedoch nicht am Beginn des Leaks. Sie hatte die Liste ebenfalls in einem Forum erhalten und sie lediglich weiterverbreitet, ein nicht unübliches Vorgehen unter Computerfreaks. Das ursprüngliche Leak hatte drei Monate zuvor stattgefunden. Im Juli 2021 hatte ein User mit dem Namen «biomass» frühmorgens um 02:03 Uhr drei Links in das berüchtigte «RaidForums» gestellt, eine Plattform für Datenhehler und Cyberkriminelle. Zwei führten zu der Liste auf Chinesisch, einer zu einer ins Englische übersetzten Version. Und «biomass» gab an, woher die Dateien angeblich stammten. «Ein Freund aus Festlandchina hat mir die Liste mit Unterstützern der Einheitsfront der KPCh gegeben», schrieb er da. «Hinterlasst mir gute Bewertungen, wenn euch das gefällt. Vielleicht kommt bald mehr.» Es kam nie mehr. Und «biomass» ist seitdem wie vom Erdboden verschluckt. Das Hackerforum, auf dem die Liste zum allerersten Mal auftauchte, wurde wenige Monate später vom FBI geschlossen.

Wie der Maulwurf hinter der Liste genau heißt – der «Freund in Festlandchina» – und welche Funktion er exakt bekleidet, bleibt ein Geheimnis. Genauso wie die ursprüngliche Quelle der Informationen, also auch die Frage, ob es noch weitere Glieder in der Informationskette gegeben hat. Bei den geleakten Daten handelt es sich um Fließtext, der aus einer Datei herauskopiert worden sein muss, wahrscheinlich einer Art Exceldatei mit Spalten und Zeilen. Am Anfang muss die chinesische Version gestanden haben, die englische sieht nach einer computergenerierten Übersetzung ins Englische aus. Beide Datensätze wurden dann in einem PDF-Dokument abgespeichert. Auch die Art der Veröffentlichung, das Weiterleiten an eine Vertrauensperson, die offenbar außerhalb der Volksrepublik lebt und dann über einen zwei Tage zuvor angelegten Account die Daten einspielte, half bei der Verschleierung der Quelle. Die Spuren sind damit gut verwischt. Allerdings sprechen die Informationen für sich. Aufbau, Inhalt und Kontext der Informationen deuten auf jeden Fall darauf hin, dass es sich beim Ursprungsort tatsächlich um eine Kartei von Vertrauenspersonen der «Einheitsfront» im Ausland oder zumindest Auszüge aus einer solchen handeln könnte. Die Liste scheint damit, wenn die Angaben des Hackers «biomass» stimmen, aus dem Inneren der Einheitsfront zu stammen, die als eine Untereinheit des Zentralkomitees in der Hierarchie der KPCh angesiedelt ist. Ob es sich dabei um ein Leak auf nationaler oder auf regionaler bzw. lokaler Ebene handelt, lässt sich nicht herauslesen. Mehrere Hundert Namen tauchen darauf auf, Telefonnummern, Adressen, Tarnorganisationen – eine gigantische Auflistung von chinesischen Kontaktpersonen rund um den Globus, ein XXL-Kontaktnetz, fein säuberlich notiert auf Dutzenden Seiten. Laura Harth von der Nichtregierungsorganisation Safeguard Defenders hatte die geleakte Liste mit Namen und Organisationen einige Zeit später wiederum über die Plattform Reddit in die Hände bekommen, auf der anonyme Quellen Informationen austauschen. Parallel dazu wurde dem schwedischen Investigativjournalisten Emil Hellerud eine Mitgliederdatei der Einheitsfront der chinesischen KPCh im Herbst 2022 aus Sicherheitskreisen in Stockholm zugespielt. Ein Abgleich ergab, dass die Listen identisch waren. «Ich gehe davon aus, dass die Namen nur einen Bruchteil der eigentlichen Kartei umfassen», vermutet Laura Harth, die vor einigen Jahren mit ihrer Organisation die Existenz von illegalen chinesischen Polizeistationen auch in Deutschland enthüllte, was einen internationalen Skandal ausgelöst hat. «Das ist wahrscheinlich nur die Spitze des Eisbergs», meint auch Hellerud.

Allerdings steht am Beginn erst einmal ein großes Fragezeichen: Ist die Liste tatsächlich echt? Die geleakte Datei stellt kein Original dar. Es handelt sich also nicht um ein Regierungsdokument oder ein offizielles File mit Stempel, speziellem Layout, elektronischem Siegel und was sonst noch alles dazugehört. Wenn Investigativjournalisten geheime Regierungspapiere, Analysen der Geheimdienste oder sensible Informationen aus Konzernen bekommen, dann sind diese in aller Regel formatiert. Es lässt sich also bereits aus der Anmutung des Dokuments beziehungsweise aus den Metadaten hinter einer elektronischen Datei erkennen, dass die Informationen mit großer Wahrscheinlichkeit tatsächlich aus der vermuteten Quelle stammen. Seit einiger Zeit gibt es bei solchen vertraulich erlangten Informationen andere Fallstricke für Journalisten. So werden inzwischen immer häufiger in Geheimpapiere Indizien eingewoben, die mögliche Indiskretionen verhindern sollen. Bei streng vertraulichen Papieren der Europäischen Union etwa werden teils unterschiedliche Wasserzeichen in die Dokumente eingearbeitet, so dass sich theoretisch bei einem Leak nachvollziehen lässt, welche Person oder Gruppe die Informationen durchgestochen hat. Andere Regierungsstellen arbeiten in ihre Geheimtexte kleinere Änderungen ein. Mal eine andere Schreibweise, mal ein alternatives Verb. Jedes Dokument unterscheidet sich dann in Nuancen vom anderen. Auf diese Weise hoffen die Verantwortlichen ebenfalls, ein mögliches Leak später leichter ermitteln zu können. Bei umfangreichen Datensätzen kann es für Investigativjournalisten daher inzwischen mehrere Wochen und sogar Monate dauern, bis die Dateien professionell wieder so weit «gesäubert» sind, dass sie für eine Veröffentlichung genutzt werden können. Aber das war nicht das Problem von Emil Hellerud. Kurz nachdem man ihm die brisanten Informationen zugesteckt hatte, kontaktierte mich der schwedische Journalist und fragte, ob ich mit ihm gemeinsam das geheime Netzwerk recherchieren wolle. So entstand eine enge Zusammenarbeit.

Unser erstes großes Problem blieb die Frage nach der Mutter aller Informationen – der Quelle. Im Grunde hatten wir nichts weiter als Buchstaben und Zahlen, die in mehrere Dokumente geflossen sind. Eine von einer unbekannten Person erstellte Datei, in zweierlei Ausführung, einmal mit chinesischen Zeichen und dann in lateinischen Buchstaben. Bei genauerer Betrachtung gab es allerdings doch mehr. Gleich zu Beginn hatten wir die Liste unter der Zusicherung absoluter Vertraulichkeit einer Handvoll China-Insidern vorgelegt. Die Experten bestätigten uns in der Annahme, dass die Informationen tatsächlich aus dem Inneren der «Einheitsfront» stammen könnten, woher genau – von welcher Ebene, von welcher genauen Einheit – lässt sich nicht erkennen. Ihr einstimmiges Urteil lautet aber: «höchstwahrscheinlich echt». Das war noch kein Beweis für die Authentizität, aber es zeigte uns, dass unser Verdacht begründet und wir auf dem richtigen Weg waren. Denn wir gingen davon aus, dass die Buchstaben und Zahlen in den geleakten Dokumenten nicht zufällig angeordnet waren. Dass die Liste tatsächlich aus der Mitgliederdatei der Einheitsfront stammte. Um den begründeten Verdacht erhärten zu können, mussten wir jedoch viel tiefer recherchieren, uns in das komplizierte Netzwerk von chinesischen Parteieinheiten, Verbänden, Vereinen und informellen Gruppen geradezu hineinfressen. Von Beginn an war klar, dass diese investigative Herausforderung einen erheblichen zeitlichen und auch personellen Aufwand erfordern würde. Wir gingen von mindestens einem Jahr Recherchearbeit aus. Am Ende sollten es fast zwei Jahre sein.

In den ersten Wochen des Jahres 2023 entwickelten wir einen Plan, wie die Liste verifiziert werden könnte. Für Deutschland tauchen in der Datei die Namen von 46 Personen auf, eine weitere Position ist offenbar an die Funktion des Vizepräsidenten in einer Vereinigung gekoppelt. Für Schweden werden 17 Personen geführt. Insgesamt umfasst das Dokument viele Dutzend Länder, mit mehr als zweitausend Namen. Und hinter jedem Namen steht eine bestimmte Organisation, manchmal auch mehrere. Durch diese Organisation scheinen die einzelnen Personen an die Strukturen der

Einheitsfront angebunden zu sein. Unsere Idee war, dass wir bei unserer Arbeit diesmal rückwärts vorgehen sollten. Normalerweise würde eine Recherche top-down erfolgen: Es gäbe also eine Geheimorganisation, und durch die Veröffentlichung ihrer Mitglieder würden die vertraulichen Namen bekannt. Ihre Brisanz erhielte die Recherche, indem Genaueres zu den einzelnen Personen herausgefunden und ihre Aufhängung und ihr Einfluss in der Gesellschaft herausgestellt würden. Bei uns verlief es hingegen wie folgt: Wir hatten jetzt die einzelnen Mitglieder, wussten, wo diese in Deutschland und den anderen Ländern aktiv waren, und mussten nun in umgekehrter Richtung die Anbindung ihrer einzelnen Organisationen oder Strukturen an die Einheitsfront nachweisen. Wir begannen nicht an oberster Stelle, bei der KPCh in Peking, und verfolgten die Verästelungen des Apparats bis hinab zu den einzelnen Kontaktpersonen in Deutschland oder Schweden. Wir starteten ganz unten, direkt bei den auf der Liste stehenden Individuen, und versuchten die Strukturen bis in den Machtbereich der KPCh zurückzuverfolgen. Dafür gab es allerdings genug Ansatzpunkte, die uns bei der Arbeit helfen konnten. In der Liste standen hinter den Namen der Personen Vereine, deutsche Konzerne, Universitäten und vieles mehr. Der Ausgangspunkt unserer Enthüllungen.

Eine weitere Überlegung war für den Beginn unserer Recherche zentral. Wenn wir die Arbeit auf möglichst viele Länder ausweiteten, dann konnten wir das große Bild, die chinesischen Verbindungen und Netzwerke rund um den Globus, nachzeichnen. Wir hätten dadurch also eine relativ gute Chance erhalten, Muster und Mechanismen hinter der Liste zu erkennen. Je mehr Treffer, umso eindeutiger die Beweisführung – so unsere Überlegung. Wir wollten die Mikroverästelungen, die Kohorten von geheimen Kontaktpersonen der chinesischen Einheitsfront und damit der KPCh demaskieren. Und das konnte uns nur gelingen, je mehr Fälle wir aufdeckten. Mit jeder neuen Unterorganisation, die wir in den einzelnen Ländern an die Einheitsfront knüpfen konnten, belegten wir die Glaubwürdigkeit des Leaks. Allerdings war uns auch klar, dass wir nicht jedes Land in die Recherchekooperation aufnehmen konnten. Folglich filterten wir nach einer erneuten Sichtung der Liste die Länder heraus, die uns als besonders interessant für die Recherche erschienen.

Italien wollten wir unbedingt einbinden. Das Land galt schon vor Jahren als Einfallstor für das Pekinger Regime in der EU, einige Jahre hatte die Regierung unter der Führung der linkspopulistischen Fünfsterne-Bewegung sogar beim Neue-Seidenstraßen-Projekt der KPCh mitgemacht, einem gezielten Versuch der Staatsführung um Xi Jinping, weite Teile der Welt in den chinesischen Machtbereich einzugliedern. «Die Entscheidung, sich der Seidenstraße anzuschließen, war eine improvisierte und verheerende Initiative der Regierung von Giuseppe Conte», sagte der italienische Verteidigungsminister Guido Crosetto schließlich im Juli 2023, kurz nachdem seine Chefin, die rechtspopulistische Ministerpräsidentin Giorgia Meloni, den Ausstieg aus der Kooperation beschlossen hatte. «Heute geht es darum zurückzurudern, ohne die Beziehungen zu beschädigen», so der Minister.[6] Es gibt zudem schon länger Hinweise darauf, dass nicht nur die italienische Politik eng mit dem chinesischen Staatsapparat zusammengearbeitet hat, sondern auch die organisierte Kriminalität. Mehrere Mafiagruppen sollen bis heute Kontakte zu chinesischen Agenten unterhalten. Auch die Niederlande schienen uns unverzichtbar. Das Land ist eines der wichtigsten Handelsdrehkreuze auf dem Kontinent, und auch hier war der chinesische Einfluss seit Jahren immens. Mehr als 900 Unternehmen sind in dem kleinen Land bereits in chinesischer Hand.[7] Immer wieder wurde über Einflussoperationen an niederländischen Universitäten, über militärische Spionage in der Wissenschaftsszene berichtet. Aus ähnlichen Gründen fanden wir auch Frankreich und Belgien unverzichtbar. Griechenland stand für den bislang größten Versuch Pekings, die Wirtschaft eines europäischen Landes zu kapern. Am so wichtigen Hafen von Piräus hält die chinesische Staatsholding Cosco schon seit 2016 eine Zweidrittel-Mehrheit. Unter dem Druck der Finanzkrise musste die griechische Regierung große Teile ihrer Wirtschaft verkaufen; die Volksrepublik nutzte diese Schwäche vor den Augen der europäischen Partner schamlos aus. Seitdem steht die Tür zur EU für die chinesische Seite sperrangelweit offen. Auch in Osteuropa gibt es einige Länder, aus denen schon länger über dubiose China-Kontakte berichtet wird. Ungarn ist hier besonders interessant. Die Schweiz wollten wir auf jeden Fall ebenfalls in die Recherche aufnehmen, auch wenn das Land nicht der Europäischen Union angehört. Allerdings gilt die Schweiz ja gerade in finanzieller Hinsicht als Einfallstor für alle Sorten von fragwürdigen Akteuren auf dem Kontinent.

Als wir unsere Länderauswahl getroffen hatten, mussten wir nur noch geeignete journalistische Partner finden, die, erstens, eine solch aufwändige Recherche selbständig durchzuführen vermochten, und, zweitens, absolut vertrauenswürdig waren. Durch eine internationale Kooperation zu den Hintermännern der Sabotage der Nord-Stream-Pipelines, die zu dem Zeitpunkt gerade lief, gab es bereits Kontakte nach Frankreich zu der Zeitung *Libération*. Nach einem kurzen Telefonat waren die Pariser Kollegen sofort bereit, an Bord zu kommen.

Mit Partnern in Belgien, den Niederlanden, der Schweiz und Griechenland liefen seit längerer Zeit andere Recherchekooperation, die sich ebenfalls auf dubiose russische Operationen bezogen. Auch diese Kollegen sprangen sofort auf und wollten auch bei der Recherche zu dem geheimen chinesischen Netzwerk mitmachen. Mitte September 2023 reiste Emil Hellerud zur Global Investigative Journalism Conference nach Göteborg, wo er nach geeigneten Kollegen aus Ungarn, Spanien und Italien Ausschau hielt. Nachdem er fündig geworden war, stand die internationale Recherche-Kooperation. Wir hatten erfahrene Investigativjournalisten an Bord, dazu Reporter mit langjähriger China-Kompetenz. Als unser Team erstmals zusammenkam, gehörten ihm einundzwanzig Reporter aus zehn Ländern an. Um uns auch fachlich abzusichern, holten wir noch einige der besten wissenschaftlichen Experten zu dem Thema ins Boot. Laura Harth von Safeguard Defenders mit Sitz in Madrid sagte sofort zu. Und auch Mareike Ohlberg vom German Marshall Fund in Berlin sowie Peter Mattis von der Jamestown Foundation in Washington, D. C. wollten das Projekt unterstützen. Mattis hat jahrelang für die CIA zu China gearbeitet. Er gilt als einer der profundesten Insider chinesischer Geheimdienststrukturen. Wir tauften unser gemeinsames Rechercheprojekt auf den Namen «Dragon-Coop». Jedes Rechercheteam erhielt ein Infopaket mit den Namen, Kontaktdaten und Angaben zu den Tarnorganisationen für sein jeweiliges Land. Dann konnte es losgehen.

Knapp zwei Jahre später kamen wir alle zu dem Ergebnis, dass die Liste echt war. Wir fanden auch Hinweise darauf, dass es wohl eine frühere Version gegeben haben musste, die bereits im Jahr 2017 durchgesteckt worden war. Hinter dem Leak musste tatsächlich ein Mitglied der Abteilung für Einheitsfrontarbeit stecken. Bei der Person konnte es sich nur um jemanden mit Zugriff auf die streng geheime Mitgliederkartei handeln. Jemand, der wusste, wie er ins System kam, der die Passwörter kannte und unbemerkt personenbezogene Daten exfiltrieren konnte. Wo genau das Datenleck entstanden ist, lässt sich nicht sagen. Unter Umständen ist es sogar wahrscheinlicher, dass die sensiblen Daten auf einer rangniedrigeren Ebene abgeflossen sind, da dort die Sicherheitsvorkehrungen teils weit schwächer sind als auf der höchsten Ebene in Peking. Wer auch immer das heikle Dokument eingestellt hat: Die Person wusste genau, wie brisant die Informationen waren. Und sie wusste genau, wie man Spuren verwischt, die zur undichten Stelle zurückführen könnten. Wie heiß die Informationen waren und auch wie gefährlich, erfuhren wir schon während unserer Recherchen. Eine der Personen, die auf der Liste für Schweden stand, flog bereits vor der Veröffentlichung auf. Xuefei Chen Axelsson wurde von den Sicherheitsbehörden in Stockholm als chinesische Agentin enttarnt und musste das skandinavische Land daraufhin sofort verlassen. Die schwedische Regierung sah in der als Journalistin getarnten Frau eine «Bedrohung für die nationale Sicherheit» und verhängte ein lebenslanges Einreiseverbot gegen sie.[8] Monate bevor wir mit unseren Enthüllungen an die Öffentlichkeit gingen, wussten wir also bereits um die mögliche Sprengkraft der Liste.

Zauberwaffe Nummer 3

Die KPCh versucht, das Netz des chinesischen Sicherheitsapparats über die 1,5 Milliarden Menschen im eigenen Land sowie über die 60 Millionen Chinesen im Ausland so engmaschig wie möglich zu gestalten. Einen guten Eindruck von dieser Strategie vermittelt ein Comicstrip, den der Geheimdienst im Januar 2024 veröffentlicht hat.[9] Darin geht eine Gruppe junger Leute, unter anderem ein Bubbletea trinkender Computernerd namens A Zhe und der Kampfsport begeisterte Dan Dan, die «Shenyin Special Investigation Squad», eigenständig auf Agentenjagd im eigenen Land. In einer Szene stellen sie einen blonden Mann im Kapuzenpulli, gemeint ist damit sicherlich ein Ausländer, den sie schließlich überwältigen und, auf dem Bürgersteig liegend, festhalten. Die Truppe, so sieht es aus, ist eine Freiwilligeneinheit, die verdächtige Personen eigenständig observiert und verfolgt. Frei nach dem Motto: Traue niemandem, und diene immer und überall deinem Vaterland. Natürlich wissen auch die chinesischen Dienste, dass es einen Unterschied gibt zwischen Profis und Amateuren. Dass hier ein staatlicher Geheimdienst ganz offen und im unter Jugendlichen beliebten Mangastil für seine Arbeit und Unterstützung aus der Bevölkerung wirbt, zeigt jedoch, wie allumfassend das chinesische Verständnis von Aufklärung und Überwachung ist.

In der Wirklichkeit ist die Welt der chinesischen Einflussnahme weit weniger transparent. Wer sich einen Überblick verschaffen will, braucht viel Geduld. Die Struktur der Netzwerke gleicht einem rätselhaften Puzzle. Immer wenn man einen Teil des Bildes zusammengesetzt hat, entsteht ein neues Loch, das noch lange keinen Sinn ergibt. Fast alle Schlüsselspieler im chinesischen Machtapparat haben ihre eigenen Geheimdienste. Allein die Volksbefreiungsarmee verfügt über drei größere Agenturen, die für sie heimliche Feindbeobachtung und Aufklärung durchführen. Zu ihren Aufgabenbereichen gehören das Hacken von Computern, das Führen menschlicher Quellen, Analysen auf der Grundlage von offen zugänglichen Informationen und «politische Kriegsführung».[10] Daneben unterstehen dem Ministerium für öffentliche Sicherheit, das eigentlich zu den Polizeikräften gehört, Agentennetzwerke, die ebenfalls international tätig werden können. Vor einigen Jahren hatten sie, allerdings erfolglos, versucht, die Trump-Regierung zu infiltrieren.[11] Auch die staatliche Nachrichtenagentur *Xinhua* soll zur erweiterten Welt der chinesischen Geheimdienste gehören. «Xinhua dient auch als Tarnung für Agenten des chinesischen Ministeriums für Staatssicherheit», schreibt etwa die Federation of American Scientists.[12] Genauso wichtig scheint die Nachrichtenagentur für das Anwerben neuer Zuträger zu sein, was der Fall von Lutz Heppner zeigt (siehe Prolog).

Über allem thront jedoch das Ministerium für Staatssicherheit (MSS). Bei dem Apparat handelt es sich um eine Megabehörde, wenn man so will: eine Mischung aus dem ostdeutschen Ministerium für Staatssicherheit und dem bundesrepublikanischen Bundesnachrichtendienst (BND). Ähnlich der Schwesterorganisation in der ehemaligen DDR überzieht die Organisation die gesamte Volksrepublik mit ihrem Netz, in jeder Region und jeder größeren Stadt existieren Zellen. Zugleich nimmt das MSS aber, vergleichbar dem deutschen BND, die Auslandsaufklärung wahr. Allein für die chinesische Staatssicherheit arbeiten mehr als 100 000 Personen, die nicht nur in der Volksrepublik, sondern weltweit aktiv werden und Personen und Gruppen ausspionieren. Doch verfügen nicht nur die staatlichen Stellen über Geheimdienste. Mindestens genauso wichtig sind die Aufklärungseinheiten der Partei. Bei diesen Strukturen handelt es sich weitaus öfter um Akteure, die nicht nur Informationen beschaffen, sondern bestimmte Narrative oder Nachrichten auch verbreiten. Informationen, die für die KPCh schmeichelhaft sind – oder die andere diffamieren sollen. Manchmal sind diese Informationen auch schlicht erfunden, also Fake News. Es handelt sich dabei eigentlich um klassische Arbeit von Propagandaabteilungen, gepaart mit dem Instrumentenkasten eines Nachrichtendienstes. Und Ziel dieses Geheimapparates ist es, den Machtanspruch der Kommunisten zu zementieren.

Wie ernst es die Partei mit diesem Anspruch meint, zeigt eine Episode, die noch nicht so lange zurückliegt. Sie spielt im Hof eines der einschlägigen Ministerien der chinesischen Regierung mitten in Peking an einem Morgen des Jahres 2011. Sämtliche Mitarbeiter des Hauses hatten die Anordnung bekommen, dem schaurigen Ereignis beizuwohnen. Ein Angehöriger des chinesischen Sicherheitsapparates war als Doppelagent enttarnt worden, er hatte nicht nur für die eigenen Dienste gearbeitet, sondern sich auch der amerikanischen CIA angedient. Dafür sollte er nun bestraft werden. Peter Mattis, ein intimer Kenner des chinesischen Geheimdienstwesens, und Matthew Brazil, ein Historiker, der auf die Geschichte der KPCh spezialisiert ist, beschreiben die Szene in ihrem Buch «Chinese Communist Espionage».[13] Vor den Augen aller Ministeriumsmitarbeiter wurden der Mann und seine schwangere Frau an jenem Morgen im Jahr 2011 erschossen. Über einen internen Fernsehkanal wurde die Szene zudem in die Büros übertragen. Zwischen Ende 2010 und Dezember 2012 sollen den amerikanischen Autoren zufolge mindestens ein Dutzend Personen auf ähnliche Weise exekutiert worden sein. Als Abschreckung für alle anderen Angehörigen der Sicherheitsdienste. Genau deswegen sollten auch die Kollegen der Hinrichtung beiwohnen. Die Episode zeigt nicht nur den absoluten Willen der KPCh zum Machterhalt, sondern auch, welch geringe Rolle in der VR China Menschenrechte oder moralisch-humanitäre Standards spielen. Und die Gangart des Regimes hat sich in den vergangenen zwölf Jahren noch verschärft.

Über allem thront in der Volksrepublik das allmächtige siebenköpfige Politbüro der Kommunistischen Partei, das seit mehr als zehn Jahren von Xi Jinping geführt wird. Der chinesische Staats- und Parteichef stammt aus dem roten Adel der Volksrepublik. Sein Vater gehörte zu den wichtigsten Mitstreitern Mao Zedongs, war eine Zeit lang sogar Vize-Premier des Landes. Entsprechend privilegiert verliefen Kindheit und Ausbildung Xis. Und entsprechend gute Einblicke in den kommunistischen Machtapparat und dessen Funktionsweise hat der oberste Politiker des Landes von klein auf bekommen. Allerdings musste Xi selbst früh die Schattenseiten des

Systems erfahren. Nachdem sein Vater in einer der Säuberungswellen in Ungnade gefallen war, geriet die Familie ins Räderwerk des Systems. Eine Schwester Xis wurde während der Kulturrevolution getötet. Seine Mutter musste den Vater öffentlich denunzieren, den das Regime als «Feind der Revolution» vor einer Menschenmenge zur Schau stellte. Als Xi Jinping 15 Jahre alt war, kam sein Vater ins Gefängnis. Der Junge musste aufs Land, schlug sich als Arbeiter in einer Dorfgemeinschaft durch. Erst nach mehreren gescheiterten Versuchen wurde er überhaupt in die KPCh aufgenommen. Doch dann begann eine steile Parteikarriere, die in den Spitzenämtern des Regimes gipfelte. Durch die Erfahrungen in seiner eigenen Familie weiß Xi, wie Macht und Einfluss in der Volksrepublik organisiert werden und wie schnell diese auch wieder verloren gehen können. Wohl auch deswegen hat er den gesamten Apparat in den vergangenen Jahren auf seine Person ausgerichtet, was sich schon an der Zusammensetzung des Politbüros widerspiegelt. Mehrere Mitglieder waren bereits zuvor enge Vertraute, dienten ihm als Brückenköpfe in Parteigremien im ganzen Land. Der Kern der Führungsmannschaft kennt sich jedoch aus der Küstenprovinz Zhejiang, wo Xi vor mehr als zwanzig Jahren das Amt des Gouverneurs antrat und zentrale Positionen im Parteiapparat besetzte. Besonders eng an seiner Seite arbeitet seitdem Li Qiang. Der chinesische Ministerpräsident gehörte schon vor mehr als zwanzig Jahren zu den engsten Vertrauten Xis, dem er damals als Stabschef und oberster Berater in der Parteispitze der Provinz Zhejiang diente. Li ist ein williges Werkzeug in den Händen seines Meisters, was sich zuletzt im März 2024 zeigte. Seit etwa zwei Jahrzehnten war es Usus, dass nach der einwöchigen Tagung des Volkskongresses in Peking auch der Ministerpräsident eine Pressekonferenz abhielt und dort seine eigenen Einschätzungen vortragen konnte. Das Treffen mit den Journalisten wurde nun gestrichen, für den Apparat sprach ab sofort nur noch der Staats- und Parteichef höchstpersönlich. Kritik an dieser absoluten Machtkonzentration ist nicht zu befürchten. Insgesamt steht das Gros des Politbüros seit Jahren loyal und fest an der Seite Xi Jinpings und unterstützt ihn bedingungslos. Darüber hinaus zeichnen sich einige der Mitglieder als Hardliner aus, die ähnlich wie ihr Anführer für eine kompromisslose Gangart des Regimes eintreten, wozu auch eine zukünftig stärkere Konfrontation mit dem Westen gehört.

In seiner Amtsausübung ist das Politbüro allmächtig. Ihm unterstehen nicht nur sämtliche Ministerien, das Militär in Form der Volksbefreiungsarmee sowie die komplette Medienlandschaft des Landes (gelenkt werden sämtliche Zeitungen, News-Websites, Radio- oder Fernsehsender aus der Propagandaabteilung der KPCh). Genauso wichtig sind für die Macht in China die Parteigremien und verschiedenen Abteilungen. Darüber organisiert der Apparat seinen anhaltenden Einfluss und kontrolliert seine Gegner. Ihre Herrschaft sichert die KPCh mit drei «Wunderwaffen» ab, die wörtliche Übersetzung aus dem Chinesischen wäre «Zauberwaffen».[14] Zu diesen Instrumenten zählte Mao Zedong schon vor siebzig Jahren den «bewaffneten Kampf» der Volksbefreiungsarmee [1], die «Parteiarbeit» [2] und die «Einheitsfront» [3]. Bei der Idee der Einheitsfront handelt es sich um eine der ältesten Strategien kommunistischer Bewegungen, die auf Überlegungen von Wladimir Iljitsch Lenin zurückgeht. Ähnliche Strukturen hat der Parteiapparat in der Sowjetunion gehabt, auch in der DDR wurden vergleichbare Aktivitäten durch die «Nationale Front» koordiniert. Geschaffen wurden die Abteilungen mit dem ursprünglichen Ziel, im eigenen Land die Unterstützung für das kommunistische Regime so breit wie möglich zu gestalten. Nichts sollte dem Zufall überlassen werden, und so zielt die Einheitsfront-Arbeit seit jeher darauf ab, auch gegnerische Strukturen einzubinden oder zumindest zu umarmen. Getreu dem Motto «Getrennt marschieren – vereint schlagen!». Als China während des Zweiten Weltkriegs von außen durch die brutale Invasion der Japaner bedroht war und im Inneren vielerorts Chaos und Willkür herrschten, diente die Strategie der Einheitsfront dazu, eine Koalition zwischen dem politischen Gegner der Kuomintang und der KPCh herzustellen. Nachdem die japanische Armee besiegt war, brach der zeitweilige Pakt wieder auseinander. In einem blutigen Bürgerkrieg besiegten die Kommunisten ihre

Feinde, vertrieben sie nach Taiwan und gründeten schließlich 1949 die Volksrepublik. Zentral waren hierfür in erster Linie die Volksbefreiungsarmee und für die anschließende Konsolidierung der Macht in den darauffolgenden Jahrzehnten die Parteiarbeit. Im Hintergrund wirkte aber immer auch die Einheitsfront weiter, indem sie die Gesellschaft und Wirtschaft des Landes mehr und mehr gleichschaltete. Seit dem Machtantritt von Xi Jinping erlebt die Einheitsfront eine Renaissance, die ihre klandestine Arbeit nun auch weiter auf das Ausland ausdehnt. So setzt das Regime in Peking seine Zauberwaffe Nummer drei inzwischen auch in Deutschland ein.

«Der Parteistaat unterwandert den Westen gezielt», warnt Ralph Weber von der Universität Basel. «Wir müssen die Diskussion über die Bedrohung der liberalen Demokratie mit ihrer Rechtsstaatlichkeit führen.»[15] In den USA wird die Gefahr gerade auch durch die «Einheitsfront» schon länger gesehen. So verfolge die KPCh mit ihr das Ziel, «die totale politische Macht zu erobern und abzusichern», heißt es in einer Analyse des US-Außenministeriums.[16] Für die Experten des amerikanischen Repräsentantenhauses stellt die Parteiabteilung «eine einzigartige Mischung aus Einfluss- und Einmischungsaktivitäten, gepaart mit Geheimdienstoperationen der KPCh», dar.[17] Das macht es für Beobachter auch so schwierig, diese spezielle Struktur der Partei zu begreifen. Denn die Angehörigen der Einheitsfront sind keine Geheimagenten im klassischen Sinne. Wer sich unter den Mitgliedern der Abteilung lauter kleine James Bonds vorstellt, liegt falsch. Natürlich können zu den Aufgaben der Personen auch nachrichtendienstliche Aufgaben gehören, wie das Ausspionieren von politischen Gegnern im Ausland oder das Beschaffen geheimer Informationen etwa aus Wirtschaftsunternehmen. Aber im Großen und Ganzen liegt die Aufgabe der Einheitsfront auch in Deutschland darin, die Diaspora im Sinne der KPCh zu organisieren sowie das Bild Chinas zu kontrollieren und im Sinne des Regimes zu korrigieren. Hinzu kommt das Ziel, Einfluss auf die deutsche Politik zu nehmen, in allen für die Volksrepublik China relevanten Politikfeldern. Dies kann offen und direkt erfolgen, indem chinesische Akteure versuchen, auf deutsche Politiker oder Parteien Druck auszuüben. Oder es kann verdeckt geschehen, durch Vereine oder Interessengruppen, die sich als harmlose Vereinigungen chinesischer Mitbürger ausgeben, aber in Wahrheit durch die KPCh in Peking gesteuert werden. Wenn man die Vertrauenspersonen der Einheitsfront in Deutschland korrekt beschreiben wollte, dann müsste man wohl von «Einflussagenten» sprechen. Einmal haben sie den Auftrag, für die Volksrepublik Stimmung zu machen, politische Entscheidungen zu provozieren oder auch Ängste zu schüren. Mindestens genauso wichtig ist aber die organisatorische Rolle, die sie für das Pekinger Regime im Ausland spielen. So versuchen sie im Sinne der KPCh den Rahmen festzulegen, in dem sich das gesellschaftliche und politische Engagement der Diaspora abspielt.

Wie entschlossen das Pekinger Regime auch im Ausland ist, hat vor wenigen Jahren der Botschafter in Schweden gezeigt. «Unsere Freunde bekommen von uns feinen Wein», sagte Gui Congyou, «aber für unsere Feinde halten wir Schrotflinten bereit.» Seine Nachricht übermittelte der chinesische Botschafter völlig ungeniert im Dezember 2019 in einem Interview mit dem schwedischen staatlichen Rundfunk.[18] Vorausgegangen war der Drohung des Diplomaten eine wochenlange Auseinandersetzung. Weil der schwedische PEN – eine zivilgesellschaftliche Vereinigung von Schriftstellern – den Publizisten Gui Minhai mit dem Tucholsky-Preis ehren wollte, hatte Peking gegenüber dem skandinavischen Land eine bis dahin beispiellose Drohkulisse aufgebaut. Bei dem chinesischen Autor handelt es sich um keinen großen Literaten. Unter Pseudonym hat er an die 200 Bücher verfasst, die eher im Boulevardstil auch die biografischen Geschichten von kommunistischen Schwergewichten wie Xi Jinping und anderen Politgrößen erzählten, wobei er dafür offenbar nicht selten auf Klatsch und Tratsch zurückgriff, für den es keine valide Bestätigung gab. In der Volksrepublik sind die Bücher auf jeden Fall verboten. Zudem gehörte dem Publizisten, der zwar in China geboren wurde, aber inzwischen die schwedische Staatsangehörigkeit besitzt, als Teilhaber eine wichtige Buchhandlung in Hongkong, in der auch Dissidenten und Kritiker des Regimes verkehrten, was Peking ebenfalls nicht gefiel. Während eines Aufenthalts in Thailand war Gui dann auch einige Jahre zuvor gekidnappt und in die Volksrepublik verschleppt worden. In einem Video, das einige Wochen später dort veröffentlicht wurde, behauptete der entführte Publizist, dass er in sein Geburtsland freiwillig zurückgekehrt sei, um sich den Behörden zu stellen. Beobachter gingen davon aus, dass die Aufnahme erzwungen worden war. Mit der schwedischen Auszeichnung sollte der Schriftsteller auch deshalb geehrt werden, damit sein Schicksal nicht vergessen wurde. Doch dagegen wollte die chinesische Seite mit allen Mitteln vorgehen. Als Drohungen gegenüber dem PEN nicht die gewünschte Wirkung zeigten, schoss sich Peking auf die schwedische Regierung ein. Wenn die Kulturministerin der Zeremonie beiwohnte, würden sie und andere Kabinettsmitglieder zu Unpersonen erklärt, ließ Peking mitteilen. Als auch das nichts half, drohte die chinesische Seite, dass sich das Verhalten der Schweden negativ auf die gegenseitigen Wirtschaftsbeziehungen auswirken würde – mit empfindlichen Folgen für schwedische Unternehmen. Gui Minhai erhielt den Preis trotzdem, wenige Monate später wurde er in der Volksrepublik zu zehn Jahren Gefängnis verurteilt. Gui Congyou, der damalige chinesische Botschafter in Schweden, gilt schon länger als Hardliner im diplomatischen Korps der Volksrepublik. Unter ihm entwickelte sich die Botschaft in Stockholm zu einem Hort von Unterdrückung und Spionage. Mit dem Radio-Interview forderte Gui sein Gastland auf, sich zu entscheiden – Freund oder Feind, Wein oder Schrotflinte.

Generell stellt die Freund-Feind-Kategorisierung die Grundlage für die Arbeit der Einheitsfront dar. Für ihr Vorgehen teilen die Parteistrategen mögliche Zielpersonen in drei Kategorien ein – rot, grau und schwarz. Rot sind die «Freunde», grau die «neutralen» Personen, schwarz die «Feinde». Den autoritären Ideologen ist völlig klar, dass sie hundertprozentig nur auf die «Freunde» bauen können.[19] Schon bei den «Neutralen» sehen sie, wenn überhaupt, nur begrenzt die Möglichkeit, die Personen doch noch zu «Freunden» zu machen. Allenfalls kann ein gewisses Wohlwollen oder zumindest Schweigen zum Gebaren der KPCh provoziert werden. Wer sich jedoch komplett querstellt, wird als Feind gebrandmarkt und unerbittlich bekämpft. Durch die Einheitsfront soll der eigene Machtbereich stetig ausgeweitet werden, so viele Menschen wie möglich sollen – durch politische Vorfeldorganisationen, Vereinigungen oder im Arbeitsumfeld – gleichgeschaltet und der «Feind» mehr und mehr isoliert werden. Wer als Feind anzusehen ist, kann von Situation zu Situation unterschiedlich sein. Das langfristige Ziel ist es, durch die Arbeit der Einheitsfront die gesellschaftliche Balance zu verschieben. Diese Perspektive bezieht sich in erster Linie auf die Volksrepublik selbst. Aber auch im Ausland sieht die KPCh immer öfter großes Potenzial, um den eigenen Machtbereich auszuweiten. Auch in Deutschland.

Nach Schätzungen von Fachleuten leben in der Bundesrepublik mittlerweile mehr als 220 000 Menschen mit Wurzeln in China. Laut Ausländerzentralregister gehören dazu etwa 160 000 chinesische Staatsbürger. Allein in Frankfurt am Main sollen es mehr als 12 000 chinesische Mitbürger sein. Schwerpunkte sind daneben Hamburg, Düsseldorf und München, wo auch die meisten Uiguren in Europa leben. Etliche der in China geborenen Personen haben inzwischen die deutsche Staatsbürgerschaft angenommen und können somit leichter in staatlichen Statistiken erfasst werden. Hinzu kommt allerdings noch eine beträchtliche Zahl von illegalen Einwanderern, die nicht bei den Behörden registriert sind und über die nur schwer zahlenmäßige Aussagen getroffen werden können. «Für Peking sind Menschen chinesischer Herkunft in erster Linie Interessenvertreter der KPCh», schreibt der Sinologe Carsten Schäfer, «ihre finanziellen und unternehmerischen, intellektuellen und politischen Ressourcen müssen zuerst, so die unmissverständliche Botschaft, in den Dienst der Volksrepublik gestellt werden.»[20] Diese Sichtweise vertritt das Regime völlig ungeniert und in aller Öffentlichkeit. «Außer feindlichen Kräften im Ausland und einigen wenigen Störenfrieden stehen alle auf Chinas Seite», heißt es dazu etwa in staatlicher Propaganda. Und mit «Chinas Seite» ist natürlich an der Seite der KPCh gemeint. Der autoritäre Anspruch auf sämtliche Menschen chinesischen Ursprungs, auch wenn diese Wurzeln mehrere Generationen zurückliegen, stellt für die Diaspora ein größeres Problem dar. Denn wer nicht mitzieht, riskiert den Verlust seines Visums. Auch für in der Volksrepublik verbliebene Familienangehörige kann es gefährlich werden, wenn Auslandsverwandtschaft sich nicht so verhält, wie von den Mächtigen in der alten Heimat gewünscht. Entsprechend alarmiert sind Beobachter. «Durch den offen formulierten Anspruch auch auf Deutsche chinesischer Herkunft und durch die Verbreitung offizieller politischer Standpunkte exportiert die KPCh gezielt rassisches und illiberales Gedankengut nach Deutschland, um ihre eigenen Interessen durchzusetzen», warnt Schäfer, der an der Kölner Universität zu dem Thema forscht. Entsprechend müsse die Diasporapolitik, so wie es Peking schon lange tue, auch in Berlin als wichtiger Bestandteil der chinesischen Außenpolitik wahrgenommen werden. In den Augen der chinesischen Machthaber müssten deren Landsleute im Ausland auch weiterhin für die Volksrepublik als «inoffizielle Botschafter» dienen, Chinas «Kerninteressen» verteidigen und beim Wissens- und Technologietransfer in die Volksrepublik helfen. Doch das habe die deutsche Politik noch nicht ausreichend begriffen, was jedoch dringend geschehen müsse. «Erst auf dieser Basis können dort, wo deutsche Interessen, Rechtsprinzipien oder gesellschaftliche Werte berührt sind, Antworten auf Chinas Ambitionen gefunden werden», so der Sinologe weiter, «ohne damit zugleich Menschen chinesischer Herkunft einem Generalverdacht auszusetzen.»[21]

Dass dies nicht immer leicht ist, zeigt eine Episode aus dem Frühjahr 2021, die in einem eigentlich unpolitischen Raum spielt – den deutschen Kinderzimmern. Bei der Reihe «Lesemaus» des Carlsen Verlags handelt es sich um bierdeckelgroße Büchlein, in denen Kindern ab drei Jahren komplizierte Sachverhalte verständlich nähergebracht werden sollen. Es gibt Bände, in denen die Tiere der Nacht beschrieben werden, das Leben der Wikinger auf hoher See oder welche Fahrzeuge gewöhnlich durch die Großstadt rattern. Auch vor komplexeren Themen scheuen die Autoren nicht zurück, wenn sie sich etwa an die Jobbeschreibung einer Architektin oder eines Kfz-Mechatronikers heranwagen. Einige Wochen nachdem

Covid-19 über die Menschheit gekommen war, hatten sich die Autorin Constanze Steindamm und die Illustratorin Dorothea Tust vorgenommen, den Kleinsten die Epidemie zu erklären, die den Alltag in den Familien doch seit einigen Monaten so sehr belastete. «Weder Oma und Opa noch Freunde treffen, nicht mehr auf den Spielplatz gehen, nicht mehr zum Sport gehen, keine Musikschule mehr», wurde im Begleittext die Wichtigkeit des Themas erläutert, «stattdessen ist es nun noch wichtiger, auf ausführliches Händewaschen zu achten und Abstand zu halten.»[22] Für die Publikation ließ sich der Verlag von dem renommierten Hamburger Bernhard-Nocht-Institut für Tropenmedizin beraten, später wurde die Veröffentlichung von der Stiftung Lesen empfohlen. «Ein Corona-Regenbogen für Anna und Moritz» erschien am 11. Juni 2020. Damit wagte sich der Carlsen Verlag an eine besonders komplexe Materie heran – unsichtbare Krankheitserreger und Viren. «Gerade für Kinder ist es wichtig zu wissen, wie diese winzigen Lebewesen ihr Leben beeinflussen und warum sie bestimmte Dinge nicht mehr tun sollen», so der Klappentext. Damit die lesenden Knirpse die Gründe für die vielen Verbote verstünden, die sie damals so sehr belasteten, ließen die Kinderbuchautoren ihr Büchlein in der Grundschule spielen. Dort gehen Kinder auf die Suche nach den Ursachen der Krankheit – und gelangen in die Volksrepublik. In der Geschichte sagt der kleine Moritz: «Das Virus kommt aus China und hat sich von dort aus auf der ganzen Welt ausgebreitet.» Damit wurde Band 185 der «Lesemaus»-Reihe zum Politikum, wenn auch mit einiger zeitlicher Verzögerung. Denn erst nach Monaten schienen sich Leser an dem Satz des fiktiven Grundschülers Moritz zu stören. Über den Hamburger Verlag brach ein Shitstorm herein.

«Coronavirus kommt aus China?», schrieb eine Person bei Amazon. «Wir als Eltern sind entsetzt, als wir dieses Buch gelesen haben.» «Nie empfehlen!», schimpfte eine andere. «LEIDER kann man nicht weniger Sterne vergeben», rechtfertigte jemand seine Ein-Stern-Wertung. Schnell schoss binnen Tagen die Anzahl der Rezensionen auf einige Hundert hoch, während sich im ersten Dreivierteljahr nach der Veröffentlichung kaum jemand zu dem

Büchlein geäußert hatte. Auffällig ist, dass in den meisten der Rezensionen, die während weniger Stunden eingestellt wurden, ähnlich argumentiert wurde. So hieß es mehrfach, dass die Weltgesundheitsorganisation WHO den Ursprungsort von Covid-19 nicht bestätigt habe. Gleich mehrere Rezensenten benutzen wortgleich dieselbe Formulierung: «Durch diese Beschreibung wird assoziiert, dass China das Virus hergestellt und verbreitet hat. Diese Aussage ist aber falsch und fördert rassistisches Gedankengut gegen chinesische Mitbürger.» Mehrere sahen den Verlag in der Pflicht. «Seien Sie dann dafür verantwortlich, wenn unser Kind dadurch gemobbt wird, weil es einen chinesischen Elternteil hat», schrieb jemand. Eine weitere Person pflichtete bei: «Dieser Satz muss umgeändert werden!»

Gebündelt wurde die Empörung durch einen Artikel auf einer chinesischen Nachrichtenseite für Deutschland. «Mit der böswilligen Behauptung, der Coronavirus stamme aus China, hat ein deutsches Kinderbuch in der chinesischen Gemeinde in Deutschland Empörung ausgelöst», berichtete schließlich german.china.org.cn, das als KPCh-nah gilt.[23] Angeblich überlegten sich bereits mehrere «chinesische Einwohner», den Verlag zu verklagen. «Die chinesische Gemeinde ist der Meinung, dass eine einfache Entschuldigung nicht ausreicht, und fordert einen Rückruf des Buches», hieß es weiter. Anonym wurde ein angeblicher chinesischer Anwalt in Deutschland zitiert. «Dies hat ein psychologisches Trauma in der chinesischen Gemeinschaft ausgelöst, insbesondere bei Kindern. Deswegen reagieren Chinesen in Deutschland stärker auf dieses Buch als gewöhnlich, da es rassistische Diskriminierung und Hass zur Folge haben könnte», sagte er laut dem Bericht. Auch im Generalkonsulat in Hamburg drohten die chinesischen Gesandten mit einer Strafanzeige gegen Carlsen und verlangten einen sofortigen Rückruf des Buches. Unter der Welle der Kritik knickte der Verlag schließlich ein und reagierte im Sinne der chinesischen Kritiker. Sofort wurde die Auslieferung des Buches gestoppt, die nicht verkauften Exemplare vernichtet. Eine neue Ausgabe wurde erstellt, in der Moritz dann nicht mehr den Satz zu China sagte.

«Was geradezu unterwürfig klingt, wirft Fragen auf», wunderte sich danach die *Deutsche Welle*. «Warum interveniert die Weltmacht China ausgerechnet bei einem Kinderbuch, das in relativ kleiner Auflage von wenigen tausend Exemplaren auf den Markt gekommen ist? Wie kann es sein, dass ein großer deutscher Kinderbuchverlag sich dem Druck aus Peking beugt?»[24] Die Aufregung traf den Hamburger Verlag völlig unvorbereitet. Vor einiger Zeit hatte er schon einmal ein «Lesemaus»-Büchlein mit China-Bezug veröffentlicht. «Lili und das chinesische Frühlingsfest» erzählt die Geschichte eines aus China stammenden Mädchens, das im Kindergarten ihrer deutschen Freundin Emma den traditionellen Brauch aus Fernost erläutert – mit roten Lampions, Drachentanz, kandierten Äpfeln und Märchenfiguren aus braunem Zucker. Das Vorwort stammte vom Tischtennis-Weltranglistenersten Timo Boll, der in der Volksrepublik als einer der bekanntesten und beliebtesten Deutschen gilt. In dreizehn Jahren kamen bei Amazon zu der Lili-Story gerade einmal drei Rezensionen zusammen. Auch bei dem Coronabüchlein wollte in den ersten Monaten kaum jemand eine Bewertung abgeben, dann jedoch in kurzer Zeit fünfhundert Personen. Alles sieht nach einer offiziell gesteuerten Kampagne gegen den deutschen Verlag aus. «Die Volksrepublik China», sagte damals Ralph Weber, der als Experte zur Volksrepublik an der Universität Basel lehrt, «versucht zu steuern, wie wir über China denken und sprechen. Über China soll es nur gute Geschichten geben!»[25] Auch wegen solch deutlicher Worte wütet die chinesische Botschaft in Bern gegen den Wissenschaftler, bezeichnet ihn als «hinterlistige Person».[26] Doch auch für gebürtige Chinesen kam die Vehemenz des Angriffs auf den Kinderbuchverlag im Frühjahr 2021 überraschend. «Anfangs sprach die chinesische Propaganda selbst davon, dass die Krankheit zuerst in China ausgebrochen sei», erinnerte sich der in Berlin lebende Journalist Shi Ming. «Sie nannte sie ‹Wuhan-Lungenentzündung›. Aber jetzt will sie das Gedächtnis mit einer weltweiten Political-Correctness-Kampagne löschen.»[27] Für die harte Kampagne der Volksrepublik gebe es allerdings gewichtige Gründe, vermutete der Journalist. So fürchte das Regime erhebliche Entschädigungsforderungen, die wegen der Epidemie auf das Land zurollen könnten.

Gerade bei der Auseinandersetzung um das «Lesemaus»-Büchlein wird jedoch auch klar, wie schnell berechtigte Kritik am Vorgehen der Volksrepublik in Ablehnung und sogar Hass gegen chinastämmige Mitbürger umschlagen kann. Wichtig ist daher immer wieder zu betonen, dass das Gros der chinesischen Migranten in Deutschland nicht mit dem Pekinger Regime zusammenarbeitet, einige Mutige bekämpfen es sogar unter erheblichen persönlichen Gefahren. Gerade die Coronajahre waren für die Menschen mit chinesischen Wurzeln in Deutschland oft nicht leicht. Wie eine Studie des Deutschen Zentrums für Integrations- und Migrationsforschung (DeZIM) im Frühjahr 2024 belegte, sei während der Coronazeit eine Mehrheit unter den Menschen asiatischer Herkunft in Deutschland diskriminiert worden.[28] Fast zwei Drittel der 703 befragten Personen gaben an, verbal angegriffen worden zu sein. Fast jeder Zehnte berichtete sogar von körperlicher Gewalt, die er persönlich erlebt habe. «Mit dem Beginn der Coronapandemie im Jahr 2020 erfuhr der antiasiatsche Rassismus eine Konjunktur», schrieben die Autoren. «Doch antiasiatscher Rassismus existiert nicht erst seit dem Ausbruch der Coronapandemie.» Die Befürchtungen der Eltern bei Amazon waren also nicht völlig aus der Luft gegriffen, sie wurden aber vom Regime in Peking bewusst für die eigenen Interessen missbraucht.

Unterstützt und orchestriert werden die Kampagnen in Deutschland oft von Verbänden und Vereinen, die der Einheitsfront nahestehen. Die Organisationen übernehmen nicht selten die Aufgabe klassischer Vorfeldorganisationen der KPCh, nur eben nicht in der Volksrepublik, sondern in Deutschland. In dem komplizierten und oft auch schwer zu durchschauenden Geflecht aus offiziellen Vertretern der Volksrepublik in Deutschland, verdeckten staatlichen Akteuren und vordergründig unpolitischen Geschäfts- und Privatleuten kommt dann auch das volle Potenzial zum Tragen. «Seit den Ursprüngen der Partei war die Idee immer, im gesamten möglichen Spektrum von Operationen zu agieren», weiß der China-Experte

Tuvia Gering.[29] Schon der erste Ministerpräsident der Volksrepublik, Zhou Enlai, habe darauf verwiesen, dass es keine Grenzen für die Erreichung der Parteiziele geben dürfe. «In mehreren Reden erklärte er, dass man einen Mix von legitimen und nicht-legitimen Methoden entwickeln müsse, legale und illegale Methoden, mit dem Ziel von Einfluss, Aufklärung und Spionage. Und das ist heute noch so.» Diese Maxime gilt weiterhin, auch in Deutschland. Im August 2022 beschrieb die Parteizeitung *China Daily* noch einmal unter Verweis auf den Staats- und Parteichef, welch zentrale Rolle die Einheitsfront und ihre Mitglieder für die weltweiten Aktivitäten des Regimes hätten. «Vor dem Hintergrund der Bemühungen Chinas, sich in ein modernes sozialistisches Land zu entwickeln und die nationale Verjüngung voranzutreiben, sagt Xi, dass die Einheitsfront eine immer wichtigere Rolle spiele, um auswärts größere Unterstützung für die zentralen Aufgaben zu bekommen und um den übergeordneten Interessen des Landes zu dienen.»[30] Seit Jahren schon mahnt der Ludwigshafener Sinologe Jörg-Meinhard Rudolph, die chinesische Unterwanderung der deutschen Gesellschaft ernst zu nehmen. Und dabei spiele vor allem die Abteilung der KPCh eine wichtige Rolle. Rudolph beschreibt sehr gut, wie man sich die Arbeit der Einheitsfront konkret vorstellen muss, auch in Deutschland. «Einheitsfront heißt, Leute für die eigenen Ziele einzubinden, die zwar das ‹Gesamtprogramm› der Partei nicht unterstützen, aber bereit sind, für konkrete Dinge mit ihr zusammenzuarbeiten. Sind diese erreicht, sieht man weiter», schreibt Rudolph. «Die Einheitsfrontpolitik gilt den chinesischen Machthabern bis heute als ‹Wunderwaffe›, weshalb diese Abteilung ja weiterhin besteht.»[31] Und mit dieser Wunderwaffe koordiniere die Kommunistische Partei wichtige «Einflussoperationen» im Ausland, «um mögliche Quellen für Widerstand gleichzuschalten oder zu eliminieren», heißt es auch in amerikanischen Regierungspapieren.[32] «Um ihre Einflussoperationen im Ausland voranzubringen, steuert die Einheitsfront die ‹China-Arbeit in Übersee›, welche darauf abzielt, ethnische Chinesen und Gemeinschaften gleichzuschalten», heißt es in dem Dokument weiter, «während andere Schlüsselorganisationen der Einheitsfront Einflussoperationen durchführen, um ausländische Akteure und Staaten ins Visier zu nehmen.» Auch in Deutschland hat die Abteilung der Partei ein kompliziertes und schwer zu durchschauendes Netz von «Einflussagenten» und nachgeschalteten Organisationen aufgebaut, von dem bis heute kaum jemand weiß.

Das geheime Netzwerk

Am Nachmittag des 8. April 2019, einem Montag, brach am Flughafen in Frankfurt am Main eine besondere Reisegruppe auf. Es waren fast ausschließlich Männer in dunklen Anzügen und gedeckten Krawatten. Eine Frau trug ihren hellen Mantel bis oben zugeknöpft.[33] Die Teilnehmer kannten sich größtenteils gut, machten zusammen in Deutschland Geschäfte. Ihre Mission war heikel, sie wollten den Machthabern in ihrer alten Heimat einen Besuch abstatten und so auch ihre Loyalität gegenüber dem Regime bekunden. Für ihr Projekt der Neuen Seidenstraße suchte die Führung der KPCh weltweit Verbündete. Bei dem knappen Dutzend Personen handelte es sich um eine Delegation der Deutsch-Chinesischen Industrie- und Handelskammer. Die Wirtschaftsvertreter hatten allesamt familiäre Wurzeln in China. Während der Nacht saßen sie alle in der Maschine, bevor sie in den Morgenstunden des 9. April in Peking ankamen. Ihnen blieb kaum Zeit für das Mittagessen, denn schon wenige Stunden später hatten sie einen ersten wichtigen Termin. Die deutsche Delegation wurde in der Abteilung für Einheitsfrontarbeit des Pekinger Kommunalen Parteikomitees empfangen. Bei der Einrichtung handelt es sich um einen regionalen Arm der mächtigen Organisation. In der chinesischen Hauptstadt hat aber auch diese nachgeordnete Struktur besonderes Gewicht. Das erste Treffen mit den Vertretern der KPCh direkt am Tag der Ankunft war eine Art Warm-up. Ähnlich vollgepackt mit Terminen verlief der zweite Tag in Peking. Vor allem drehte sich alles sofort wieder um politisch-strategische Inhalte. Und erneut machte die Gruppe aus Deutschland ihre Aufwartung in einer Einrichtung der Einheitsfront.

Diesmal trafen die China-Reisenden aus Frankfurt hochrangige Vertreter des Büros für Angelegenheiten der Überseechinesen der Abteilung für Einheitsfrontarbeit. Eingetütet hatte das Treffen sogar der Vizeminister der Einheitsfront-Abteilung höchstpersönlich, Tan Tianxing, der direkt an das Zentralkomitee der KPCh berichtet. Auf einem Foto überreicht der Kopf der deutschen Delegation, Zhang Xiangguo, einen tönernen Bierkrug mit Verzierungen und Bleideckel an den Chef des Büros. Hinter den beiden steht in großen weißen Zeichen auf blauem Grund der Ort des Treffens an die Wand geschrieben – das Büro für Angelegenheiten der Überseechinesen, eine Unterabteilung der Einheitsfront. Der Chef redete nicht lange um den heißen Brei. Er sagte den deutschen Gästen klar, was er von ihnen erwarte. Der Parteikader sieht demnach in der Deutsch-Chinesischen Industrie- und Handelskammer eine Plattform, um die eigenen politischen Ziele voranzubringen, so ließen sich seine Worte zumindest verstehen. Die Organisation spiele eine wichtige Rolle für die Zusammenarbeit und den Kontakt mit Deutschland, die allerdings noch besser werden könnten. Entsprechend hoffe er auf «pragmatische Ergebnisse» gerade in Bezug auf die Koordinierung und Aufstellung «chinesischer Gruppen» in Deutschland und Europa. Denn es gehe darum, dass auch die Deutschchinesen ihren Beitrag zum Großprojekt des Staats- und Parteichefs leisten sollten, der Neuen Seidenstraße. Dass dies in Deutschland nicht ganz so einfach sein würde, wussten die Besucher aus Frankfurt. Als die Gruppe nach Peking reiste, lief schon länger eine kritische Diskussion zum Projekt der Neuen Seidenstraße. Vordergründig pumpt China damit Hunderte Milliarden Euro in rund 60 Länder weltweit, um Autobahnen, Häfen, Brücken oder Schnellzugverbindungen zu bauen. In der Sprache der kommunistischen Propaganda ist von einer «menschlichen Schicksalsgemeinschaft» die Rede, es soll das Bild beschworen werden, dass die Volksrepublik geradezu selbstlos helfen würde. Richtig ist jedoch: Bei der Neuen Seidenstraße handelt es sich um ein knallhartes Machtinstrument, um weite Teile der Welt auf die chinesische Linie einzuschwören. Für die Investitionen müssen die «Partnerländer» Milliarden an Schulden bei chinesischen Staatsbanken aufnehmen, um die Infrastrukturprojekte überhaupt erst stemmen zu können, was diese auf Jahrzehnte finanziell abhängig macht. Dazu strömen für die Bauarbeiten Tausende chinesische Architekten, Ingenieure und andere Experten in die Länder. Damit wird der Einfluss Chinas massiv ausgebaut, große Teile der Welt geraten in eine strategische Abhängigkeit. Am Ende der Vision steht ein Globus, der weitgehend wie China funktioniert – nur wird das den «Partnerländern» nicht gesagt. Allerdings erahnen inzwischen immer mehr Nationen die wahren Ziele des Pekinger Regimes. Gerade in Südostasien und Afrika formiert sich Widerstand. Regierungen wurden wegen ihrer Unterstützung für das Projekt der Neuen Seidenstraße von ihren Bevölkerungen schon abgestraft und abgewählt. In Deutschland hatte die Skepsis um das Jahr 2019 auch die großen Industrieverbände erreicht.[34]

Trotzdem sagte die deutsche Delegation bei dem Treffen mit der Einheitsfront ihre Unterstützung zu.[35] Zhang Xiangguo versprach, die Parteiführung in Peking könne sich darauf verlassen, dass die chinesischen Geschäftsleute in Deutschland «natürliche Partner, aktive Mitwirkende und umfangreiche Förderer der Neuen Seidenstraße» seien. Im Übrigen habe die Deutsch-Chinesische Industrie- und Handelskammer «ihre ursprüngliche Absicht nicht vergessen» und werde sich bemühen, «in dieser Hinsicht gute Arbeit zu leisten», so Delegationsleiter Zhang bei dem Treffen vor ein paar Jahren. Genau aus diesem Grund sei die Gruppe auch in die Volksrepublik gekommen. Nach der Einheitsfront ging es zur Allianz der China Agricultural Association. Wieder drehten sich die Gespräche vor allem um ein Anliegen der chinesischen Seite, wie das Großprojekt von Xi Jinping auch in Deutschland besser unterstützt werden könnte. Anschließend stand ein Besuch bei der Föderation der zurückgekehrten Auslandchinesen an. Wie bereits zuvor wurde die Reisegruppe aus Deutschland von den Spitzen der jeweiligen Organisationen begrüßt. Nach einem kurzen Austausch luden die Auslandsrückkehrer die Gäste aus Deutschland zum Abendessen ein. Die Föderation der zurückgekehrten Auslandchinesen gehört zum Apparat der Einheitsfront und stellt ein wichtiges Instrument zur Gleichschaltung dar. Mit den ersten Programmpunkten in Peking war der Ton der Reise gesetzt. Zuerst ging es zur Einheitsfront, wo den Deutschchinesen deutlich gesagt wurde, worin ihre Rolle im Ausland besteht. Es folgten Treffen, die sich ganz konkret mit möglichen zukünftigen Kooperationen beschäftigten. In geselliger Runde saßen dann die Gäste aus Deutschland mit Personen zusammen, die ähnliche Erfahrungen wie sie in allen möglichen Ländern der Welt gemacht hatten und für die Einheitsfront aktiv sind. Es ging um das große Gefühl der Zusammengehörigkeit. Als Chinese wird man geboren – und da spielt es keine Rolle, welche Staatsangehörigkeit man vielleicht irgendwann einmal hat –, so die kommunistische Propaganda. Alle sind eine große Familie, und die steht loyal zur KPCh und zu derem Vorsitzenden Xi Jinping. Der knapp zweiwöchige Besuch der deutschen Reisegruppe in der Volksrepublik China im Jahr 2019 ist ein gutes Beispiel dafür, wie das geheime Netzwerk der Einheitsfront auch für Deutschland aus der Volksrepublik gelenkt wird und wie es funktioniert.

Ein Jahr nach dem Besuch in Peking lächelte Zhang Xiangguo vom Balkon eines palastgleichen Gebäudes in Düsseldorf.[36] Die Bezirksregierung residiert in bester Lage, vom Rhein nur durch einen Park getrennt. In luftiger Höhe im Giebelornament stemmen Engelchen eine Krone, darunter steht der Verweis auf den Bauherrn, den deutschen Kaiser Wilhelm II. Neben dem chinesischen Geschäftsmann Zhang stand Brigitta Radermacher, die damalige Regierungspräsidentin. Die CDU-Frau war zuvor Polizeipräsidentin in Wuppertal gewesen, stand mehrere Jahre der Arbeitsgemeinschaft der Polizeipräsidenten Deutschlands vor. Jetzt prangte vor ihr ein rotes Banner mit gelben Schriftzeichen, den Farben der Volksrepublik China. Kommunistische Propaganda par excellence. Darauf war zu lesen, dass mit der Aktion zur Bekämpfung der Coronapandemie von chinesischer Seite Mundschutz-Masken an die Bezirksregierung Düsseldorf gespendet worden waren. 20 000 FFP2-Masken überreichte Zhang Xiangguo an dem Tag im Frühjahr 2020 symbolisch in Form einiger Pappschachteln an die Regierungspräsidentin. Zu Beginn der Pandemie sollten vor allem Feuerwehrleute, Sanitäter oder Polizisten mit dem Mundschutz versorgt werden. Auf den ersten Blick ein starkes Zeichen für gesellschaftliches Engagement aus der chinesischen Community heraus. Hinter der PR-Aktion stand jedoch Jonathan Choi, ein chinesisch-vietnamesischer Geschäftsmann. Choi gehört der Politischen Konsultativkonferenz des chinesischen Volkes an.[37] Bei der parlamentarischen Versammlung handelt es sich um eine Art kleine Schwester des Volkskongresses. Darin kommen jährlich die Vertreter aller anderen Organisationen zusammen, die nicht direkt der KPCh unterstehen, und bekunden ihre Loyalität. Auch Vertreter aus dem Ausland gehören dazu. Die Konsultativkonferenz des chinesischen Volkes ist, wenn man so will, der politische Arm der Einheitsfront. Werbewirksam feierte die KPCh in Düsseldorf mit der Überreichung der Masken vor aller Öffentlichkeit ihren Einfluss auch in Deutschland. Das Foto mit dem Verweis zu Personen aus dem Umfeld der Einheitsfront wurde weniger für die deutsche Öffentlichkeit gemacht als vielmehr für die chinesischsprachige Diaspora. Das Signal war eindeutig: Seht her, wir stehen im engen Austausch mit den Mächtigen in Deutschland. In Pressemitteilungen wird der Bezug zur Konsultativversammlung des chinesischen Volkes und damit zum Machtapparat der KPCh prominent herausgestellt. Aber davon erfährt die deutsche Seite nichts.[38]

Auch nicht, dass Zhang Xiangguo offenbar weit enger mit dem kommunistischen Regime verbandelt ist, als seine deutschen Gesprächspartner vermuten. So hat er vor einigen Jahren in Peking an einem Staatsbankett mit der politischen Führungselite teilgenommen. Einige Meter vom chinesisch-deutschen Geschäftsmann entfernt aßen damals Xi Jinping und Jiang Zemin, der aktuelle und der ehemalige Staats- und Parteichef. Mit dem Dinner in der Großen Halle des Volkes sollte der 65. Jahrestag der Gründung der Volksrepublik China gefeiert werden. Dass zu dem Großereignis auch die «chinesischen Führer aus Übersee» eingeladen wurden, zeigt, welchen Stellenwert die KPCh den Einflussagenten beimisst. Stolz posierte Zhang Xiangguo mit Mitstreitern am Rande auf einem Foto.[39] Und vor wenigen Jahren kündigte Zhang seine enge Zusammenarbeit mit der Einheitsfront ganz unumwunden in einer Kolumne für die Mitglieder der Deutsch-Chinesischen Industrie- und Handelskammer an. «Ich hoffe, in naher Zukunft die Abteilung für Einheitsfrontarbeit des Zentralkomitees der KPCh und die entsprechenden Abteilungen zu besuchen», schrieb er damals, «und hoffe, dass ich starke Unterstützung von den Leitern verschiedener Abteilungen und Institutionen in China erhalte.»[40] Auf einen detaillierten Fragenkatalog kam von Zhang Xiangguo keine Antwort.[41]

Im Rheinland schweigen sich die Verbindungsleute der Einheitsfront bei Treffen mit ihren deutschen Counterparts über die engen Bande zur politischen Führung der Volksrepublik jedoch aus. Bei Empfängen und auf Veranstaltungen tauchen die Einheitsfront-Leute zumeist als erfolgreiche chinesische Unternehmer oder als Vertreter von chinesischen Vereinen in Deutschland auf. Dass hinter ihnen enge Bande in die KPCh hinein bestehen, vermutet kaum jemand. Nur aus Andeutungen lässt sich manchmal erahnen, welche Ziele die Vereinigungen sonst noch verfolgen. Auf der Homepage der Deutsch-Chinesischen Industrie- und Handelskammer steht ein Motto der Gruppe, ein chinesisches Sprichwort: «Fester Wille – Es gibt keinen Ehrgeiz ohne Gleichgültigkeit, und es gibt keinen weitreichenden Ehrgeiz ohne Ruhe.»[42] Still und gut abgeschirmt entwickelt das chinesische Netzwerk seine enormen Ambitionen. So werden immer neue wichtige Personen von der Gruppe umgarnt und für die eigenen Pläne genutzt. Im November 2023 kam Andreas Schmitz, der Vorsitzende der Industrie- und Handelskammer Düsseldorf, zu Besuch in die Räume der Gruppe. Auf einem Foto posiert er eingerahmt von Zhang Xiangguo und dem Düsseldorfer Generalkonsul Du Chunguo.[43] Schmitz ist ein alter Bekannter für die Chinesen. Vor seiner Pensionierung leitete er die Düsseldorfer Bank HSBC Trinkaus. In der Zeit als Chefbanker flog er nach eigenen Aussagen mindestens einmal im Jahr in die Volksrepublik. Wie er einer Lokalzeitung verriet, sammelt er seit mehr als zwanzig Jahren auch chinesische Kunst, die er sogar schon auf der noblen Königsallee für das größere Publikum ausgestellt hat.[44] Trotzdem scheint wohl nicht einmal der China-Kenner Schmitz zu ahnen, wie eng seine Gesprächspartner mit dem Pekinger Regime verbunden sind – und wie weit der Einfluss der Einheitsfront in Deutschland reicht.

Auf der geleakten Liste der KPCh-Abteilung tauchen für Deutschland 47 Personen auf, darunter stehen die verschiedenen Organisationen, in denen diese aufgehängt sind. Bei den meisten Namen sind mehrere Gruppierungen aufgeführt, zu denen die jeweilige Person gehört. Insgesamt zehn Seiten mit Bezeichnungen, Adressen und Telefonnummern umfasst der Teil für Deutschland. Generell lassen sich die Organisationen und Vereine grob in vier Kategorien unterteilen. Es gibt Strukturen, die für ganz Deutschland existieren (Kategorie I). Die Deutsch-Chinesische Industrie- und Handelskammer gehört zu diesen Einrichtungen. Mehrere Vereinigungen beziehen sich schon im Titel auf die deutsche Diaspora – so die Deutsche Vereinigung der Überseechinesen, die Austausch-Vereinigung der Überseechinesen oder die Deutsche Unternehmensvereinigung der Überseechinesen. Dazu kommen branchenspezifische Gruppierungen wie die Chinesische Vereinigung der Physiker in Deutschland oder die Deutsch-Chinesische Computer-Vereinigung. Zur zweiten Kategorie zählen regionale Strukturen in Deutschland, die entweder allgemein ausgerichtet oder ebenfalls wieder untergliedert sind (Kategorie II). So gibt es die Norddeutsche Vereinigung der Chinesen, die Vereinigung der chinesischen Kulturzentren in der Rhein-Neckar-Region, die Hamburger Vereinigung für chinesische Kultur oder die Bayerische Vereinigung der chinesischen Unternehmer. In die dritte Kategorie können Gruppierungen eingeordnet werden, die sich ebenfalls wieder regional aufsplitten, diesmal jedoch nach Gebieten in China unterteilt sind (Kategorie III). So gibt es etwa die Deutsche Qingdao-Vereinigung, die Hubei-Vereinigung von Deutschland, die Chengdu-Übersee-Austausch-Organisation oder die Chaozhou-Vereinigung in Deutschland. In eine vierte und letzte Kategorie fallen Organisationseinheiten, die sich auf das private Engagement einzelner Personen, auf spezielle Unternehmen oder journalistische Projekte beziehen – etwa der Verein für Nächstenliebe der Überseechinesen, die Shanghai Mengde Enterprise Development Co. Ltd. oder die *German Chinese Business News* sowie der *Germany China Report* (Kategorie IV). Insgesamt befinden sich etwa 50 Organisationen und Vereine auf der Liste.

Ein gutes Drittel davon lässt sich direkt mit der Einheitsfront in Verbindung bringen, für die anderen sind die Verbindungen weniger offensichtlich Sämtliche Organisationen, die sich selbst als «gesamtdeutsch» («All-German») bezeichnen, gehören zum engen Umfeld der KPCh, wie China-Expertin Mareike Ohlberg bestätigt. Genauso alles, was im Namen Bezug auf die «friedliche Wiedervereinigung Chinas» nimmt. Vereine, welche als Vereinsziel schon im Namen die «Beförderung» der chinesischen Wiedervereinigung führen, sind staatliche Vorfeldorganisationen und größtenteils gelenkte Propagandaeinheiten, die relativ wenig mit friedlichen Absichten zu tun haben. Dabei geht es im Kern um nichts anderes als die Annexion Taiwans. Und friedlich wird diese so schnell sicher nicht realisierbar sein. Allein sechs Personen auf der Liste gehören solchen Gruppen an, die sich in Deutschland explizit für die Ein-China-Vision engagieren – und damit für einen Anschluss Taiwans an die Volksrepublik eintreten. Besonders betreut werden Vereinigungen der Kategorie III, Organisationen also, die in speziellen Regionen der Volksrepublik aufgehängt sind. Durch die direkte Verbindung zu Politikern und Parteikadern in den Lokalregierungen oder der Verwaltung sind die Kontakte zum Apparat der Einheitsfront oft sehr intensiv. Anweisungen werden bei Besuchen vor Ort in China zumeist wenig verschlüsselt an die Deutschchinesen ausgegeben.

Wie einflussreich diese Organisationen in Deutschland sind, zeigt ein Fall aus Nordrhein-Westfalen. Im Frühjahr 2017 wurde in Köln der Deutsche Zhejiang Unternehmen Verein e. V. (DZU e. V.) gegründet.[45] Auf der Homepage der Vereinigung sieht man einen stilisierten Bullen, der die Hörner wütend in die Luft und den Kopf nach hinten reckt. Daneben steht ein Spruch – der Wunsch, eine schlechte Situation möge sich zum Besseren wenden und die Unternehmungen prosperieren. Es sind Neujahrsgrüße für 2021 – das Jahr des Ochsen.[46] Dabei schien es eigentlich keine Situation zu geben, die schlecht gelaufen war. Zumindest nicht für den Verein. Denn innerhalb der ersten Jahre hatte der Zusammenschluss eine steile Erfolgsgeschichte hingelegt. Schon zur Gründung des Unternehmervereins am Rhein kamen erstaunlich hochrangige Personen auch aus China zusammen.[47] Drei Monate nachdem der Verein offiziell eingetragen worden war, fand im Hyatt Regency Köln die konstituierende Sitzung statt. Vor beachtlichen 380 Gästen wurde Zheng Xuhan zum ersten Präsidenten des Vereins gewählt. Im Vorstand sitzt des weiteren auch ein alter Bekannter, der Vorsitzende der Deutsch-Chinesischen Handelskammer, Zhang Xiangguo. Dafür, dass sich soeben ein lokaler Verein in Köln erstmalig personell aufgestellt hatte, stand eine beeindruckende Phalanx von Gratulanten bereit – der Direktor des Wirtschafts- und Handelsbüros im chinesischen Generalkonsulat Düsseldorf, der Vize-Chef des Handelsministeriums in Zhejiang sowie Vertreter der Stadt Köln. Mehr als hundert Glückwunschschreiben aus dem In- und Ausland seien eingegangen, vermeldete der Verein anschließend stolz. Darunter auch eine Botschaft des Büros für Auswärtige Angelegenheiten und Überseechinesische Angelegenheiten der Volksregierung der Provinz Zhejiang, das zur Einheitsfront gehört.

Laut Homepage will der Verein auf eine Win-win-Entwicklung für beide Seiten hinarbeiten.[48] Was man sich darunter vorzustellen hat, wird jedoch einige Zeilen weiter im Text deutlich. «In der zukünftigen Arbeit wird die Allgemeine Handelskammer», so die Beschreibung der eigenen Ziele, «sich aktiv am Aufbau und der Entwicklung des angestammten Heimatlandes beteiligen und helfen, die große Sache der friedlichen Wiedervereinigung Chinas zu unterstützen, sich entschieden gegen die ‹Unabhängigkeit Taiwans› stellen, den ‹Konsens von 1992› unterstützen und zur Anti-Unabhängigkeit in Übersee beitragen.» Unter dem 1992er-Konsens verstanden beide Seiten eine Art Minimalkonsens, dass die Ein-China-Politik sowohl von der Volksrepublik als auch in Taipeh verfolgt werde – es jedoch Differenzen über den politischen Charakter dieses zukünftigen Staates gebe. Für die Inselrepublik nahm damals die Kuomintang-Partei an den Gesprächen teil, die damals einen Ein-Parteien-Staat etabliert hatte und nun allerdings seit Längerem in der Opposition sitzt. Die aktuelle Regierung, aber auch große Teile der Bevölkerung wollen von einer Vereinigung mit Festlandchina nicht mehr viel hören. Umso rigoroser verweisen die Kommunisten auf das Treffen von 1992. Dass jedoch ein Zusammenschluss lokaler Unternehmer in Köln eine Kampfansage an Taiwan richtet, dessen Unabhängigkeit in Frage stellt und gegen eine demokratische Regierung agiert, muss als einigermaßen bizarr erscheinen. Allerdings steht dahinter ein klarer Plan. Ein zentraler Punkt der weltweiten Einheitsfrontarbeit der KPCh ist es, politische Positionierungen zu Taiwan zu erzwingen. Dementsprechend äußern sich viele mit dem Regime verbandelte Diaspora-Vereine, eben auch in Deutschland. So soll der Eindruck erweckt werden, dass alle chinesischstämmigen Personen zu Taiwan mit einer Stimme sprechen. Dazu treibt die Vereinsspitze mit ihrem Mini-Manifest willentlich einen Keil zwischen die Auslandschinesen in Deutschland und ihre neue Heimat. Wie sonst ließe sich der Appell zur «Anti-Unabhängigkeit» der chinesischen Diaspora in Deutschland verstehen? In der Taiwan-Frage befürchten etwa die USA, dass es in absehbarer Zeit zu einer kriegerischen Auseinandersetzung kommen könnte. Immer wieder provozierte die kommunistische Führung in den vergangenen Jahren mit militärischen Manövern, vereinzeltem Raketenbeschuss oder bewussten Überschreitungen von roten Linien. Mit der Politik der vielen Nadelstiche soll die Bevölkerung der Inselrepublik in eine permanente Furcht versetzt werden. Begleitet wird das ständige Säbelrasseln durch eine scharfe Propaganda, die den Anspruch der Volksrepublik auf das Eiland als gerechtfertigt verteidigt. Genau hierauf zielt die Linie der Kölner Geschäftsleute, wenn sie sich so vehement für die Taiwan-Frage einsetzen. Allerdings steht das Anheizen des Konflikts in völligem Gegensatz zur Politik der Bundesregierung, die vielmehr auf Mäßigung und ein friedliches Nebeneinander der beiden Konfliktparteien Volksrepublik China und

Republik China (Taiwan) dringt. Wenn diese Auseinandersetzung nun in die Reihen der zugewanderten Chinesen getragen wird, bedeutet das ein erhebliches Konfliktpotenzial für die Diaspora. Für Deutschland kann damit sicher nicht von einer Win-win-Situation gesprochen werden, wie es die Kölner Vereinsvertreter behaupten. Warum offizielle Vertreter der Domstadt dieses Vorhaben durch ihre Anwesenheit aufwerten, ist ebenso fraglich.

Innerhalb kürzester Zeit schoss die Mitgliederzahl des Deutschen Zhejiang Unternehmen Verein hoch. Knapp zwei Jahre nach der Gründung vermeldeten die Kölner, dass sie mit 240 Mitgliedsunternehmen bereits zu den größten «chinesischen Handelskammern» in Deutschland gehörten. Die Verantwortlichen schwärmten von einem «unverwechselbaren Entwicklungspfad» ihrer Vereinigung. Ganz so neu waren der Weg des Vereins und die Masche für das schnelle Wachstum dann aber doch nicht. Unter dem Deckmantel einer deutsch-chinesischen Organisation, die vordergründig auf einen fairen Austausch aller Interessen ausgerichtet ist, hat sich erneut eine Vorfeldorganisation der KPCh in Deutschland breitgemacht. Worum es den Kaufleuten tatsächlich geht, verraten sie in ihren Grundsätzen selbst – neben «Harmonie, gegenseitiger Unterstützung, Service, Brücke» zwischen den Vereinsmitgliedern steht an letzter Stelle «Expansion».[49] Gemeint ist damit die wirtschaftliche Expansion in Deutschland. Nichts anderes hat aber auch die Einheitsfront im Sinn, die das Feld der Unterstützer ihrer eigenen Politik und damit der KPCh stetig verbreitern will und dafür die Feinde unerbittlich bekämpft.

Auf jeden Fall schienen die Kölner ihren Auftrag von Beginn an pflichtbewusst auszuführen. Denn wenige Monate nach der Gründung in der Domstadt gab es schon wieder etwas zu feiern. Das Büro für auswärtige Angelegenheiten und chinesische Angelegenheiten der Volksregierung des Landkreises Taishun entschied sich für den Verein aus dem Rheinland als eine von zehn weiteren Organisationen, die weltweit die Interessen der chinesischen Region vertreten sollten. Taishun gehört zur Agglomeration um die Stadt Wenzhou, das an der chinesischen Küste, nördlich von Taiwan am

Südchinesischen Meer liegt. An die 4000 Firmen produzieren in der Gegend Sport- und Lederschuhe, was für die Branche die Spitzenposition in der Volksrepublik bedeutet. Auch zwei von drei Feuerzeugen, die weltweit verkauft werden, kommen von hier und ein Großteil der Brillengestelle, die Menschen überall auf dem Globus auf der Nase tragen. In den vergangenen Jahren hat sich die Region zu einem bedeutenden Wirtschaftsstandort gerade für mittelständische Unternehmen entwickelt, was einen erheblichen Wohlstand mit sich gebracht hat. Offiziell unterhält Wenzhou mit dem hessischen Gießen eine Städtepartnerschaft. Dass seit einigen Jahren ein Landkreis der südchinesischen Metropolregion auch eng mit Köln verbunden ist, weiß in Deutschland jedoch kaum jemand. Auf einem Foto der Ernennungszeremonie sieht man Vertreter aus verschiedenen Weltgegenden, darunter einen Geschäftsmann der deutschen Delegation, wie sie bei einer Ernennungszeremonie ernst in die Kamera blicken und ihre Urkunden in die Höhe halten. «Es wird berichtet, dass es derzeit 688400 Landsleute aus Wenzhou in Übersee, Hongkong und Macau sowie in 131 Ländern und Regionen weltweit gibt, die in mehr als 350 Gruppen in Übersee organisiert sind», steht daneben.[50] In Zukunft gehört auch der Kölner Wirtschaftsverein zu den offiziellen Verbindungsstellen für diese Landsleute und die Politik.

Kurze Zeit später unterzeichnete der Deutsche Zhejiang Unternehmen Verein auch noch ein langfristiges Partnerschaftsabkommen mit Hebi in der Provinz Henan. Nicht weit entfernt verläuft ein Teil der Chinesischen Mauer. Im gebirgigen Norden des Landes gelegen, wurde die Stadt lange Zeit vor allem durch den Kohlebergbau geprägt. In den vergangenen Jahrzehnten musste das Zentrum mehrmals verschoben werden, weil neue Minen aufgemacht wurden. In der Gegend von Hebi befand sich einst Qihe, die älteste Militärakademie des chinesischen Reiches. Heute ist die Stadt für eine neue Form des Krieges wichtig, den Wirtschaftskrieg. Etwa 260 Millionen Euro wurden in den Aufbau eines neuen Industrieparks investiert, in dem sich nun zentrale Produktionsstätten für den Bau von E-Autos befinden. So stellt etwa die THB Group (Firmenmotto: «Wir verbinden Träume mit Zukunft»), ein Pionier bei der Entwicklung von Elektrofahrzeugen, wichtige Komponenten für die chinesische Autoindustrie in Hebi her.[51] Als China im Mai 2024 Gedankenspiele über Strafzölle auf ausländische Importe öffentlich machte, sollte dieser Schritt auch Produktionsstandorte wie Hebi stützen – und die deutsche Wirtschaft schwächen. «25 Prozent Einfuhrzoll speziell für Verbrennerfahrzeuge mit größeren Motoren – das würde Porsche, Mercedes und BMW sehr viel mehr treffen als Stellantis oder Renault», fürchteten deutsche Beobachter.[52] Auf einem Gruppenfoto aus dem Herbst 2017 posiert die Spitze des Deutschen Zhejiang Unternehmen Vereins mit dem Bürgermeister von Hebi und Chef der Volksregierung der Stadt. Soeben haben sie ihr vertrauliches Projekt, ein «langfristiges Partnerschaftsabkommen», unterzeichnet und mit einem Händedruck besiegelt. Vor ihnen stehen deutsche und chinesische Fähnchen. In kürzester Zeit hat sich die Kölner Handelsvertretung damit zur Anlaufstelle für mehrere wichtige Regionen in der Volksrepublik entwickelt, die in Deutschland verdeckt chinesische Interessen ihrer neuen Verbündeten vorantreibt.

Und die chinesischen Geschäftsleute vom Rhein nehmen die Aufgabe offenbar sehr ernst. Als im November 2017 zwei Angestellte eines chinesischen Erotikmassagesalons in Gelsenkirchen ermordet wurden, schaltete sich sofort der Deutsche Zhejiang Unternehmen Verein ein. Die beiden 46 und 56 Jahre alten Sexarbeiterinnen waren nach dem Hinweis eines Zeugen tot in dem Etablissement in der Altstadt aufgefunden worden. Kurz darauf teilte die Polizei mit, dass ein 37-jähriger Chinese im Verdacht stehe, die Frauen ermordet zu haben. Später wurde der Mann tatsächlich überführt und wegen Totschlags verurteilt. Für das Gericht konnten die klassischen Mordmerkmale nicht lückenlos nachgewiesen werden, da der Mann behauptete, dass die beiden Frauen ihm nach dem Geschlechtsakt eine Suppe zu essen gegeben hätten, durch deren Verzehr er in eine Art Trance geraten sei. Als er wieder zu sich gekommen war, seien seine Hände blutbeschmiert und die Frauen tot gewesen.[53] Nur wenige Tage nach Bekanntwerden der Tat begann der Verein, für die Opferfamilien Geld zu sammeln. Nach kurzer Zeit kamen etwa 30 Spender zusammen, die alle jeweils 200 Euro gegeben hatten. Vertreter der Vereinigungen besuchten daraufhin die Angehörigen in Essen und Dortmund und überreichten pro Familie 2900 Euro. «Da die Familien der beiden Opfer nicht wohlhabend sind, haben sich viele Menschen gemeldet, um den Familien der Verstorbenen bei der Bewältigung der Folgen zu helfen», teilte der Verein anschließend mit. Die wohltätige Hilfsaktion wurde sofort von den offiziellen Stellen genutzt, um die Propaganda vom großen chinesischen Volk, das in der ganzen Welt solidarisch zusammensteht, zu befeuern. «Auslandschinesen stoßen im Ausland auf alle möglichen Schwierigkeiten», hieß es in einem offiziellen Brief des Generalkonsulats in Düsseldorf, «und während sie die starke Unterstützung des großen Mutterlandes haben, gibt es auch viele lokale soziale Organisationen, die selbstlos liebevolle Hilfe leisten.»[54] Die Aktion stehe für die «tiefen Gefühle von Auslandschinesen und Chinesen in Deutschland». Auch hier wurde wieder versucht, einen Keil in die Diaspora zu treiben. Auch wenn auf den ersten Blick der Einsatz selbstlos und solidarisch scheint, so ist der Subtext immer: Ihr könnt euch nur auf euer Vaterland verlassen. Vertraut auf die Autoritäten der Volksrepublik, sie werden euch immer und überall helfen. So wird auch eine gelungene Integration von Auslandschinesen in Deutschland massiv erschwert. Doch genau darauf setzen die Vertreter der Volksrepublik. Und so schwangen sich die Abgesandten im Generalkonsulat ebenfalls sofort auf, um im Namen der Vereinigung der Wirtschaftsleute weitere Engagements zu verkündigen. «Der Deutsche Zhejiang Unternehmen Verein wird auch weiterhin den Grundsatz ‹gegenseitige Hilfe, Dienst, Brücke und Expansion› aufrechterhalten, die chinesische Tradition der gegenseitigen Hilfe fortsetzen und unsere Liebe an die bedürftigen Auslandschinesen senden.» Dass eine offizielle Regierungsstelle der Volksrepublik für eine deutsche Vereinigung spricht, zeigt, wie eng die Bande tatsächlich sind. An der Kölner Organisation kann beobachtet werden, wie die Einheitsfront auch in Deutschland arbeitet. Landsleute werden weiter eng an das Mutterland und damit die KPCh gebunden – persönliche Kontakte bis hinauf in die höchsten politischen Kreise werden im Sinne der Volksrepublik geknüpft und gepflegt. Über mehrere Monate haben wir versucht, Kontakt zum Deutschen Zhejiang Unternehmen Verein aufzunehmen. Doch weder reagierte jemand auf unsere Anrufe, noch wurde eine unserer Mails mit ausführlichen Fragen beantwortet. Vor allem hätten wir gerne dessen offenbar durchaus umtriebigen Vorsitzenden, Zheng Xuhan, gehört. Doch auch er nahm zu keiner unserer Nachfragen Stellung.[55] An den Aktivitäten und Verbindungen der Kölner Vereinigung chinesischer Kaufleute lässt sich gut nachvollziehen, wie strategisch und wie politisch die Unterwanderung der deutschen Gesellschaft angelegt ist. Für die gemeinsame Sache eingespannt werden die Deutschchinesen direkt von hohen Vertretern der Einheitsfront, immer neue Verbindungen gerade in die wirtschaftlich entscheidenden Zentren der Volksrepublik zeigen den hohen Stellenwert, der den Einflussagenten beigemessen wird. Für die chinesische Seite sind die Kontakte zu den eigenen Landsleuten, die von Köpfen der KPCh geknüpften Netzwerke mindestens genauso bedeutend wie die offiziellen Partnerschaften mit Deutschland.

Xuzhou liegt im Osten Chinas, gut 200 Kilometer vom Gelben Meer entfernt. Die Drei-Millionen-Einwohner-Stadt beherbergt eine bedeutende Sammlung von Tonfiguren aus der Han-Zeit, dazu eine stattliche Zahl von Jade-Schnitzereien und die Totenkleider des Prinzen Liu Sheng aus dem 2. Jahrhundert vor Christus. Ganz in der Nähe wurde der erste Kaiser Chinas gekrönt. Weit weniger alt sind die Beziehungen zu Deutschland. Seit 1994 unterhält Xuzhou eine Städtepartnerschaft mit Bochum. Doch die chinesische Seite fährt zweigleisig, was in Deutschland kaum jemand weiß. Neben der offiziellen gibt es auch eine verdeckte Partnerschaft. Bei einem vertraulichen Treffen im November 2017 unterzeichneten Vertreter der chinesischen Stadt gemeinsam mit Auslandschinesen einen Vertrag, der feierlich durch einen Handschlag mit dem Vize-Boss der Einheitsfront in Xuzhou, Li Ming, besiegelt wurde. Mit ihrer Unterschrift bekräftigten die Anwesenden, dass sie in Zukunft eng und vertrauensvoll zusammenarbeiten wollen, gerade auch, um im Sinne des «Wirtschaftswachstums und des Technologietransfers» etwas zu bewirken.[56] Neben Vertretern aus Italien und Russland waren auch Personen aus Deutschland anwesend, die sich verpflichteten, ebenfalls eine Anlaufstelle aufzubauen. Mit ihrer Unterschrift und einem Händedruck besiegelten sie den geheimen Pakt für die Zukunft. Einheitsfrontmann Li dankte allen Beteiligten für ihr «selbstloses Engagement für die Gemeinschaft und ihre Bemühungen, Talentarbeit für das Büro für chinesische Angelegenheiten in Übersee für die Stadt Xuzhou durchzuführen». Am Ende wurden hellblaue Urkunden ausgetauscht. «Auf der Grundlage einer fröhlichen und freundschaftlichen Diskussion unterzeichneten beide Seiten ein Abkommen über die Arbeit des Verbindungsbüros in Übersee», steht unter einem Erinnerungsfoto zu der Veranstaltung. Die Episode zeigt, wie aktiv die Einheitsfront in die klandestinen Strukturen in Deutschland eingebunden ist und wie direkt die KPCh den Aufbau steuert.

Dass hingegen die deutsche Seite die Gefahr durch die Unterwanderung oftmals nicht ernst nimmt, zeigt ein Beispiel aus Berlin. Michael Schumann, Chef des Bundesverbandes für Wirtschaftsförderung und Außenhandel (BWA) und Vorsitzender des umstrittenen Lobbyverbandes China-Brücke e. V., hat den Vorfall selbst öffentlich angesprochen. Nach eigener Aussage habe ihn im Sommer 2022 ein Journalist kontaktiert und darauf aufmerksam gemacht, dass er sich mit einem Vertreter der Einheitsfront habe fotografieren lassen. Ob ihm dies bewusst gewesen sei, habe der Reporter ihn gefragt.[57] «Deutsche Medien sehen vielerorts chinesische ‹Einflussoperationen› am Werk», versuchte Schumann später den Vorfall in einem eigenen Text ins Lächerliche zu ziehen. «Ich war Teil einer chinesischen ‹Einflussoperation› geworden», schreibt er voller Ironie. Hintergrund für die journalistische Recherche war ein Bild, auf dem Cheflobbyist Schumann und Wang Huiyao, der sich in der westlichen Welt Henry nennt, zu sehen sind. Der chinesische Funktionär und Wissenschaftler gründete das Center for China and Globalization (CCG), einen Think Tank mit Sitz in Peking. Über die Rückkehrer-Vereinigung für westliche Wissenschaftler (Western

Returned Scholars Association – WRSA), eine Unterabteilung der Einheitsfront, der Wang ebenfalls als Vizechef vorsteht, ist das Globalisierungsinstitut eng an die Kommunistische Partei angebunden. «Jeder muss sich immer daran erinnern», sagte Xi Jinping einmal vor Vertretern der Wissenschaftler-Vereinigung, «egal wo Sie sind, Sie bleiben immer Söhne und Töchter Chinas.»[58] Unter dem Deckmantel des Rückkehrer-Programms werden auch Technologiespionage im Ausland und die Rückführung von Talenten koordiniert. «Eine der erfolgreichsten Aktionen der WRSA war der Aufbau des Center for China and Globaliziation (CCG)», schreibt der China-Experte Alex Joske, «das vorgibt, unabhängig zu sein.»[59] Und an der Spitze des Zentrums sitzt seit Jahren Wang. Nach einer Zeit als Beamter in einem Pekinger Ministerium schlug der Mann eine wissenschaftliche Karriere ein, die ihn an mehrere Universitäten in Kanada und in den USA führte, darunter auch Harvard und den liberalen Thinktank Brookings Institution. Zurück in China, stieg Wang zu einem einflussreichen Berater im Machtapparat auf. Heute arbeitet er für den chinesischen Staatsrat und nimmt im Kosmos der KPCh hohe Leitungsfunktionen wahr.[60] Als Mitglied der Jiusan Society, einer der acht gleichgeschalteten Blockparteien in China, sitzt er in deren Zentralkomitee. Bei Wang handelt es sich um einen weltgewandten, kosmopolitischen Wissenschaftsfunktionär, der eng mit dem Pekinger Regime verbandelt ist. Vor allem aber gehört er zu den Schlüsselspielern der Einheitsfront. Als ehemaliger Direktor des 9. Büros der Abteilung der KPCh, das heute unter dem Tarnnamen China Overseas Friendship Association firmiert, gehört er zu den zentralen Säulen des Regimes in der westlichen Welt. «Wang Huiyao, der Gründer des CCG, beschreibt sich selbst in einer Online-Biografie als ‹Mitglied des Beraterstabs der Einheitsfront›», hieß es in einem Artikel in *The Atlantic*.[61] Als Wang vor wenigen Jahren einmal bei einer Veranstaltung des Woodrow Wilson Center auftreten sollte, forderte ein amerikanischer Senator, dass der chinesische Gast seine Beziehungen zur Einheitsfront offenlegen solle. Daraufhin zog sich Wang von der Veranstaltung zurück.

Im August 2024 trafen wir Wang Huiyao zu einem zweistündigen Gespräch in einem Hotel in Wien.[62] Darin versuchte der chinesische Netzwerker auch den Vorfall in den USA zu relativieren. Er habe der Veranstaltung damals nicht fest zugesagt und dann andere Termine gehabt. Auf die Frage, ob er der Einheitsfront angehöre, antwortete Wang entschieden: «Nein.» Allerdings gab er während des Gesprächs mehrfach zu, dass Organisationen wie die COFA oder die WRSA, in denen er in der Vergangenheit wichtige Funktionen inne hatte, sehr wohl zur Einheitsfront gehören. Wang arbeitet also seit Jahren für den Apparat der Einheitsfront, auch wenn er selbst das offenbar nicht zugeben möchte. Doch diese Fakten interessieren, wie es scheint, den deutschen Verbandsboss Schumann nicht. «Ich hatte anlässlich einer Europareise von Dr. Wang, inmitten der Coronapandemie, eine der wenigen Möglichkeiten, mit einem Vertreter eines angesehenen chinesischen Think-Tanks persönlich zusammenzutreffen», gab der Lobbyfunktionär zu, «in Berlin wurde ein Arbeitsfrühstück zur Zukunft der deutsch-chinesischen Beziehungen ausgerichtet.» Im kleinen Kreis waren Vertreter des BWA im Juli 2022 mit weiteren hochrangigen Vertretern des Pekinger Regimes im Kranzlereck zusammengekommen.[63] An dem Treffen sah Schumann nichts Verwerfliches, immerhin kooperierten Wang und sein Institut auch mit der Münchner Sicherheitskonferenz. Sogar der ehemalige US-Außenminister John Kerry habe sich mit dem chinesischen Funktionär fotografieren lassen. Tatsächlich fand im Rahmen eines Abendessens 2020 in einem Münchner Kellerrestaurant eine Veranstaltung zu dem Thema «US-China Cold War? Myth and Reality» («Ein neuer Kalter Krieg zwischen den USA und China? Mythos und Realität») statt, bei der Kerry und Wang die zentralen Redner waren.[64] An den Verstrickungen von Wang mit den Mächtigen in Peking ändert das nichts. Die Risiken der persönlichen Verbindung werden jedoch ausgeblendet, weil die exzellenten Verbindungen zu den Mächtigen in Peking offenbar zu verlockend sind. Entsprechend kritisiert Schumann die Kritiker, die auf die bedenklichen Kontakte aufmerksam machen. Sich selbst fühlt er durch die Recherche zu Unrecht in ein schlechtes Licht gerückt. «Fürsprecher der deutsch-chinesischen

Zusammenarbeit werden diffamiert und ihre Reputation beschädigt›», beklagte sich Schumann. «Das Mantra der allgegenwärtigen ‹Unterwanderung› durch China weist mehr als eine Ähnlichkeit auf mit dem ‹Deep State›-Geraune der ‹Querdenkenden›. Damit verabschieden sich seine Verfechter jedoch in eine neue, selbstverschuldete Unmündigkeit.» Warnungen vor chinesischen Einflussaktionen werden von dem Vorsitzenden eines deutschen Wirtschaftsverbandes mit den absurdesten Verschwörungstheorien gleichgesetzt? Eine altbekannte Verteidigungsstrategie.

Im Juli 2024 kam es zu einem Treffen mit Michael Schumann, bei dem die Kritik an seinem Verhalten thematisiert wurde. Zwei Stunden nahm er sich Zeit, um auch auf seine Beziehung zu Wang Huiyao einzugehen, dem Einflussagenten der Einheitsfront. «Wir wussten schon, wer er ist», gibt der Verbandsboss überraschend zu. Also auch, dass er für die Einheitsfront arbeitet? Natürlich wisse man das. «Also beim besten Willen, wir bereiten uns doch vor auf die Gesprächspartner, die zu uns kommen.» Doch in der Coronazeit sei es eine der wenigen Möglichkeiten gewesen, überhaupt mit Vertretern des Regimes zu sprechen. «Es war ein sehr offener Austausch hier.» Auch die Vertreter der deutschen Unternehmen hätten das Gespräch gerne genutzt. Dass sich die Verbandsspitze und deutsche Geschäftsleute mit dem Vertreter der Einheitsfront getroffen haben, vor der schon länger auch der Verfassungsschutz warnt, findet Schumann nicht problematisch. «Das halte ich für richtig, nach wie vor», sagte Schumann weiter im Interview mit *RTL*. Das Treffen mit einem chinesischen Einflussagenten – kein Problem? «Ja, natürlich», er halte «jede Form der Kommunikation für besser als den Abbruch von Kommunikation.»[65] Grund für die Leichtigkeit des BWA im Umgang mit der chinesischen Unterwanderung ist offenbar auch eine andere Einschätzung der Gefahren durch die Geschäftsleute, als sie etwa deutsche Sicherheitsbehörden haben. «Jeder vertritt doch Interessen», aber man sei doch «souverän genug, damit umgehen zu können», gibt sich der Verbandschef selbstbewusst. Für welches System sein Gesprächspartner und dessen Auftraggeber eintreten, scheint Schumann aber doch bewusst zu sein.

«Ich möchte das auch nicht tauschen, ich denke, dass wir hier ein System haben, in dem wir Freiheiten haben, die andere nicht haben», so der Verbandsfunktionär, «und dass wir gut daran täten, das auch zu schützen und zu verteidigen.» Wie wenig ihn die dubiose Rolle seines chinesischen Gesprächspartners stört, bewies Michael Schumann zwei Jahre nach dem ersten Treffen mit Wang Huiyao. Erneut traf er sich mit dem Einheitsfrontmann, ebenfalls am Rande der Münchner Sicherheitskonferenz. Und wieder ließ der deutsche Verbandsboss ein Foto davon verbreiten. Diesmal fand die Veranstaltung unter dem Motto «China, Europe, and Globalization in 2024: What's Next for Business?» («China, Europa und die Globalisierung: Wie sehen die neuen Geschäfte aus?») statt.[66] Offenbar steht der Verbandsboss mit seiner Gleichgültigkeit gegenüber der Unterwanderungsstrategie durch die KPCh-Funktionäre in der deutschen Unternehmerlandschaft nicht allein da. «An der Veranstaltung mit dem führenden unabhängigen wirtschaftspolitischen Think-Tank der Volksrepublik China nahmen Vertreter aus Mittelstand und Industrie sowie Konzernrepräsentanten und Think Tanks teil, um in vertraulicher Atmosphäre die Ergebnisse der Münchner Sicherheitskonferenz zu analysieren», heißt es auf der Seite. Die Strippenzieher hinter dem geheimen Einfluss-Netzwerk Chinas in Deutschland können sich freuen – ihnen stehen auch weiterhin die Türen zu wichtigen Entscheidern des Landes offen.

Die «Einflussagenten»

Trotz der ehrwürdigen Zuhörerschaft hatte sich der Redner eher lässig angezogen. Beiges Jackett, beiger V-Ausschnitt-Pulli darunter und das bunte Hemd aufgeknöpft. Überhaupt schien die Atmosphäre gelöst, obwohl vor dem Mann in der ersten Reihe eine Phalanx von Schwergewichten der Soochow-Universität thronte. Zwei frühere Dekane der Physik-Fakultät saßen da, der Vizechef der Uni, der stellvertretende Leiter des Colleges, ein emeritierter Physikprofessor. Aber auch die alten Herren trugen wenig staatstragend Schirmmütze und Basecaps und lächelten dem Redner aufmunternd zu. Hinter ihnen scharten sich die Erstsemester. Mit 50 000 Studenten und mehr als 6000 Wissenschaftlern, darunter Nobelpreisträger, Laureaten der Chinesischen Akademie der Wissenschaften sowie Gewinner zahlreicher anderer Auszeichnungen, gehört die Uni zu den großen in der Volksrepublik. Im Publikum befand sich auch der einstige Professor und Personalchef der Hochschule, Mei Guoxiang, der Vater des Vortragenden, womit die Veranstaltung sogar etwas Familiäres bekam. Dabei ging es um sehr ernste Dinge, um Strategien für Chinas Weg an die Weltspitze. Seine Rede hatte der Filius, Mei Weiping, unter die Überschrift «Bahnbrechende Innovationen – von der Nachahmung zur Marktführerschaft» gestellt. Das Motto könnte auch für seinen Lebensweg stehen, hatte er sich doch als junger Mann auf eine weite Reise gemacht, um im fernen Europa zu beobachten und aufzusaugen, was er später in die Dienste Chinas stellte. Seine persönliche berufliche Lebensspanne bildet zeitlich ungefähr die höchst dynamischen Aufstiegsjahre der Volksrepublik China ab, seine Methode könnte stellvertretend für die seines Vaterlandes stehen. Mehr als 40 Jahre nach dem eigenen Abschluss an der Soochow-Universität berichtete der Absolvent des Jahrgangs 1977 den Altvorderen und dem wissenschaftlichen Nachwuchs nun über seinen erfolgreichen Lebensweg, der ihn unter Anleitung der KPCh erst nach Deutschland und dort in einen der größten Konzerne des Landes geführt hat.

In seiner Präsentation gab Mei Einblicke in die Arbeitsweise und die verschiedenen Forschungs- und Entwicklungsabteilungen der deutschen Beiersdorf AG. Die jungen Zuhörer im Publikum forderte er auf, «hart zu arbeiten, um professionelles Wissen zu erwerben».[67] Anschließend ergriff der stellvertretende Chef der Universität noch einmal das Wort und beschrieb seine Hoffnung, dass sich die Studenten ein Vorbild an dem Gast aus Deutschland nehmen würden und es ihm nachtäten. «Dr. Meis wunderbarer Bericht hinterließ einen tiefen Eindruck bei den Studenten», hieß es in einem Artikel zu der Veranstaltung. Der Vortrag an der Physikfakultät fand im Dezember 2019 in Suzhou statt. Die Zehn-Millionen-Einwohner-Metropole, gerade einmal knapp 50 Kilometer westlich vom 26-Millionen-Einwohner-Moloch Schanghai gelegen, gilt mit seinen zahlreichen Kanälen, den pittoresken Brücken und Gärten in China als «Paradies auf Erden». Schon Marco Polo hielt sich vor 750 Jahren einige Zeit in der Stadt auf, die seit Menschengedenken für ihre Seidenspinnereien und den Handel mit den kostbaren Stoffen berühmt ist. In jüngerer Vergangenheit trugen vor allem die Hightechindustrie und die Universität zum Ruhm Suzhous bei; letztere gehörte zum prestigeträchtigen «211er-Projekt», das Jiang Zemin 1995 entwickeln ließ. Für das 21. Jahrhundert sollten 100 Hochschulen in den Elitestatus gehoben werden, daher der Name des Projekts. An vorderster Front stand bei den Bemühungen immer auch die Fakultät für Physik und Technologie. Als junger Mann brach Mei Weiping 1984 von hier auf, um sein Glück und das Glück seines Vaterlandes in der Ferne zu suchen. Der begabte Student erhielt ein staatliches Stipendium und wurde damit von der Bildungskommission der Volksrepublik nach Deutschland geschickt.[68] Kurz nach seiner Ankunft kam im Gastland noch ein Stipendium der Konrad-Adenauer-Stiftung hinzu, die der CDU nahesteht. Sein Physikstudium setzte Mei an der rheinland-pfälzischen Universität Kaiserslautern fort, was für die Vernetzung in Deutschland sicher kein Nachteil war. Als Stipendiat des konservativen Förderwerks erhielt er von Beginn an Zugang zu höheren politischen Kreisen der damaligen Regierungspartei CDU. Und Helmut Kohl, der damals amtierende Bundeskanzler, kam ebenfalls aus Rheinland-Pfalz. Auf jeden Fall wusste Student Mei die guten Beziehungen in Politik und Wirtschaft für sich zu nutzen. In seiner neuen Heimat legte der chinesische Wissenschaftler eine Musterkarriere hin. Für die Promotion wechselte er an die Uni Hannover, von wo er 1995 schließlich nach Hamburg ging. Mei trat in den Hamburger Beiersdorf-Konzern ein. Stufe für Stufe arbeitete er sich dort nach oben in die Chefetage. Vom Laborleiter zu einem der Köpfe in der Unternehmensspitze von Tesa, einem Tochterunternehmen des Beiersdorf-Konzerns. 2004 nahm er schließlich die deutsche Staatsbürgerschaft an. Auf dem Papier hat sich der chinesischstämmige

Physiker damit mustergültig in Deutschland und in die deutsche Gesellschaft integriert. Allerdings sieht er selbst das offenbar anders. «Ich glaube, ein Mensch kann in seinem Leben immer nur ein Vaterland haben», vertraute er kurz nach seiner Einbürgerung einem chinesischen Reporter an. «Obwohl ich jetzt einen deutschen Pass besitze, bleibt mein Vaterland immer China.»[69] Doch Mei Weiping blieb der Volksrepublik nicht nur mit dem Herzen auf immer verbunden. Sein Name steht auf der Liste der mutmaßlichen Einflussagenten der Einheitsfront.

Zu seiner Person tauchen auf der Liste mehrere Eintragungen auf, eine ganze Reihe von Vereinigungen, dazu die private und berufliche E-Mailadresse. Es hat den Anschein, dass Mei auch für die Gleichschaltungsabteilung der KPCh über die Jahre ordentliche Arbeit geleistet hat, doch davon erfuhr in Deutschland kaum jemand. Zeitgleich mit seinem Eintritt in den Beiersdorf-Konzern, der von Hamburg-Eimsbüttel aus die Herstellung von Pflegeprodukten (Nivea, 8x4, Labello), Klebstoffen (Tesa) oder Artikeln zur Wundversorgung (Hansaplast) steuert, begann Mei in seiner Freizeit eine andere Form der Produktion. Er wob ein feinmaschiges Netz von Kontakten, beteiligte sich an der Gründung immer neuer Vereine und Zusammenschlüsse, in denen die chinesische Diaspora in Deutschland organisiert und somit auf diese Einfluss ausgeübt, diese teilweise auch leichter kontrolliert werden konnte. Mit zwölf chinesischen Mitstreitern gründete er 1997 die Gesellschaft für die chinesische Kultur Hamburg e. V. Offizielles Ziel des Vereins ist es, die chinesische Kultur zu verbreiten. Anfangs wurden dafür extra Schulen für Überseechinesen eingerichtet, um «chinesische Bildung durchzuführen».[70] Kurz darauf mischte er auch in der Chinesisch-Deutschen Gesellschaft Hamburg mit, die sich verstärkt auf den kulturellen Austausch mit der deutschen Gesellschaft konzentrierte. Speziell an Auslandchinesen richtete sich die Gesellschaft Chinesischer Physiker in Deutschland e. V., die er ebenfalls von Beginn an mitaufbaute und deren Vorsitzender, stellvertretender Vorsitzender und schließlich Ehrenvorsitzender er im Laufe der Jahre wurde.[71] Irgendwann organisierte er noch einen Zusammenschluss für die gesamte Diaspora zwischen Aurich und Usedom, Flensburg und Hannover, die Norddeutsche Föderation der Auslandchinesen, in deren Spitze er ebenfalls mitwirkte. Alle Einrichtungen, die Auslandschinesen organisieren, vor allem der Dachverband für die norddeutsche Diaspora, gehören zum Apparat der Einheitsfront und helfen dem Pekinger Regime, seine Landsleute in Deutschland auf Linie zu halten. Doch Mei Weiping zeigte auch keine Scheu, sich direkt in den Strukturen der Einheitsfront zu engagieren. Wenige Jahre nachdem er mit dem Aufbau der Organisationen begonnen hatte, wurde er als Vertreter der Auslandschinesen zur Konsultativversammlung des chinesischen Volkes nach Peking geladen.[72] Dabei handelt es sich um eine Art Schwesterparlament des Großen Volkskongresses der KPCh, in der die übrigen politischen Parteien und Vereinigungen zusammengefasst werden. Die Konsultativversammlung gehört zum Machtbereich der Einheitsfront. Von 2019 bis 2023 nahm Mei daneben als «Überseedirektor» an mehreren Räten der Chinese Overseas Friendship Association teil, die ebenfalls dem Apparat der Einheitsfront zugerechnet wird. In gleicher Funktion beteiligte er sich auch an mehreren Räten einer weiteren Vorfeldorganisation der Einheitsfront in der Provinz Guangdong und seiner Heimatstadt Suzhou. Als «Überseeberater» half er zudem der Föderation der Chinesischen Auslandsheimkehrer in seiner Geburtsstadt Suzhou.[73] Welche Vorteile seine gute Vernetzung in Deutschland und die engen Verbindungen zum chinesischen Machtapparat mit sich bringen, verriet Mei selbst in einem Interview. «Wenn ich auch in Zukunft in Deutschland arbeite, dann werde ich natürlich meinen Einfluss nutzen», sagte er einmal, «um auf eine engere Zusammenarbeit zwischen deutschen Unternehmen und Forschungseinrichtungen mit China auf allen möglichen Wegen hinzuwirken.»[74] Fünf Jahre später zeigte Mei erneut, wie eng er mit dem Regime in Peking verbunden ist, als er als offizieller Gast an der Militärparade zum 60. Nationalfeiertag teilnahm.[75] In Deutschland hielt er einen Impulsvortrag bei einer Veranstaltung des Konfuzius-Instituts in Hamburg, was ebenfalls seine Nähe zum chinesischen Machtapparat belegt.[76] Dann war er wieder bei der

Militärparade zum Gedenken an den 70. Jahrestag des Sieges der Volksrepublik über Japan dabei. Auf Einladung des Büros für chinesische Angelegenheiten in Übersee, einer Vorfeldorganisation der Einheitsfront, verfolgte er den Aufmarsch der Soldaten von einer extra für die Propagandashow aufgebauten Aussichtsplattform am Platz des Himmlischen Friedens. «Diese Militärparade hat mir gezeigt, wie stark China ist», verriet er danach einem Reporter seine Begeisterung, «nationale Stärke ist der Schlüssel, und nur wenn Länder stark sind, können wir stärkere diplomatische Beziehungen aufbauen.»[77] Schließlich beteiligte er sich auch noch in der Provinz Guangdong als offizieller Vertreter an der Konsultativversammlung des chinesischen Volkes, dem Quasi-Parlament der Einheitsfront auf regionaler Ebene.[78] «Wenn mich mein Land aber braucht und denkt, dass ich immer noch von Nutzen für die weitere Entwicklung sein kann, dann werde ich ohne Zögern nach China zurückkehren», hatte Mei Weiping im Interview mit einem chinesischen Reporter versprochen.[79] Und der Beiersdorf-Manager hielt Wort und kehrte zurück – für seinen Arbeitgeber zog er vor wenigen Jahren nach Suzhou um. Aber er stand nicht nur im Dienst des deutschen Konzerns. Gleichzeitig heuerte er als Berater des Pekinger «Schlüssellabors für molekulare Nanostruktur und Nanotechnologie» der Chinesischen Akademie der Wissenschaften an, die sich als «Dreh- und Angelpunkt» sieht, «Hochtechnologie und Naturwissenschaften im Interesse Chinas zu erkunden und zu nutzen».[80] Für Beiersdorf arbeitet Mei nun als Hauptverantwortlicher für Innovationen in China und Asien von Tesa, das in Deutschland vor allem für seine Klebestreifen und Kleister bekannt ist. Allerdings ist das Unternehmen weit davon entfernt, nur solche Alltagsprodukte herzustellen. In neuer Funktion unterzeichnete Mei sofort ein Kooperationsabkommen mit der Chinese Academy for Inspection and Quarantine. Mit dem Pakt wurde eine wissenschaftliche Zusammenarbeit für einen Zukunftsbereich aufgesetzt. Tesa stellt sogenannte OCAs her – Optical Clear Adhesives. Bei dem Material handelt es sich um eine Art Hightech-Klebefolien, die in Touchscreens und Displays verwendet werden. Solches Wissen ist zentral für die moderne Computer- und Handyproduktion. Die Experten von Tesa tüfteln schon länger daran, mit ihren Entwicklungen zu einer neuartigen Technologie beizutragen: Handys und Touchscreens, die sich biegen lassen. Folglich verfügt der mutmaßliche Einflussagent Mei über wichtiges Wissen in einem Zukunftsfeld, das auch für die Volksrepublik China interessant ist.[81] In seiner Heimatstadt konnte er ganz konkret seinen Job in die Dienste seines Vaterlandes stellen. Das Ziel der Kooperation beschreibt der Beiersdorf-Manager so: «Einfach mal machen, sich zusammentun, Synergien fördern, gucken, was passiert, immer einen Schritt voraus sein.»[82] Auch der wissenschaftliche Zusammenschluss mit dem deutschen Vorreiter ist jedenfalls ganz im Sinne der Einheitsfront und damit der Partei.

Ende Juni 2024 fragten wir Mei Weiping per Mail für ein Interview an. Fünf Minuten später kam eine Antwort aus Suzhou, wo sich der Beiersdorf-Manager zu der Zeit aufhielt und kurz vor einem Rückflug nach Hamburg stand. Dort sollte das TV-Gespräch stattfinden. Doch einige Tage später schaltete sich die Presseabteilung von Tesa ein. Es habe sich um eine «vorschnelle Zusage» gehandelt. «Leider muss ich Ihnen heute mitteilen, dass wir das Interview nicht machen können», schrieb der Sprecher, ohne Gründe für die Absage zu nennen. Auf einen umfangreichen Fragenkatalog, der daraufhin schriftlich nachgereicht wurde, ging die Pressestelle der Beiersdorf-Tochter nicht ein. Allerdings gab der Sprecher eine Antwort auf eine Frage, die wir überhaupt nicht gestellt hatten: «Der Schutz technologischen Know-Hows wird bei tesa weltweit durch Prozesse und Maßnahmen sichergestellt.» Zur Einheitsfront will sich der Hamburger Konzern offenbar nicht äußern, auch nicht zu den Verbindungen seiner Mitarbeiter. Und dann schiebt der Pressesprecher noch eine überraschende Information hinterher: «Unser Mitarbeiter Dr. Weiping Mei hat als Corporate Technology Manager in Suzhou (China) Projekte und Kooperationen initiiert und geht Ende des Monats in den wohlverdienten Ruhestand.» Zurück in der Volksrepublik, pflegte Mei auch die alten Netzwerke aus Deutschland. Bei Alumni-Treffen der Konrad-Adenauer-Stiftung in der Volksrepublik war er ein gern gesehener Gast (Schanghai, Guilin), wo er vor Dutzenden Vertretern deutscher Unternehmen und Organisationen Vorträge über die deutsch-chinesischen Wirtschaftsbeziehungen hielt.[83] Einige Monate zuvor posierte Mei mit einem Bekannten für ein Foto in der Großen Halle des Volkes beim offiziellen Empfang zum Nationalfeiertag im Herbst 2021, an dem auch Xi Jinping und die gesamte Führungsmannschaft des Pekinger Regimes teilnahmen.[84] Um den Hals baumelten die Berechtigungsausweise, hinter ihnen prangten das Wappen der Volksrepublik China und zehn rote Fahnen an der Wand. Mei Weiping schien sich unter den Apparatschiks wohlzufühlen, er zeigte dem Fotografen ein breites Lächeln. Der Auftritt der beiden Männer bei der KPCh-Veranstaltung machte Eindruck. «Stolz auf unsere Alumni», hat jemand unter das Foto bei LinkedIn geschrieben.[85] Vor nicht allzu langer Zeit analysierte eine Asienexpertin der Konrad-Adenauer-Stiftung in einem wissenschaftlichen Beitrag die Strategie der KPCh, ihr globales Einflussnetz auszuweiten. «Insbesondere seit der Machtübernahme Xi Jinpings im Jahr 2012 baut die Kommunistische Partei Chinas (KPCh) systematisch die Zusammenarbeit mit Parteipolitikerinnen und Parteipolitikern jeglicher politischen Ausrichtung weltweit aus», schrieb Alina Reiß.[86] Mit ihrer Methode scheinen die Pekinger Machthaber den westlichen Demokratien einen guten Schritt voraus. «Auch die deutsche Politik ist daran interessiert, für die eigenen politischen sowie wirtschaftlichen Belange ein positives Klima und einen Nährboden zu schaffen», so die Analyse. «Allerdings geschieht dies durch einen offenen und gleichberechtigten Austausch, was sich vom Ansatz der KPCh signifikant unterscheidet.» Wahrscheinlich ahnten die Experten der Adenauer-Stiftung zu dem Zeitpunkt nicht einmal, dass eine mutmaßliche Kontaktperson der Einheitsfront in Deutschland bereits in ihrer eigenen Organisation mitmischte. Mei Weiping, der Altstipendiat mit Verbindungen zum Regime der KPCh, scheint den Eindruck erwecken zu wollen, dass ein ständiger Wandel zwischen den Welten problemlos möglich sei und im Interesse beider Seiten erfolge. Aber so einfach ist es nicht.

Auf der Pekinger Automesse war der Andrang im Frühjahr 2024 an einem Stand besonders groß – Xiaomi präsentierte dort sein neues Modell, den SU7. Ein blitzeblank poliertes Exemplar mit türkisfarbenem Anstrich zog die Besucher geradezu magisch an. Auffällig an dem Elektroauto: Es ähnelt stark dem Porsche Taycan, nur dass das chinesische Modell für weniger als 30 000 Euro zu bekommen ist. Für den deutschen Wagen müssen Kunden mindestens dreimal so viel hinblättern. Dass sich die Autos zum Verwechseln ähnlich sehen, ist sicher kein Zufall. Industriespionage gehört zum Wesenskern des chinesischen Aufstiegs. Wie ein gigantischer Staubsauger zieht die Volksrepublik China seit Jahrzehnten Wissen und Geheimnisse aus Konzernen in Europa und dort speziell Deutschland ab. Dafür setzt die KPCh sogar immer neue Gesetze auf, die teilweise chinesischen Landsleuten auch in Deutschland vorschreiben, dass sie geheimdienstlich tätig werden sollen und Partnerorganisationen auszuspionieren haben. Umso bedenklicher ist es, wenn mutmaßliche Kontaktpersonen der Einheitsfront direkten Zutritt zu den Konzernen bekommen. Auch in der Autoindustrie sitzen offenbar Mittelsmänner der KPCh. Auf der Liste mit den Vertrauten der Einheitsfront in Deutschland taucht eine Person auf, die für Volkswagen in China arbeiten soll. Allerdings sind die Informationen und Angaben zu ihr sehr spärlich. Vier China-Insider, darunter eine Muttersprachlerin, recherchierten der Person mehrere Wochen hinterher. Nichts. Die Person wird als Mitarbeiter von Volkswagen in der Volksrepublik geführt. Ihre angegebenen Telefonnummern scheinen Anschlüsse in Peking zu sein. Trotz mehrmaligen Versuchens konnte darunter jedoch niemand erreicht werden. Eine offizielle Anfrage bei Volkswagen bringt wenig Erkenntnis. Die Tochterfirma, unter der die vermeintliche Kontaktperson gelistet ist, scheint bei den Wolfsburgern nicht bekannt zu sein. Sie existiere «in China nicht, auch beschäftigen wir keinen Mitarbeiter mit dem von Ihnen genannten Namen», teilt ein Konzernsprecher aus Peking mit.[87] Womöglich handelt es sich bei dem Namen des Unternehmens um einen Übersetzungsfehler. Auf die Nachfrage, ob eine Person mit demselben Namen früher für den deutschen Konzern gearbeitet hat, bekommen wir keine Antwort mehr. Natürlich spielt eine einzelne Person in einem so großen Konzern wie Volkswagen, der in China noch dazu zu 50 Prozent dem chinesischen Staatsunternehmen SAIC gehört, nur eine sehr untergeordnete Rolle. Allerdings zeigt der Fall die engen Verflechtungen Einzelner auch mit Strukturen der KPCh. Wir wissen nicht, welche Funktion die vermeintliche Kontaktperson für den deutschen Autobauer ausgeübt hat. Was wir jedoch wissen: Der Mutterkonzern der Porsche AG ist Volkswagen. Damit stand mit der Taycan-Imitation von Xiaomi auch ein Modell des Wolfsburger Konzerns als China-Kopie auf der Pekinger Messe. Dem wohl einstigen Arbeitgeber der Person auf der Liste.

Hong Zhong firmiert in der Liste als Präsident der Tongji Alumni-Vereinigung in Deutschland. Über die Gruppe vernetzen sich die Absolventen der Schanghaier Elite-Universität, die als eine der besten in China gilt. Im Eintrag ist auch eine private gmx-Adresse vermerkt, die jedoch nicht mehr funktioniert. Hong dürfte allerdings nicht wegen seiner ehrenamtlichen Arbeit als Alumni für das Pekinger Regime von Interesse sein. Der Mann arbeitete in Deutschland als Spitzenmanager in der Chemiebranche und dort nicht bei irgendeinem Unternehmen. Im Frühjahr 2023 wurde Hong vom chinesischen staatlichen Auslandsrundfunkt interviewt – und als Bezeichnung tauchte unter seinem Foto auf: «Ehemaliger Senior Vice President der Evonik Industries AG».[88] Laut dem Karrierenetzwerk Xing lenkte Hong von Februar 2011 bis März 2019 in herausgehobener Funktion für den deutschen Chemieriesen die Geschäfte, erst in der Asien-Pazifik-Region, dann in der Konzernspitze. Dabei ist die Produktpalette von Evonik für die Volksrepublik von besonderer Bedeutung. Gerade chinesische Militärs interessieren sich für innovative Produkte der Deutschen, etwa für Polymethacrylimidhartschaum, einen chemischen Stoff, den der Essener Konzern entwickelt hat. Bei der Substanz handelt es sich um einen Hartschaumstoff, der zwei große Vorteile besitzt: er ist leicht und gleichzeitig hart. Damit eignet sich das Material besonders gut für die Fertigung etwa von Flugzeugen. Daneben gibt es die Vermutung, dass der Stoff noch eine weitere Eigenschaft besitzt. Er könnte Tarnkappen-Qualitäten haben. Durch das Material würden dann etwa Kampfjets, so die Hoffnung von Offizieren, für die Aufklärung unsichtbar werden. «Es könnte Flugzeuge auf Radarschirmen unkenntlich machen», hieß es unlängst in einem Bericht. «Das wäre der Traum jedes Militärstrategen.»[89] Entsprechend wurde Polymethacrylimidhartschaum im September 2023 durch die Bundesregierung unter die Exportkontrolle gestellt, die Ausfuhr nach China wird damit erheblich erschwert. Wenn nun ein mutmaßlicher Einflussagent der «Einheitsfront» über beste Verbindungen in die Chefetage von Evonik verfügt, zeigt das, wie weit die Unterwanderung durch die KPCh und ihren Apparat in Deutschland auch auf diesem Gebiet bereits gekommen ist. Und in welch sensible Bereiche die Vertrauten der kommunistischen Machthaber bereits vorgedrungen sind. Auf eine Anfrage über LinkedIn reagierte Hong Zhong nicht. Über einen Kontakt bekommen wir eine zweite Mailadresse, die aktuell ist und unter der sich der Mann auch bei uns meldet. Doch auf einen ausführlichen Fragenkatalog zu seinem Engagement für die Einheitsfront reagiert Hong nicht mehr.[90]

Zu den angesehensten Anwaltskanzleien in Hamburg gehört Schulz Noack Bärwinkel. Die Juristen verfügen über eine große Asienkompetenz, etwa ein Fünftel der Mitarbeiter arbeitet zu Fällen in Fernost. Ihre große Verbundenheit zur Volksrepublik beweist die Kanzlei schon auf der Internetseite, die von einem rennenden chinesischen Drachen geziert wird. Seit Mitte der 1980er Jahre beraten die Anwälte auch Kunden aus China, bei denen es sich vornehmlich um Investoren und Unternehmen handelt, die in Deutschland einsteigen wollen. Die Kanzlei verfüge über eine «fundierte Kenntnis von Besonderheiten der chinesischen Kultur und Verhandlungstaktik», was sie zu einem gefragten Berater für deutsche Unternehmer mache – wirbt Schulz Noack Bärwinkel –, «auch und gerade für komplexere gesellschaftsrechtliche Transaktionen oder Kooperationen».[91] Auf der geleakten Liste steht auch eine Person mit zumindest in der Vergangenheit offenbar engen Bindungen an die Hamburger Kanzlei, denn ihre Kontaktdaten liefen dort ein. Bei Ma Lin handelt es sich um eine chinesische Rechtsprofessorin, die vor einigen Jahren eine tragende Rolle beim Aufbau des europäisch-chinesischen Schiedsgerichts in Hamburg gespielt hat. 2008 wurde das internationale Rechtsgremium eingerichtet, um weltweit Schiedsverfahren mit China-Bezug verhandeln zu können. Angeschoben wurde die Initiative von Schlüsselspielern in der Stadt – der Hanseatischen Rechtsanwaltskammer, der Handelskammer Hamburg sowie 50 Sozietäten und Anwälten, die aus insgesamt 13 Nationen stammten. Nach dem Internationalen Seegerichtshof bekam Hamburg mit dem Chinese European Arbitration Centre (CEAC) ein zweites bedeutendes Gericht zugesprochen. «Um die Akzeptanz zukünftiger Schiedssprüche des CEAC zu gewährleisten, bestehen die Gremien zu gleichen Teilen aus Chinesen und Spezialisten aus den anderen Mitgliedsnationen», hieß es in einer Bekanntmachung.[92] An die Spitze des internationalen Beirats wurde ein ehemaliger Präsident der chinesischen Rechtsanwaltskammer aus Peking gesetzt. Im Geschäftsführergremium saß neben dem Anwalt Axel Neelmeier von Schulz Noack Bärwinkel auch die Chinesin Ma Lin. Im offiziellen Team der Kanzlei wird die Chinesin nicht geführt. Allerdings taucht sie in der Einheitsfront-Liste mit einer E-Mail-Adresse der Kanzlei auf, die jedoch nicht mehr funktioniert. In der Kanzlei erinnert sich ein Partner an die frühere Kollegin. «Nach Frau Dr. Ma Lin hat sich seit bestimmt 15 Jahren niemand mehr bei uns erkundigt 😉», schreibt Mark-Alexander Huth. «Sie war bis vor knapp 20 Jahren in unserem China Desk in Hamburg tätig und ist m. W. wieder nach China zurückgekehrt.»[93] Allerdings muss sie mindestens bis ins Jahr 2008 noch in der Hansestadt tätig gewesen sein, denn damals wurde das Schiedsgericht eingeweiht, an dem sie zu Beginn mitwirkte.

Laut den weiteren Einträgen hat sich die Juristin in Deutschland auch anderweitig engagiert. So soll sie Präsidentin der Hubei Vereinigung Deutschland gewesen sein, die zum Apparat der Einheitsfront gehört. Ma Lin scheint sowohl in der Volksrepublik als auch in der Hansestadt bestens vernetzt zu sein. Die Hamburger Kanzlei rühmt sich, über ein in Jahrzehnten gewachsenes Geflecht internationaler Beziehungen zu verfügen, und freut sich über «zahlreiche weitere Kontakte unseres Netzwerks». So könne Schulz Noack Bärwinkel «schnell und effektiv helfen».[94] In China waren dafür Verbündete wie Ma Lin mit mutmaßlich besten Beziehungen zur Einheitsfront und damit zu den Mächtigen in China sicher hilfreich. Als die Hamburger Anwälte mit den Recherchen zu Ma Lin konfrontiert werden, reagieren sie überrascht. «Frau Dr. Ma ist – wie bereits erwähnt – seit vielen Jahren nicht mehr Mitarbeiterin unserer Kanzlei», schreibt Mark-Alexander Huth, Partner bei SNB und Leiter des China-Desks. «Von einer angeblichen Mitgliedschaft von Frau Dr. Ma in der Einheitsfront der KPCh ist uns nichts bekannt.» Allerdings scheint die Verbindung der ehemaligen Mitarbeiterin zur Einheitsfront der Kanzlei nicht zu gefallen. «Selbstverständlich distanzieren wir uns von jeglicher parteipolitischen Einflussnahme», so Huth weiter.[95]

Insgesamt stehen auf der Kontaktliste der Einheitsfront für Deutschland 46 Namen, eine weitere Position ist anscheinend mit der Funktion des Vize-Vorsitzes in einer Vereinigung verbunden. Oder aber der Name wurde in der Kartei versehentlich gelöscht. Auf zehn Seiten werden ihre Titel und Posten aufgelistet. Acht der Personen sind mit deutschen Unternehmen, Hochschulen oder Behörden verwoben, sechs arbeiten in der Gastrobranche oder sind Restaurantbesitzer. Beim Großteil handelt es sich jedoch um chinesische Geschäftsleute, die in Deutschland Unternehmen gegründet haben oder anderweitig ökonomisch tätig sind. So wie Gong Liming, der in Frankfurt am Main ein Unternehmen führt, das mit dem Im- und Export von Industriemaschinen, Ersatzteilen und Lebensmitteln Geld verdient. Offiziell gemeldet ist seine Firma in einem Mehrfamilienhaus im Norden der Stadt, das beschaulich zwischen Äckern, Wäldern und Wiesen liegt. In den Gärten der Nachbarschaft stehen Planschbecken, Trampoline und kleine Gewächshäuser, die Vorgärten sind gepflegt. Doch der Auslandschinese kennt auch eine andere Bühne, die weit entfernt, in den Sälen der Macht in Peking liegt. Ganz offen lässt er sich für das kommunistische Regime einspannen, was ein Video belegt. Zu Fanfaren und breiigen Streicherklängen schießen von rechts Fotos auf den Bildschirm – vom Tor des Himmlischen Friedens in Peking, von der Großen Halle des Volkes und von Xi Jinping als Redner, als winkender Staatsmann und vielfach gespiegelt schließlich auf dem Cover seines Buches. Nach einer Schwarzblende sieht man einen Mann in Jackett, mit gestreiftem Hemd und gestreifter Krawatte vor einem roten Vorhang sitzen. Er hält ein aufgeschlagenes Buch vor sich, es handelt sich um den deutsch-chinesischen Geschäftsmann Gong Liming.[96] Mehr als eine Minute lang liest er aus dem programmatischen Text des Staats- und Parteichefs vor, es ist eine Passage zur Neuen Seidenstraße. Auf einmal taucht bildschirmgroß das Emblem der Politischen Konsultativversammlung des chinesischen Volkes auf. Anschließend blickt Gong in die Kamera und setzt zu einem persönlichen Loblied auf das Prestigeprojekt an. «Der Aufbau der Neuen Seidenstraße ist auch die Notwendigkeit für alle mit Übersee verbundenen chinesischen Abteilungen im In- und Ausland», wird Gong später in einem offiziellen Bericht zitiert, «um der Umsetzung des wirtschaftlichen Aufbaus zu dienen.»[97] Für den Gast aus Deutschland sei das Neue-Seidenstraßen-Projekt eine Notwendigkeit, um den wirtschaftlichen Aufstieg Chinas sicherzustellen. Das Video gehörte 2018 zur präzise choreografierten Propaganda rund um die Politische Konsultativversammlung des chinesischen Volkes, in der auch wichtige Vertreter der Einheitsfrontarbeit im Ausland zusammenkamen. Ausgewählte Teilnehmer durften sich Passagen aus Xis Buch aussuchen, vor der Kamera vorlesen und aus ihrer eigenen Warte einordnen. Dass Gong Liming überhaupt zu der parlamentarischen Versammlung eingeladen worden war, offenbarte seinen Stellenwert für das Regime. Der Vertreter aus Deutschland gehörte zu einer Gruppe von 35 Personen, die von verschiedenen Abteilungen empfohlen worden und aus der ganzen Welt angereist waren, wie im Umfeld mitgeteilt wurde. «Unter ihnen gibt es nicht nur erfahrene chinesische Führer aus Übersee, die in der lokalen chinesischen Gemeinschaft in Übersee hoch angesehen sind», hieß es in einem offiziellen Text zu dem Treffen, «sondern auch die neue Generation von Chinesen, die den Mut haben, sich voller Ideen und Vitalität an der Politik zu beteiligen.»[98] Die Vertreter der Diaspora waren aus allen Winkeln der Welt in die Volksrepublik gekommen, aus Myanmar, Frankreich, Singapur, Australien, Italien, Kirgistan oder den USA. Neben Gong war mit Zong Chuanhai, einem offiziellen Lobbyisten für die Neue Seidenstraße, sogar noch ein zweiter Vertreter aus Deutschland anwesend. Besonders pikant dabei: Zong soll für die südwestchinesische Stadt Lishui eine geheime Polizeistation in Deutschland betreiben, er scheint also ebenfalls weit tiefer in die strategische Unterwanderung der westlichen Gesellschaften verstrickt.[99] Welch hohen Stellenwert die Konsultativversammlung in Peking für die Regierenden besitzt, zu der aus Deutschland die mutmaßliche Einheitsfront-Kontaktperson Gong und der vermeintliche Polizeistations-Chef Zong extra angereist waren, zeigte schon die Eröffnungszeremonie. Xi Jinping und andere Parteigranden waren dafür höchstpersönlich in die Große Halle des Volkes gekommen. «Sie sind keine Gäste, sondern echte Teilnehmer», hieß es von offizieller Seite.[100] Für das Regime nimmt Gong Liming nicht nur in Deutschland eine koordinierende Rolle ein, er steht auch der Europäischen Föderation der Schanghaier Verbände vor, was ihm eine herausgehobene Position unter den Chinesen in der EU gibt. Der Verband wurde im Mai 2009 in Frankfurt gegründet und bündelt 26 Überseeverbände aus 17 Ländern, darunter neben Deutschland auch Frankreich, Italien, Großbritannien, Österreich, Spanien. «Seine Gründung markiert einen neuen Ausgangspunkt in der Geschichte der Schanghaier Überseeverbände», hieß es in einem Bericht, «die nun über umfangreichere Auslandskontakte, ein stabileres Fundament und eine größere Stärke verfügen.»[101] Allerdings konzentrieren sich seine Funktionen in erster Linie auf Schanghai. Insgesamt fünf Organisationen mit Bezug zu einer der größten Metropolen Chinas stehen unter seinem Namen auf der Einheitsfront-Liste. Neben dem europäischen Verband noch eine Vereinigung von Schanghaiern in Deutschland, andere Freundschaftsorganisationen und Funktionen für Unternehmen aus der Megametropole. Unter der Telefonnummer, die für Gongs Unternehmen eingetragen ist, lässt sich niemand erreichen. Dass die Adresse weiterhin aktuell ist, bestätigen Nachbarn. Auch sein Sohn halte sich regelmäßig dort auf. Einen Fragenkatalog, den wir an dessen aktuelle Mailadresse geschickt haben, beantwortet der chinesische Geschäftsmann nicht.[102] Generell scheint das Engagement als Vertreter einer regionalen chinesischen Wirtschaftsvereinigung ein Muster für die Arbeit der Einheitsfront-Leute zu sein. Und gerade für die Vertreter der Wirtschaft spielen Beziehungen in die Politik eine zentrale Rolle, was der deutsch-chinesische Geschäftsmann Gong Liming nur allzu gut weiß. Seit 1989 zieht er in Deutschland seine Runden. Er war mit spektakulären Deals beschäftigt, wie dem Verkauf der Dortmunder Westfalenhütte durch ThyssenKrupp an China. Als die deutschen Stahlkocher damals ihr Werk schlossen, hatte das Reich der Mitte Interesse an der Infrastruktur. 1200 chinesische Arbeiter kamen daher an die Ruhr, um Schraube für Schraube die gesamten Hallen und Wälzstraßen ab- und 9000 Kilometer entfernt in der Volksrepublik wieder aufzubauen. Gong Liming besorgte damals die dreijährigen Arbeitserlaubnisse und die Visa für das Heer chinesischer Arbeiter.[103] Wie geschmiert die Verbindungen des deutsch-chinesischen Strippenziehers noch immer laufen, betonte er vor einiger Zeit selbst. So habe er es geschafft, einem Landsmann aus Schanghai in nur wenigen Stunden im Generalkonsulat in Frankfurt einen neuen Pass zu besorgen.[104]

Weitere Personen werden als Ansprechpartner für spezielle Provinzen der Volksrepublik geführt. Zhou Jun zum Beispiel setzt sich laut Liste für die von der Schwerindustrie und Metallverarbeitung geprägte zentralchinesische Provinz Hubei ein, die gleichzeitig einer der drei wichtigsten Produktionsstandorte für die Autoindustrie in China ist. Zhou machte früher Beiträge für einen regionalen Fernsehsender in Hubei, bevor sie nach Münster kam. Dort arbeitet sie heute am Fachbereich für Soziologie der Universität und leitet daneben den Freundeskreis Deutschland-Hubei e. V., der sich vor allem für den kulturellen Austausch einsetzt.[105] Für ihr Engagement wurde sie bereits von ranghohen Funktionären der KPCh gewürdigt, so dem Mitglied im Politbüro des Zentralkomitees Yu Zhengsheng, der früher einmal Parteichef von Hubei war und später der Politischen Konsultativkonferenz des chinesischen Volkes vorstand, einem der höchsten Gremien der Einheitsfront also. Auch der ehemalige Botschafter Ma Canrong, der inzwischen ebenfalls in der Konsultativversammlung mitwirkt, und der Frankfurter Generalkonsul Li Haiyan sprachen positiv über die Arbeit von Zhou, was ihre enge Verbundenheit mit dem kommunistischen Machtapparat zeigt.[106] «Ich bin kein Mitglied der ‹Abteilung für Einheitsfrontarbeit› und auch nicht Parteimitglied in der KPCh», antwortet uns Zhou, die neben ihrer Arbeit an der Uni weiterhin auch als Journalistin arbeitet und der Gewerkschaft Verdi angehört. In der Einheitsfront-Liste steht sie als Vertreterin eines lokalen Fernsehsenders in Münster. Dass sie ein hohes kommunistisches Parteimitglied für ihre Arbeit gelobt hat, hänge mit einem deutsch-chinesischen Journalistenaustausch zusammen, den sie vor einigen Jahren einmal organisiert habe. Überhaupt liege ihr vor allem an einem besseren Verständnis zwischen den beiden Völkern. «Wenn zum Beispiel viele Chinesen über Deutschland sprechen, denken sie an Hitler und die Nazis», schreibt die Frau weiter, «während manche Deutsche glauben, China sei immer noch wie vor dreißig oder vierzig Jahren.» In erster Linie gehe es Zhou darum, Vorurteile und Missverständnisse zwischen beiden Seiten zu beseitigen. «Tatsächlich ist es schwierig, in diesem Feld erfolgreich aktiv zu sein, weil es eine Änderung des traditionellen Denkens und Erkennens erfordert», schreibt sie weiter, «und das ist das Schwierigste daran – dass eine Person ihre eigenen Denkmuster hinterfragen muss.»[107] Der Fall von Zhou Jun in Münster zeigt sicher recht gut, wie schwierig die Beurteilung der Aktivitäten der Personen auf der Liste ist, und dass es die unterschiedlichsten Gründe geben kann, warum die Einheitsfront Landsleute in Deutschland offenbar als Verbündete ansieht.

Eine weitere Frau mit dem gleichen Familiennamen, Zhou Meng, fungiert als Chefin der China-Beratung Join Universe in Köln. Sie wird sogar als «China-Beraterin und Wirtschaftsbotschafterin» der Domstadt aufgeführt.[108] Auf Fotos, die jedoch schon einige Jahre alt sind, posiert sie mit dem ehemaligen Oberbürgermeister Jürgen Roters (SPD) und dessen Nachfolgerin Henriette Reker (CDU-nah). Auf einem weiteren Bild ist sie mit dem damaligen Botschafter Shi Mingde zu sehen, der ein Foto mit einem chinesischen Zeitungsartikel über die Frau in die Kamera hält.[109] Köln und Peking sind Partnerstädte. Als Oberbürgermeisterin Reker mit einer hochrangigen Stadtdelegation auf China-Reise ging, wurde sie von Zhou Meng begleitet. Zusammen mit der deutsch-chinesischen Unternehmerin besuchten die Vertreter aus der Domstadt ein Werk von Huawei, bevor die Gruppe einen hohen Verantwortlichen aus dem Apparat der Einheitsfront traf. Ji Lin, der Vorsitzende der Politischen Konsultativkonferenz der Stadt Peking, ernannte dabei die Kölner Geschäftsfrau zur «Übersee-Beraterin» der chinesischen Hauptstadt.[110] Anschließend lotste Zhou das Kölner Stadtoberhaupt noch in eine Sendung von *Bejing TV.* 200 Millionen Zuschauer verfolgten den Auftritt der deutschen Politikerin im staatlich gelenkten Fernsehen. Yang Qianghua betreut laut Liste in Fragen der wirtschaftlichen Kooperation gleich mehrere Regionen – Chengdu, Hongkong und Macao. Auch Taiwan soll von der Vereinigung vertreten werden, nur weiß auf der Insel wohl kaum jemand davon. Überhaupt scheint der Geschäftsmann ein zentraler Strippenzieher in der deutschen Hauptstadt zu sein. So sitzt er der China-Hongkong-Macao-Taiwan-Übersee-Vereinigung in Berlin vor, zudem noch der Allchinesischen Föderation der zurückgekehrten Auslandschinesen. Er war Gründungspräsident der German Association of Overseas Chinese Public Diplomacy und Vorsitzender der Europe-China Science and Technology Association.[111] Auch bei einschlägigen Einheitsfront-Organisationen mischt Yang mit, so der German Overseas Chinese Public Diplomacy Association und der Association for the Promotion of Chinese Peaceful Reunification of Overseas Chinese in Germany, für die er auf der Liste sogar als Gründungspräsident firmiert. Wie loyal er zur offiziellen Parteilinie steht, zeigte er in Interviews mit chinesischen Medien. «Wie jeder weiß, sind in den letzten fünf Monaten in Hongkong weiterhin radikale und gewalttätige kriminelle Handlungen geschehen», ließ sich Yang im November 2019 zitieren, als Millionen Menschen in der südchinesischen Hafenstadt verzweifelt für Demokratie demonstrierten. Doch Yang schwang sich zum Sprachrohr des Regimes auf und behauptete zudem, dies im Namen der Überseechinesen in Deutschland zu machen. «Wir unterstützen nachdrücklich alle notwendigen Maßnahmen, die von der Zentralregierung und der Regierung der Sonderverwaltungszone Hongkong in dieser Hinsicht ergriffen werden.» Mit derartigen Aussagen unterstützt Yang die staatliche Propagandamaschine aus dem Ausland.[112] Vor allem aber soll er der Kopf einer Kontaktstation für den Volksgerichtshof des Kreises Qingtian sein, was einem Verbindungsmann für die dortige Staatsanwaltschaft entsprechen dürfte. Qingtian ist der Ort, der im großen Stil die Polizeistationen in Deutschland organisiert. Demnach wurde der in Berlin ansässige Yang 2019 für fünf Jahre als «Verbindungsmann» für die regionale chinesische Justiz gewählt,[113] doch davon hat bei den deutschen Behörden niemand etwas erfahren. Auf eine Mail mit ausführlichem Fragenkatalog reagierte Yang nicht, auch nicht auf detaillierte Nachfragen über Facebook.[114]

Eine weitere wichtige Person des Netzwerks der Einheitsfront in Deutschland ist laut unserer Liste Chen Yuhua. Die Frau mit der schwarzen Hochsteckfrisur, den knallrot geschminkten Lippen und der dicken Perlenkette hat sich in Deutschland von ganz unten nach oben gearbeitet. In China gab es einmal die Fernsehserie «Wenzhou Family», die bei den Zuschauern sehr beliebt war. Darin wird ein 13-jähriges Mädchen von seinen Eltern allein nach Italien geschickt. Dort geht sie zur Schule und verdient sich etwas Geld, indem sie in Restaurants arbeitet. Später heuert sie in Textilfabriken an, zieht weiter nach Frankreich und rackert sich so unter extremen Anstrengungen nach oben. Chen Yuhua vergleicht sich gerne mit diesem 13-jährigen Mädchen.[115] Auch sie stammt aus Qingtian in der Provinz Zhejiang, einer ärmlichen Bergregion etwa 450 Kilometer südlich von Schanghai. In der abgelegenen Gegend gibt es kaum Ackerland, die Natur ist zerklüftet und steinig. Die Gegend gilt als klassisches Auswanderergebiet, zwischen 30 und 80 Prozent der Bevölkerung sollen über die Jahre die Region verlassen und ihr Glück in der Ferne gesucht haben. Viele außerhalb Chinas. In Europa gehört Deutschland für die Auswanderer zu den Wunschzielen, weshalb es zwischen Flensburg und Garmisch mehrere Tausend Chinesen aus Qingtian gibt. Weil Qingtian eine klassische Auswanderregion ist und Menschen von dort über den gesamten Erdball verteilt sind, übernehmen die örtlichen Sicherheitsbehörden die Organisation der Polizeistationen weltweit.

Auch im Bergdorf von Chen Yuhua herrschte bittere Armut. Das Mädchen musste Hunger leiden. Obwohl sie im südöstlichen Teil Chinas lebte, wo Früchte üppig wachsen, bekam sie selbst so gut wie nie welche zu essen. Bananen waren ihr völlig unbekannt. 1981, da hatte sie erst drei Jahre Schule absolviert, machte sich die junge Chen Yuhua auf, ihre Heimat zu verlassen. Ein Onkel war bereits während des Zweiten Weltkriegs nach Deutschland ausgewandert, er gehörte damit zu «den Ersten, die Krabben gegessen haben». So bezeichnen die Leute aus Qingtian die Pioniere aus ihren Dorfgemeinschaften, die mutig genug und in die weite Welt aufgebrochen waren. Chen kontaktierte den Onkel und reiste ihm hinterher. «Als sie in Europa ankam, fühlte sich Chen Yuhua wie in einer anderen Welt der Blumen, in der alles so frisch und luxuriös war», heißt es in einem biografischen Text über die Frau.[116] Kurz nach ihrer Ankunft fand sie eine Anstellung im China-Restaurant eines aus Taiwan stammenden Mannes. Noch vierzig Jahre später erinnerte sich Chen an eine für sie demütigende Szene, die sich damals mehrfach wiederholt haben soll. So habe die Tochter des Inhabers immer wieder einen Korb mit Früchten eingekauft und ihr vor die Nase gestellt. Dann habe sie die arme Chinesin aufgefordert, sich doch endlich einmal zu bedienen. «Aber Chen Yuhua wusste in der Tiefe ihres Herzens, dass der Chef und seine Tochter beide […] auf Wanderarbeiter [vom Festland] herab[sahen]», beschreibt ein chinesischer Autor die Situation der jungen Frau, «sie genossen es, sie zu necken.»[117] Chen fühlte sich offenbar in ihrer Ehre gekränkt und beschloss, die Früchte nicht anzurühren. «Ich arbeitete weiter, ignorierte sie, und als ich mein erstes Monatsgehalt ausgezahlt bekommen hatte, kaufte ich mir mit meinem eigenen Geld Früchte», berichtete sie noch Jahre später, «ich nahm nichts von ihnen.» Im Restaurant war sie das Mädchen für alles, kochte, servierte, räumte ab und spülte danach das Geschirr. Jede freie Minute nutzte sie, um Deutsch zu pauken. Sie notierte sich die Namen der verschiedenen Gemüsesorten, der Gewürze und anderen Zutaten. Rezepte, die sie im Restaurant vorfand, lernte sie auswendig. Wenn sie Gästen die Speisen servierte, saugte sie die deutschen Sätze in sich auf. Irgendwann fühlte sie sich ausreichend vorbereitet, um selbst ein Restaurant aufzumachen. Mit ihrem Mann, den sie davor kennengelernt hatte, wagte sie den Schritt in die Selbständigkeit. Doch das Pech schien ihnen an den Fersen zu kleben. «Wir waren zu ehrlich, hatten das ganze Jahr über hart gearbeitet», erinnerte sie sich, «doch unser Restaurant wurde ausgeraubt, wir wurden rausgeschmissen und hatten schließlich nicht einmal mehr eine Wohnung.» Immer wieder versuchten sie es neu, in Hamburg, in Hannover, in Berlin. Irgendwann hatten sie endlich Glück, Auslöser war der Fall der Mauer. In der wiedervereinigten Hauptstadt begann ihr Geschäft zu florieren. Doch richtig rund lief es erst ab 2003, als Chen ein Restaurant in unmittelbarer Nähe der chinesischen Botschaft eröffnete. Das «Ming Dynastie» liegt nur wenige Meter vom Eingang mit den Wächterlöwen entfernt. Wenn man so will, betreibt Chen die Kantine für die chinesische Festung an der Spree. Zu den Spezialitäten gehört in Streifen geschnittene Ochsenzunge in Chilisauce, zweifach gekochtes Schwein oder um die Weihnachtszeit die Pekingente. Bis heute gilt es als eines der besten China-Restaurants in der Hauptstadt, gleichzeitig aber auch als eines der am engsten mit dem kommunistischen Regime verwobenen. «Wenn wir etwas hatten, das die chinesischen Autoritäten unbedingt erfahren sollten», berichtet eine Sinologin in Berlin mit einem Grinsen, «dann sind wir immer in die ‹Ming Dynastie› zum Essen gegangen. Dort haben die Wände Ohren.»[118] Doch für Chen war die Nähe zu den Mächtigen aus der alten Heimat offenbar ein Glücksfall, bald konnte sie sogar weitere Lokale eröffnen. «Vielleicht liegt es am Segen der chinesischen Botschaft», meinte sie dazu einmal.[119]

Gefühle der Dankbarkeit gegenüber der Volksrepublik und deren Machthabern, aber auch der Verbundenheit mit der alten Heimat scheinen bei Chen Yuhua tief zu sitzen. Schon vor 25 Jahren begann sie daher, armen Kindern in China mit Geld zu helfen, damit diese eine ordentliche Bildung bekommen. «Am Anfang habe ich hauptsächlich Mädchen unterstützt», sagte sie, «weil ich selbst nicht zur Schule gehen konnte.»[120] 2010 gründete sie den Verein für Nächstenliebe der Überseechinesen in Deutschland und wurde dessen Präsidentin. An die zehn Kinder fördert Chen jährlich und ermöglicht ihnen so, die Schule für mindestens neun Jahre zu besuchen. Ihr Engagement zeigt offenbar Erfolg. «Einige der Kinder sind jetzt verheiratet und haben anständige Jobs», berichtete sie einmal einem chinesischen Reporter.[121] «Ich bin wirklich sehr glücklich und zufrieden, wenn ich sehe, welch nützliche Menschen die Kinder für die Gesellschaft geworden sind.» Der Einsatz der Berliner Gastronomin blieb nicht unbemerkt, irgendwann meldete sich der chinesische Staat, und die Organisation wurde offiziell vom Büro für Armutsbekämpfung des chinesischen Außenministeriums anerkannt. Chens Arbeit findet nun im Rahmen staatlicher Programme statt. So soll sich der Berliner Verein nun vor allem um arme Kinder in der Provinz Yunnan kümmern. Durch ihr karitatives Engagement wurden die Beziehungen zwischen der Berliner Restaurantchefin und dem Pekinger Regime noch enger, was sich schließlich in Posten und Ehrungen niederschlug. Sie wurde zur Vizepräsidentin der Deutschen Vereinigung für die friedliche Wiedervereinigung Chinas ernannt, einer Organisation aus dem Apparat der Einheitsfront.[122] Als hohe Repräsentantin der Auslandschinesen wurde die Gastronomin auch zur Konsultativversammlung des chinesischen Volkes nach Peking eingeladen, was ebenso ihre klare Bindung an die Einheitsfront belegt. Wenn hohe KPCh-Funktionäre nach Deutschland zu Besuch kamen, trafen sie die Restaurantchefin Chen. Sogar der frühere Premierminister Li Keqiang nahm sich während seiner Berlinvisite 2014 Zeit für die Frau.[123] Ganz selbstverständlich bespricht sich die Gastronomin mit dem chinesischen Botschafter,[124] mit hohen chinesischen Funktionsträgern und

Abgesandten der verschiedenen Provinzen.[125] In Berlin tritt sie als selbstbewusste Repräsentantin der Volksrepublik auf. «Aber jetzt, wo China so stark ist», sagte Chen einmal, «haben wir auch das Gefühl, dass unser Rücken stärker geworden ist.» Ihre Bindungen zu Deutschland scheinen nach vierzig Jahren immer noch sehr viel schwächer zu sein als zu ihrem Geburtsland. «Wir, die chinesische Gemeinschaft in Übersee, versuchen uns jetzt Gehör zu verschaffen, unsere Forderungen auszusprechen und uns mit einigen unangemessenen Praktiken der Regierung» – gemeint ist die Bundesregierung – «und den falschen negativen Berichten der deutschen Medien gegen China auseinanderzusetzen.»[126]

Nicht nur mit Worten teilt Restaurantchefin Chen hart aus. Ihr Einsatz für das Pekinger Regime scheint schon länger weit mehr als kommunikativer und karitativer Natur zu sein. Seit mehr als zehn Jahren nimmt die Chinesin auch eine besondere Rolle im Sicherheitsapparat der Volksrepublik ein. So wird sie seit 2012 als Verbindungsglied für chinesische Behörden in Deutschland geführt, als ehrenamtliche konsularische Schutzfunktionärin (Honorary Consular Protection Liaison). «In den letzten zwei Jahren haben die Verbindungsbeamten viel Arbeit geleistet, um die betroffenen Parteien und das Generalkonsulat bei der Prävention und Notfallreaktion des konsularischen Schutzes zu unterstützen», hieß es in einem Bericht über sie kurz nach ihrer Ernennung.[127] Am 25. Dezember 2017, während in ihrem Restaurant im Akkord Pekingenten gebraten wurden und die Berliner den Laden wie immer zu Weihnachten fluteten, verließ Chen den Trubel und ging über die Straße in die chinesische Botschaft. Sie war zu einem besonderen Treffen eingeladen worden, einem «Symposium zur konsularischen Schutzarbeit im Ausland».[128] Etwa 20 Personen kamen zu dem vertraulichen Termin, der vom Büro für chinesische Angelegenheiten in Übersee der Provinz Zhejiang und der Abteilung für öffentliche Sicherheit organisiert worden war. Mit Mo Zhiliang war der Direktor der Konsularabteilung des Büros für überseeische chinesische Angelegenheiten der Provinz Zhejiang und mit Yuan Zhongmin der Chef des Amtes für Öffentliche Sicherheit der Provinz Zhejiang höchstpersönlich nach Berlin gekommen, begleitet von vier weiteren Beamten des Sicherheitsapparats aus China, um die gemeinsame zukünftige Arbeit zu besprechen. Von diplomatischer Seite standen den Besuchern aus der Volksrepublik Experten aus der Botschaft bei, darunter der Direktor und weitere Mitarbeiter der Konsularabteilung. Dabei war der Inhalt des Treffens brisant, ging es den Organisatoren doch darum, ihr verdecktes Netz der Überwachung im Ausland auszubauen. «Leiter Mo erläuterte den Zweck des Besuchs», hieß es dazu in einem Bericht, «mit chinesischen Gruppen und chinesischen Führern im Ausland zu diskutieren, wie konsularische Schutzarbeit im Ausland durchgeführt und Verbindungsstationen zum konsularischen Schutz in Übersee unter der Leitung von Botschaften und Konsulaten eingerichtet werden können.»[129] Wohlgemerkt «Verbindungsstationen», von denen die deutsche Seite nichts erfuhr. Denn die Strukturen, die am ersten Weihnachtsfeiertag 2017 in der Botschaft an der Spree besprochen wurden, stehen komplett außerhalb internationaler Abkommen. Von dem klandestinen Netz in Deutschland, zu dem Restaurantchefs, Unternehmer und Studenten gehören, wissen selbst die Sicherheitsdienste so gut wie nichts. Wir hätten Chen Yuhua gerne zu den Recherchen gehört. Mehrfach wurden wir im Restaurant abgewiesen, sie sei aktuell in China. Als wir endlich erfolgreich waren und die Frau sich offensichtlich wieder in Berlin aufhielt, sollten wir eine Mail schreiben. Wir schickten einen ausführlichen Fragenkatalog, wollten mehr über ihre Beziehung zur Einheitsfront, über ihre Rolle als konsularische Schutzfunktionärin wissen. Auch fragten wir Chen nach dem hochrangigen Sicherheitstreffen in der Botschaft, an dem sie teilgenommen hatte. Die Antwort war ziemlich einsilbig. «Sie hat kein Interesse an einem Interview», schrieb uns ein Mitarbeiter aus dem Restaurant.[130]

Im Rahmen des Symposiums im Dezember 2017 überreichte die Gruppe aus China noch den Wimpel «Einheit, Freundschaft und gemeinsame Entwicklung» an einen Vertreter der Deutschen Qingtian-Gesellschaft. Die Ehrung ist bemerkenswert, denn sie belegt, wie eng die verschiedenen politischen Ebenen in der Volksrepublik tatsächlich verwoben sind – und zwar über Hierarchieebenen hinweg. Die Sicherheitsbehörden der Stadt Qingtian verantworten einen großen Teil der geheimen Polizeistationen Chinas in der Welt. Mehrfach wurde von der höchsten nationalen Ebene angeführt, dass es sich bei den Einrichtungen also angeblich um eine Art Auslandsvertretung von Provinzpolizisten handele. Doch zeigt das Treffen in der Botschaft in Berlin, dass hinter der Verzahnung der verschiedenen Akteure auf den unterschiedlichsten Ebenen ein klarer Plan steht, der durch ein engmaschiges lokales oder regionales Netz koordiniert und auf internationaler Ebene von der Botschaft unterstützt wird. So wurde die verdeckte Polizeistation in Frankfurt am Main über Jahre von Verantwortlichen in Qingtian gelenkt. Chens Berliner Kollege Yang Qianghua, der ebenfalls an dem Treffen in der Botschaft teilnahm,[131] koordiniert Anfragen für die Justiz aus Qingtian. Und die Berliner Restaurantchefin saß höchstpersönlich der Deutschen Qingtian-Gesellschaft als Präsidentin vor und übernahm aus ihrem Lokal heraus Sicherheitsaufgaben für den chinesischen Staat.

Nur die wenigsten Personen auf der Liste agieren wie die Berliner Gastronomin im Scheinwerferlicht der großen Politik. Dennoch findet man mehrere von ihnen auf chinesischen Internetseiten eindeutig mit der Einheitsfront verbunden. Feng Dingxian von der Deutschen Vereinigung für die friedliche Wiedervereinigung Chinas etwa nahm im November 2017 an einem «Workshop für Führungskräfte der Auslands-Vereinigungen» teil. Auf einem zweiten Foto sieht man ein gutes Dutzend Personen um einen runden, reich gedeckten Tisch stehen, die Rotweingläser in die Höhe gereckt. Das Bankett sei von Feng organisiert worden – ist neben der Aufnahme zu lesen –, einem «hochrangigen deutschen Übersee-China-Führer».[132] Bei dem Führungskräftetreffen gab der stellvertretende Boss des Büros für Überseebeziehungen der Provinz Zhejiang, einer Organisation im Einheitsfrontsystem, ganz offen die Marschrichtung vor. «Er forderte alle chinesischen Führer in Übersee auf, ein stärkeres Gefühl für Einheit zu entwickeln und Dinge zu tun, die der Einheit förderlich sind», wurde der KPCh-Funktionär in einem

Bericht zur Tagung zitiert.[133] So sei es notwendig, die Kräfte der chinesischen Kreise in Übersee zu vereinen und sie in den Dienst des «Vaterlandes» zu stellen. Die dafür eingerichteten Büros stellten «die funktionalen Abteilungen der Regierung dar, die für die Arbeit in Überseechina zuständig sind, und sei das ‹Mutterhaus› der Auslandschinesen», so der Parteikader vor den Versammelten aus aller Welt.

Besonders eng an der Seite der Einheitsfront stehen die Dachverbände für die verschiedenen Vereinigungen. So wird etwa der Hamburger Gastronom Kwong Weisen als Vorsitzender der Gesamtdeutschen Föderation der Überseechinesen aufgeführt.[134] Kwong Weisen alias Jack Wai Sum Kwong, wie er sich in Deutschland nennt, gehört zu einer der ältesten chinesischstämmigen Restaurantdynastien hierzulande. Sein Urgroßvater arbeitete noch in seiner Entenrösterei im südchinesischen Guangzhou, unweit von Hongkong am Perlfluss gelegen. Kwongs Großvater besaß später drei Restaurants in Hongkong. Nach den gewaltsamen Unruhen 1967 in der damals noch Kronkolonie des Vereinigten Königreichs – Grund dafür waren teils menschenunwürdige Arbeitsbedingungen in den britischen Betrieben inklusive Kinderarbeit, aber wohl auch gezielte Nadelstiche des kommunistischen Regimes unter Mao Zedong – emigrierte Cheung Kwong nach Hamburg. Dort eröffnete er erst das Lokal «China» im Stadtteil St. Georg, aus dem später das «Dim Sum Haus» hervorging.[135] Kwong Weisen begann dort als Kellner, bevor er das Restaurant von seinem Vater übernahm und zu einem renommierten kulinarischen Etablissement entwickelte. Doch der Sohn des Einwanderers Cheung Kwong ließ die Beziehungen zur alten Heimat nie abreißen, genauso wenig wie offenbar der Enkel. Ein Foto aus dem Jahr 2018 zeigt beide, Kwong Weisen und Dennis Kwong, wie sie bei einem Besuch in China mit einem hochrangigen Vertreter für die Einheitsfrontarbeit zusammenkommen. Liang Chunming, der Direktor eines lokalen städtischen Büros für Überseechinesen, überreicht den beiden ein Souvenir.[136] Liang und seine Organisation gehören zum Apparat der Einheitsfront. Überhaupt scheint Kwong Weisen eine nicht unbedeutende Figur in der chinesischen Diaspora in Deutschland zu sein. Auch zu wichtigen deutschen Politikern und Gesellschaftsgrößen scheinen die Kontakte der aus China stammenden Gastronomenfamilie eng zu sein. Auf Fotos auf der Homepage des Hamburger Restaurants ist auch Bundeskanzler Olaf Scholz (SPD) zu sehen, dazu bekannte Hauptstadtjournalisten. «Die Kultivierung von Kontakten in gelöster Atmosphäre findet mitunter im Rahmen gemeinsamer Restaurantbesuche statt», heißt es in deutschen Sicherheitskreisen. Und einer der wichtigsten Jobs von Einflussagenten ist es eben auch, für gute Stimmung bei wichtigen Vorhaben der chinesischen Seite zu sorgen. Kontaktpersonen mit einem exzellenten und populären Restaurant besitzen hier für die Einheitsfront eine besonders große Attraktivität, weil sie gezielt strategisch eingesetzt werden können. Gerade weil es in seinem Restaurant offenbar immer mal wieder auch zu politisch sehr hochrangigen Begegnungen kommt, hätten wir gerne mit Kwong Weisen gesprochen. Über Mail und über eine Handynummer haben wir mehrfach versucht, mit ihm und seinem Sohn Kontakt aufzunehmen. Leider ohne Erfolg.[137]

Neben den Gastronomen sind auch Journalisten wichtig, die für regimenahe Medien aus Peking arbeiten und so einen starken Einfluss auf die deutsche Diaspora ausüben können. Hu Xudong steht als Chefredakteur für die deutsche Ausgabe der *European Times* auf der Liste, die als Zeitung für Auslandschinesen in Paris produziert wird. Die Publikation gehört zum Apparat der Einheitsfront.[138] Weitere Personen tauchen als Verantwortliche für Propagandazeitungen auf. Eine weitere Person firmiert als Herausgeber des *Germany China Report*. Wir finden einen Mann mit diesem Namen, der einem chinesischen Verein in einer deutschen Großstadt vorsteht. Als wir ihn konfrontieren, behauptet er, dass es sich um eine Verwechslung handeln müsse, der Name sei in China sehr geläufig. Er habe auch noch nie von einem Germany China Report gehört. Allerdings gibt er später zu, vor einigen Jahren selbst publiziert zu haben. Eventuell handelt es sich bei der Publikation um einen Übersetzungsfehler. Da unter dem Namen in der Liste keine Kontaktdaten auftauchen, ließ sich die Verbindung zur Einheitsfront nicht abschließend belegen.[139] Liao Zhipei wird als Präsident des *European Youth Daily* geführt. Im Rheinland arbeitet der Mann inzwischen als Antiquitätenhändler, nachdem er früher im Im- und Export sein Geld verdient hat. Und Liao ist auch gesellschaftlich aktiv. In der Karnevalsgesellschaft «Bönnsche Chinese e. V.» wirkt er als Senator. Als wir Liao in Bonn treffen, streitet er eine Rolle im Sinne der Einheitsfrontarbeit ab.[140]

Dazu kommt eine Gruppe von Kontaktleuten, die im Umfeld der Universitäten anzusiedeln sind. Zhang Jianwei wird als Vorsitzender der Vereinigung der chinesischen Wissenschaftler und Studierenden in Deutschland geführt. Er arbeitet an der Universität Hamburg und war bis vor Kurzem in herausgehobener Position für die Hochschule an einer Schnittstelle mit der Volksrepublik tätig. «Tatsächlich war ich Sprecher eines deutsch-chinesischen interdisziplinären Forschungsprojekts ‹Crossmodal Learning› über die Grundlagen der Kognitions- und Neurowissenschaften», schreibt Zhang, «das von 2015 bis 2023 durch die Deutsche Forschungsgemeinschaft (DFG) und die National Natural Science Foundation of China (NSFC) gemeinsam finanziert wurde.»[141] Inzwischen sei die Kooperation aber eingestellt worden. Als er mit seinem Eintrag auf der geleakten Liste konfrontiert wird, reagiert der chinesisch-deutsche Professor überrascht. «Ich habe nie eine Einladung von der ‹Einheitsfront› angenommen», behauptet er in einer weiteren Mailantwort.[142] Allerdings scheint Zhang zu ahnen, woher sich die Verbindung zur Abteilung der KPCh ergibt. «Nur durch meine Teilnahme an einigen Veranstaltungen des Office of Overseas Chinese Affairs (wo es hauptsächlich um eine gute Integration der chinesischen Gemeinschaft in Deutschland in die deutsche Gesellschaft und um deutsch-chinesische Zusammenarbeit ging)», schreibt er weiter, «könnte es sein, dass ich auf dieser Liste gelandet bin, da Teile des Offices vor ein paar Jahren der Einheitsfront eingegliedert wurden.» Allerdings engagiere er sich weder für die Einheitsfront noch für die KPCh. Auch sei er kein Parteimitglied. Zhang bestätigt, dass er von 2002 bis 2007 Vorsitzender der Vereinigung der chinesischen Wissenschaftler und Studierenden in Deutschland war. Als solcher sei er von den Bundespräsidenten Johannes Rau und Horst Köhler in Schloss Bellevue empfangen worden. «Diese Vereinigung hatte, zumindest zu meiner Zeit», so Zhang weiter, «keine Beziehung zur Einheitsfront.» Die Verantwortlichen in der KPCh haben das aber bestimmt auch damals schon anders gesehen. Denn die Kooperation mit Organisationen der Überseechinesen wie der Wissenschaftlervereinigung gehört seit jeher zur klassischen Einheitsfrontarbeit. Wo er hineingeraten ist, scheint Zhang inzwischen selbst bewusst zu sein. «Als Wissenschaftler und Professor kann ich in der jetzigen Situation nur passiv beobachten und hoffen, dass sich die deutsch-chinesischen Beziehungen irgendwann wieder in eine positive Richtung bewegen werden», schließt der Informatikprofessor.

Einige der auf Liste stehenden Personen operieren offenbar im kulturellen Bereich. So steht etwa Jin Jianshu der Deutsch-Chinesischen Karnevalsgesellschaft in Bonn vor, gleichzeitig dient er als Bindeglied für seine Landsleute aus Wenzhou. Jin steht aber auch im Verdacht, eine weitere der geheimen Polizeistationen in Deutschland zu lenken, was erneut die enge Bindung an das Pekinger Regime zeigt, was er selbst jedoch vehement bestreitet.[143] Weitere Recherchen ergaben, dass Jin vor einiger Zeit vom chinesischen Generalkonsulat Frankfurt als «ehrenamtlicher Verbindungsoffizier» für die konsularische Schutzarbeit ernannt worden ist. Der Gastronom empfängt uns in seinem Restaurant am Rande von Bonn. Im Innern wirkt alles wie eine wilde Mischung aus chinesischer Pagode und rheinischem Karnevalsverein. Neben lächelnden Buddhafiguren und reich verzierten Vasen hängen Massen von Narrenorden. Zeitungsartikel an der Wand belegen die exotische Mischung. «China-Prinz rockt Bonner Karneval», lautet eine Überschrift. Von der Einheitsfront will Jin nichts wissen, auch will er keine Ahnung haben, warum er als Kontaktmann genannt wird. «Ich bin vom Verein der Wenzhou-Chinesen der Vorsitzende», sagt der Restaurantchef dann. Als solcher kümmere er sich um seine Landsleute. Die Kontrolle der Auslandschinesen über Diaspora-Vereine gehört zum Kerngeschäft der Einheitsfrontarbeit. Auch die Beziehung zum Frankfurter Generalkonsulat bestätigt Jin. «Wenn zum Beispiel meine Landsleute in Deutschland einen Pass verloren haben oder beklaut wurden, also Touristen, dann kann ich helfen», sagt er. «Die rufen mich an und ich kann dann die Verbindung zur chinesischen Botschaft oder dem Konsulat herstellen.»[144] Und dann verrät Jin noch etwas Überraschendes: «Ich bin CDU-Mitglied.» Ganz offensichtlich ist der Mann in beiden Welten bestens vernetzt.

Größtes Ordnungsprinzip für die verschiedenen Einflussagenten bleibt zumeist der geografische Bezug. Entweder über die chinesische Herkunft der Personen oder ihre neue Heimat. In Deutschland haben sich für die Organisation des Netzwerkes drei Gravitationszentren herausgebildet – Hamburg und der Norden, Düsseldorf und Köln im Westen (wobei hier enge Bezüge auch in Richtung Frankfurt bestehen) und München für den Süden. Bayern nimmt auch in der deutschen Politik eine Sonderrolle ein, was die Beziehungen zur Volksrepublik China anbelangt (siehe Teil drei, Kapitel zwei). «China bleibt für Bayern von entscheidender Bedeutung aufgrund seiner Rolle als einer der größten und dynamischsten Märkte der Welt und der zunehmenden technologischen Innovation», verkündete Bayern International, die staatliche Agentur zur Exportförderung, trotz aller politischen Spannungen kürzlich.[145] Immer wieder treten die geringen Berührungsängste der Politprominenz im Freistaat im Umgang mit Vertretern des chinesischen Regimes zutage. Nicht einmal die entgegengesetzten politischen Weltanschauungen scheinen dabei zu stören. Für beide Seiten geht es in München und Umgebung vor allem ums Geld, um eine ordentlich rotierende Wirtschaft. Zwei Personen von der Einheitsfront-Liste ziehen die Fäden von München aus. Xiao Ying steht laut Eintrag der Deutsch-Bayerisch-Chinesischen Unternehmer-Vereinigung vor. Gleichzeitig soll er als Ehrenpräsident die Interessen der südchinesischen Provinz Guangdong im Freistaat vertreten. Dass er mit dem Regime eng verbandelt ist, zeigt seine Zugehörigkeit zur Gesamtdeutschen Vereinigung der Überseechinesen und zur Vereinigung der zurückgekehrten Übersee-Chinesen, die beide Vorfeldorganisationen der Einheitsfront sind, wobei die Rückkehrer-Vereinigung eine der wichtigsten Organisationen der Einheitsfront überhaupt darstellt.[146, 147] Zu den Unterstützern des bayerisch-chinesischen Netzwerks in München kann offenbar auch der Berliner Geschäftsmann Lei Hanping gezählt werden. Auf der Homepage der «Zhongua / Deutsch-Chinesische Industrie & Handelsvereinigung e. V.» taucht Lei als Executive Vorsitzender auf. Der Executive Vorsitzende entspreche der Funktion eines stellvertretenden Vorsitzenden, schreibt Lei in einer Mail, «es heißt nur so, da es besser nach draußen klingt.»[148] Überhaupt scheint es der DCIH e. V. mit der Transparenz nicht so ernst zu nehmen. «Der Zweck des Vereins ist die gemeinsame Pflege der Wirtschaftsbeziehungen zwischen Deutschland und China», heißt es in der deutschen Satzung.[149] Doch in einer chinesischen Version klingt das ganz anders. Als Gründungszweck wird unter anderem die «Stärkung der Solidarität und Zusammenarbeit mit ausländischen chinesischen Gruppen in Deutschland und Europa, um die legitimen Rechte und Interessen der Auslandschinesen zu wahren» genannt.[150] Damit bewegt sich die Vereinigung auf dem Terrain der klassischen Einheitsfrontarbeit. Die offenbar eher vordergründig binationale Organisation ist eng mit der Vereinigung der zurückgekehrten Übersee-Chinesen verbunden, was eine tatsächliche Nähe zur Einheitsfront zeigt. Erst vor Kurzem kam es zu einem Treffen beider Organisationen in Berlin.[151] Im Oktober 2023 flog die Pekinger Sektion des Heimkehrerverbandes mit mehreren Spitzenvertretern auf Einladung der deutschen Seite zu Besuch an die Spree. Nach einem offiziellen Termin zogen sich die Vertreter der beiden Gruppierungen, begleitet von einigen hochrangigen Vertretern der Botschaft, in ein China-Restaurant zurück. Dort machte der Vize-Chef der Pekinger Vereinigung ein eindeutiges Geständnis. «Su Yong», heißt es in einem Bericht zu dem Besuch in der deutschen Hauptstadt, «betonte während des Gesprächs, dass die Pekinger Sektion der Vereinigung der zurückgekehrten Übersee-Chinesen von der Partei gegründet wurde und ein Bündnis mit tief verwurzelten roten Genen ist.»[152] Bei dem Treffen seines Vereins mit den Vertretern einer zentralen Organisation aus dem Apparat der Einheitsfront in Berlin will Lei Hanping nicht anwesend gewesen sein.[153] Einige Jahre zuvor war aber auch Lei selbst mit Vertretern der Einheitsfront in China zusammengekommen. In Begleitung einiger Unternehmer aus Bayern kam er im Sommer 2017 in einen abgelegenen Bezirk im bergigen Grenzgebiet der Provinzen Hubei und Henan, wo sie unter anderem einige Filmstudios besichtigen wollten. Ihr Ziel war die Stadt Qiliping, einer der zentralen Gedenkorte für das kommunistische Regime. In dem Ort trug sich einer der ersten größeren Aufstände gegen das alte Regime zu, die Volksbefreiungsarmee sieht in dem Gebiet eine ihrer Geburtsstätten. Nach heftigen Kämpfen siegten schließlich die roten Truppen und errichteten in dem Bergstädtchen eine revolutionäre Bauernregierung. In einer Art Freilichtmuseum können noch immer die zentralen Stätten von damals besucht werden – es gibt eine Lenin-Schule, den Sitz der Gewerkschaft, und im Restaurant bekommen Touristen das «Rote-Armee-Menü» serviert. Auch Lei und seine Begleiter besichtigten einige der Sehenswürdigkeiten, die auf der To-See-Liste für «roten Tourismus» in China stehen. So besuchten sie die Changsheng-Straße, in deren Nähe das Denkmal für den blutigen Sieg der Kommunisten steht, mit der Aufschrift: «Lang leben die revolutionären Märtyrer!» Geführt wurde die Besuchergruppe aus Deutschland von Zhang Fengzhen, Mitglied des Ständigen Ausschusses des Kreisparteikomitees und Leiter der Abteilung für Einheitsfrontarbeit des Kreisparteikomitees von Hong'an.[154] Mindestens ein weiteres Mal brachte Lei eine Delegation aus Deutschland nach China. Diesmal handelte es sich um Manager aus der Filmbranche. Mit Birgit Rothörl und Josef Brandmaier gehörten zwei Schwergewichte aus dem Kinogeschäft zur Reisegruppe. Beide arbeiteten für die Perathon Film mit Sitz in München-Grünwald, die früher einmal von Starregisseur Joseph Vilsmaier gelenkt wurde. China-Lobbyist Lei lotste die Gruppe nun nach Hubei, wo er sie mit hohen Funktionsträgern von der Provinzebene zusammenbrachte. Beide Seiten sollten Möglichkeiten für eine Zusammenarbeit ausloten, weshalb auch Filmmanager und Regisseure aus Hubei anwesend waren. Abschließend verständigten sich die Vertreter aus China und Deutschland auf das gemeinsame Ziel, «eine umfassende wirtschaftliche, handelspolitische und kulturelle Zusammenarbeit zwischen Bayern und Hubei» auf den Weg zu bringen.[155] Auf einem Foto sieht man, wie beide Seiten einen Vertrag unterschreiben. Vor den Unterzeichnenden stehen die jeweiligen Wimpel – die Fahne der Volksrepublik und die Deutschlandfahne. Für die chinesische Seite zeichnet Kuang Yuanping gegen. Er ist ein hochrangiger Vertreter des Regimes. Für die Delegation aus Bayern unterschreibt Lei Hanping. Rothörl und Brandmaier, die Filmmanager aus München, stehen als Zuschauer dahinter. KPCh-Mann Kuang diente einst als Offizier in der Volksbefreiungsarmee, lenkte inzwischen jedoch den Chinesischen Verband der Übersee-Geschäftsleute als stellvertretender Vorsitzender. In Wuhan gehört er dem Leitungsgremium der Politischen Konsultativversammlung des chinesischen Volkes an, dem politischen Arm der Einheitsfront. Umso erstaunlicher ist die Antwort von Lei Hanping, als er mit den Recherchen konfrontiert wird. «Sie haben entweder meinen Namen verwechselt oder falsche Information über mich bekommen», behauptet er, «alle von Ihnen unten gestellten Fragen haben mit mir nichts zu tun.»[156] In der geleakten Kontaktliste taucht Lei mit der Homepage-Kennung auf, die auch in seiner aktuellen Mailadresse verwendet wird. Später gibt er zu, dass er stellvertretender Vorsitzender des DICH e. V. ist. Dennoch leugnet er jegliche Verbindung zur Abteilung der KPCh. «Was ist diese Einheitsfront? Wo ist diese Einheitsfront?», fragt er zurück. «Einheitsfront hat mich als ‹Kontaktperson› nie kontaktiert.»[157] Offenbar will sich der Geschäftsmann nicht zu seinen Kontakten in China äußern. Wir hätten gerne von ihm gewusst, in welchem Verhältnis er zu den Einheitsfront-Funktionären in China stand, mit denen er vor einigen Jahren etwa den Vertrag unterschrieben hatte. Am Ende gab es bei dem China-Trip der bayerischen Delegation vor einigen Jahren aber zumindest noch ein Erinnerungsfoto mit dem Parteifunktionär und den beiden deutschen Filmvertretern. Sie hängten dem KPCh-Mann ein Lebkuchenherz um, das sie ihm als Gastgeschenk mitgebracht hatten, und lächelten brav neben ihm fürs Abschlussfoto.

Eutin, auf halber Strecke zwischen Kiel und Lübeck im Norden

Deutschlands gelegen, ist nicht groß. Gerade einmal 12 000 Menschen leben in dem Ort, der von zahlreichen Seen umgeben liegt und von dem es nur ein paar Kilometer bis zur Ostsee sind. In Eutin gibt es ein Amtsgericht, zwei Gymnasien und eine mehr als hundert Jahre alte Badeanstalt, die mit ihrer grün angestrichenen Holzkonstruktion und den geduckten Dächern aus einem Schweden-Roman stammen könnte. «Es ist die perfekte Kleinstadt», bewirbt der örtliche Tourismusverband Eutin. Und doch leben zwei Personen in dem beschaulichen Ort, die auch auf der Liste mit den Kontaktpersonen der Einheitsfront in Deutschland auftauchen. Das Ehepaar Zhou Xionglie und Zhou Kwong Shuyan betreibt dort ein China-Restaurant, das bereits seit 1979 existiert. Inzwischen hat die Familie sogar eine Dependance in der Landeshauptstadt Kiel eröffnet. «Die kantonesische Küche in China wird verglichen mit der angesehenen französischen Küche in Europa», wirbt das Team für das eigene Restaurant. «Es duftet verführerisch nach gerösteter Ente. Aromen von Karamell und frischem Gemüse mischen sich in der Nase und machen Appetit.» Das Innere des Lokals wirkt altchinesisch, mit schweren, floralen Holzschnitzereien und Abbildungen von Chinesinnen in traditioneller Tracht an den Wänden. «Fast fühlt man sich nach Südchina versetzt, würde man nicht aus dem Fenster schauen», schreiben die Betreiber. Dass die Volksrepublik in der Tat nicht sehr weit entfernt ist, ahnen sicher die wenigsten Gäste, wenn sie ihre knusprigen Wan Tans oder die mit Entenstreifen gefüllten Kaiserbrötchen Bun Bao genießen. Auch die Bundeswehr-Soldaten vom nahen Aufklärungsbataillon 6 der Heeresaufklärungstruppe, deren Kaserne nur einen guten Kilometer Luftlinie entfernt liegt, dürften von der auf der geleakten Liste angegebenen Verbindung der Restaurantchefs zur Einheitsfront nichts wissen. Auf der Homepage unterschreiben die Inhaber mit «Familie Chau». Hinter dem Restaurant stehen jedoch die Zhous, wie aus dem Handelsregister hervorgeht. Demnach werden die Betriebe über eine Unternehmergesellschaft gelenkt, die in einem Gewerbegebiet am Ufer der Kieler Förde sitzt, mit 350 000 Euro Aktiva (Stand 31.12.2021) ziemlich solide finanziert scheint und an deren Spitze zwei chinesischstämmige Geschäftsführer stehen.[158] Der Hauptverantwortliche gehört zur Familie Zhou. «Wir sind aus Hong Kong / Süd-China daher ist die Muttersprache Kantonesisch», schreibt der Sohn des Ehepaares, als wir ihn kontaktieren. «Die Schreibweise ist dementsprechend anders.» Einige Tage später vereinbaren wir ein Zoom-Interview mit den Eltern. Als sie damit konfrontiert werden, dass sie auf einer Kontaktliste der Einheitsfront stehen, wirken sie überrascht. «Das ist das erste Mal, dass wir davon hören», sagt Shuk In Chau. Sie hätten nichts mit der Einheitsfront und auch nichts mit der KPCh zu tun, sagt das ältere Ehepaar. Allerdings hätten sie vor einiger Zeit Hilfsdienste für chinesische Mitbürger angeboten. «Es wurde nie Akquise für irgendwelche Parteien, Länder betrieben», schiebt der Sohn hinterher. Allenfalls hätte es Treffen in Hamburg oder in der chinesischen Botschaft in Berlin gegeben. «Man wird mal auf ein Frühlingsfest des Konsulats eingeladen, wo man als geborener Chinese auch gerne erscheint und ‹Guten Tag› sagt, Sektchen trinkt», so der Gastronom, der als Einwandererkind ebenfalls eingeladen wird. «Das ist eine nette Runde, um mal viele alte Gesichter zu sehen und ein bisschen Networking zu machen», so der Sohn noch.[159] In der Kontaktliste der Einheitsfront taucht auch eine alte Handynummer auf, die nicht mehr aktuell ist. Auf die Frage, wie die persönlichen Angaben nach China gelangten, bekommen wir später noch eine Antwort. «Die Daten stammen von einer Visitenkarte, die Ende der 90er ausgegeben wurde bis ca. 2004», teilt der Sohn nachträglich mit.[160] Der erste Kontakt liegt also offenbar schon etwas länger zurück.

Wie nahe die mutmaßlichen Einflussagenten teils sensiblen staatlichen Strukturen in Deutschland kommen, scheint auch den Verantwortlichen in der Politik nicht immer klar zu sein. Wie sonst ließe sich erklären, dass ein Name auf der Liste sogar als Mitwirkender in einem Programm der Bundesregierung geführt wird. Auf der Hannovermesse im April 2015 liefen zwei Personen durch die Gänge, die eher an Porzellanpuppen erinnerten als an menschliche Wesen. Die Schauspieler hatten sich als Roboter der Zukunft verkleidet, mit weißen Masken und weißen Handschuhen. Vor sich jonglierten sie zwei Zahlen – eine Vier und eine Null, dazwischen hielt einer der beiden ein rotes Quadrat. Das Duo war als Auftaktveranstaltung für eine neue Regierungsinitiative gedacht, die deutsche Unternehmen bei der Vernetzung von Fertigungsanlagen und Internet unterstützen soll – das Projekt Industrie 4.0. «Menschen, Maschinen und Produkte sind direkt miteinander vernetzt», hieß es dazu vom federführenden Bundeswirtschaftsministerium, «die vierte industrielle Revolution hat begonnen.»[161] Allerdings hatten die Ministerialen begriffen, dass die Wirtschaft für die aufwändige Transformation auch politische Hilfe benötigen würde. Daher wurde das Programm aufgesetzt. «Übergeordnetes Ziel der Plattform Industrie 4.0 ist es», so die offizielle Beschreibung, «die internationale Spitzenposition Deutschlands in der produzierenden Industrie zu sichern und auszubauen.»[162] Wie wichtig das deutsche Regierungsprogramm für die wirtschaftliche Zukunft ist, entging auch der chinesischen Seite nicht. Peking sah sogleich mögliche Vorteile für das eigene Land. «Industrie 4.0 eröffnet ein neues Feld für die deutsch-chinesische Zusammenarbeit», jubilierte die staatliche Nachrichtenagentur *Xinhua*.[163] Zhou Xiangqian ist eine weitere Person, deren Name auf der Liste als mutmaßliche Kontaktperson für die Einheitsfront auftaucht. «China wird ein wichtiger Markt für Industrie-4.0-Produkte aus Deutschlands produzierendem Gewerbe werden», sagte Zhou auf einer Veranstaltung der Hannovermesse. Er steht auf der Liste als Vorsitzender der Deutsch-Chinesischen Allianz für Industrie 4.0. Als solcher war er auch bei der Präsentation auf der Hannovermesse anwesend, wo schon vor Jahren von Managern berichtet wurde, wie breit die deutschen Innovationen (Industrie 4.0 wird gerne als die «vierte industrielle Revolution» bezeichnet) bereits in China zum Einsatz kämen. Bis vor wenigen Jahren arbeitete Zhou für ein deutsches Unternehmen aus Wenden im Sauerland. Der Mittelständler, bei dem er angestellt war, fertigt hochspezialisierte Industrieanlagen. «Das Kernunternehmen Zoz GmbH (Nanostrukturen und Anlagen) steht in der Liste der Hidden Champions (2013, IHK) und unterliegt seit 2016 der ständigen Überwachung durch das Bundesamt für Ausfuhrkontrolle», heißt es auf der Homepage.[164] Inzwischen taucht er als CEO des German Innovation Center auf. Als wir wissen wollen, in welchem Verhältnis Zhou Xiangqian zum Apparat der Einheitsfront steht, bekommen wir keine Antwort.[165]

Im Sommer 2023 wirbelte Zhou auf jeden Fall noch immer für den deutsch-chinesischen Technologieaustausch. Bei einem Treffen in Schanghai war die Crème de la Crème der Industrie-4.0-Szene versammelt. Neben dem chinesischen Verbindungsmann saßen ehemalige Siemens-Manager, Vertreter von deutschen Universitäten und ein einstiger Regierungsdirektor aus dem Bundesumweltministerium. Inzwischen war der Prozess schon weit fortgeschritten. Diskutiert wurde nun über die Einrichtung deutsch-chinesischer Funds von «Business Angels», die gemeinsame Hightech-Start-ups in China finanzieren sollten.[166] Wie hatte der Vertreter des Branchenverbandes Bitcom bei der Präsentation von Industrie 4.0 wenige Jahre zuvor auf der Hannovermesse doch gleich gesagt? «Um herauszufinden, was möglich ist, müssen wir mitmachen.»

TEIL DREI

Schmutzige Hände

Wer verstehen will, wie weit die chinesischen Machthaber gehen, um die politische Sphäre in westlichen Demokratien zu unterwandern, muss auf die andere Seite der Erdkugel schauen. Nach Australien – einem Land, das seit 1901 über ein stabiles parlamentarisches System verfügt und damit als zehntälteste Demokratie der Welt gilt. Doch auch die Australier mit ihren alten, gewachsenen Strukturen in Politik und Wirtschaft tun sich schwer damit, den Angriff der Autokraten aus dem Reich der Mitte abzuwehren. Oder sie haben Angst davor, das mächtige China zu verärgern, und akzeptieren daher das eigentlich Inakzeptable, was eine erschreckende Episode vor wenigen Jahren zeigt. Damals sollte ein Buch erscheinen, das die bereits weit fortgeschrittene Unterwanderung der australischen Gesellschaft und des australischen Staates aufzeigt. Eigentlich war die Veröffentlichung für November 2017 vorgesehen. Der Text war bereits redigiert, das Layout gesetzt, und die Druckerei stand kurz davor, das Buch zu produzieren. Doch dann bekam der renommierte Verlag Allen & Unwin kalte Füße. Was Clive Hamilton, Professor für öffentliche Ethik an der Charles Sturt University in Canberra, aufgeschrieben hatte, enthielt so viele brisante Enthüllungen, dass die Bosse in letzter Minute die Auslieferung stoppten. Der Autor, immerhin ein Berater der australischen Regierung, konnte die Entscheidung kaum fassen. «Das Buch ist von riesigem öffentlichen Interesse», sagte Hamilton, «und wir Australier, die wir in einer freien Gesellschaft leben, dürfen nicht zulassen, dass eine autoritäre ausländische Macht uns einschüchtert und zum Schweigen bringt.»[1]

Der Skandal um das zensierte Buch löste im politischen Australien ein Beben aus. Am Ende schreckten aus Angst vor China – und wahrscheinlich auch vor der eigenen Politik – drei Verlage davor zurück, den Text zu veröffentlichen. «Die hatten alle eine riesige Angst, auch nur in die Nähe des Projekts zu kommen», erinnert sich Hamilton.[2] Erst als sich das nationale Parlament in die Debatte einschaltete, hatte ein Verlag den Mut, Hamiltons Buch zu publizieren. Allerdings wurde der ursprüngliche Untertitel entschärft. Auf dem Cover stand nicht mehr *Silent Invasion: How China Is Turning Australia into a Puppet State.* Am Ende lautete der Titel: *Silent Invasion: China's Influence in Australia.* Aus dem Marionettenstaat in Chinas Händen war eine von fremdem Einfluss bedrohte Nation geworden. An seinen Fakten und Enthüllungen hielt der australische Professor aber fest. «Alles ist genauestens recherchiert», beteuerte Hamilton. Sein Werk belege «das erschreckende Maß des kommunistischen Einflusses» in Australien. Wie solide und relevant die Recherchen waren, vor allem aber wie weit die Unterwanderung der Politik tatsächlich fortgeschritten ist, zeigte sich wenige Jahre später.

Es war der 19. Dezember 2023, der Dienstag vor Weihnachten. Aber für Di Sanh «Sunny» Duong sollte der Tag wenig friedlich und besinnlich ablaufen. Der 68-Jährige, als Sohn chinesischer Einwanderer in Vietnam geboren und später nach Australien ausgewandert, ist ein reicher und einflussreicher Geschäftsmann. Duong gehörte der Liberalen Partei an und hatte selbst einmal für ein Mandat kandidiert. Nun musste er vor einem Provinzgericht im australischen Bundesstaat Victoria erscheinen, um sein Urteil zu hören. Die Anklage warf ihm vor, im Auftrag Chinas die australische Politik unterwandern zu wollen. Mehrere Monate zog sich sein Prozess nun schon hin, allein die Beweisaufnahme hatte zwei Wochen gedauert. Am Ende zeigte sich die Jury überzeugt, dass «Sunny» Duong ein Handlanger des kommunistischen Regimes in Peking ist, mit dem Auftrag, die australische Politik zu infiltrieren. Duong habe versucht, mit üppigen Geldspenden einen australischen Bundesminister regelrecht zu kaufen. Auf einem Foto sieht man den australisch-chinesischen Unternehmer, wie er im Juni 2020 neben Alan Tudge steht, der von einem Podest herunter einen Ellbogencheck mit dem Angeklagten macht. Beide lachen. Gerade hat Duong eine Spende über 37450 Australische Dollar an das Royal Melbourne Hospital überreicht. Das Krankenhaus zählt zu den renommiertesten Einrichtungen des Landes, verweist stolz auf seine Geschichte im Dienst der Nation. Während des Zweiten Weltkriegs wurden Zehntausende verwundete Soldaten in den Räumen versorgt, heute werden hier die Traumata von Tausenden Unfallopfern jedes Jahr behandelt. Zum Zeitpunkt der Spende amtierte Alan Tudge als Minister für Immigration, kurz darauf bildete der damalige Premierminister sein Kabinett um und ernannte ihn zum Bildungsminister. Der liberale Abgeordnete galt als große Nummer in der australischen Politik. Einem Mitarbeiter soll Geschäftsmann Duong gesagt haben, dass er eine Beziehung zu dem Bundesminister aufbaue, «der in der Zukunft einmal Premierminister sein wird». Und in dieser mächtigen Position würde Tudge dann ein «Unterstützer/Patron für uns» werden. Ein Fürsprecher des wachsenden chinesischen Einflusses in Australien – so offenbar die einstige Hoffnung.[3]

Als Spitzenpolitiker stand Alan Tudge für das chinesische Regime, das seinen Einfluss in Australien bereits seit einiger Zeit ausweitet und den Kontinent in sein engeres Einflussgebiet zu integrieren versucht, ganz oben auf der Liste möglicher Verbündeter. Doch was «Sunny» Duong nicht wusste: Ermittler waren ihm schon länger auf der Spur. Sie hatten den Unternehmer, der in chinesischen Kreisen als Yang Yisheng bekannt ist, mit einer Organisation in Verbindung gebracht, die zur KPCh gehört. Immer mehr Indizien deuteten darauf hin, dass Duong verdeckt als Einflussagent der Einheitsfront agierte. In abgehörten Gesprächen sprach der Geschäftsmann und Großspender gegenüber einem Vertrauten schließlich Klartext: «Wenn ich Dinge unternehme, dann wird darüber nie in der Zeitung berichtet. Aber Peking weiß ganz genau, was ich mache.» Von den Protokollen der heimlichen Aufnahmen, die auch der Jury vorgelegt wurden, berichtete später die *Australian Broadcasting Association*.[4]

Obwohl große Teile des Verfahrens hinter verschlossenen Türen geführt wurden, Journalisten keinen Zutritt hatten, drangen immer mehr Details heraus und erschütterten die australische Bevölkerung. Zeugen, die den Angeklagten schwer belasteten, sagten anonym aus, um so ihre Identität zu verbergen, aus Angst vor chinesischer Rache. Der Aufwand und die Sicherheitsvorkehrungen des Verfahrens zeigen, dass die Justiz den Fall als hochbrisant und gefährlich einstufte. Bundesanwälte teilten mit, sie hätten Belege dafür, dass «Sunny» Duong regelmäßig mit chinesischen Geheimagenten in Kontakt stehe. Mit den üppigen Spenden sollte ein direkter Einfluss auf die australische Politik erkauft werden, zeigten sich die Ankläger überzeugt. Irgendwann wandte sich der Staatsanwalt an die Geschworenen. Sie sollten sich das nicht so vorstellen wie in Spionageromanen oder wie bei James Bond, sagte Patrick Doyle. «Da geht es vielmehr um eine subtile Form der Einmischung», so der Ankläger weiter. Am Ende sprach die Jury Di Sanh «Sunny» Duong schuldig. Zum ersten Mal in der Geschichte Australiens ist damit ein chinesischer Einflussagent verurteilt worden. Er muss für knapp drei Jahre ins Gefängnis. Grundlage für den Schuldspruch war ein Gesetz, das im Jahr 2018 beschlossen wurde, auch als Reaktion auf den Skandal um die Zensur von Clive Hamiltons Buch. Mit dem «Espionage and Foreign Interference Act» wurden neue Straftatbestände geschaffen, die bislang schwer greifbar waren, aber trotzdem gefährlich für die Demokratie sind. So steht nun der «Versuch der ausländischen Einmischung» unter Strafe und kann mit bis zu 15 Jahren Gefängnis geahndet werden. Unter «ausländischer Einmischung» sind Aktionen definiert, die im Dienst oder in Abstimmung mit einer fremden Staatsmacht das Ziel haben, in Australien politische oder administrative Vorgänge zu beeinflussen oder Einfluss auf einen gewählten Politiker zu nehmen, damit dieser gewünschte Schritte unternimmt.[5] Die Vorgänge um den chinesischen Geschäftsmann und den australischen Bundesminister waren dafür beispielhaft.

Auch wenn sich Alan Tudge inzwischen aus der Politik zurückgezogen hat, reicht das engmaschige Beziehungsnetz der chinesischen Machthaber in Australien längst viel weiter. Für die Ermittler war das Verfahren folglich erst der Anfang. «Das Hauptziel dieses Systems ist es, Freunde für die Kommunistische Partei Chinas zu gewinnen», sagte Staatsanwalt Doyle am Rande des Prozesses, «es geht darum, Sympathie für die Partei und ihre Politik zu generieren.» Und damit eine andere Sicht auf das diktatorische Regime, was wiederum Konsequenzen für den Umgang mit der Volkrepublik zur Folge hätte. Mit ihrem geheimen Plan sind die Pekinger Machthaber schon weit gekommen. Wie weit, das belegte schon wenige Wochen später das jährliche Sicherheitsbriefing durch den Chef des Geheimdiensts Australian Security Intelligence Organization (ASIO) Mike Burgess. Ende Februar 2024 machte er erstmalig öffentlich, dass ein ehemaliger hochrangiger Politiker des Landes von den Chinesen rekrutiert worden sei. Der Mann habe außerdem die Idee gehabt, ein Familienmitglied des Ministerpräsidenten als Quelle anzuwerben – ein bislang einmaliger Vorgang in der australischen Geschichte, der belegt, wie weit die chinesische Seite mit ihrer Unterwanderung bereits gekommen ist. «Dieser Politiker verriet sein Land, seine Partei und seine ehemaligen Kollegen», so Geheimdienstchef Burgess, «um die Interessen des ausländischen Regimes zu fördern.»[6] Aber solche Vorgänge sind keineswegs auf ein fernes Land wie Australien beschränkt. Was dort geschehen ist, findet so oder so ähnlich auch in Europa statt. Der Fall «Sunny» Duong und die übrigen Entwicklungen können als Blaupause gesehen werden. Auch für Deutschland, wo die Verbindungen des chinesischen Regimes ebenfalls längst bis in Regierungskreise reichen.

Ein Sozi für Peking

Der Ort, an dem sich die zwei Männer und ihre drei Begleiter am Morgen des 13. Juni 2019 um 8 Uhr 45 trafen, wirkt wie aus einer bizarren Märchenwelt. Aus der ersten Etage starrt ein roter Dinosaurier, eingesperrt in einen roten Käfig, auf vorbeieilende Passanten herab. Auf dem Dachfirst sitzt eine Phalanx von silbernen stummen Metallmännern. Alle Fenster in dem Backsteinwürfel sind zugemauert. Neben dem Eingang ragen von einem Betonsockel zwei

Rotarmisten in die Höhe, die Gewehre über die Schultern gehängt, und strecken eine Kladde in den Himmel. Für den Termin hätte es sicher bessere Orte gegeben, um ungestört über Geschäftliches zu sprechen. Doch für den Gast aus Deutschland musste etwas geboten werden. Und der Mann ist ein großer Kunstliebhaber, das wissen die Chinesen. An jenem Donnerstagmorgen wollte Generalmajor a. D. Wang Jianzheng seinem Besucher Rudolf Scharping daher mal wieder ein Highlight zeigen, diesmal das Today's Art Museum, zentral zwischen dem zweiten und dritten Ring in Peking gelegen. Ein Erlebnis, auch für internationale Kulturliebhaber. «Der Mann hat Scharping immer auf dem Schirm, wenn er nach China reist», sagt jemand, der an dem Morgen im Museum dabei war. «Jedes Mal, wenn Scharping da war, war der auch da.»[7] Nach einem Rundgang durch die Ausstellung mit minimalistischen Gemälden und Installationen setzte sich die Gruppe ins Museumscafé, um endlich über den eigentlichen Zweck des Treffens zu sprechen.

General Wang ist nicht irgendwer. Lange Jahre diente er als Militärattaché für sein Land in Berlin und in der Schweizer Hauptstadt Bern. Inzwischen arbeitet der Offizier für das China Institut für Internationale Strategie Studien, einen weltweit bekannten Think Tank zu Fragen der Sicherheit und Verteidigung. Wang und seine Kollegen beraten die chinesischen Machthaber in internationalen Fragen. Er gehört damit zu den wichtigsten militärischen Insidern in Peking. Der Mann spricht perfekt Deutsch, hat exzellente Umgangsformen, ist höflich, zuvorkommend, wirkt auf Gesprächspartner einnehmend und sympathisch. Und seine größte Qualität, zumindest für die Spitze der KPCh: Er hat im Laufe der Jahre ein engmaschiges Netz von Kontakten zu wichtigen Politikern und Entscheidern in Berlin gesponnen. Eine offenbar besonders intensive Beziehung unterhält er zum einstigen deutschen Verteidigungsminister, der in seiner eigenen Partei, der SPD, bestens vernetzt ist. Und die Sozialdemokraten sind zum Zeitpunkt des Treffens seit mehr als 20 Jahren an der Macht, unterbrochen nur von einer vier Jahre andauernden schwarz-gelben Koalition zwischen 2009 und 2013. Für die Arbeit des chinesischen Generals stellt das einen großen Vorteil dar, denn Wang muss für die Mächtigen in Peking die politischen Entwicklungen in Zentraleuropa analysieren, er gilt als Experte für Deutschland. Und der Ex-Politiker Scharping zählt zu seinen wichtigen Gesprächspartnern, wenn es um das mächtigste Land in der Europäischen Union geht.

Dass Rudolf Scharping bei jedem seiner Besuche einen hohen Vertreter des Regimes zur Seite bekommt, kann trotzdem als ungewöhnlich angesehen werden. Denn der Mann spielt schon länger keine große Rolle mehr in der deutschen Politik. Vor vielen Jahren gehörte er zwar zu den Spitzenkräften in Bonn und Berlin, stand der Sozialdemokratischen Partei Deutschlands vor, wurde immerhin Kanzlerkandidat seiner Partei bei der Bundestagswahl 1994 und schaffte es später zumindest auf den Sitz des Verteidigungsministers. Aber im Juni 2019 war Scharping seit mehr als 15 Jahren auf dem politischen Abstellgleis. Bedeutung hatte er nur noch für einige begeisterte Radler, die ihn zu ihrem Verbandspräsidenten gewählt hatten. Doch der SPD-Mann verfügt noch immer über eine große Anzahl an Zugängen und Potenzialen, die für das Regime in Peking nützlich sein können. Scharping gilt als ein «alter Freund Chinas», er fungiert für das Land als eine wichtige Brücke in die deutsche Staatsführung. Und deswegen empfangen sie ihn in Peking eben auch weiterhin wie einen Staatsgast. Wenn der ehemalige deutsche Spitzenpolitiker nach Peking reist, erfährt die deutsche Botschaft zumeist nur die Rahmendaten. Ob und gegebenenfalls wen der SPD-Mann trifft und wo, bleibt weitgehend sein Geheimnis. Was bei als privat deklarierten Reisen natürlich grundsätzlich auch nicht zu beanstanden ist. Er behält die Inhalte der Gespräche mit den Vertretern des Regimes oftmals für sich, was dennoch bei der politischen Dimension vieler Begegnungen nicht selbstverständlich ist. Auch von dem Treffen im Kunstmuseum erfahren die deutschen Diplomaten kaum etwas. Um Scharping kümmert sich das Regime in Peking höchstpersönlich.[8]

An jenem Morgen im Juni traf General Wang seinen deutschen Gesprächspartner nicht zum Vergnügen. «Er ist kein Agent, aber er ist nachrichtendienstlich geschult», sagt der Zeuge des Treffens rückblickend. «Er trägt keinen Schlapphut, sondern das Gewand eines Diplomaten.» Und am 13. Juni 2019 ging es für den chinesischen Offizier darum, die aktuelle Lage in Berlin besser einschätzen zu können. General Wang konnte seine Neugier offenbar kaum bändigen. Er hatte so viele Fragen, wollte wissen, wie es auf der politischen Bühne in Deutschland demnächst weitergehe. Einige Monate zuvor hatte Bundeskanzlerin Angela Merkel ihren Rücktritt angekündigt. Sie würde nicht noch einmal kandidieren. Wer konnten mögliche Nachfolger sein? Wer lief sich warm, wer hatte gute Chancen, ihre Nachfolge anzutreten? Um wen müssten sich die Chinesen also besonders kümmern? Rudolf Scharping gab geduldig Auskunft, zwischendurch konnte er immer mal wieder seine eigenen Fragen anbringen. Denn der Ex-Politiker hatte auch eine Agenda, er war mal wieder nach China gekommen, um für deutsche Unternehmen – vor allem Mittelständler – Türen zu öffnen und neue Geschäfte anzubahnen. General Wang konnte ihm da eine große Hilfe sein, wie schon oft zuvor. Nach anderthalb Stunden gingen die beiden zufrieden auseinander, der Morgen im Museumscafé hatte sich für beide Seiten gelohnt.

Der Stellenwert, den Rudolf Scharping noch immer für die Mächtigen in China besitzt, hängt nicht nur mit seinem Potenzial als mögliche Informationsquelle oder seinem aktuellen Job als China-Consultant zusammen. Grundlage dafür ist eine über mehr als dreißig Jahre gewachsene persönliche Beziehung. Zwischen ihm und den Chinesen existiert eine Vertrauensebene. «Es ist die Schuld von Willy Brandt und Karl Marx, dass ich mit China in Kontakt gekommen bin», sagte Scharping in einem der seltenen Momente, in denen er in der Öffentlichkeit über seine persönlichen Beziehungen zur Volksrepublik sprach.[9] Erste intensivere Kontakte zu Vertretern der Volksrepublik China baute der deutsche Politiker seit Mitte der 1980er Jahre auf, als sich das Land vorsichtig zu öffnen begann und auch die SPD einen regelmäßigen Dialog mit der KPCh ins Leben rief. Immer wieder kamen auch Reisegruppen nach Deutschland zu Besuch. Ein unverzichtbares Highlight der Visiten – das Geburtshaus von Karl Marx in Trier. Als Ministerpräsident von Rheinland-Pfalz empfing so auch Rudolf Scharping zwischen 1991 und 1994 Delegationen aus der Volksrepublik, der Beginn einer immer vertrauensvolleren Annäherung. Respekt genießt der deutsche Ex-Politiker vor allem auch, weil er als Mitglied der Bundesregierung China schon früh seine hohe Wertschätzung vermittelte. In seiner Zeit auf der Bonner Hardthöhe war er der erste deutsche Verteidigungsminister, der der Volksrepublik einen offiziellen Besuch abstattete. «Seitdem unterhält er beste Kontakte zur chinesischen Regierung und zu Wirtschaftsvertretern des Landes», schrieb 2006 die *Wirtschaftswoche*.[10] «Mit der Familie des verstorbenen Reformpatriarchen Deng Xiaoping etwa ist Scharping gut befreundet.» So öffnen sich für den Sozialdemokraten selbst Jahre nach dessen Ausscheiden aus der Politik noch immer die Türen der Mächtigen und Einflussreichen. Xi Jinping etwa hat Scharping noch kurz vor seinem Aufstieg an die Staatsspitze getroffen, damals war Xi noch Vizepräsident. Auch den einstigen Premier Wen Jiabao oder den ehemaligen Staatspräsidenten Jiang Zemin kennt der SPD-Mann persönlich.

Doch inzwischen geht es bei den Reisen des einstigen Ministers nach China kaum noch um Politik, seine Abstecher ins Reich der Mitte drehen sich schon lange vor allem ums große Geld. Grund für den Rollenwechsel ist ein Bruch in der Biografie des Sozialdemokraten, der 2002 aus der ersten Reihe der deutschen Politik abtreten musste. Scharping, der bis dahin zu den zentralen Akteuren der rot-grünen Regierung unter Bundeskanzler Gerhard Schröder gezählt hatte, war ein Jahr zuvor über ein Knäuel aus Skandalen gestolpert. Nachdem eine Illustrierte inszenierte Urlaubsfotos von ihm und seiner neuen Geliebten publiziert hatte, auf denen sich die beiden in einem Pool auf Mallorca neckisch vergnügten, war er bereits ein Minister auf Abruf. Problematisch war vor allem der Zeitpunkt der Veröffentlichung. Als deutsche Soldaten gerade in einen neuen Kriegseinsatz zogen, ließ ihr oberster Dienstherr mit den Planschfotos das Gefühl für den Ernst der Lage vermissen. Als dann noch umstrittene Zahlungen eines PR-Unternehmers bekannt wurden, musste Scharping gehen. Doch der Sozialdemokrat hatte offenbar einen Plan B, den er auch sofort umzusetzen begann, den Einstieg in die Wirtschaft.

Als Ex-Ministerpräsident, Ex-Parteichef, Ex-Kanzlerkandidat und Ex-Minister verfügte er über ein dickes Adressbuch, das er nun versilbern wollte – eine unter Ex-Spitzenpolitikern nicht unübliche Praxis. Fokus seines zukünftigen Engagements sollte China sein, was Scharpings gutes Gespür in geopolitischen Fragen belegte. Nach der Jahrtausendwende nahmen die Wirtschaftsbeziehungen zum Reich der Mitte immer rasanter Fahrt auf. In einem knappen Vierteljahrhundert hat sich das Handelsvolumen Deutschlands mit China nahezu verzehnfacht. Und während dieser zwanzig goldenen Jahre mischte Scharping mit. «Ich mache nichts anderes, als dort Distanzen zu überbrücken», beschrieb er einmal seine Tätigkeit.[11] Und dies gelinge ihm einfacher als anderen, weil er eben als «alter Freund» gesehen werde, was die Episode im Museum zeigt. Noch aus dem Bundestag heraus bereitete er die Gründung seines eigenen Unternehmens vor. 2003, da war sein Rücktritt als Minister erst ein Jahr her, ließ er im Handelsregister in Frankfurt seine Beraterfirma eintragen.[12] Inzwischen logiert das Unternehmen in der obersten Etage eines Hochhauses mitten im Finanzzentrum in Frankfurt am Main. Mit der RSBK – Rudolf Scharping Strategie Beratung Kommunikation, die später sogar in eine Aktiengesellschaft umgewandelt wurde, begann die zweite Karriere des einstigen SPD-Chefs, die jedoch ohne sein früheres Leben nicht denkbar gewesen wäre. Mit ins Team holte sich Scharping alte Vertraute. Eng an seiner Seite agierte von Anfang an der Genosse Joachim Broudré-Gröger.[13] Der Diplomat hatte seine Laufbahn im Generalkonsulat in Hongkong begonnen, danach folgte eine steile Karriere an der Seite wichtiger SPD-Politiker. Für Bundeskanzler Willy Brandt arbeitete er als Redenschreiber, Entwicklungsminister Egon Bahr diente er als Persönlicher Referent. Fünf Jahre leitete er für Bahr auch dessen Büro in der SPD-Parteizentrale, als dieser Bundesgeschäftsführer war. Einige Jahre später wurde Broudré-Gröger selbst stellvertretender Bundesgeschäftsführer der SPD und managte als solcher für Rudolf Scharping 1994 den Bundestagswahlkampf. Nachdem es mit dem

Einzug Scharpings ins Kanzleramt nichts geworden war, ging Broudré-Gröger zurück in den diplomatischen Dienst und wurde einige Jahre später Botschafter in Peking. 2004 fanden die beiden Sozialdemokraten wieder zusammen und bauten gemeinsam die Beratungsagentur auf. Als Vorsitzenden des internationalen Beirats installierte Scharping Martin Posth, der bis 1997 gemeinsam mit Peter Hartz im Vorstand von Volkswagen gesessen hatte, wo er auch im Kontakt mit den sozialdemokratischen Aufsichtsräten Gerhard Schröder und Gerhard Glogowski stand.[14] Zuletzt verantwortete der Manager dort den Bereich Asien-Pazifik, zuvor war er vier Jahre Personalvorstand des Autokonzerns und als solcher der direkte Vorgänger des späteren SPD-Reformers Hartz. Auch zu China hatte Posth schon länger einen engen Draht. Mitte der 1980er Jahre hatte er für die Wolfsburger ein Joint Venture in Shanghai aufgebaut, das sich zur größten Autofabrik Chinas entwickelte. Später steuerte er aus Hongkong das gesamte Asiengeschäft von Volkswagen. Posth, der auch langjähriger Vorsitzender des Asien-Pazifik-Forums in Berlin und Ehrenbürger der Stadt Shanghai war, galt als einer der besten China-Kenner in Deutschland.

Schließlich kam ein weiterer Sozialdemokrat dazu, der jedoch kurz zuvor die Partei verlassen hatte und zur FDP gewechselt war. Harald Christ saß einst im Schattenkabinett des Kanzlerkandidaten Peer Steinbrück und sollte bei einem sozialdemokratischen Wahlsieg Finanzminister werden. Ende 2019 hatte er aber die SPD verlassen, weil sie ihm nach eigenen Angaben zu sehr nach links gerückt war. Dass Christ nun bei den Liberalen eine neue politische Heimat gefunden hatte, störte den ehemaligen SPD-Vorsitzenden Scharping nicht. Er verkaufte dem frischgebackenen FDP-Mitglied 60 Prozent seiner Beratungsfirma. Und auch hier bewies der Ex-Politiker ein gutes Näschen, denn kurze Zeit später installierte Christian Lindner den neuen Kompagnon von Rudolf Scharping als Bundesschatzmeister der FDP, was dieser anderthalb Jahre blieb. Damit erweiterte sich das politische Netzwerk der RSBK AG nochmals. Allerdings stieß Harald Christ seine Anteile schon 2022 wieder ab und veräußerte sie an einen Kölner Unternehmer, der in

China Geschäfte macht. Der Verkauf sei eine konsequente persönliche Entscheidung gewesen, so Christ. «Als mein Unternehmen die Anteile übernommen hatte, hatte ich noch ein anderes China-Bild», sagt der gut vernetzte Investor.[15] Grund für die Entscheidung sei sein «politisches Koordinatensystem» gewesen und damit eine wachsende Skepsis gegenüber der Volksrepublik. «Das Land hat sich in den letzten Jahren in einer Art und Weise verändert, die man mit unseren Werten immer schwieriger vereinbaren kann. Das kann man nicht ausblenden. Das muss man so auch deutlich und kritisch adressieren.» Sorgen bereitet Christ die immer autoritärere Ausrichtung des Landes. «Ich bin Europäer und überzeugter Transatlantiker, und als solcher ist für mich immer klar, auf welcher Seite ich stehe», ordnet er seinen Rückzug ein. Doch solche Sorgen kennt Rudolf Scharping offenbar kaum. Von Beginn an war das Beratungsunternehmen auf enge Kontakte zur Politik in Deutschland und China ausgelegt, versuchte eine gewisse Scharnierfunktion zu übernehmen. Schon wenige Monate nach Gründung des Unternehmens zeigten sich erste Erfolge. Mehrere DAX-Konzerne gehörten bereits zum Kundenstamm, dazu der amerikanisch-deutsche Autobauer DaimlerChrysler. Vor allem aber hatte Scharping offenbar etwas geschafft, was nur den wenigsten gelingt und seinen neuen Wert auch für das kommunistische Regime belegte. «Dank seines guten Verhältnisses zu *China* verfügt der frühere Verteidigungsminister bereits über einen Beratervertrag mit der Regierung in Peking», heißt es in einem Bericht.[16] Mit den ersten großen Namen im Akquisebuch gelang es, immer neue Kunden zu gewinnen, vor allem Mittelständler vertrauten vermehrt auf die Türöffnerfunktion von Scharpings Team. Während der vergangenen zwanzig Jahre hat sich so das Geschäftsfeld der Beratungsgesellschaft enorm geweitet und bildet inzwischen große Teile der deutschen Wirtschaft ab. «RSBK berät unter anderem Kunden aus den Bereichen Automobil, Maschinenbau, Chemie, Medizin und Gesundheit, Lebensmittel und Kosmetik, Energie und Umweltschutz, Handel und Logistik, Recht und Finanzen, künstliche Intelligenz, Internet und Big Data, Aus- und Weiterbildung, Sport und Kultur sowie Stadtplanung und Gewerbeparkgestaltung», heißt es auf der Homepage des Unternehmens.[17] Wie eng das Unternehmen dabei mit China verbunden ist, zeigt auch seine Struktur. Seit einiger Zeit unterhält RSBK eine Dependance in Peking, in der auch etliche Ortskräfte arbeiten. In zwanzig Jahren hat sich der einstige SPD-Vorsitzende zu einem zentralen Player in den deutsch-chinesischen Wirtschaftsbeziehungen entwickelt.

Am Mittwoch, 19. Oktober 2022, dreht sich die Ausgabe von *China Daily* fast nur um ein Thema.[18] Ganze neun Seiten widmet die internationale Ausgabe, die in Hongkong erscheint, dem 20. Nationalkongress der KPCh. Wie vor vierzig Jahren in den Jubelpostillen der DDR wird in dem Blatt die Kommunistische Partei verherrlicht, werden Mehrjahrespläne gepriesen und der Zusammenhalt des Volkes beschworen. «Der chinesische Weg stellt die Welt vor eine ‹neue Wahl›», titelten die Redakteure. Unter einem roten Banner, darauf in Gelb Hammer und Sichel, wird über die kurz zuvor gehaltene Rede von Xi Jinping referiert. «Indem er unterstrich, dass die chinesische Modernisierung eine sozialistische Modernisierung unter der Führung der Partei ist», wird die Rede des Staats- und Parteichefs in dem Artikel zitiert, «verwies Xi darauf, dass sie Elemente enthalte, die auch der Modernisierungsprozess aller anderen Länder beinhalte.» China könne für die Welt als Beispiel dienen. Bis zur Mitte des Jahrhunderts solle deshalb «ein großes modernes sozialistisches Land» aufgebaut werden. Dabei gehe es um den gemeinsamen Wohlstand aller seiner Bewohner, materiellen Überfluss und um «Harmonie zwischen der Menschheit und der Natur».

Xi und seine Propagandaabteilung malen eine rosarote, von Liebe und Verständnis für die ganze Welt getragene kommunistische Regierung. Auch eine friedliche Entwicklung werde angestrebt, heißt es in dem Artikel. Wie weit es tatsächlich mit dem Ziel eines friedlichen Miteinanders her ist, hatte sich erst wenige Wochen zuvor gezeigt. Nachdem die amerikanische Politikerin Nancy Pelosi Taiwan besucht hatte, ließ Peking die Muskeln spielen, organisierte ein großangelegtes Manöver im Einzugsbereich der Insel. Der Abstecher der US-Demokratin nach Taipeh sei «brandgefährlich», drohte damals die chinesische Regierung. Einige ballistische Raketen, die China abgefeuert hatte, drangen sogar in den taiwanischen Luftraum ein. Mit einer friedlichen Entwicklung in der Region hatte der Vorfall nur wenig zu tun. Davon können auch andere Anrainerstaaten berichten, wie die Philippinen, Malaysia oder Vietnam. Australien rüstet seit einiger Zeit seine Streitkräfte stark auf aus Furcht vor einer militärischen Eskalation in der Region, welche das Regime in Peking eines Tages entfachen könnte.

Doch kritische Zwischentöne finden sich in der Sonderausgabe der *China Daily* nicht. Die Erfolge und Ziele der *KPCh* werden in der Manier klassischer Staatspropaganda in den höchsten Tönen gelobt. Vor allem zeigt das Blatt, wer die zentralen Unterstützer des chinesischen Regimes in der Welt sind. Auf Seite 11 steht die Phalanx der internationalen Gratulanten. Nicolas Maduro taucht auf, der Despot von Venezuela.[19] Auch der Putschist und neue starke Mann im Sudan, Abdel Fattah Al-Burhan. Boris Gryzlov, mächtiger Strippenzieher in Putins Partei *Vereinigtes Russland*, reiht sich ebenso ein. «Die Kommunistische Partei Chinas ist immer daran interessiert, die nationalen Interessen zu verteidigen, das Wohlergehen der Menschen voranzutreiben und auf eine friedliche Entwicklung hinzuwirken», wird Gryzlov zitiert. Zu dem Zeitpunkt führt sein Land seit einem halben Jahr einen verbrecherischen Angriffskrieg gegen die Ukraine. Gryzlov selbst steht als einer der Mitverantwortlichen für die militärische Eskalation bereits seit 2014 auf der Sanktionsliste der EU.[20] China sehen die Russen als Verbündeten an, was auch aus dem Zitat deutlich wird, das im Gegenzug zur Tolerierung der eigenen völkerrechtswidrigen Kriegsführung einen Freifahrtschein für die immer aggressivere Militärpolitik der Chinesen im Pazifik andeutet. Bei den Unterzeichnern handelt es sich um ein Who's who der autokratischen Internationale. Und mittendrin ist ein Gratulant aus Deutschland zu finden – Rudolf Scharping. Er wird als ehemaliger Vorsitzender der SPD und als ehemaliger deutscher Verteidigungsminister aufgeführt.

Scharping ist der einzige Deutsche auf der Liste. Überhaupt tauchen so gut wie keine Vertreter aus der EU auf, zumindest keine namhaften. Ein Name aus Malta, ein Kommunist aus Italien. Und dann noch Dominique de Villepin, der ehemalige Ministerpräsident Frankreichs. Auch er macht inzwischen Geschäfte mit Ländern wie China, Russland und Katar. Laut dem Boulevardblatt *Paris Match* setzte er in einem Jahr mit nur drei Mitarbeitern 1,8 Millionen Euro um, «mit dem Rekordgewinn von 367 000 Euro»[21]. Die Vermittlung von Kontakten zu Regierungschefs, Ministern und Topentscheidern zahlt sich offenbar aus. Auch und gerade wenn man im eigenen Land als Türöffner für fragwürdige Staaten fungiert. Eine weitere schillernde Persönlichkeit reiht sich bei den Gratulanten ein. Auch Stephen Perry ist nicht irgendwer. Er ist der Sohn von Jack Perry, dem Gründer des sogenannten 48 Group Club. Der Name geht auf die Initiatoren zurück, 48 britische Geschäftsleute, die 1954 in die Volksrepublik reisten, um den Handel mit dem bis dahin weitgehend verschlossenen kommunistischen Land anzukurbeln, und die später als «Eisbrecher» bezeichnet wurden. In dem Verein organisieren sich heute ehemalige britische Spitzenpolitiker wie Tony Blair, Michael Heseltine oder Peter Mandelson, auch Milliardäre wie Hugh Grosvenor. Der Club wurde nach dem Besuch der Geschäftsleute 1954 ins Leben gerufen, als Brücke zwischen dem Vereinigten Königreich und China, um die Wirtschaftsbeziehungen zwischen den beiden Ländern langfristig zu verbessern. Heute zählt der Club zu den aktivsten Propagandisten der Volksrepublik in Europa. «China will kein Imperium errichten», tönte China-Lobbyist Stephen Perry unlängst. «Es will einen sozialistischen Staat errichten, in dem die Erträge der wirtschaftlichen Aktivität vernünftig verteilt werden, in dem für das Leben der Menschen gesorgt wird und Kultur und soziale Entwicklungen die moralischen Grundlagen der Nation darstellen.» Und dann der Persilschein für das brutale Regime: «China ist auf dem Weg zu einer guten Form von Demokratie.»[22]

Es sind solche Ergebenheitsadressen, die Peking von seinen «alten Freunden» erwartet. Denn für das Regime gehören lobende Stimmen aus der westlichen Welt zum Kern der eigenen Propaganda. Je höher die Personen stehen oder gestanden haben, umso besser. Deswegen hat der 48 Group Club so große Bedeutung. Und deswegen bauen die Kommunisten auch auf den ehemaligen SPD-Chef, der sich durchaus offen zeigt. «In Deutschland gibt es den Spruch ‹Der Ton macht die Musik›», sagte er in einem Interview mit einem chinesischen Propagandasender, «ja, und dass der Ton in Asien ein etwas anderer ist, folglich auch die Musik, das müssen wir respektieren.»[23]

Für seine Loyalität zum kommunistischen Regime wird Rudolf Scharping belohnt. Seine Premiumzugänge zu chinesischen Spitzenpolitikern und Behörden fallen inzwischen auch in der Botschaft auf, manchmal wird er dafür von den deutschen Diplomaten sogar beneidet. Nach dem Besuch des Hongkonger Demokratieaktivisten Joshua Wong 2019 in Berlin reagierte das Pekinger Regime äußerst verärgert. Von einem «Akt der Respektlosigkeit» sprach die Regierung, von einer «Einmischung in Chinas innere Angelegenheiten». Bei seinem Besuch hatte Wong die deutschen Politiker um einen größeren Einsatz für die Demokratiebewegung in seiner Heimat gebeten, wo seit Wochen Zehntausende auf die Straße gingen, um für die ihnen einmal vom kommunistischen Regime gegebene Zusage zu kämpfen, dass auch in Zukunft das Prinzip «Ein Staat, zwei Systeme» gelte. «Es ist äußerst falsch, dass deutsche Medien und Politiker versuchen, sich die antichinesische Separatistenwelle zunutze zu machen», hieß es verärgert aus dem chinesischen Außenministerium.[24] Über das Treffen des deutschen Ministers mit dem Hongkonger Aktivisten waren die Mächtigen in Peking derart erzürnt, dass sie den Botschafter einbestellten. Danach verhängten sie inoffiziell eine mehrmonatige Kontaktsperre. Kein Diplomat, auch nicht der Botschafter, erhielten mehr Termine bei chinesischen Stellen oder Politikern. Einer hatte offenbar keine Probleme, weiterhin auch hochrangige Vertreter des Regimes zu treffen – Rudolf Scharping. Aus diplomatischen Kreisen wird die Episode bestätigt.[25] Hinter dem Vorgehen steht offenbar eine klare Strategie der chinesischen Seite, die immer mal wieder angewendet wird. Man setzt einer Strafaktion des Regimes bewusst ein vermeintlich positives

Beispiel gegenüber. So soll der deutschen Politik signalisiert werden, dass für das richtige Verhalten auch Belohnung erfolgt. Bis die Diplomaten aus der deutschen Botschaft wieder Termine bekamen, vergingen einige Monate, was den Betroffenen die Arbeit erheblich erschwerte. Die heftige Reaktion des Regimes hängt auch damit zusammen, dass die Demokratiebewegung in Hongkong als eine erhebliche Bedrohung wahrgenommen wurde. Denn für die kommunistischen Machthaber scheint die Gefahr westlicher Werte real. Sie sehen die universellen Menschenrechte, die parlamentarische Demokratie und einen Rechtsstaat, bei dem das Wohl des Einzelnen immer über dem Wohl der Masse steht, als eine Art Kriegserklärung an. Sie fürchten nichts mehr als die Soft Power einer breiten Volksbewegung für Freiheitsrechte, einen erfolgreichen Angriff auf ihr autoritäres System also. Deswegen haben sie eine knallharte Verteidigungsstrategie entwickelt – und wer sie dabei unterstützt, erfährt alle Annehmlichkeiten. Eine Strategie im Kampf gegen den westlichen Wertekosmos besteht in dem Versuch, diesen permanent zu relativieren und zu diskreditieren. Immer wieder behauptet daher das Regime in Peking, westliche Wertvorstellungen wie etwa die universellen Menschenrechte – die zwar auf den Errungenschaften der Französischen Revolution nach 1789 beruhen, in den Jahrhunderten darauf jedoch weltweit Verbreitung und Anerkennung gefunden haben – stellten ein koloniales Erbe dar. Genau deswegen dürften sie in großen Teilen der Welt keine Geltung haben. Dafür bekommt das Regime in Peking inzwischen einigen Applaus von umkippenden oder bereits diktatorischen Systemen in Afrika, Zentralasien oder Lateinamerika. Im selben Atemzug heißt es dann oft, auch das Reich der Mitte kenne Menschenrechte. Allerdings eine chinesische Form von Menschenrechten. In diese Propagandamelodie stimmt auch Rudolf Scharping ein.

«Wenn wir über Menschenrechte reden, dann reden wir nicht nur über die politischen Freiheiten und ihre Einschränkungen, wir reden nicht nur über den Umgang mit abweichenden Meinungen und Schwierigkeiten», sagte er in einem Propagandavideo der KPCh.[26] Für den SPD-Mann besteht der universelle Menschenrechtskatalog – die Allgemeine Erklärung der Menschenrechte – aus weit mehr als Demokratie, Rechtsstaat und Toleranz. So gehe es auch um Lebenserwartung, Gesundheit, Erziehung, soziale Sicherheit. «Wenn Sie so wollen, grundlegende menschliche Rechte.» Und da habe China in den vergangenen Jahrzehnten «ganz enorme Fortschritte» gemacht, so Scharping weiter in dem Video. Was der deutsche Sozialdemokrat nicht sagt: So gut wie alle der dreißig Artikel in der «Allgemeinen Erklärung der Menschenrechte», die am 10. Dezember 1948 von der UN-Vollversammlung beschlossen und ohne Gegenstimmen verabschiedet wurde (bei lediglich acht Enthaltungen), beziehen sich auf politische Freiheiten und ihre Einschränkungen. Auch der chinesische Diplomat und Philosoph Zhang Pengchun war damals als Vertreter Chinas zentral an der Ausarbeitung beteiligt – was gegen eine eurozentristische bzw. westlich-koloniale Sicht spricht. Doch Rudolf Scharping lässt sich davon nicht irritieren. Für den ehemaligen Spitzenpolitiker sollten die Deutschen vielmehr versuchen, die chinesische Sicht zu verstehen. «Niemand ist klug beraten – auf keiner Seite derer, die darüber reden –, das gewissermaßen mit dem Hammer oder mit der Faust zu tun», appelliert er weiter in dem Propagandavideo. Er wünscht sich, so lässt sich sein Auftritt vor der Kamera verstehen, dass seine eigenen Landsleute der chinesischen Sichtweise offener gegenübertreten, sich ihr vielleicht sogar annähern. «Da ist etwas mehr Feingefühl und mehr Diplomatie gefragt.» Vielleicht sollte Rudolf Scharping einmal mit Dhondup Wangchen reden.

Der Tibeter wuchs in einem Dorf in der Gegend Amdo auf, etwa fünfhundert Kilometer nördlich von Lhasa. Schon als junger Mann setzte er sich für die Freiheit Tibets ein, druckte heimlich Schriften des Dalai-Lama und verteilte sie. Mehrmals wurde er erwischt und von den Sicherheitskräften eingesperrt. Aber Dhondup ließ sich nicht einschüchtern. Im Winter 2007/08 ging er noch einen Schritt weiter, indem er das Regime an einem besonders sensiblen Punkt direkt angriff. Er begann damit, im Vorfeld der Olympischen Spiele einen Film zu produzieren, in dem kritisch über das anstehende Großereignis berichtet werden sollte. Der Film beginnt mit einer banalen Sequenz: Ein Mann, Lederjacke, weißes Hemd, über die Schulter ein Rucksack gehängt, steht an einer Straße und will sie überqueren. Im Off ertönt eine Stimme: «Ich bin kein gebildeter Mann. Ich war niemals in der Schule. Aber trotzdem würde ich gerne ein paar Worte sagen ...»[27] Es ist ein Bericht aus der Perspektive eines einfachen Mannes. Das macht den Film so eindrücklich – und das Regime in Peking so wütend. Dhondup reist durch seine Heimat Tibet und befragt ganz normale Menschen zu ihrer Haltung. Ein Mönch sagt ihm, Olympia stehe für Freiheit – Tibet habe aber keine Freiheit. Eine Frau sagt, Unabhängigkeit gehöre auch zum Olympischen Gedanken – die hätten aber nur die Chinesen, nicht die Tibeter. Ein junger Mann sagt, alle Nationen der Welt könnten an den Spielen teilnehmen, die Tibeter aber nicht. Noch während der Filmaufnahmen wurde Dhondrup festgenommen und abtransportiert. Diesmal wollten sie ihn nicht mehr freilassen. Vertraute konnten die Filmaufnahmen trotzdem aus China herausschmuggeln, so dass der Film «Leaving Fear Behind» später dennoch erschien. Nur durch enormes Glück gelang Dhondup Wangchen sechs Jahre später die Flucht aus dem Gefängnis. Er erhielt politisches Asyl in Kanada, wo er noch heute lebt. Seine Zeit in den Fängen des chinesischen Sicherheitsapparates war brutal. Der Tibeter berichtete von Erniedrigung und Folter. Und er beschrieb den «Tigerstuhl». In einem solchen eisernen Stuhl habe er stundenlang sitzen müssen, Arme und Beine festgeschnallt. Um den Brustkorb ebenfalls ein Riemen. Dhondup habe Elektroschocks und Schläge bekommen, auch mit Schlafentzug sei er gefoltert worden.

Als im Juni 2023 der chinesische Ministerpräsident Li Qiang nach Deutschland zu Besuch kam und auch einen Abstecher nach Hamburg machte, baute ein Leidensgenosse und Mitstreiter von Dhondup Wangchen einen «Tigerstuhl» vor der dortigen Chinesischen Bank auf und ließ sich hier erneut festschnallen. Der Tibeter hoffte, dass er in der Hansestadt mit seiner Kritik auf offene Ohren stoßen würde. Es sollte ein Zeichen dafür sein, dass für die Volksrepublik China Menschenrechte nicht zählen und dass eine Demokratie wie Deutschland sich gegen die Praktiken des Pekinger Regimes positionieren müsse. Doch was das Opfer des chinesischen Regimes wohl nicht wusste: In Hamburg pflegt man seit besonders langer Zeit ein inniges Verhältnis zum Reich der Mitte. Wahrscheinlich hätte er in Deutschland schwer einen Ort finden können, der länger und tiefer mit dem Regime in Peking verstrickt ist als die Stadt an der Elbe. Denn in der Hansestadt gehören gute Beziehungen zur Volksrepublik China zum guten Ton, sie lassen die Kassen klingeln. Im Interesse eines einträglichen Handels, so könnte man es zusammenfassen, müssen die Menschenrechte dann schon einmal zurückstehen. Das sehen vor allem die dortigen Parteifreunde Rudolf Scharpings so, die mächtigen Sozialdemokraten von der Elbe.

An vorderster Front agierte bis zu seinem Tod Helmut Schmidt im Sinne der Volksrepublik China. Der Hamburger Politiker und ehemalige Bundeskanzler gefiel sich selbst in der Rolle eines provokanten Verteidigers des Pekinger Regimes. Anders als seine sozialdemokratischen Nachfolger verfolgte er dabei jedoch keine eigenen finanziellen Interessen. Zumindest ist darüber nichts bekannt. Schmidt sah sich zeit seines Lebens als außenpolitischer Pragmatiker bzw. Realpolitiker, für den Themen wie Menschenrechte oder Demokratisierung zu gefühlig und eher etwas für Proseminare an der Uni waren. Dabei war ihm selbst völlig klar, wie kriminell das kommunistische Regime schon in den Zeiten seiner Kanzlerschaft war. So habe er bereits bei seinem ersten Besuch im Reich der Mitte begriffen, dass er einem Großverbrecher gegenübersaß, als er mit dem allmächtigen Staats- und Parteichef zusammenkam. «Die schweren Fehler Mao Zedongs, der so genannte ‹Große Sprung nach vorn›, auch seine Vergehen im Zuge der ‹Großen Proletarischen Kulturrevolution›, waren mir damals schon deutlich», schreibt Schmidt in seinen Erinnerungen, «auch seine menschliche Rücksichtslosigkeit, ja Brutalität.»[28] Trotzdem hinderte ihn dieser persönliche Eindruck nicht, den chinesischen Diktator posthum zu verteidigen. «Mao hat die Toten nicht gewollt», behauptete er viele Jahre nach dem Treffen mit dem chinesischen Diktator.[29] Auch das Blutbad auf dem Platz des Himmlischen Friedens relativierte der

SPD-Politiker. Nachdem die Volksbefreiungsarmee von den Studenten mit Steinen und Molotow-Cocktails beschmissen worden sei, habe sie sich nur gewehrt. Die international immer wieder genannte Zahl von 2600 Toten – die Schätzung geht auf das Internationale Rote Kreuz zurück – nannte Schmidt in einem Interview «weit übertrieben». Was seine Quellen für diese Aussage waren und ob er überhaupt welche hatte, verriet er nicht. Zwar brachten mehrere Zeitungen Artikel – Tenor: «Altkanzler verteidigt Tian'anmen-Massaker»,[30] ein großer moralischer Aufschrei blieb jedoch aus. Dafür war der schrullige Altkanzler den Deutschen zu sehr ans Herz gewachsen.

Im Frühling 2012 reiste der 93-jährige Helmut Schmidt noch einmal in die Volksrepublik China. Dort wollte er in Peking einen «alten Freund» treffen, wie er selbst sagte, Zhu Rongji, den ehemaligen chinesischen Ministerpräsidenten. Über die Reise hat der deutsche Politiker später ein Buch veröffentlicht. Bis heute wird *Ein letzter Besuch. Begegnungen mit der Weltmacht China* auf der Homepage des chinesischen Generalkonsulats Frankfurt beworben. Aus gutem Grund – auf 185 Seiten hält der Ex-Kanzler ein flammendes Plädoyer für einen nachsichtigeren Umgang mit dem Regime in Peking. Schmidt gibt sogar konkrete Ratschläge, wie man den Chinesen entgegenkommen könnte. So skizziert er einen Drei-Punkte-Plan für den zukünftigen Umgang mit der asiatischen Großmacht. Erstens: «Verzicht auf westliche Überheblichkeit», stattdessen Respekt vor der jahrtausendealten Kultur Chinas. Zweitens: eine umfangreiche Einbindung des Landes in multinationale Organisationen. Drittens: «Keine Widerstände gegen die zu erwartende Annäherung Taiwans an die Volksrepublik China und die daraus sich ergebende friedliche Wiedervereinigung.»[31] Zur Ehrenrettung des Altkanzlers sei gesagt, dass er sein Buch vor der Machtübernahme Xi Jinpings verfasste. Eine gewisse Naivität und Nachsichtigkeit gegenüber der Entschlossenheit und den Methoden der kommunistischen Machthaber lässt sich trotzdem herauslesen.

«Westliche Politiker sollten Abstand davon nehmen, nach Peking zu reisen, um der dortigen Führung Belehrungen in Menschenrechtsfragen zu erteilen», schrieb der ehemalige Bundeskanzler. Seinen Landsleuten riet er, darauf zu verzichten, «den Chinesen Vorschriften machen zu wollen». An Schmidts Lehren orientierten sich seine Nachfolger, vor allem die sozialdemokratischen. Nicht viel anders äußerte sich immer wieder etwa Gerhard Schröder. In einem Namensbeitrag für die *ZEIT* forderte auch er eine Politik auf Augenhöhe, ohne «Belehrungen und Bloßstellungen»[32]. Schröder war da jedoch, genau wie sein Parteifreund Scharping, bereits als Handlungsreisender in Sachen China-Geschäft unterwegs. Und auch der aktuelle Kanzler Olaf Scholz reiht sich ein in die Riege der SPD-Granden, die für einen freundlichen und nachsichtigen Umgang mit dem Regime in Peking plädieren. Wie seine SPD-Vorgänger interessiert sich Scholz – wenn überhaupt – für die Menschenrechtslage nur am Rande. Deutschland will weiterhin mit China gute Geschäfte machen, nirgends ist diese Hoffnung größer als in der Hansestadt Hamburg, der er mehrere Jahre als Erster Bürgermeister vorstand. Dazu kommt eine neue Hoffnung, welche Scholz und seine Leute hegen. Berlin baut auf eine moderne Art der Kooperation – um den Klimawandel aufzuhalten. Hier sieht sich die Bundesregierung auf eine enge Zusammenarbeit mit China angewiesen. Entsprechend versöhnlich fielen die Worte von Bundeskanzler Olaf Scholz zum Abschied seines chinesischen Amtskollegen aus: «Lassen Sie uns den Dialog fortsetzen, um einander gut zu verstehen und den globalen Herausforderungen gemeinsam begegnen zu können.»[33] Folglich kann sich Rudolf Scharping sicher sein, dass er mit seinem florierenden China-Engagement bei seinen mächtigen Parteigenossen in Berlin auch in Zukunft nicht aneckt.

Im Gegenteil, für die China-Beratung des Ex-Parteichefs lassen sich amtierende Minister und Abgeordnete selbst immer wieder gerne einspannen. Einmal im Jahr veranstaltet die RSBK AG eine Konferenz, zu der einflussreiche Strippenzieher aus Deutschland und China eingeladen werden. Das Treffen gilt als wichtige Vernetzungsveranstaltung, in der Industriebosse und Politiker im geschützten Raum neue Geschäfte anbahnen oder sich vertraulich austauschen können. In den vergangenen Jahren kam regelmäßig auch Prominenz aus Bund und Ländern, vor allem Parteifreunde von Rudolf Scharping, etwa die Sozialdemokratin und ehemalige Justizministerin Brigitte Zypries, die auch eine enge Vertraute von Ex-Kanzler Gerhard Schröder ist. Weitere bekannte SPD-Größen waren Ex-Parteichef, Ex-Vizekanzler und Ex-Bundeswirtschaftsminister Sigmar Gabriel, der ehemalige Parteichef und Finanzminister von Nordrhein-Westfalen Norbert Walter-Borjans, der Ex-Finanzminister von Rheinland-Pfalz Carsten Kühl, der Ex-Bundesverkehrsminister und aktuelle thüringische Wirtschaftsminister Wolfgang Tiefensee, der amtierende Wirtschaftsminister von Niedersachsen Olaf Lies, der ehemalige NRW-Wirtschaftsminister Garrelt Duin. Aber auch aus anderen Parteien nehmen wichtige Spitzenpolitiker immer wieder gern an der Konferenz teil – so Ex-Innenminister Hans-Peter Friedrich (CSU), Ex-EU-Kommissar Günther Oettinger (CDU) oder der aktuelle Verkehrsminister Volker Wissing (FDP). Darüber berichtet Rudolf Scharping selbst stolz mit Fotos und Verweisen auf seiner Unternehmens-Homepage. Elder Statesmen können vielleicht machen, was sie wollen. Amtierende Minister sollten aber nicht mit den Vertretern einer Diktatur kungeln. Und dass die Treffen hinter verschlossenen Türen offenbar wenig kritisch ablaufen, hat ein Augenzeuge gegenüber dem *ARD*-Magazin «Report Mainz» bestätigt. «Menschenrechtsverletzungen oder die Probleme in und mit China waren aus meiner Sicht kein Thema», berichtet die Person aus der Konferenz.[34] Vielmehr sei «als großes Problem» eigentlich «eher die aktuell kritische Haltung von Politik und Gesellschaft gegenüber China» gesehen worden.

Besonders problematisch sind bei der Konferenz die Teilnehmer von chinesischer Seite. Denn Scharping und seine Leute organisieren die Veranstaltung nicht allein. Tatkräftig werden sie dabei offenbar vom China Economic Cooperation Center (CECC) unterstützt. Die Organisation ist jedoch alles andere als harmlos, sie untersteht direkt der Internationalen Abteilung der Kommunistischen Partei Chinas (IDCPC), die wiederum im Zentralkomitee der Partei angesiedelt ist. In Darmstadt fand Anfang November 2023 nun zum zehnten Mal die Deutsch-Chinesische Wirtschaftskonferenz statt.

Und auf der Gästeliste standen nach Informationen der Tibet-Initiative mindestens zwei Angehörige der Internationalen Abteilung der Kommunistischen Partei Chinas (IDCPC). Vor der warnt inzwischen eindringlich der Verfassungsschutz. «Auch in Deutschland besteht die zentrale Aufgabe der IDCPC-Angehörigen im Aufbau und in der Pflege von Kontakten zu Parteien und Abgeordneten», heißt es in einer Benachrichtigung. «Die IDCPC-Angehörigen werben bei Parlamentarierinnen und Parlamentariern aller Parteien um Verständnis für ‹chinesische Werte›.»[35] Dabei sei es gängige Praxis, deutsche Politiker zu bearbeiten, «um deren China-Bild im Sinne der Agenda der KPCh zu ‹korrigieren›». Vor allem auf unkritische Abgeordnete habe es das Pekinger Regime dabei abgesehen. Dem Inlandsgeheimdienst ist das Agieren der chinesischen Schergen noch einen besonders eindringlichen Warnhinweis wert: «Lassen Sie bei Kontakten zum IDCPC bzw. zu IDCPC-Angehörigen besondere Vorsicht und Zurückhaltung walten.» Rudolf Scharping und seine China-Freunde scheinen sich von der Warnung nicht angesprochen zu fühlen. Ganz im Gegenteil, der Vorsitzende eines rheinland-pfälzischen SPD-Ortsvereins überreichte Guo Yezhou, dem Vizeminister der Internationalen Abteilung der Kommunistischen Partei Chinas (IDCPC) auf der Veranstaltung in Darmstadt sogar noch ein Geschenk, eine Kopie der Geburtsurkunde von Karl Marx.[36] Der bedankte sich brav für das «wertvolle Präsent» und posierte mit dem deutschen Sozialdemokraten für ein Erinnerungsfoto. Wir hätten Rudolf Scharping gerne zu unseren Recherchen gehört. Aber er würde sich, wenn überhaupt, nur auf ein Live-Interview für das Fernsehen einlassen – so teilte es auf jeden Fall sein Büro in einer ersten E-Mail mit. Live-Interviews finden fast ausschließlich zu aktuellen Ereignissen statt. Also etwa zur Chinareise des Bundeskanzlers oder ähnlichem. Investigative Live-Interviews gibt es so gut wie keine. Das ist offenbar die Hoffnung von Scharping, so kritischen Fragen entgehen zu können. Schließlich schickten wir ihm einen schriftlichen Fragekatalog, mit der Bitte um Stellungnahme. Doch ohne Ergebnis. Als wir noch einmal nachhakten, folgte kurz darauf ein «Presserechtliches Informationsschreiben» aus der Kanzlei des Medienanwalts Christian Schertz. Darin einige Zeilen, die wir zitieren dürfen. «Ich adressiere in diversen Medien und auf diversen Foren immer wieder kritische Themen wie Menschenrechte und zu kritisierende Punkte zu Rechtsstaatlichkeit und Demokratie in China», so Scharping. «Ich bin auch der Auffassung, dass trotz fundamentaler Gegensätze gemeinsame weltweite Herausforderungen wie Frieden, Klimawandel und andere nur gemeinsam im Dialog gelöst werden können. Auch hierzu dienen unsere Veranstaltungen, wie die Deutsch-Chinesische Wirtschaftskonferenz.» Wir wollten von Rudolf Scharping wissen, warum er Personen wie Guo Yezhou, den Vizeminister der Internationalen Abteilung beim Zentralkomitee der KPCh (IDCPC), zu seinen Veranstaltungen einlädt. Immerhin warnt der Verfassungsschutz vor der Organisation. Wir wollten von Scharping auch wissen, ob er generell ein Problem darin sieht, mit «Chinas Nachrichtendienstapparat» zusammenzuarbeiten oder mit hohen chinesischen Offizieren wie Generalmajor a. D. Wang Jianzheng in China vertraulich zu sprechen. Aber auf unsere Fragen bekamen wir keine Antworten. Auch im Herbst 2024 will Rudolf Scharping mit Vertrauten aus der Volksrepublik wieder zusammenkommen – dieses Mal in Stuttgart.[37]

Die Bayern-Connection

Für die Fahrt hatte sich der Kutscher feierlich angezogen. Grauer Zwirn, dezente blaue Krawatte, Handschuhe und Zylinder mit Zierschärpe. Sein Landauer war frisch poliert und mit üppigen Bouquets von Nelken und Gerbera geschmückt. Immerhin handelte es sich bei der Tour im Herbst 2023 um eine der wichtigsten Ausfahrten des Jahres, den traditionellen Trachtenfestzug zur Eröffnung des Münchner Oktoberfests. Ein weiß-blauer Catwalk, sieben Kilometer von der Maximilianstraße bis zur Theresienwiese, vorbei an Zehntausenden Schaulustigen. Und in seinem Gefährt chauffierte der Mann nicht irgendwen durch die Menge. Hinter ihm saßen der Justizminister des Freistaates Bayern, Georg Eisenreich, sowie dessen Parteifreund, der CSU-Politiker und Wiesnchef Clemens Baumgärtner. Dazu das Ehepaar Saskia und Stavros Konstantinidis, sie eine Society-Größe in der bayerischen Landeshauptstadt, er politisch gut vernetzter Anwalt und Vertrauter des inzwischen gefallenen Immobilienmoguls René Benko. Schüchtern lächelnd daneben saß eine weitere Person, die kaum einer der Schaulustigen kannte. Vorsichtig reckte auch er sein Bierglas in die Luft: Tong Defa, der Generalkonsul der Volksrepublik China. Für die Landesregierung ist der Mann ein guter Bekannter, nur bekommt davon die Öffentlichkeit selten etwas mit. Mit Ministerpräsident Markus Söder sitzt Tong in Videokonferenzen, regelmäßig trifft er sich mit Landesministern und Staatssekretären in vertraulicher Runde. Bei dem Chinesen handelt es sich um den ranghöchsten Vertreter des Pekinger Regimes im Freistaat.[38]

Die Kutschfahrt kam einem Statement gleich, bei strahlendem Sonnenschein und vor den Augen der eigenen Bevölkerung. Wir stehen weiter zu China und seinen Vertretern, auch wenn die Kritik am verbrecherischen Vorgehen der KPCh immer lauter wird. Und die Fahrt durch die Menge kann als erneuter Treueschwur gelesen werden, nachdem sich die innigen bayerisch-chinesischen Beziehungen zuletzt seltener auf der öffentlichen Bühne und vermehrt in Hinterzimmern abspielten. Doch am bayerisch-chinesischen Pakt können auch Verstöße gegen die Menschenrechte in der Volksrepublik, Übergriffe auf in Deutschland lebende Dissidenten oder dreiste Spionageattacken nichts ändern. Dass sich ein Justizminister mit dem Vertreter einer Diktatur fröhlich winkend durch München kutschieren lässt, stellt das geringe Fingerspitzengefühl für den richtigen Umgang mit dem Pekinger Regime in München eindrucksvoll unter Beweis. «Fragen der Menschenrechte und der Rolle Chinas im Russland-Ukraine-Krieg müssen selbstverständlich diskutiert werden», antwortete CSU-Minister Eisenreich lapidar auf eine Nachfrage des *Tagesspiegel*, «aber nicht auf der Wiesn.»[39] Dabei würde sich kaum ein Ort in Deutschland mehr anbieten, um die Unterdrückung von Minderheiten in der Volksrepublik zu thematisieren. In München sitzt der Weltkongress der Uiguren. Seit

70 Jahren wird die muslimische Minderheit im Nordwesten Chinas von den Machthabern brutal unterdrückt, weggesperrt und «umerzogen». Dass sich die bayerische Landesregierung nun derart offen vor aller Welt zum kommunistischen Regime bekennt, schockiert Dolkun Isa. «Das ist völlig inakzeptabel», sagt der Präsident des Uigurischen Weltkongresses. Als junger Mann beteiligte Isa sich in der Autonomen Region Xinjiang, die seine muslimischen Landsleute «Ostturkestan» nennen, an der Demokratiebewegung, die wenige Jahre später, im Juni 1989, in das Massaker auf dem Platz des Himmlischen Friedens in Peking mündete. Mit Panzern zerstörten die chinesischen Machthaber damals die Hoffnung der Menschen. Auch Isa musste abtauchen, floh aus der Volksrepublik und konnte sein Studium erst in der Türkei abschließen. Später kam er nach München, wo er politisches Asyl erhielt und eine zweijährige Ausbildung zum Fachinformatiker absolvierte. «Die bayerische Landesregierung muss verstehen, dass eine solche Kutschfahrt mit einem deutschen Minister eine große Ehre für das chinesische Regime ist», sagt Isa, der seit 2007 deutscher Staatsbürger ist. «Dieses Bekenntnis zu China beleidigt alle Kritiker des Regimes.»[40]

Und es war nicht das erste Mal, dass die Mächtigen in München ihre politischen Partner aus der Volksrepublik beim Trachtenumzug hofierten. Schon in den Jahren zuvor nutzte die Landesregierung das Oktoberfest, um bei den Chinesen zu punkten. So wurde etwa 2018 für ein gutes Dutzend chinesischer Generale und Admirale eine Ehrenloge organisiert, damit diese dem Umzug durch München in der ersten Reihe beiwohnen konnten. Die bayerische Folklore gefällt den Besuchern aus Fernost. «Das Schönste, was sie einer chinesischen Delegation bieten können, ist für sie ein bayerischer Bierabend», sagt ein hoher Bundeswehr-Offizier, der bei dem Besuch auf der Wiesn dabei war. «Liebe geht durch den Magen, und da ist im übertragenen Sinn auch was dran.» Ebenfalls auf dem Programm stand ein Abstecher zu einer Trageselkompanie in den bayerischen Alpen. Uiguren-Präsident Isa kann darüber nur den Kopf schütteln. Die bayerische Landesregierung wisse genau, wie verbrecherisch das Regime in Peking handelt. Immer wieder gebe es Anhörungen in deutschen Parlamenten, auch dem bayerischen Landtag, dazu Demarchen bei den Vereinten Nationen, die auch von der Bundesregierung unterstützt werden. «Die bayerischen Minister verschließen davor die Augen», sagt Isa, «wahrscheinlich aus wirtschaftlichem Interesse.» Aber damit mache sich die CSU-geführte Landesregierung mitschuldig. «Die wissen ganz genau, was in China vorgeht», sagt der Uigurenpräsident, «deswegen werden sie zu Komplizen all der Gräueltaten.» Doch das Kungeln der Bayern mit der chinesischen Diktatur hat eine lange Tradition.

Als Auftakt gilt der Besuch der CSU-Ikone Franz Josef Strauß am 16. Januar 1975 bei Mao Zedong. Auf einem Schwarz-Weiß-Foto sind die beiden zu sehen, wie sie sich freundlich lächelnd die Hände schütteln. Der bayerische Metzgersohn und der chinesische Grundschullehrer, der sich zum Zeitpunkt der Aufnahme längst zu einem Despoten entwickelt hatte, schienen sich blendend zu verstehen. Dass Mao Mitte der 1970er Jahre bereits ein Massenmörder war und sich auf dem Höhepunkt seiner Gewaltherrschaft befand, störte den CSU-Politiker nicht. Ganz im Gegenteil, er traf gleich noch weitere berüchtigte Strippenzieher der Diktatur. Doch in München gilt der Besuch bis heute als gelungener Coup. «Obwohl der CSU-Vorsitzende als ‹einfacher Abgeordneter› des Deutschen Bundestages damals kein Regierungsamt bekleidete, obwohl parallel zu seinem Besuch der 4. Nationale Volkskongress in Peking tagte, obwohl dort gerade eine neue Regierung gebildet worden und eine neue Verfassung zu verabschieden war, traf Strauß im Januar 1975 die gesamte Crème de la Crème der chinesischen Staats- und Parteielite zu ausgedehnten politischen Dialogen», so der Parteihistoriker Reinhard Meier-Walser im Auftrag der CSU-nahen Hanns-Seidel-Stiftung.[41] Diese «Crème de la Crème» der chinesischen Staatsspitze, also die «Viererbande», koordinierte die Säuberungskampagnen der «Kulturrevolution», in deren Verlauf während weniger Jahre durch Milizen, Armee-Einheiten und die berüchtigten Rotgardistentrupps laut Berechnungen chinesischer Historiker mehr als 1,7 Millionen Menschen umgebracht wurden. Westliche Historiker wie der Niederländer Frank Dikötter sprechen sogar von insgesamt ca. 45 Millionen Chinesen (die Zahl bezieht sich auf die komplette Herrschaftszeit des kommunistischen Diktators), die durch die Politik Maos und seiner Getreuen umkamen.[42] Vor allem der «Große Sprung nach vorn» provozierte Hungerkatastrophen von biblischem Ausmaß. Dazu kamen insbesondere während der «Großen Proletarischen Kulturrevolution» Massaker, Säuberungsaktionen und bürgerkriegsähnliche Zustände. Mao habe China in «eine Hölle auf Erden» verwandelt – so Dikötter – und «das Land in den Wahnsinn» getrieben. Und als Franz Josef Strauß zu Besuch kam, war die «Kulturrevolution» noch im Gange. Verfolgungen, Verhaftungen und Exekutionen waren an der Tagesordnung, aber dafür interessierte sich der Gast aus München nicht. Mit seiner Ignoranz gegenüber dem brutalen Charakter des Regimes stand der CSU-Mann jedoch nicht allein da. Überhaupt wurde in der westdeutschen Öffentlichkeit über die blutige Seite des Regimes großzügig hinweggesehen, was sicher auch mit der Popularität Maos unter den Studenten der 68er-Bewegung zusammenhing. So schrieb die *Süddeutsche Zeitung* damals einigermaßen verharmlosend von der «Verbrüderung von Schlitzohr und Schlitzauge», die *Frankfurter Allgemeine Zeitung* berichtete ein wenig getragener über die «höchste Weihe einer Audienz» beim damals mächtigsten Chinesen.

Dass die Allianz zwischen den Christsozialen und den Kommunisten politisch zutiefst verlogen war, wurde – wenn überhaupt – belustigt angemerkt. Immerhin gehörte es über Jahrzehnte zur DNA der bayerischen Regionalpartei, Ängste vor der roten Gefahr aus dem Osten und der kommunistischen Unterwanderung der westdeutschen Gesellschaft zu schüren. Doch der Besuch des christsozialen Parteichefs beim Systemfeind wird rückwirkend zum Husarenstück verklärt. «Es mag verwegen klingen, aber die CSU besaß im Zeitalter der Ost-West-Konfrontation ein gemeinsames strategisches Ziel mit der Kommunistischen Partei der Volksrepublik China», schrieb Historiker Reinhard Meier-Walser vor wenigen Jahren, «die Begrenzung der weltpolitischen Machtexpansion der Sowjetunion.»[43] Meines Feindes Feind ist mein Freund – könnte das historisch erprobte Argument lauten. So paktierte der erzkatholische französische Kardinal Richelieu mit den verhassten Protestanten aus Schweden, um den deutschen Kaiser aus dem Hause Habsburg zu schwächen. Adolf Hitler verbündete sich mit dem Mufti von Jerusalem gegen das «internationale Judentum», von dem sie beide schwafelten. Die Amerikaner versorgten die Taliban mit Panzerfäusten und anderem Kriegsmaterial, damit sie den Sowjets am Hindukusch einheizten. Derartige Ad-hoc-Bündnisse, so verwerflich sie aus moralischer Sicht auch sein mögen, gab es immer wieder. «Fest steht, dass Bayern bei Chinas Kommunisten seither einen hervorragenden Ruf genießt», ordnet der *Münchner Merkur* Jahrzehnte später das Treffen ein. «Es sind solche Auftritte ihrer Vorsitzenden, die der Regionalpartei CSU globalpolitischen Glanz verliehen haben.»[44] Dass Vertreter einer Regionalpartei auf der großen Bühne versuchen, Weltpolitik zu gestalten, dürfte ziemlich einmalig sein, weshalb auch die amerikanischen Geheimdienste, die das Treffen in China damals aufmerksam beobachteten, sich verwundert die Augen rieben. Auch ob der Naivität des deutschen Besuchers.

«Der politische Hintergrund und die Ziele hinter dem speziellen Protokoll für den Strauß-Besuch in China sind offensichtlich», hieß es in einem US-Geheimbericht vom Februar 1975.[45] Demnach sei es dem kommunistischen Regime vor allem darum gegangen, das Treffen propagandistisch auszuschlachten. Darauf deutete auch ein protokollarischer Fauxpas hin. So hatten offizielle Ankündigungen anfangs von einem Treffen zwischen dem Vorsitzenden Mao und dem Vorsitzenden Strauß geschrieben, was auf dem Papier stimmte, aber die Provinzpartei CSU hätte man dadurch mit der Staatspartei KPCh gleichgesetzt. Später wurde der Gast zu «Herrn Strauß» geschrumpft, was wohl mit internen Überlegungen zu tun hatte. «Offenbar empfanden die chinesischen Anführer Druck, die Korrektur im Protokoll vorzunehmen», heißt es dazu im amerikanischen Drahtbericht. In den Augen der US-Geheimdienste hatte das Treffen Strauß/Mao für das Regime in Peking durchaus eine strategische Dimension. «Der Strauß-Besuch zeigt nicht nur, wo die maoistischen Anführer aktuell nach Verbündeten suchen. Er zeigt auch, dass die Positionen der chinesischen Führung und die von Leuten wie Strauß nicht nur identisch sind, sondern dass sie praktische außenpolitische Schritte koordinieren.» Aus dem amerikanischen Geheimbericht geht weiter hervor, wie hoch der Besuch von Strauß damals von chinesischer Seite gehängt wurde. «Die protokollarischen Abläufe und die speziellen Veranstaltungsorte, die für den Strauß-Besuch ausgesucht wurden, überstiegen die für alle anderen westlichen Politiker während Maos Herrschaft», heißt es in dem Papier. Eine Karikatur aus der Zeit zeigt, wie ein chinesischer Drache, den Mao an der Leine hält, den bayerischen Politiker Strauß mit der Zunge liebkost. Darunter steht: «Was sich liebt, das schleckt sich.»

Aus der innigen Umarmung des Drachen hat sich die bayerische Politik bis heute nicht gelöst, was wohl auch niemand wirklich anstrebt. Nach dem Auftaktbesuch 1975 kam es immer wieder zu hochrangigen Treffen der Köpfe von CSU und KPCh. Strauß traf zehn Jahre später, dann als bayerischer Ministerpräsident, auch noch Maos Nachfolger. Auf einem Foto sitzen er und der damalige Staats- und Parteichef Deng Xiaoping in großen Polstersesseln beim Tee zusammen und lächeln sich an. Nachfolger Edmund Stoiber besuchte den chinesischen Ministerpräsidenten Li Peng (1995), bevor er acht Jahre später erneut ins Reich der Mitte reiste, für Fotos auf der Chinesischen Mauer posierte und in Schanghai mit Essstäbchen kämpfte (2003). Für seinen Nachfolger wiederum reichte die Amtszeit nicht für einen offiziellen Besuch als Ministerpräsident. Dieses Versäumnis holte Günther Beckstein aber einige Jahre später als Privatier nach. Mit einer Delegation der Nürnberger Messe besuchte er Shanghai und feilte ebenfalls weiter an den guten Beziehungen. Horst Seehofer traf dann wieder als amtierender Ministerpräsident Bayerns den chinesischen Vize-Regierungschef Zhang Dejiang und Außenminister Yang Jiechi (2010). Markus Söder reiste bereits als bayerischer Finanzminister nach Peking, wo er ein überdimensionales Foto vom Treffen zwischen Strauß mit Mao als Gastgeschenk überreichte. Als bayerischer Ministerpräsident begrüßte er schließlich den chinesischen Regierungschef Li Qiang 2023 in München, wo er für ihn ein 85 000 Euro teures Galadinner auftischen ließ. Der Strauß-Besuch 1975 hat die Richtung vorgegeben – eine Blaupause für alle folgenden CSU-Politiker, die Beziehungen zum kommunistischen Regime immer weiter zu vertiefen. Davon profitiert bis heute jede neue Generation von bayerischen Politikern ohne Bedenken.

So auch im März 2013. Der bayerische Innenminister Joachim Herrmann war nach Peking gereist und traf dort Guo Shengkun, der auf dem Papier zwar als sein Amtskollege fungierte, aber in Wirklichkeit einige Hierarchiestufen höher anzusiedeln war. Denn dass ein deutscher Landesminister persönlich vom Minister für öffentliche Sicherheit der Volksrepublik China und dessen Stellvertreter gleich noch mit empfangen wird, ist keineswegs selbstverständlich. «Guo ist einer von fünf Staatsräten der Volksrepublik China und gehört damit zum engsten Führungszirkel der chinesischen Regierung», stand denn auch auf der Homepage des CSU-Mannes. Und weiter ließ er von seinem Büro vermelden: «Herrmann ist der erste ausländische Staatsgast, den Guo in seiner Ministerfunktion empfangen hat.»[46] Das zeigte, wie eng die Beziehungen zwischen der bayerischen Politik und dem Regime in Peking und wie groß das gegenseitige Vertrauen inzwischen waren. Beide Seiten können sich auf ein grundlegendes Prinzip ihrer gegenseitigen Beziehungen verlassen: Eine Hand wäscht die andere. Herrmann konnte wenige Monate vor der Landtagswahl 2013 Erfolge für die CSU vermelden: «China und Bayern werden in Zukunft noch stärker bei der Bekämpfung des internationalen Terrorismus und des Drogenhandels zusammenarbeiten.» Dass chinesische Islamisten eine besondere Gefahr für die bayerische Sicherheit darstellen würden, hatte bis dato noch kein Experte vermutet. Aber CSU-Politiker Herrmann fand einen Kniff, um zwei Jahre nach dem Tod Osama bin Ladens die islamistische Bedrohung des Westens mit dem Trip nach China zu verbinden. Es sei bei den Gesprächen vor allem darum gegangen, die Finanzquellen der Islamisten auszutrocknen, da diese sich unter anderem über einen schwunghaften Drogenhandel nach Europa und Asien finanzierten. «Uns geht es in erster Linie darum, den Gefahren durch international agierende

Terroristen zusammen besser begegnen zu können», sagte Herrmann nach der Reise. Und dafür würden in Zukunft die bayerische und die chinesische Polizei enger zusammenarbeiten. Wie genau seine Landespolizei mit dem Sicherheitsapparat einer Weltmacht in Zukunft kooperieren sollte, führte er nicht weiter aus. Dafür wären eigentlich auch eher die Bundespolizei oder das Bundeskriminalamt zuständig. Doch allein auf das Signal kam es Herrmann an: Ein Bayer, oder noch genauer: die CSU, war ein Player auf der großen Bühne der Weltpolitik. Was Herrmann und die CSU jedoch verschwiegen: Mit «Terrorismusbekämpfung» ist in der Volksrepublik China in erster Linie die Verfolgung von Uighuren und anderen ethnischen Minderheiten gemeint. Eine Kooperation bei der «Terrorismusbekämpfung» bedeutete für die chinesische Seite also nichts anderes als ein Zeichen der Unterstützung für die chinesischen Behörden bei ihren Verfolgungsplänen. Die Wahl gewann die CSU kurze Zeit später haushoch. Der China-Besuch hat dabei bestimmt keine entscheidende Rolle gespielt, aber einigen Wählern hat sicher imponiert, wie selbstbewusst sich die Regionalpolitiker aus München auch in Fernost präsentieren durften. Mit 47,7 Prozent fuhr die Partei die absolute Mehrheit ein und konnte fünf weitere Jahre ungestört regieren.

Aber nicht nur die Bayern können auf ihre chinesischen Freunde setzen, auch in die andere Richtung funktioniert die Allianz offenbar problemlos, was sich wenige Jahre nach der Reise des bayerischen Innenministers zeigte. Schon seit Längerem ärgerten sich die Machthaber in Peking über die immer lauteren und sichtbareren Aktionen der Exil-Tibeter, vor allem in den westlichen Ländern. Die Idee bestand darin, dass die verschiedenen Widerstands-Initiativen jeweils am 10. März weltweit alle Rathäuser dazu aufriefen, die tibetische Fahne zu hissen. Auch in Deutschland beteiligten sich immer mehr Stadtoberhäupter an der Solidaritätsaktion «Flagge zeigen für Tibet». So auch im Frühjahr 2016. Aus Berlin hatte die Tibet Initiative Deutschland e. V. (TID) Infomaterial und Unterlagen für die Aktion durchs ganze Land geschickt. Zahlreiche Lokalverwaltungen hatten schon signalisiert, wieder dabei sein zu wollen.

Da startete die chinesische Botschaft in Berlin einen Gegenschlag. In einem zweiseitigen Brief an die Rathauschefs gingen die chinesischen Diplomaten die Aktion scharf an. «Die TID nimmt eindeutig die Menschenrechte zum Vorwand, um die Unabhängigkeit Tibets zu propagieren», hieß es in dem Brief. Bei der «sogenannten Nationalflagge» handele es sich lediglich um das Erkennungszeichen einer «tibetischen ‹Exilregierung›», die sich «im indischen Dharamsala verschanzt» habe. «Kein einziges Land auf der Welt einschließlich Indiens erkennt diese ‹Exilregierung› an», polterten die chinesischen Diplomaten. Überhaupt stehe die «Organisation ‹Unabhängiges Tibet›» für einen anachronistischen Kurs. «Das alte Tibet war eine Agrarsklavenhaltergesellschaft, in der Politik und Religion eine Einheit bildeten», schrieben die Chinesen weiter. «Über 95% der Leibeigenen hatten keinerlei nennenswerte Menschenrechte.» Diese seien erst durch die Kommunisten in die Bergregion gekommen, so der weitere Inhalt des Briefes. Seitdem garantierten die Herrscher in Peking Religionsfreiheit und den Schutz der tibetischen Kultur. Der Empfänger, das jeweilige Stadtoberhaupt, wurde dann noch zu einer Reise nach Tibet aufgefordert, um sich selbst ein Bild von der Lage vor Ort zu machen, «dann bin ich zuversichtlich, dass Sie zu einem von der TID vollkommen abweichenden Urteil und Fazit kommen».[47]

Um sicherzugehen, dass man die Nachricht auch ernst nimmt, versuchte es der unterschreibende Botschaftsrat Wang noch mit Einschüchterung. «Die Hissung der ‹Schneelöwen-Flagge› auf deutschem Boden, insbesondere im öffentlichen Raum, wie z. B. vor dem Rathaus, verstößt gegen internationalen Usus, gegen die kontinuierliche Politik der deutschen Regierungen und gegen die Verpflichtungen gemäß dem Völkerrecht», warnte der Botschaftsvertreter. Das Schreiben ging auch an die Rathausspitze der Stadt Bamberg, auf dem Eingangsstempel ist der 4. März 2016 vermerkt. Der Oberbürgermeister und seine Mitarbeiter ahnten sofort, was der Hintergrund des Briefes war. Allerdings wollte sich Andreas Starke von den chinesischen Diplomaten aus Berlin nicht einschüchtern lassen. «Wir lassen uns nicht vorschreiben», sagt der

SPD-Politiker heute, «wen wir unterstützen und für welche Menschenrechte oder Völker die Stadt Bamberg eintritt.»[48] Umso erstaunter war der Oberbürgermeister, als wenige Tage später ein zweiter Brief, diesmal aus München, in die Amtstuben flatterte. Verfasst wurde das Schreiben von einer Ministerialrätin aus dem Bayerischen Staatsministerium des Innern, für Bau und Verkehr, das vom CSU-Minister und China-Reisenden Joachim Herrmann geführt wird.[49] Und auch hier war die Stoßrichtung sofort klar. Vor allem konnte aus dem Text herausgelesen werden, auf wessen Initiative das Schreiben fußen musste. Denn die Ministerialen verwendeten in ihrem Brief das Wort «Schneelöwenflagge», wie es zuvor auch schon in dem Schreiben der chinesischen Botschaft gestanden hatte. Auf tibetischer Seite benutzt aber niemand dieses Wort, es ist immer von der tibetischen Flagge die Rede.

Auf den ersten Blick wirkt das Schreiben aus dem Innenministerium wie eine harmlose Rechtsbelehrung zur Flaggenaktion. Doch ist auch hier der Ton einschüchternd. «Gemeinden steht aus dem in Art. 28 Abs. 2 GG verankerten Selbstverwaltungsrecht zwar ein kommunalpolitisches, aber kein allgemeinpolitisches Mandat zu», heißt es da. Deswegen müsse geprüft werden, ob es sich bei der Flaggenaktion um eine «Gesinnungsbekundung» handele, weil diese für eine Kommune – so der Subtext – verboten sei. Möglich sei das Hissen nur, wenn «unter dem Gesichtspunkt von Städtepartnerschaften eine kommunale Aufgabe hergeleitet werden kann». Konkret bedeute das, «als kommunaler Beitrag zur Völkerverständigung» müsse sich «eine solche Erklärung auch als Maßnahme in einer konkret ortsbezogenen Städtepartnerschaft auswirken». Bamberg unterhält bis heute keine Städtepartnerschaft zu einer chinesischen Kommune. Wenn man der Argumentation des bayerischen Innenministeriums folgt, wäre die Aktion damit quasi illegal. «Ich kenne natürlich diese Regel», sagt Oberbürgermeister Starke. «Aber wir hängen vor dem Rathaus auch die Frankenfahne auf.» Auch bei dem lokalpatriotischen Banner handle es sich um einen Graubereich, doch habe sich daran in München noch niemand gestört. Von dem Schreiben des Innenministeriums haben sich die Bamberger Stadtoberen ebenso wenig einschüchtern lassen wie von dem Drohbrief aus der chinesischen Botschaft. Egal ob Franken- oder Tibetflagge, für den OB geht es um etwas Grundsätzliches. «Die Regionalfahne ist uns wichtig», sagt Starke, «ebenso das Bekenntnis zu Tibet. Deswegen engagieren wir uns hier.» Auf Nachfrage räumt das bayerische Innenministerium ein, dass es am 8. März 2016, also einen Tag bevor der eigene Brief herausgegangen ist, ein Gespräch «auf Arbeitsebene mit dem chinesischen Vize-Generalkonsul» gegeben habe. Allerdings habe das Ministerium «keiner Einflussnahme nachgegeben, sondern die kommunalrechtliche Rechtslage objektiv dargestellt.»[50] CSU-Minister Herrmann sei über den Vorgang laut seiner Pressestelle aber erst vier Monate später informiert worden. Die Korrespondenz ist ein äußerst rarer Blick in die Dunkelkammer der bayerisch-chinesischen Beziehungen. Sie belegt, wie die Mächtigen in München auch vor Einschüchterungen der eigenen Bevölkerung nicht zurückschrecken, wenn es der Pflege der besonderen Beziehungen zu China dient.

In Bayern erinnert das innige Verhältnis zur Volksrepublik China an die kalte, brutale Realpolitik eines Henry Kissinger. Ohne Angst vor Gesichtsverlust engagieren sich die Spitzen des Landes schon seit Jahrzehnten für Pekinger Interessen. So wäre etwa das erste Konfuzius-Institut im Freistaat ohne die tatkräftige Unterstützung von Günther Beckstein nicht vorstellbar gewesen. Schon 2005 hatte der damalige Innenminister und stellvertretende Ministerpräsident eine Empfehlung für die Gründung der Einrichtung geschrieben. Von seinem Engagement rückt er bis heute nicht ab. Noch immer gehört der CSU-Mann dem Kuratorium des Konfuzius-Instituts an, er steht diesem sogar vor. «Wenn nun gesagt wird, das Konfuzius-Institut ist sozusagen ein Propagandaarm Chinas, muss ich sagen, das trifft jedenfalls für das Konfuzius-Institut Nürnberg-Erlangen nicht zu», sagte Günther Beckstein 2020 bei einer Anhörung im Landtag.[51] Dabei sehen Experten gerade die Einrichtung in Nürnberg-Erlangen, die vom kommunistischen Regime mit Auszeichnungen nur so überhäuft wird, als besonders problematisch unter den Konfuzius-Instituten in Deutschland an. Und zu dem Zeitpunkt von Becksteins Intervention war auch ein zweiter wichtiger CSU-Politiker Mitglied im Kuratorium der Einrichtung. Stefan Müller gehört seit mehr als zwanzig Jahren als Abgeordneter dem Bundestag an. Als parlamentarischer Geschäftsführer der CSU-Landesgruppe zog er die Strippen hinter den bayerischen Abgeordneten. Müller, der seinen Wahlkreis in Erlangen hat, war seit 2010 auch Mitglied im Kuratorium des Konfuzius-Instituts in seiner Heimat. Pikant dabei: Er gehörte dem Gremium auch weiterhin an, als er zwischen 2013 und 2017 Parlamentarischer Staatssekretär im Bundesbildungsministerium wurde. Damit saß der Vertreter einer chinesischen Einrichtung, die im Verdacht steht, deutsche Hochschulen zu unterwandern, sogar als einer der Verantwortlichen für Bildung und Forschung in der Bundesregierung. 2023, als die Kritik an den Konfuzius-Instituten immer lauter wurde, tauchte Müller nicht mehr unter den Mitgliedern des Kuratoriums auf. Wenn die Einrichtung so unproblematisch ist, wie Müllers Parteifreund Beckstein immer wieder behauptet – warum dann der Rückzug?

Allerdings tun sich in Bayern sogar kritische Geister schwer, die Konfuzius-Institute und damit die China-Connection hart anzugehen. So kam es während der Coronapandemie zu einem Diskussionsabend im Nürnberger Presseclub. Eingeladen war Yan Xu-Lackner, die Chefin des Nürnberger Konfuzius-Instituts.[52] Ziel des Abends war eine offene und kritische Aussprache. Geleitet wurde die Runde von einem pensionierten Redakteur der *Nürnberger Nachrichten*, der sich für den Abend einiges vorgenommen hatte. Er wollte auch die harten Fragen stellen, nicht einknicken, wie er zu Beginn andeutete. «Der edle Mensch strebt nach Harmonie, aber er biedert sich nicht an», begann Georg Escher seine Ausführungen mit einem Zitat des chinesischen Philosophen Konfuzius. «Der Niedriggesinnte biedert sich an, aber er strebt nicht nach Harmonie.» Auffällig war allerdings, wie die Runde von Anfang an versuchte, Kritik an der Institutsspitze nach Möglichkeit zu umgehen. «Frau Xu-Lackner war schon immer etwas ungewöhnlich und sehr schnell», sagte der Moderator. «Mit 17 hatte sie so gute Noten, dass sie sich im Grunde die Universität aussuchen konnte.» Dann im

Turbodurchgang Bachelor mit 21, Dozentin, Austausch mit Berlin, 1995 preisgekrönte Magisterarbeit in Deutschland mit einem Stipendium der SPD-nahen Friedrich-Ebert-Stiftung, schließlich Chefin des Instituts in Nürnberg. Jedoch handverlesen vom Regime in Peking, aber das wurde nicht erwähnt. Auch nicht, dass Xu-Lackner vom kommunistischen Machtapparat mehrfach mit Ehrungen und Medaillen für ihre Arbeit ausgezeichnet worden war. So etwas geschieht nicht ohne Grund. Geschickt gelang es der Institutsleiterin, während des Gesprächs sämtliche möglichen Kritikpunkte im Ansatz zu ersticken. «Die Aufgaben sind vergleichbar mit den Aufgaben der Goethe-Institute», sagte Xu-Lackner etwa. «Die Lehrpläne bestimmen natürlich wir selber», behauptete sie an anderer Stelle.

Gegenüber dem Pekinger Regime verhält sich das Konfuzius-Institut in Nürnberg handzahm und gefällig. Das Veranstaltungsprogramm legt nahe, dass hier öffentlich vor allem Unpolitisches verhandelt wird: die Feier des chinesischen Neujahrsfests oder Frühlingsfests, Lesungen aus Kinderbüchern, Vorträge von Kunsthistorikern oder Managern über die Rolle des Buddhismus in China oder nachhaltiges Unternehmertum in der Volksrepublik. Kritische Themen werden allenfalls in Filmen thematisiert, die in verschiedenen Reihen ab und an gezeigt werden. Im Landtag hatte Gründungsinitiator Beckstein noch behauptet, dass im Nürnberger Institut auch über die Lage der Uiguren, über Tibet oder die Menschenrechtslage im Allgemeinen diskutiert werde. Aus dem Veranstaltungsprogramm lässt sich das nicht ablesen. Fragwürdig ist auch die Behauptung, dass das Konfuzius-Institut in Franken auf jeden Fall keine politische, sondern eine kulturelle Einrichtung sei. Vielleicht hätte Beckstein einmal in die Bibliothek der Sinologen an der Friedrich-Alexander-Universität (dem Kooperationspartner des Konfuzius-Instituts) gehen sollen, dann wäre er sicher über die 100 000 staatsparteigesteuerten Publikationen über Politik und Geschichte der Volksrepublik China gestolpert. Wie politisch die Institute sind, zeigte sich im April 2014. Damals kam Xi Jinping, frisch ernannter Staats- und Parteichef der Volksrepublik, zu

Besuch nach Deutschland. Und trotz seines eng getakteten Zeitplans traf er in Berlin die Spitzen der deutschen Konfuzius-Institute. Das Gespräch mit dem neuen starken Mann in Peking wurde von der Bildungsabteilung der Botschaft organisiert, Ausschnitte wurden sogar im chinesischen Staatsfernsehen übertragen, was nur geschieht, wenn die Veranstaltung in die offizielle Erzählung der KPCh passt. An der Seite des mächtigsten Chinesen saß damals Michael Lackner, Sinologe und Ehemann der Chefin des Nürnberger Konfuzius-Instituts, sowie seinerzeit ebenfalls Mitglied im Vorstand der Einrichtung. Direkt neben ihm befand sich Mechthild Leutner aus Berlin. Diejenige also, die im Bundestag später die Umerziehungslager in Xinjiang als «Weiterbildungsstätten» bezeichnen sollte. Zwei Jahre zuvor hatte Sinologe Lackner noch einen kritischen Appell gegenüber dem Pekinger Regime mitverfasst. In «Lasst Ai Weiwei frei!» hatten an die 100 Unterzeichner aus Deutschland die Freilassung des Künstlers gefordert, der von den Behörden willkürlich verschleppt worden war. Im April 2014, als der chinesische Staatschef die deutschen Sinologen Lackner und Leutner traf, hielt das Regime Ai noch in ihren Fängen und hatte ihn mit einem Reiseverbot belegt. «Präsident Xi ist auf jede gestellte Frage eingegangen», freute sich nach dem Treffen der Vertreter des Nürnberger Konfuzius-Instituts in einer Mitteilung, die er verschicken ließ. Offenbar war er verwundert, dass Xi Antworten gab. Sein Fazit: «Also ich bin sehr zufrieden.»[53]

An dem Diskussionsabend im Nürnberger Presseclub einige Jahre später kamen die Gesprächspartner noch auf die Auswahl des Personals zu sprechen. Für die Mitarbeiter der Konfuzius-Institute gibt es klare Handlungsanweisungen aus Peking, die in einem Leitfaden in Buchform festgeschrieben sind. Aber auch hier wischte die Chefin Yan Xu-Lackner jeden Verdacht zur Seite. «Klar, politische Schulung ist dabei», sagte sie, «aber die lernen auch, wie man mit Gabel und Messer umgeht.» Im Grunde gehe es vielmehr darum, sich in Deutschland zurechtzufinden. Dafür gab sie einige Beispiele: Was bedeutet der Gelbe Sack, wie trennt man richtig den Müll? Wie lüfte ich korrekt ein Zimmer, in dem die Heizung läuft?

«Warum müssen wir Deutsche immer denken, jetzt kommt der Aufbau des Sozialismus, jetzt kommt die große Propagandamaschinerie?», fragte sie mit ironischem Unterton. Das Resümee der Gesprächsrunde im Presseclub fasste Xu-Lackner selbst zusammen. «China und Deutschland, das sind sehr unterschiedliche Systeme», so die Instituts-Chefin, «in diesem Sinne ist das nicht vergleichbar.» Alles also halb so wild – sollte das wohl heißen. Im Publikum saß auch Günther Beckstein. Er dürfte mit dem glimpflichen Verlauf des Abends zufrieden gewesen sein.

Besonders umstritten ist jedoch das Engagement eines weiteren CSU-Politikers, des ehemaligen Bundesinnenministers Hans-Peter Friedrich. Seit April 2022 ist er Vorsitzender der Deutsch-Chinesischen-Parlamentariergruppe. Darüber kam es offenbar sogar in der Unionsfraktion zu Irritationen. Weder war Friedrich zuvor als Außenpolitiker aufgefallen, noch schien der neue Posten mit einer weiteren Funktion des einstigen Spitzenpolitikers vereinbar. Denn der CSU-Politiker hatte drei Jahre zuvor zusammen mit anderen Politikern wie den beiden ehemaligen Bundestagsabgeordneten Alexander Kulitz (FDP) und Johannes Pflug (SPD), der auch ehrenamtlicher China-Beauftragter der Stadt Duisburg war, die China-Brücke ins Leben gerufen. Mit dabei waren von Anfang an Vertreter chinesischer Konzerne, wie etwa der Kommunikationschef von Huawei Deutschland, Carsten Senz, und ein Mitarbeiter der chinesischen Alibaba Group. Eine zentrale Rolle für die Gründung spielte der China-Lobbyist Michael Schumann, der als Chef dem Bundesverband Wirtschaftsförderung und Außenhandel (BWA) vorsteht und in dessen Räumlichkeiten am Berliner Kurfürstendamm sich der neue Verein konstituierte (siehe auch Teil vier, Kapitel fünf).[54] Bei der China-Brücke handelt es sich um eine Lobbygruppe, die in beiden Ländern Türen öffnen will – gewissermaßen ein Pendant zur Beratungsfirma des Sozialdemokraten Scharping unter konservativer Führung. Wie der SPD-Kollege streicht auch Hans-Peter Friedrich gerne die Erfolge Chinas im Kampf gegen die Armut heraus. In einem Interview mit der regimenahen Deutschlandausgabe von *People's Daily* betonte der CSU-Mann, dass sich der neue Verein «nicht in tagespolitische Einzelfragen einmischen» wolle, nur um im gleichen Atemzug die Corona-Politik der KPCh zu loben: «Zum heutigen Zeitpunkt lässt sich nur feststellen, dass China für seinen Kampf gegen das Virus Lob verdient hat.»[55] Gerne betonen die Verantwortlichen der neuen Organisation, dass ihr Vorbild die Atlantik-Brücke sei – ein überparteilicher Zusammenschluss von wichtigen Personen in Deutschland und den USA, der sich laut Vereinsstatuten «für eine starke Demokratie, globale Stabilität und wirtschaftliches Wachstum» einsetzen will.[56] Die Atlantik-Brücke zählt mehr als 800 Mitglieder und hat alleine im Vorstand fast so viele Personen wie die China-Brücke in der ersten Zeit Mitglieder. Mit den Mitstreitern geht der transatlantische Zusammenschluss eher transparent um, anders als die deutsch-chinesische Vereinigung. «Wir haben uns darauf verständigt, die Namen der Mitglieder vertraulich zu behandeln», so Friedrich. Die Geheimniskrämerei weckte sofort Befürchtungen. In einem Brief an die Menschenrechtsbeauftragte der Bundesregierung warnte Ulrich Delius, Direktor der Gesellschaft für bedrohte Völker, vor «chinesischen Verhältnissen in der Lobbyarbeit».[57] Während die Atlantik-Brücke sich klar zu ethisch-politischen Prinzipien bekennt, bleibt die China-Brücke wolkig. «Wir brauchen in Deutschland mehr China-Kompetenz», gab Vereinschef Friedrich das Ziel aus. «Ich habe den Eindruck, dass es in China ein großes Interesse an Gesprächen gibt.»[58] Dass der Verein in der Büroetage eines Lobbyverbandes unter Mithilfe einflussreicher chinesischer Unternehmen gegründet wurde, die in den vergangenen Jahren teils massiv in die Kritik geraten sind und wie etwa Huawei schon länger im Verdacht stehen, für die Volksrepublik China möglicherweise Spionagedienste zu erledigen, zeigt, wie fragwürdig die Konstruktion von Anfang an war. «Mit dieser Problemlage erinnert der Verein eher an das Deutsch-Russische Forum als an die Atlantik-Brücke», hieß es in einem Artikel. Doch gegen den Vergleich wehren sich die Vorsitzenden. «Wichtig ist, dass die China-Brücke keine ‹Vorfeldorganisation› chinesischer Interessen werden darf», sagte FDP-Mann Kulitz.[59] Doch genau diesen Eindruck erwecken die Aktivitäten rund um den ehemaligen

Spitzenpolitiker Hans-Peter Friedrich. Denn kurze Zeit vor der Gründung der China-Brücke hat der CSU-Mann geholfen, noch einen zweiten Verein ins Leben zu rufen. Im Committee on German-Chinese Relations mischten enge Mitarbeiter aus Friedrichs Büro, mehrere Personen mit Wurzeln in China sowie Verbindungspersonen zum Machtapparat der KPCh in Peking mit.[60] «Von der Existenz des neuen Vereins erfährt die deutsche Öffentlichkeit mehr als drei Jahre nichts», schrieb der *Tagesspiegel*, der die Hintergründe der obskuren Vereinigung recherchiert hat. Außerdem habe Friedrich, der zum ersten Vorsitzenden des Vereins gewählt worden sei, sein Engagement anfangs nicht beim Bundestag angemeldet – obwohl er damals dem hohen Haus mit vorstand.[61] Unbestritten ist, dass Hans-Peter Friederich als amtierender Vize-Präsident des Bundestages gleich zwei fragwürdigen China-Clubs ein gewisses Gütesiegel verlieh. Anderthalb Jahre nach der Gründung der beiden Vereine verteidigte Hans-Peter Friedrich das Pekinger Regime ganz offensiv in der deutschen Öffentlichkeit. «Nein, China ist keine Diktatur», sagte Hans-Peter Friedrich im April 2021 dem *Deutschlandfunk*, «China ist ein Staat, in dem im Wesentlichen eine Partei, nämlich die Kommunistische Partei, herrscht. Wir haben das einfach so zur Kenntnis zu nehmen.»[62] Das hätte vor fünfzig Jahren so ähnlich auch Franz Josef Strauß sagen können. Der Sound der CSU zu China hat sich seitdem kaum geändert. Im Juli 2023 wurde Hans-Peter Friedrich zum Ehrenprofessor der Tongji-Universität in Schanghai ernannt. Ein Präsident des deutschen Alumni-Clubs der Hochschule steht auf der geleakten Kontaktliste der Einheitsfront. So klein ist die Welt.

Lokalpolitik «made in China»

Selbstbewusst blickt der Mann in die Kamera. Die rote Krawatte sitzt perfekt, die Haare sind fein gelegt. Hinter ihm auf dem Foto verschwindet ein Maindampfer unter einer Brücke, frisch gepflanzte Bäume streben in den Himmel, die Sonne wirft ihr warmes

Licht über einen idyllischen Park. Über den Hochhäusern liegt ein Weichzeichner. Ming Yang trat im Februar 2018 zur Oberbürgermeisterwahl an – der Slogan auf seinem Wahlkampfplakat lautete «Frankfurt kann mehr». Im Internet wurde über den Kandidaten damals neugierig diskutiert. «Welcher Partei gehört der nette Herr an?», fragte ein User im Reddit-Forum.[63] «Offenbar parteilos», schreibt ein anderer zurück, der sich auf der Homepage des Kandidaten umgesehen hat, «sein Wahlprogramm klingt ein bisschen nach Grünen-FDP-Kreuzung, meiner Meinung nach nicht uninteressant.» Man könnte auch sagen: Da will es jemand allen recht machen. Für den Fall eines Wahlsiegs versprach Ming Yang einen wilden Mix aus sozialen Wohltaten, Großsubventionen und modernen, zukunftsgerichteten Investitionen. Er kündigte vergünstigte Nahverkehrstickets an, billigeren Wohnraum, Fahrradampeln mit Regensensoren, die bei schlechtem Wetter die Grünphase verlängern, elektronische Akten auf den städtischen Ämtern, Elektrobusse, Gasautos. «Mit Yang als Oberbürgermeister sollen ebenfalls speziell Berufe, die die Zukunft der Stadt bestimmen, unterstützt werden», schrieb damals ein lokales Werbeblättchen.[64] «Dazu zählt Yang Erzieher, Polizisten, Feuerwehrleute und Altenpfleger.» Akribisch zählte die Reporterin alle Wahlversprechen des Chinesen auf und kam zu dem Schluss, dass er sich viel vorgenommen habe. Aber Yang wollte nicht nur verteilen, er wollte auch vereinfachen. Für die Wirtschaft hatte er angekündigt, die Schranken abzubauen und neue Finanzierungen zu ermöglichen. «Familienunternehmer sind nicht nur Arbeitgeber, Ausbilder und wichtigste Steuerzahler, sondern tragen auch soziale Verantwortung für ihre Mitarbeiter und sind tief verbunden mit unserer Stadt», so der Kandidat. Deswegen werde er sich für mehr Ausbildungsplätze engagieren und auch dafür kämpfen, dass Unternehmer leichter Kredite bekommen, versprach er damals. «Start-Ups und Existenzgründer sind für unseren Fortschritt wichtig.» Besonders junge Menschen wollte er deswegen dabei unterstützen, ein eigenes Unternehmen zu gründen. Etwas eigenartig waren zwei Vorhaben, die Yang angehen wollte: Er brachte sich als zukünftigen Mediator zwischen den Bürgern und dem Flughafenbetreiber Fraport AG ins Spiel, angeblich um sich für leisere Maschinen und besseren Schallschutz einzusetzen. Und er wollte älteren Menschen helfen, ihre Finanzen besser zu planen und zu verwalten. «Ich bin stolz, in so einer vielfältigen und bunten Stadt zu wohnen», vertraute Yang der Lokalreporterin noch an. «Hier habe ich meine neue Wahlheimat gefunden.»

Im Internetforum waren nicht alle Diskussionsteilnehmer so begeistert von dem Kandidaten. «Ich weiß nicht, er scheint sehr stark für Chinesen und chinesische Firmen einzutreten», schrieb einer. «Nicht, dass ich das grundsätzlich schlecht fände, aber da er selbst aus China kommt, wirkt er da sehr voreingenommen.» Ein anderer wurde gar polemisch. «Jetzt kaufen die Chinesen schon unsere Bürgermeisterämter auf!», ätzte er. Alle Personen schrieben anonym, was eine Überprüfung von eigenen Motiven und politischen Einordnungen erschwert. Allerdings gibt es tatsächlich Indizien, die darauf hindeuten, dass der Kandidat Ming Yang nicht als reine Privatperson angetreten ist, die sich nur aus eigenem Antrieb in die Politik einmischen wollte. «Jeder von uns Auslandschinesen sollte eine Brücke sein», sagte Yang einige Monate nach seinem Wahlkampf in der hessischen Metropole einem chinesischen Reporter. «Wir müssen gut darin sein, chinesische Geschichten so zu erzählen, dass der Westen sie verstehen kann.»[65] Die Worte des Frankfurter Lokalpolitikers erinnerten frappierend an eine Formulierung, die Xi Jinping seit Jahren immer wieder benutzt. Ende Mai 2021 hat der chinesische Potentat in einer Sitzung des Politbüros die neue Marschroute noch einmal präzisiert, an der er und seine Helfer schon länger feilen. Bei dem hochrangigen Treffen drang Xi noch einmal darauf, dass die Volksrepublik für die öffentliche Meinung «ein günstiges internationales Umfeld» schaffen müsse, denn es gehe darum, den «Kampf um die öffentliche Meinung» zu gewinnen. In der staatlichen Nachrichtenagentur *Xinhua* wurde über die Sitzung des Politbüros ausführlich berichtet. «Xi Jinping, Generalsekretär des Zentralkomitees der KPCh, betonte, dass das Erzählen der Geschichte Chinas, die Verbreitung der Stimme Chinas und die Präsentation eines echten, dreidimensionalen und umfassenden

Chinas wichtige Aufgaben zur Stärkung der internationalen Kommunikationsfähigkeit Chinas seien», hieß es im Text.[66] Bereits 2017 wurde die Strategie ausführlich im «Blauen Buch für Auslandschinesen» skizziert. Es gehe für die chinesische Diaspora darum, «Geschichten über China gut zu erzählen».[67] Dass Ming Yang, der Oberbürgermeister von Frankfurt werden wollte, kurz nach seiner gescheiterten Kandidatur fast exakt die gleichen Worte wählte wie der chinesische Staats- und Parteichef und dessen Propagandaapparat, ist mindestens irritierend.

Das Regime in Peking verfolgt mit der sogenannten Huaren-Canzheng-Strategie seit einiger Zeit einen Plan. Ziel des Ansatzes ist es, chinastämmige Personen im Ausland in wichtige Positionen des gesellschaftlichen Lebens zu bringen, damit diese dort auf ein politisches Umfeld im Sinne der Volksrepublik hinarbeiten können. Der China-Experte Kalpit A. Mankikar spricht in dem Zusammenhang von «trojanischen Pferden».[68] Auch bei der deutschen Stiftung Wissenschaft und Politik (SWP) ist die Strategie bekannt, «in deren Rahmen chinastämmige Menschen in einflussreichen politischen Positionen im Ausland chinesische Interessen vertreten sollen».[69] In Kanada, Neuseeland und Australien habe es mehrfach derartige Vorfälle gegeben, Personen hätten in wichtigen politischen Funktionen mitgemischt und gleichzeitig enge Beziehungen zum chinesischen Staatsapparat unterhalten, was der Eperte der Stiftung als «problematisch» bezeichnet.

Das Regime in Peking geht von gut 60 Millionen Auslandschinesen aus, die es zur «großen chinesischen Familie» rechnet. Und die Erwartungen an diese chinastämmigen Menschen, von denen viele längst den Pass ihres neuen Heimatlandes haben oder die gar in zweiter, dritter Generation weit entfernt leben, sind eindeutig: Wenn China Weltmacht werden will, dann müssen die 60 Millionen Auswanderer dabei helfen – egal wo sie leben und wann sie ihre Heimat verlassen haben. Hier schlägt ein Verständnis durch, wie es auch in Deutschland noch bis um die Jahrtausendwende im Recht und in den Köpfen tief verankert war, das sogenannte Blutrecht: Deutscher sei, wer deutsche Eltern hat. Inzwischen hat sich die

Bundesrepublik zum moderneren «Bodenrecht» hin entwickelt: Der Geburtsort ist für die Staatsangehörigkeit ausschlaggebend. Loyalität wird in diesem Verständnis nicht aufgrund einer langen ethnischen Verbindung erwartet, sondern durch eine tatsächliche und bewusste Zugehörigkeit zu einer gerade auch politischen Gemeinschaft. Wie gefährlich das essentialistische Verständnis von Staatsangehörigkeit für aufgeklärte Demokratien sein kann, zeigt die Strategie der chinesischen Machthaber. «Für Peking sind Menschen chinesischer Herkunft in erster Linie Interessenvertreter der KPCh», heißt es in der SWP-Studie, «ihre finanziellen und unternehmerischen, intellektuellen und politischen Ressourcen müssen zuerst, so die unmissverständliche Botschaft, in den Dienst der Volksrepublik gestellt werden.»

Ming Yang, der OB-Kandidat in Frankfurt, scheint dafür ein gutes Beispiel zu sein. Studiert hat der Geschäftsmann nach eigenen Angaben an einer Universität in China. Kurz vor dem Fall der Mauer ist er dann nach Deutschland gekommen, als Stipendiat der renommierten Carl-Duisberg-Gesellschaft. In Bonn belegte er noch Agrarwissenschaften, bevor er 1992 nach Frankfurt am Main zog. In der Mainmetropole hat sich der Mann, der heute vor allem als Unternehmensberater arbeitet, ein enges Netzwerk an Kontakten aufgebaut. Seit einigen Jahren engagiert er sich im Ausländerrat der Stadt, gewählt über die «Chinesische Liste». Er scheint über Parteigrenzen hinweg beliebt zu sein. Sein Ruf ist tadellos. Allerdings fallen in der Biografie des Mannes einige Angaben auf, die tatsächlich auf eine weit engere Verquickung mit dem Regime in Peking hindeuten, als die Öffentlichkeit vermuten würde. Im Wahlkampf scheint er damit nicht weiter konfrontiert worden zu sein. Yang fungiert als stellvertretender Vorsitzender des Verbandes der Chinesen in Europa, daneben ist er Vorsitzender des Bundes der mittelständischen chinesischen Unternehmen in Deutschland. Von der Südwest-Minzu-Universität in China hat er später eine Ehrenprofessur verliehen bekommen, was für einen Geschäftsmann aus Frankfurt am Main, der früher einmal Agrarwissenschaften studiert hat, mindestens als ungewöhnlich bezeichnet werden kann. Allerdings sind Ehrendoktortitel ein gängiges Belohnungssystem in China für treue Gefolgsleute, so auch im Falle des CSU-Lobbyisten Hans-Peter Friedrich. Dazu ist Ming Yang noch Mitglied im Präsidium des Senate of Economy Europe und Senator im Senat der Wirtschaft Deutschland.[70]

Viele der Verbände, in denen sich Yang engagiert, sind mit den kommunistischen Machthabern in Peking direkt verdrahtet. Sie stellen Vorfeldorganisationen der Einheitsfront dar. Indem sie die Diaspora durch die verschiedenen Übersee-Vereine und Gruppierungen strukturiert und organisiert, steuert die KPCh so auch die Einflussnahme auf westliche Gesellschaften. Und das macht den Fall des Frankfurter Kandidaten so brisant. Denn die chinesische Führung hat schon länger erkannt, dass die Chancen auf mehr Einfluss steigen, wenn man im Ausland die lokale Ebene in den Fokus rückt. In den Städten und Kommunen fehlt in großen Teilen noch die Sensibilität für die drohenden Gefahren. Wenn in Köln das Bundesamt für Verfassungsschutz vor der Unterwanderung Deutschlands durch chinesische Geheimdienste warnt, fühlen sich in den Rathäusern und Stadträten der Republik die wenigsten angesprochen. Doch gerade dort sollten sie genauer hinsehen, wenn Bezüge zur Volksrepublik auftauchen. Natürlich sind nicht alle Auslandschinesen, die sich in der lokalen Politik ihrer Heimatstadt engagieren, automatisch ferngesteuerte U-Boote, die ständig aus Peking gelenkt werden. Allerdings ist festzustellen, dass unter Xi Jinping eine Neuausrichtung der Diasporapolitik stattgefunden hat. «Inzwischen ist diese Politik hochgradig institutionalisiert und wird von einer Vielzahl an Behörden gestaltet und umgesetzt», schreibt der Kölner China-Experte Carsten Schäfer.[71] «Dieser politische Apparat hat es zur Aufgabe, Verbände und Medien chinastämmiger Menschen weltweit an den chinesischen Parteistaat anzubinden und sie für Chinas Zielsetzung einzuspannen.» Und da wird es dann doch schnell konkret. Neben der positiven Grundstimmung gegenüber der Volksrepublik kommt es immer wieder zu strategischen Entscheidungen auch auf lokaler Ebene, an denen die KPCh ein großes Interesse hat und in denen sie das Potenzial sieht, in Zukunft den eigenen Einfluss ausweiten zu können. Städtepartnerschaften mit Kommunen in China gehören dazu, durch die dann wiederum Beziehungen zu wichtigen Politikern oder Beamten aufgebaut werden können, genauso die Ansiedelung von chinesischen Firmen oder neue Infrastrukturprojekte, in denen Knowhow aus Fernost steckt – etwa der Ausbau des neuen 5G-Netzes für die Mobilfunkabdeckung in Deutschland. Dass Auslandschinesen für das Regime in Peking eine wichtige Ressource darstellen und als mögliche «trojanische Pferde» gesehen werden, ist nicht neu. Schon seit dem Beginn der Reformpolitik unter Deng Xiaoping ab 1978 rückte die Rolle der Diaspora in den Fokus der KPCh. Die Auslandschinesen sind seitdem ein Mittel, um Chinas Aufstieg zur Weltmacht voranzubringen. Doch inzwischen werden die Landsleute als eine Art Geheimwaffe gesehen, um den Aufstieg der Volksrepublik mit aller Macht an die Spitze der Welt geschmeidiger voranzubringen. Seit Xi Jinping vor etwas mehr als zehn Jahren die Macht übernommen hat, wird mit Nachdruck eine Strategie verfolgt, «die darauf zielt, ein günstiges internationales Umfeld für Chinas Ambitionen zu schaffen».[72] Mit der Soft Power, durch die richtige Erzählung die Begründung für die rabiate Machtpolitik zu liefern, sollen die militärische Aufrüstung, der Ausbau der Geheimdienste und die immer unverhohlenere politische Aggression des Regimes flankiert werden. Entsprechend zentral ist die Rolle, die das Pekinger Regime den Auslandschinesen zugedacht hat.

Als eine Art Testlabor kann dafür die Stadt Frankfurt am Main angesehen werden. Seit knapp zehn Jahren versuchen Vertreter des kommunistischen Machtapparats Einfluss in der deutschen Lokalpolitik zu erlangen. Begonnen hat der Versuch, in die städtischen Entscheidungsebenen vorzudringen, bereits im März 2016. Damals traten bei den Kommunalwahlen gleich mehrere Kandidaten mit Wurzeln in der Volksrepublik für einen Sitz im Römer oder einem der Ortsbeiräte an. Alle engagierten sich für die Partei Bürger für Frankfurt (BFF), die von Beobachtern als rechtspopulistisch eingestuft wird und auch mit der AfD kooperiert. Offenbar gibt es auch bei der BFF eine gewisse Begeisterung für das Reich der Mitte.

«Wirtschaftlich werden die Beziehungen zwischen China und Frankfurt sowie die Rhein-Main-Region immer enger», jubelte eine Parteipostille 2016. Diese Verflechtungen würden nun «auch ein politisches Gesicht» bekommen, so die Hoffnung von BFF. «Denn erstmals in Frankfurt kandidieren gleich drei chinesischstämmige Bürgerinnen und Bürger für Mandate in der Stadtverordnetenversammlung und den Ortsbeiräten.»[73] Sie alle repräsentierten «eine wachsende und dynamische Bevölkerungsgruppe in der Stadt». Stark gemacht für die Nominierung der drei chinesischstämmigen Kandidaten hatte sich Manfred Florian Welker, ein langjähriges Mitglied der hessischen Kleinpartei. Welker engagierte sich aber auch im Bundesverband Wirtschaftsförderung und Außenhandel (BWA), der enge Beziehungen zum kommunistischen Regime unterhält (siehe Teil 4, Kapitel 2). Außerdem schmückt sich der Mann mit dem Ehrendoktortitel einer chinesischen Universität. Auf einem Foto sieht man Welker, wie er für die chinesischen Parteifreunde wirbt. Mindestens eine der Personen, die für die BFF in Frankfurt ein Mandat erringen wollten, unterhält jedoch ganz besondere Beziehungen zur KPCh. Pang Zhong-Wu gehört zu den 47 Personen, die auf der geleakten Kontaktliste der Einheitsfront stehen. Wir hätten Pang gerne zu seinen Verbindungen in die Volksrepublik China gehört. Auf eine erste Mail an die Adresse auf der Liste antwortete der Frankfurter noch, als wir dann konkrete Fragen an ihn schickten, kam keine Rückmeldung mehr.[74] Mit der Kandidatur von Ming Yang trat 2018 zum ersten Mal ein chinesischer Lokalpolitiker sogar für das Amt des Oberbürgermeisters an. Ort und Zeitpunkt schienen günstig. Damals war die Zahl der aus China stammenden Einwohner der Stadt auf etwa 4000 angestiegen. «Keine andere unter den 140 in Frankfurt vertretenen Nationen ist in jüngster Zeit so stark gewachsen wie die der Chinesen», schrieb die *Frankfurter Rundschau*. «Da ist es nur konsequent, dass sich einer als Oberbürgermeister bewirbt.»[75] Dazu weht durch die von Hochhäusern gesäumten Straßen generell ein internationalerer Wind als andernorts. Die Stadt ist seit Jahrhunderten Messestadt, schon lange Finanzmetropole in Deutschland und ein weltweit vernetztes Handelsdrehkreuz. Entsprechend stark entwickelt sich seit einiger Zeit auch das Interesse der Chinesen an der Stadt. Und Ming Yang brachte in seiner Person all die unterschiedlichen Stränge zusammen. Der damals 53-jährige Agrarwissenschaftler repräsentierte die chinesische Wirtschaft in Frankfurt, wo 2018 – zum Zeitpunkt der Wahlen – laut IHK bereits mehr als 300 Unternehmen aus der Volksrepublik stammten. Keine schlechte Ausgangssituation also für das Projekt Einflusserweiterung in der deutschen Lokalpolitik. Am Ende erhielt Ming Yang nur 0,5 Prozent der Stimmen, was etwas mehr als 900 Wählerstimmen entsprach – immerhin ein Drittel des Kandidaten von den Freien Wählern. Als einziger Vertreter einer ausländischen Liste taucht Yang bei den offiziellen Endergebnissen der Auszählung auf. Die meisten Stimmen (1,1%) holte er in Griesheim.

Kurz nach den Wahlen gab Ming Yang zu erkennen, dass er nicht nur der nette, aus China stammende Lokalpolitiker ist, der – wie er sich im Wahlkampf präsentiert hat – für alle Einwohner der Stadt nur das Beste will. Der Geschäftsmann scheint viel tiefer mit dem chinesischen Machtapparat verstrickt als öffentlich zugegeben. Auch wenn er nicht Oberbürgermeister der hessischen Metropole wurde, sitzt er zumindest im Ausländerbeirat der Stadt. Doch sein politisches Engagement findet nicht nur in Deutschland statt. 2019 wurde Yang zum Mitglied der Politischen Konsultativkonferenz des chinesischen Volkes ernannt, einer Organisation aus dem Machtbereich der Einheitsfront.[76] Hier brachte Yang einen Antrag ein, in dem er auf Hilfe und Unterstützung der KPCh drang, damit aus China stammende Personen vermehrt im Ausland politisch aktiv werden können. In einer Propagandazeitung des Regimes äußerte er sich dazu im Detail. Jeder Auslandschinese müsse es als seine Aufgabe begreifen, «Chinas Politik zu propagieren». Dabei handle es sich um die «gemeinsame Verantwortung aller Landsleute im Ausland». Dass Yang bis heute sein Engagement in der alten Heimat nicht offiziell benennt, irritiert auch die Stiftung Wissenschaft und Politik. «Eine Funktion fehlt indes in deutschsprachigen Auflistungen», heißt es in der Studie, «2019, ein Jahr nach seiner

Kandidatur in Frankfurt, wurde Yang Mitglied der Politischen Konsultativkonferenz des chinesischen Volkes.»[77] Und Yang der Geschäftsmann beließ es nicht bei Aufforderungen zum Patriotismus. Er setzt sich auch für eine weitere zentrale Strategie der KPCh ein, die Belt and Road Initiative (BRI), auf Deutsch das Projekt der Neuen Seidenstraße.

«Wir werden», so sagte Yang gegenüber einem chinesischen Reporter, «eine neue Plattform für die internationale Zusammenarbeit schaffen und der gemeinsamen Entwicklung neue Impulse verleihen.»[78] Sich selbst sieht der Geschäftsmann aus Hessen dabei offenbar in zentraler Verantwortung. «Unsere chinesischen Geschäftsleute in Übersee gehören dazu, und auch sie werden viel zu tun haben», so Yang weiter. Für den bereits zitierten China-Experten der SWP liegt der Verdacht nahe, dass der ehemalige Frankfurter Kandidat weiterhin im Interesse des kommunistischen Machtapparats unterwegs ist. Und dass die Kandidatur im Frühjahr 2018 ein – wenn auch kleiner – Teil einer langfristigen, großangelegten Unterwanderungsstrategie Pekings war.[79] «Obwohl die Motive der Verbindung Yang Mings zum chinesischen Staat unklar sind und sich von denen des chinesischen Staats unterscheiden mögen, entspricht die Annäherung Pekings an eine nach politischem Einfluss strebende Person mit chinesischem Migrationshintergrund doch einem diasporapolitischen Muster, das sich inzwischen auch in anderen Ländern immer klarer abzeichnet.»[80]

Auffällig ist, dass fünf Jahre später erneut ein chinesischer Kandidat antritt, um Oberbürgermeister von Frankfurt zu werden. Xu Feng – sein Rufname in Deutschland sei Frank, wie er auf seiner Homepage betont – wurde 1958 in der Stadt Jilin in der Volksrepublik China geboren. Zwei Jahre hat er nach eigenen Angaben Japanologie an der Universität in Tianjin studiert, bevor er 1982 nach Deutschland kam. Die ersten Jahre verbrachte er in Hamburg, wo er eine Ausbildung zum Speditionskaufmann absolvierte. Später ist er ins Management von Logistikunternehmen aufgestiegen, in denen er sich vor allem mit Fragen des internationalen Transports beschäftigte. Sein Schwerpunkt lag damals auf dem Handel mit

Maschinenteilen, Unterhaltungselektronik und Solarmodulen. Von Hamburg ging er dann nach London, wo er an der Börse als Anleihen-Makler arbeitete. 2008 kam er schließlich nach Frankfurt, wo er fünfzehn Jahre später das Spitzenamt im Rathaus anstrebt. «Ich hoffe, dass ich in kurzer Zeit lernen kann, wie ich der Frankfurter Oberbürgermeister werden könnte», schreibt er auf seiner Wahlkampfseite, um «dann Frankfurt zu einer zukunftsorientierten, klimaneutralen und internationalen Stadt» zu machen.[81] «Werde-ich-ffm-OB …» ist seine Homepage betitelt. Auch Xu verspricht das Blaue vom Himmel, sollte er zum Oberbürgermeister gewählt werden. Jedem Staatsbediensteten will er 10,5 Prozent mehr Lohn auszahlen lassen, mindestens 500 Euro für alle. Über zehn Jahre soll es mit ihm als Stadtoberhaupt nur noch sozialen Wohnungsbau geben. Jedes Kind werde einen Kita-Platz bekommen, jeder Erzieher eine Gehaltserhöhung, Kindergärtnerinnen einen Bonus von 300 Euro jeden Monat. Dazu will auch er ordentlich in den öffentlichen Nachverkehr investieren, ein 19-Euro-Ticket für alle Frankfurter einführen und riesige Solaranlagen auf die Dächer der Stadt schrauben lassen. Seinen Spot beendet er mit der Aufforderung «für die sichere Zukunft» solle man «den unabhängigen Feng Xu wählen».[82] Wie unabhängig Xu tatsächlich ist, lässt sich nur schwer nachvollziehen. Während der Recherchen sind keine Hinweise auf direkte Verbindungen des in China geborenen Mannes zur KPCh aufgetaucht. Allerdings zeigte der OB-Kandidat vor einigen Jahren, für wen offenbar sein Herz schlägt. Am 26. Dezember 2016 postete Xu bei Facebook eine alte Porträtzeichnung. «Heute ist der Geburtstag von Mao Zedong», schrieb er darunter. «Er ist der Heilige des chinesischen Volkes.»[83] Der kommunistische Potentat zählt zu den brutalsten und skrupellosesten Diktatoren des 20. Jahrhunderts. Auf Xus Namen läuft zudem eine dubiose Website, auf der eigenartige Meinungs-Umfragen durchgeführt werden, mit populistischem Einschlag.[84] Einmal lautet die Frage: «Zweiter Weltkrieg: Sowjetunion 27 000 000 Tote, USA 407 000 – Wer soll der große Befreier sein?» Ein anderes Mal fragt er: «Europawahl, welche Partei hat eine Friedenslösung für Europa mit Russland?» Oder: «Führt uns Scholz in seiner letzten Amtszeit noch in den 3. Weltkrieg?» Zu Chinas säbelrasselnder Machtpolitik im pazifischen Raum, zur Unterdrückung von Hongkongern, Tibetern und Uiguren verliert der offenbar so friedensbewegte Xu kein Wort. Nach einem längeren Mailaustausch kamen von dem zweiten chinesischstämmigen OB-Kandidaten keine Antworten auf unsere Fragen zu möglichen Verbindungen zum Machtapparat in der Volksrepublik.[85] Im Frankfurter Wahlkampf haben die Lokalreporter dem Mann seinen ehrlichen Einsatz für die Demokratie auf jeden Fall abgenommen. «Sein nächster Karriereschritt ist nun die Kandidatur als Oberbürgermeister für die Mainmetropole», schrieb der Journalist im *Frankfurter Wochenblatt*. «Auf die Frage, wie er seine Chancen sieht, antwortet er selbstbewusst, aber auch ein wenig schmunzelnd: ‹Ich schätze sie fifty-fifty ein.›»[86] Am Ende bekam Xu Feng noch weniger Stimmen als fünf Jahre zuvor Ming Yang. Nur 199 Frankfurter stimmten für ihn, was einem Anteil von 0,1 Prozent entsprach. Vielleicht haben die nachgewiesenen obskuren Verwicklungen mit dem Pekinger Regime des ersten chinesischen Kandidaten Ming Yang ihre Spuren hinterlassen – und die Skepsis bei den Frankfurtern sitzt inzwischen tiefer.

Ein Pakt unter Genossen

Das Regime in Peking unternimmt den Versuch, zu sämtlichen Parteien in Deutschland intensive Beziehungen aufzubauen. Zum Linksaußen-Spektrum sind die Beziehungen jedoch besonders eng. Ob früher die PDS, danach die Linkspartei und neuerdings auch das abgespaltete Bündnis Sahra Wagenknecht (BSW) – eine gewisse Nähe zum Regime in Peking eint alle drei Parteien. Dieses besondere Band ergibt sich allein aus deren historisch-politischer Selbstverortung. Auch die Linke (vormals PDS) fußt in einer sozialistischen Staatspartei, die ähnlich wie die KPCh das Rückgrat einer Diktatur war. Nur sind DDR und SED inzwischen Geschichte – ein mahnendes Beispiel für die chinesischen Kommunisten. Ihre größte

Angst besteht darin, dass ihnen eines Tages das gleiche Schicksal widerfahren könnte wie seinerzeit den Genossen in der DDR und der Sowjetunion. Auch vor diesem Hintergrund müssen die intensiven Aktivitäten zur Kontrolle, Beeinflussung und Spionage im Westen gesehen werden. Die besondere Ironie der Geschichte ist jedoch, dass der endgültige Zusammenbruch der SED-Diktatur eng mit den Fehlern der KPCh zusammenhing. Als im Juni 1989 die Proteste auf dem Platz des Himmlischen Friedens immer lauter und zu einer realen Bedrohung für die Mächtigen in Peking geworden waren, befahl die Staatsmacht, auf die Demonstranten zu schießen und ein Massaker zu begehen. In den Köpfen der Welt hat sich ein Foto festgesetzt, das einen wehrlosen Mann zeigt, der sich einer Panzerkolonne auf dem Tian'anmen-Platz in den Weg stellt. Am Ende sprachen unabhängige Beobachter des Internationalen Roten Kreuzes von etwa 2600 Toten, während die Volksbefreiungsarmee offiziell die Zahl von 200 Toten nannte. In einer Erklärung verteidigten die Machthaber in Ost-Berlin allerdings die «Volksmacht» in Peking, die gezwungen gewesen sei, «Ordnung und Sicherheit unter Einsatz bewaffneter Kräfte wieder herzustellen». Die SED-Führung sprach von einem «konterrevolutionären Aufruhr», den die Volksarmee niedergeschlagen habe. «Die SED solidarisierte sich damit sehr offen mit diesen Massenmördern», erinnerte sich noch Jahre später der inzwischen verstorbene Werner Schulz.[87] Auch deswegen wurde das Massaker in China zum Brandbeschleuniger für den ebenfalls bereits lodernden DDR-Staat. «Es hat zu einer Mobilisierung beigetragen, weil die Opposition der DDR sich protestierend zu diesen Ereignissen in China geäußert hat», so der ehemalige Bürgerrechtler Schulz. Aufkleber, auf denen in chinesischen Schriftzeichen das Wort «Demokratie» stand, wurden in oppositionellen Gruppen verteilt, manche trauten sich sogar, diese auf ihre Trabbis zu kleben. «Wir waren nicht bereit, uns die chinesische Lösung bieten zu lassen, und dennoch hat sie ständig über uns geschwebt.»

Ende September 1989, wenige Monate nach dem Massaker und vor dem Untergang der DDR, reiste Egon Krenz zum 40. Jahrestag der Gründung der Volksrepublik China nach Peking. Als deutscher

Ehrengast bezeugte er damals vor aller Welt seine Loyalität mit dem brutalen Regime, was ihm die chinesischen Machthaber dankten. «Unser Meinungsaustausch über die freundschaftlichen Beziehungen zwischen beiden Ländern, über die internationale Lage und über die gesellschaftliche Entwicklung in China und in der DDR hat gezeigt, dass wir in vieler Hinsicht eine gemeinsame Sprache gefunden haben», sagte damals das Politbüromitglied Qiao Shi.[88] Und diese gemeinsame Sprache bezog der KPCh-Funktionär explizit auf das Massaker auf dem Platz des Himmlischen Friedens. «Besonders möchte ich den Genossen aus der DDR für ihre solidarische Haltung bei der Niederschlagung des konterrevolutionären Aufruhrs danken», teilte Qiao noch mit. Der Solidaritätsbesuch von Egon Krenz kann als Beginn einer bis heute andauernden vertrauensvollen und belastbaren Beziehung gesehen werden.

Seitdem fliegt der Ex-Politiker, der inzwischen bereits weit über 80 Jahre alt ist, in regelmäßigen Abständen immer wieder nach China. Auch im Oktober 2017 kam er in die Volksrepublik, wo er als Gast dem XIX. Parteitag der KPCh beiwohnte, anschließend reiste er noch drei Wochen durch die Volksrepublik. «Er fuhr, wie jedes Mal, durchs Land, sprach mit Betriebsleitern und Parteifunktionären, mit den neuen Managern der boomenden Industrie, mit Studenten und Bankern», lässt sich bereits am Klappentext seines Buches über die Reise erfahren.[89] Ein Resümee seines Trips zog Krenz einige Wochen später vor gut hundert Weggefährten bei einer Diskussionsrunde im Karl-Liebknecht-Haus in Berlin, dem Sitz der Linken. Nachdem der einstige Staats- und Parteichef der DDR aus der Vorgängerpartei der Linken – damals nannte sich die Formation noch SED-PDS – ausgeschlossen worden war und eine mehrjährige Haftstrafe abgesessen hatte, waren kurz noch einmal Diskussionen über einen erneuten Eintritt in die inzwischen in Linke umbenannte Partei aufgeblitzt, aber Krenz hatte letztlich selbst auf einen Aufnahmeantrag verzichtet. Allerdings machte er nie einen Hehl daraus, wo seine politischen Sympathien lagen. Und dies zeigte er mit seiner China-Rede im Parteisitz der Linken. In typisch sozialistischer Manier witterte er weiterhin überall eine kapitalistische Verschwörung, vor allem in den Medien. «Ich vertraue den amtlichen Quellen Chinas mehr als übelwollenden externen Meinungen», sagte er. Vor allem hegte der Kurzzeit-Nachfolger Erich Honeckers als Generalsekretär des ZKs der SED und Staatsratsvorsitzender der DDR weiterhin große Hoffnungen in Bezug auf Fernost. «Ich gehöre zu den Bewunderern dieses Projekts», sagte er. «Wie weit könnte die Welt schon sein, wenn es solche Fortschritte wie hier in China gäbe?» Dann las er einige Passagen aus einem Buch vor, das er über seine Eindrücke geschrieben hatte. «Die Rechnung ist ohne China gemacht worden», schlussfolgerte Krenz. «Die chinesische Lektion lautet nämlich: Der real existierende Sozialismus ist mit dem Untergang des europäischen Sozialismus nicht beendet!»[90]

Die jahrzehntelange rote Nibelungentreue schätzen die Genossen in China. Deswegen empfangen sie weiterhin die alten Verbündeten. Neben Egon Krenz auch immer wieder bis zu seinem Tod Hans Modrow. Zum ersten Mal war der letzte Regierungschef der DDR schon als junger Mann mit Chinesen in Kontakt gekommen, nämlich Anfang der 1950er Jahre während seines Studiums an der Komsomol-Hochschule in Moskau, einer kommunistischen Kaderschmiede für die zukünftige Elite der Sowjetunion. Später folgten mehrfach Besuche in der Volksrepublik. Mit der FDJ, dem Jugendverband des DDR, reiste er 1959 zum ersten Mal durchs Land. Modrow kam danach immer wieder zurück – als Abgeordneter zweier Staaten: der DDR und nach 1990 auch des wiedervereinigten Deutschland. Als Vorsitzender des Ältestenrates der PDS und später der Linken traf er als offizieller Vertreter einer sozialistischen Partei mehrfach in Peking Vertreter der KPCh. Allerdings handelte es sich bei den Zusammenkünften nicht um reine Nostalgie; die chinesische Seite verfolgte klare Interessen, die Zukunft betreffend. Die Chinesen wollten lernen, was die genauen Umstände für den Zusammenbruch der DDR gewesen waren. Was ein wenig bizarr anmutet: Bis heute empfangen Vertreter der KPCh die längst gestürzten Genossen aus Deutschland, um von ihnen Lehrstunden für ihren eigenen Machterhaltungskampf zu bekommen. Sie wollen aus den Fehlern der DDR und vor allem der Sowjetunion lernen, um das eigene Regime langfristig abzusichern. In seinen Erinnerungen zu China skizziert Modrow diese intellektuelle Besessenheit der chinesischen Machthaber. «Der Untergang des europäischen Sozialismus hatte einerseits unmittelbare Folgen für China gehabt, andererseits wollte man aus unseren Fehlern und Irrtümern lernen, um sie nicht zu wiederholen», schreibt er.[91] Ein Redaktions- und Übersetzerbüro beim Zentralkomitee der KPCh ließ seine rückblickende Analyse der Wendejahre «Die Perestroika. Wie ich sie sehe» ins Chinesische übersetzen und brachte sie heraus. Im September 2012 reiste Modrow durch die Volksrepublik und stellte sein Buch persönlich vor. Dabei habe ihm Yi Junqing, der Leiter des Büros, mitgeteilt, warum sein Werk auch in der Volksrepublik gedruckt werde. Weil es «von großer Bedeutung für die eingehende Erforschung der historischen Ursachen und großen Auswirkungen des Zusammenbruchs der Sowjetunion und der anderen sozialistischen Staaten in Osteuropa» sei. Am Rande der Tour kam es immer wieder auch zu politischen Gesprächen. Danach stand für den letzten Vorsitzenden des Ministerrates der DDR fest, dass auch Xi Jinping fest entschlossen sei, aus den «Fehlern» der sowjetischen Führung um Michail Gorbatschow lernen zu wollen. So sei der neue starke Mann Chinas überzeugt, dass «die ideologische Zersetzung der KPdSU und der Verrat aller Prinzipien durch die Gorbatschow-Gruppe ursächlich für den Zerfall der Partei und des Landes gewesen» seien.[92] Und Modrow fährt zu Xis Sichtweise fort: «Die Sowjetunion sei untergegangen, weil sie ihre Geschichte und die ihrer Partei völlig negiert habe.» Hans Modrow ist im Februar 2023 gestorben. Bis dahin waren er und Egon Krenz gern gesehene Gäste in der Volksrepublik, was auch die deutsche Botschaft immer wieder bemerkt hat. «Die beiden haben sich auf Einladung der KPCh im Land aufgehalten», erinnert sich ein Angehöriger des diplomatischen Korps einige Jahre zurück. Und er bestätigt, dass hinter den Treffen immer ein klarer Plan steckte. «Es ging um Regierungserfahrungen aus der DDR, um lernen zu können, was tunlichst vermieden werden sollte, um als System nicht zu scheitern.» Denn eines wolle die chinesische Seite in jedem Fall vermeiden – ein zweites Mal die russischen Umbruchserfahrungen machen zu müssen. Dies hätten sogar hohe Kader gegenüber dem einstigen Botschaftsangehörigen berichtet, dass die KPCh Russland in seiner heutigen Form als «failed state» betrachte.[93]

Doch der enge Draht zu Peking beschränkt sich nicht auf die Generation der Großeltern. Längst pilgern auch die Töchter und Enkel nach Fernost. Allerdings geht es hierbei weniger um Vergangenheitsbewältigung als vielmehr um die Hoffnung auf eine glorreiche gemeinsame Zukunft. Auch die chinesischen Kommunisten sehen in den Linken mögliche enge Partner in der deutschen Politik, womit sie nicht falschliegen, was Äußerungen und Besuche immer wieder belegen. Im Juni 2023 reiste die Abgeordnete und Außenpolitikerin der Linken Sevim Dağdelen in die Volksrepublik, wo sie neben Peking und Chengdu auch nach Schanghai kam. Dort hielt sie an der Universität für Internationale Studien eine bizarre Rede. «Die Situation in Deutschland erinnert an die Situation in Lateinamerika der 70er Jahre des vergangenen Jahrhunderts, bei der eine Kompradoren-Bourgoisie die Interessen von US-Konzernen durchsetzt», schmetterte sie ihren Zuhörern entgegen.[94] Ihr Vortrag mäanderte zwischen Verschwörungstheorien über eine amerikanische Unterwanderung der deutschen Politik, dem «Nato-Stellvertreterkrieg» in der Ukraine, einem Schachspiel Lenins mit dem Schriftsteller Maxim Gorki und einem Gemälde von Francisco de Goya, das Dağdelen einmal in einem Museum in Frankreich gesehen haben will. Unterm Strich schien es der Linken-Politikerin aber um eine Kernbotschaft zu gehen: Der Osten ist gut, der Westen ist böse. «Gegen den Versuch, der Welt ein neokoloniales Korsett mit Stellvertreterkriegen und Wirtschaftskriegen aufzuzwingen, zeigt sich Widerstand im globalen Süden», schloss sie ihre Rede, «für Freiheit, Frieden und Gerechtigkeit in dieser Welt.» Ihre chinesischen Gastgeber werden sich über die Loyalitätsbekundung einer deutschen Politikerin gefreut haben. Angesichts des auch militärisch immer aggressiver vorgehenden Pekinger Regimes hätten die Menschen in Hongkong oder Taiwan bei Dağdelens Rede hingegen die Hände über dem Kopf zusammengeschlagen.

Die deutsche Politikerin scheute auch nicht davor zurück, ihre Anbiederung an das Pekinger Regime in den chinesischen Staatsmedien zu wiederholen. «Es hängt vor allem mit mangelndem Wissen über China zusammen», so die damalige Linken- und heutige BSW-Abgeordnete in einem Interview mit Videojournalisten der Propagandazeitung *China Daily*.[95] «Deswegen will ich ja auch nach China reisen, um mit den Chinesen zu sprechen und zu lernen, wie es so in China ist, auch in Bezug auf die Menschenrechte.» Und dann spielte Dağdelen auch noch die alte Leier der chinesischen Staatspropaganda: Menschenrechte bedeuteten in China den Kampf gegen die Armut, für Wohlstand und Bildung. Es gebe hier einfach ein anderes Verständnis von Menschenrechten als im Westen. «Ich glaube, dass man die Menschenrechte nicht mit Waffen exportieren kann», so die deutsche Politikerin weiter. Die Reporter vom Staatsfunk nickten eifrig. Dann fügte Dağdelen hinzu, dass die Menschenrechte 300 Jahre alt seien, die chinesische Kultur aber schon 3000 Jahre. «Aber wenn man eine 300 Jahre alte Kultur mit einer 3000 Jahre alten Kultur vergleicht, da kann man doch nicht sagen, unsere ist besser als eure.» Irgendwann begannen die beiden Reporter zu lächeln. Offenbar waren sie mit den Antworten der Deutschen zufrieden. «Wir erleben aktuell im Westen eine Anti-China-Hysterie», gab sie den beiden Journalisten schließlich recht, «die USA planen einen Krieg gegen China.» Bei abgeordnetenwatch.de fragte später ein Hans M. die heutige BSW-Abgeordnete: «Wer hat Ihre Reise in die Volksrepublik China Anfang Juni 2023 finanziert?» Doch die Politikerin, die normalerweise regelmäßig Fragen in dem Forum beantwortet, schweigt sich dazu seit mehr als anderthalb Jahren aus.[96]

Bei ihrem Trip durch die Volksrepublik hat Dağdelen aber nicht nur neue Eindrücke gewonnen, sie hat auch neue Kontakte geknüpft. So zum Beispiel zu Fu Ziying, einem Mitglied des Nationalen Volkskongresses. In China hatten sich der KPCh-Funktionär und die vormalige Linken-Politikerin bereits zu einem gemeinsamen Mittagessen getroffen. Dağdelen hatte ihren Gesprächspartner zum Gegenbesuch nach Deutschland eingeladen, dem der chinesische Politiker schneller nachkam, als die Deutsche wahrscheinlich gedacht hätte. Es war am Nikolaustag, dem 6. Dezember 2023, nur ein halbes Jahr nach dem Kennenlernen in Peking, dass die BSW-Politikerin den kommunistischen Apparatschik an der Spree wiedertraf.[97] Fu ist nicht irgendwer, er diente früher als stellvertretender Handelsminister, gehörte als einer der Köpfe zur Disziplinarkommission der KPCh, eine Art intellektuelle Prätorianergarde für Staats- und Parteichef Xi Jinping. Danach überwachte er als Direktor des Verbindungsbüros zu Macau von 2018 bis 2022 den Übergang der einstigen portugiesischen Kolonie in die Sonderverwaltungsregion der Volksrepublik China. Auch dort erleben die Einwohner seit einigen Jahren, wie das Pekinger Regime die Daumenschrauben immer enger zieht. In der Zeit, als Fu das Verbindungsbüro lenkte, hat sich die Lage noch einmal erheblich verschärft. Das Auswärtige Amt berichtete, dass politische und bürgerliche Rechte dort immer mehr eingeschränkt würden. Bei den Wahlen zum lokalen Parlament seien 2021 missliebige Kandidaten wegen «mangelnder Loyalität» aussortiert worden.[98] Doch all das störte die BSW-Politikerin Dağdelen nicht. Zusammen flog sie mit Fu von Berlin nach Düsseldorf. Dort wurden sie bereits von Generalkonsul Du Chunguo, ebenfalls ein Mitglied der KPCh, erwartet. Sein Vorgänger als Generalkonsul hatte sich in die geplante Lesung einer kritischen Xi-Biografie im Konfuzius-Institut in Duisburg-Essen eingeschaltet und die Veranstaltung torpediert. Bei der linken Politikerin sahen die Vertreter des Pekinger Regimes aber offenbar keine Gefahr für unwillkommene Kritik. «Frau Dağdelen scheint China ohne Vorurteile zu begegnen», sagte Fu.[99] Am nächsten Morgen besuchten die beiden den Containerhafen in Duisburg. Genau die Stelle, wo das gigantische Projekt der Neuen Seidenstraße endet. Jede Woche werden hier ca. zwanzig Züge für den China-Handel abgefertigt. Ein *Spiegel*-Reporter, der den Besuch beobachtete, hörte mit, wie der chinesische Parteifunktionär zu der BSW-Frau sagte: «Ich fühle mich wie zu Hause.» Dazu tragen sicher auch Politikerinnen wie Sevim Dağdelen bei.

Als die Bundestagsfraktion der Linken sich einmal mit der Rolle der Konfuzius-Institute in Deutschland auseinandersetzen wollte, lud Dağdelen die Sinologen Thomas Heberer und Mechthild Leutner als Experten ein, «um aus erster Hand» zu erfahren, «wer dort das Sagen hat». Beide gehören zu den umstrittensten China-Experten in Deutschland. Zusammen mit dem Düsseldorfer Generalkonsul war Heberer für die Absage der kritischen Buchlesung in seinem Institut verantwortlich, Leutner hatte während der Sitzung des Menschenrechtsausschusses die Konzentrationslager in China als Berufsausbildungszentren bezeichnet. Doch bei den Linken fanden die beiden Wissenschaftler und die Abgeordneten schnell einen gemeinsamen Sound. «Wir stehen unter Druck, ein negatives China-Setting zu betreiben», schwadronierte Leutner. «Wer bestimmte Bilder nicht bedient und dem Druck nach undifferenzierter Parteinahme gegen China nicht nachgibt, läuft Gefahr, als ‹China-Versteher› gebrandmarkt zu werden.» Dem pflichtete die Abgeordnete Sevim Dağdelen bei, die zu dem Zeitpunkt Obfrau der Fraktion im Auswärtigen Ausschuss war. «Die Konfuzius-Institute sind ins Fadenkreuz transatlantischer Geostrategen geraten», schrieb die Linken-Abgeordnete später über das Treffen. «Auch in Deutschland wird zunehmend Stimmung gegen die Konfuzius-Institute gemacht.» Angesichts der Bedeutung der deutsch-chinesischen Beziehungen brauche es jedoch «nicht weniger, sondern mehr Konfuzius-Institute».[100]

Ihre weitgehend kritiklose Unterstützung des Pekinger Regimes und enge Vernetzung mit chinesischen Apparatschiks wird von der Chefin ihrer neuen Partei BSW gestützt. «Sevim ist sehr kompetent in der Außenpolitik», sagte Sahra Wagenknecht bei einer Pressekonferenz im Januar 2024, «sie ist da fit und international auch sehr gut vernetzt.»[101] Mit ihrer wohlwollenden Position gegenüber dem Regime in Peking steht Dağdelen im neuen Bündnis Sahra Wagenknecht nicht allein da. Auch Amira Mohamed Ali, ebenfalls ein politisches Schwergewicht der neuen Formation, stellt sich gern gegen eine kritische Haltung gegenüber China. Als im Bundestag eine hitzige Debatte über die neue «China-Strategie» der Bundesregierung losbrach, griff Mohamed Ali die grüne Außenministerin

Annalena Baerbock scharf an. In dem Strategiepapier, das in großen Zügen im Auswärtigen Amt erarbeitet wurde, wird zum ersten Mal Klartext zu den feindlichen Übergriffen des chinesischen Regimes auch in Deutschland gesprochen. Doch das missfällt offensichtlich den mittlerweile ehemaligen Vertretern der Linken, die ihr neues Bündnis «linkskonservativ» nennen. «Ihr diplomatischer Beitrag beschränkt sich auf fragwürdige Provokationen», schimpfte die damalige Linken-Fraktionschefin und heutige BSW-Abgeordnete Mohamed Ali über Baerbock im Bundestag, «vor einer Woche bezeichnete sie China als ‹systemischen Rivalen›. Ja, was ist das denn?» Bei den Äußerungen der Außenministerin handle es sich um «Kalter-Kriegs-Rhetorik».[102] Dann versuchte Mohamed Ali in ihrer Rede einen beeindruckenden Spagat. Sie benannte sehr klar die Missstände in China – keine Demokratie, gravierende Menschenrechtsverletzungen, eingeschränkte Meinungsfreiheit, Unterdrückung von Minderheiten, keine Arbeitnehmerrechte für Millionen Menschen –, das sei «alles absolut inakzeptabel». Und kam zu dem Schluss: «Aber das ist leider auch absolut nichts Neues.» Dass die Kritik an der Volksrepublik nun lauter werde, liege nämlich an einer verschärften Konkurrenzsituation zwischen den USA und China darüber, wer Weltmacht Nummer eins sei oder es werde. «Das ist die Wahrheit», so Mohamed Ali. Hinter der verschärften China-Kritik steht demzufolge wieder einmal die Anbiederung an die Vereinigten Staaten und ihre dunkle Machtpolitik. «Das ist keine menschenrechtsbasierte Außenpolitik, das ist eine Instrumentalisierung von Menschenrechten, und das geht nicht», so Mohamed Alis Verdikt über das Strategiepapier aus dem Auswärtigen Amt, das sie offenbar als Kopie des amerikanischen Ansatzes empfindet. Zum Abschluss warf sie der Bundesregierung in Bezug auf China noch eine «ideologisch unterfütterte Symbolpolitik» vor.[103] Und die BSW-Frau trieb das Thema noch Monate später um. «Wenn sich der grüne Anti-China-Kurs durchsetzt, bricht unsere Wirtschaft weiter ein», legte sie ein halbes Jahr später nach. «Der Kurs der EU und der Bundesregierung ist arrogant, gefährlich und teuer.»[104]

Nicht viel anders sehen es die alten Weggefährten in der Linken. Wie schon ihre politischen Vorfahren schert auch die Enkelgeneration das immer brutalere Vorgehen des Pekinger Regimes gegen ihre Gegner wenig. Zumindest legen das Diskussionen nahe, die Vordenker der Linken in der parteinahen Rosa-Luxemburg-Stiftung führen. Demokratie, Rechtsstaat und Menschenrechte scheinen nachrangig, wenn es um den Kampf der Systeme geht. Wie in alten sozialistischen Zeiten theoretisieren die linken China-Experten lieber über politisch-philosophische Fragen als über die negativen Auswirkungen einer immer hemmungsloseren Machtpolitik. So sehen die Parteivordenker die Hauptfrage innerhalb des linken Lagers darin, wie genau das Pekinger System zu bezeichnen ist: «Sozialismus mit chinesischer Prägung» oder «autoritärer Staatskapitalismus». Dass bei solchen Erörterungen die Frage nach Ethik, Recht und Freiheit eher stört, sagen die Theoretiker ganz offen. «Da ist es nicht hilfreich, das Verhältnis zu China primär über einen linken Moralismus zu bestimmen», warnt etwa Jan Turowski, Büroleiter der Rosa-Luxemburg-Stiftung in Peking. Natürlich gebe es in der Volksrepublik auch Krisen, etwa soziale Ungerechtigkeiten, Ausbeutung oder die ökologische Zerstörung. «Die Linke aber muss ihr Verhältnis zu China analytisch bestimmen und Widersprüche vor dem Hintergrund der Weltgeschichte und den Machtverhältnissen ihrer Zeit verstehen», so Turowski. Wichtig sei nun, nicht ständig in ein «Richtig-falsch-Raster» in Bezug auf die Volksrepublik zu verfallen. Auf jeden Fall scheinen sich die linken Vordenker nicht dafür zu interessieren, wie weit die chinesische Unterwanderung in Deutschland eventuell schon fortgeschritten sein könnte. Auch ob von dem immer martialischeren Regime vielleicht bald eine Gefahr für die Sicherheit Deutschlands ausgehen könnte, kümmert die Linken wenig. «Es geht um die Frage, welche Entwicklungsoptionen sozialistische Staaten in einem kapitalistischen Weltmarkt haben», beschreiben die China-Experten ihre Sicht auf das kommunistische Regime.[105]

Überhaupt gibt es nur sehr vereinzelt kritische Stimmen innerhalb der Linken. So hat vor Jahren der ehemalige Fraktionschef im

Landtag von Sachsen-Anhalt, Wulf Gallert, vorsichtig Kritik geübt. Auch er schreibt von «tiefsitzenden antichinesischen und antikommunistischen Ressentiments», die er in Deutschland ausgemacht haben will. «All das ist für mich aber kein Grund, jede Kritik an der politischen Situation in China zu vergessen», so Gallert im *Neuen Deutschland*.[106] So moniert der Linken-Politiker durchaus, dass die KPCh in den vergangenen Jahren immer aggressiver gegen Kritiker vorgeht. Seine Partei hingegen stehe zu den liberalen Grundrechten, für Datenschutz und die politischen Rechte der Opposition oder auch die Gewaltenteilung. Während diese Grundrechte auch von der Linken verteidigt würden, «ist für all dies im politischen System Chinas kein Platz». Auch die immer stärkere Einflussnahme Chinas in Zentralasien, Europa, Afrika und Lateinamerika kritisierte Gallert. «Allerdings stellt sich die Frage», so der Linken-Politiker, «ob der Besitz und die Kontrolle Chinas über Infrastruktur in Zentralasien, Europa, Afrika oder Lateinamerika mit linken Vorstellungen in Übereinklang zu bringen ist. Ich habe da erhebliche Zweifel.» Als zwei Jahre später Enthüllungen zu den Zwangslagern in China an die Öffentlichkeit drangen, prangerte Gallert «schwere Menschenrechtsverletzungen in China» an. Die Berichte seien «erschreckend», teilte er in einer Pressemitteilung mit. «Für uns als Linke ist klar, dass wir keine doppelten Standards in der Außenpolitik akzeptieren», so der Politiker.[107] Ob das alle seine Parteifreunde genauso sehen, darf bezweifelt werden.

Denn mit seiner Kritik steht der Landespolitiker aus Magdeburg im linken Block ziemlich allein da. Schon vor einiger Zeit hatte es Ingar Solty von der Rosa-Luxemburg-Stiftung auf den Punkt gebracht: «Der globale Rüstungswettlauf und die Konfrontationspolitik gegen China müssen beendet werden.» Es gebe viel drängendere Probleme, die dringend gemeinsam gelöst werden müssten. Vor allem gehe es um den Kampf gegen den Klimawandel. Um hier richtig voranzukommen, brauche es eine «neue Ostpolitik», diesmal mit Blick auf China. Vertrauensbildende Maßnahmen also. Und entscheidend dafür sei ein Signal an die chinesische Seite, «dass es grundsätzlich unterschiedliche Wege gibt, Menschheitsprobleme, die uns alle betreffen, zu bearbeiten, um voneinander lernen zu können».[108] Wie hatte doch gleich Hans Modrow in seinem China-Buch 2021 geschrieben? «Aber geradezu wütend macht mich die Tatsache, dass Erscheinungen von Völkerhass, Chauvinismus und Nationalismus in die internationalen Beziehungen zurückgekehrt sind», verkündete da der einstige Ehrenvorsitzende der PDS und langjährige Vorsitzender des Ältestenrates der Linken wenige Monate vor seinem Tod. «Die Diplomatie», so Modrow, «befindet sich auf einem Tiefstand.» Grund dafür sei, dass die Bundesregierung die Volksrepublik China als «Gegner» verstehe. Sein Fazit sagt viel über das Verständnis großer Teile der Linken gegenüber dem Pekinger Regime aus: «Und wo sie es möchten, sollten wir sie solidarisch unterstützen.»[109]

Extrem nah dran

In der Politikwissenschaft wird bis heute das Hufeisenmodell oder auch Hufeisenschema diskutiert. Die Theorie besagt, dass sich die politischen Kräfte in einem parlamentarischen System wie bei einem Pferdeschuh annähern. Dass sich also links-extrem und rechtsextrem gar nicht so unähnlich seien. Entwickelt wurde die Theorie von den beiden Autoren Adolf Ehrt, einem glühenden Nationalsozialisten, und Iwan Alexandrowitsch Iljin, Russe und ursprünglich Anhänger der weißen Armee, in ihrem Buch *Entfesselung der Unterwelt. Ein Querschnitt durch die Bolschewisierung Deutschlands,* das sie 1932 in Berlin und Leipzig veröffentlichten.[110] Beide gehörten zum Umfeld der nationalsozialistischen Kleinpartei Schwarze Front, die sich selbst als «antiparlamentarischen Kampfbund» bezeichnete und eine Annäherung der deutschen Nazis an die Kommunisten beziehungsweise die Sowjetunion erwog. Beide Parteien, KPD und NSDAP, stimmten in ihrer Ablehnung des demokratischen Liberalismus überein, so die Grundthese der Autoren. «Die Gegensätze von ‹Links› und ‹Rechts› heben sich auf, indem sie eine Art Synthese eingehen unter einmütiger Ausscheidung des ‹Bürgerlichen›», schrieben Ehrt und Iljin in ihrem Buch. Die Schwarze Front wurde bald nach der «Machtergreifung» Hitlers verboten, die Theorie der Nähe zwischen den Extremen bestand aber weiterhin fort. Und scheint sich in unserer Zeit in gewisser Hinsicht zu bestätigen. Denn die in großen Teilen rechtsextreme deutsche AfD und die chinesische Kommunistische Partei Chinas haben weit mehr miteinander zu tun, als es auf den ersten Blick erscheinen mag. Die teils engen Verbindungen schreiben sich ein in eine europaweite Verflechtung von Strukturen und Politikern am rechten Rand mit Einflussagenten und Geldgebern des Pekinger Regimes. Auch wenn auf dem Papier zwischen den politischen Lagern Welten liegen, stehen beide allzu oft mit Demokratie, Rechtsstaat und Menschenrechten auf Kriegsfuß. Auffällig ist auf jeden Fall, wie bereitwillig rechtsextreme Politiker in Europa sich für die Ziele Pekings einspannen lassen. Recherchen belegten bereits mehrfach, dass dafür auch Geld fließt. Guy Verhofstadt, ehemaliger Premierminister Belgiens, sieht in den europäischen Rechtsextremen gar Helfershelfer für die Chinesen, «die radikale Rechte ist ihr trojanisches Pferd».[III] Und Deutschland steht im Zentrum der chinesischen Unterwanderung, wie sich im Frühjahr 2024 zeigte. Es sieht danach aus, dass die Dienste der Volksrepublik China im direkten Umfeld der Bundesspitze der AfD sogar einen Agenten platziert hatten. Dabei bräuchten die chinesischen Kommunisten für das Wohlwollen der deutschen Rechtsaußenpartei eigentlich gar nicht so viel Aufwand zu betreiben, lassen sich einflussreiche Personen der Partei doch immer wieder bereitwillig und sehenden Auges zugunsten Pekings einspannen.

Zu den größten Fürsprechern des Pekinger Regimes in Deutschland zählt Maximilian Eugen Krah. Als Jugendlicher mischte er bei der CDU in seiner sächsischen Heimat mit, war sogar einmal Pressesprecher der Partei in Dresden, bevor er dann zur Rechtsaußenpartei überlief. Heute gilt der Mann selbst in der AfD als Hardliner. Er gehört zum «völkischen Flügel», bezeichnet «Remigration» in den sozialen Medien provokativ als sein persönliches «Wort des Jahres», spricht vom «Schuldkult der Deutschen» nach dem Zweiten

Weltkrieg, versucht ehemalige SS-Angehörige teilweise zu entkriminalisieren und Landtagswahlen im Osten nennt er schon mal «kriegsentscheidend». Mit kernigen Sprüchen versucht er auf sich aufmerksam zu machen. «Echte Männer sind rechts, echte Männer haben Ideale, echte Männer sind Patrioten», klingt der typische Krah-Sound, «und vor allem, lass dir nicht einreden, dass du lieb, soft, schwach und links zu sein hast.» Lieb, soft und schwach will der AfD-Mann, der bis Ende Mai 2024 als Mitglied im Bundesvorstand zu den einflussreichsten Politikern der in großen Teilen rechtsextremen Partei gehörte und zu den Vertrauten des Thüringers Björn Höcke gezählt wird, ganz sicher nicht sein. Vielleicht sucht er sich deshalb starke Partner, zumindest solche, die er dafür hält. Und die können dann im Zweifel auch mal die selbsternannten Kommunisten in Peking sein.

Krah steht China seit Längerem nahe. Schon kurz nach der Jahrtausendwende hat er das Land bereist und dabei offenbar seine Begeisterung für die Volksrepublik entdeckt. Es folgten mehrwöchige Aufenthalte im Rahmen seines Studiums in Schanghai und Hongkong. «Die globale Wirklichkeit wartet nicht auf unsere deutschen Befindlichkeiten», schrieb Maximilian Krah einmal. «Habe mich schlau gemacht über eines der größten Entwicklungsprojekte unserer Zeit, die Neue Seidenstraße.»[112] Verbrämt als riesiges Handels- und Infrastrukturprojekt von Fernost nach West, handelt es sich bei dem Vorhaben auch um eines der größten Propaganda- und Gleichschaltungsprojekte von Staats- und Parteichef Xi Jinping. Inzwischen sprechen erste Regierungen etwa in Afrika von «Neo-Kolonialismus».[113] Indische Wissenschaftler haben die polit-ökonomische Strategie der KPCh eingehend analysiert und sehen eine «Schuldenfallen-Diplomatie» am Werk.[114] Und auch die G7-Staaten – inklusive Deutschland – haben reagiert und eine Gegenbewegung ins Leben gerufen, das sogenannte B3W-Projekt.[115] «Build Back Better World» (deutsch: Wiederaufbau einer besseren Welt) soll breiten Teilen der Welt demokratische Alternativen bieten, um den chinesischen Machtfantasien entgehen zu können. Doch das scheint den AfD-Mann Krah nicht zu stören, der schon im Herbst 2018 auf

Einladung der Fudan University nach Schanghai gereist war, um sich – wie er behauptete – an einer Diskussionsrunde zu beteiligen. Auf seiner Facebook-Seite postete er zu dem China-Besuch zwei Fotos und ein Video. Ein Filmchen zeigt die beeindruckende Skyline der Stadt bei Nacht. Auf einem Bild posiert der AfD-Mann leger vor einem Aufsteller der Silk Road Think Tank Association (SRTA), die Hand entspannt in der Hosentasche. Bei der Vereinigung handelt es sich um eine Lobbyorganisation, die der Internationalen Abteilung der Kommunistischen Partei (IDCPC) untersteht und weltweit für Unterstützung des Neue-Seidenstraßen-Projekts trommelt. Dabei handelt es sich dabei um die gleiche Struktur, die auch schon bei der Wirtschaftskonferenz von Rudolf Scharping mitmischte. Laut Verfassungsschutz gehört die IDCPC zum Geheimdienstapparat der Volksrepublik. So haben die deutschen Sicherheitsbehörden Informationen, wonach die Parteizelle «de facto auch wie ein Nachrichtendienst der Volksrepublik China agiert und somit dem chinesischen Nachrichtendienstapparat zuzurechnen ist».[116] Ziel der Parteistruktur sei es in erster Linie, weltweit Kontakte zu Politikern zu knüpfen, auch «deutsche (amtierende oder ehemalige) Abgeordnete nach China einzuladen, um deren China-Bild im Sinne der Agenda der KPCh zu ‹korrigieren›». Vor allem auf eine Art von Politikern haben es die kommunistischen Agenten demnach abgesehen: «Im Fokus stehen Abgeordnete, die der chinesischen Regierung gegenüber eine vergleichsweise unkritische Haltung vertreten», warnt der deutsche Inlandsgeheimdienst. Nach allem, was öffentlich über Maximilian Krah bekannt ist, stellt der AfD-Mann damit für die Chinesen die perfekte Zielperson dar.

«Ich habe Freunde in China», verkündete Krah nach seiner Rückkehr aus Schanghai beiläufig.[117] Da war die AfD gerade dabei, ihn als Spitzenkandidaten für die Europawahl aufzustellen. Details nannte er anfangs nicht zu diesen Bekannten, auch nicht, warum diese ihn offenbar zu dem Treffen mit den Handlangern der KPCh gebracht hatten. Auf Nachfrage von Journalisten präzisierte er später jedoch, dass es sich bei den Freunden um ehemalige Klassenkameraden aus seinem Studium gehandelt habe.[118] Auf einem weiteren

Bild bei Facebook sieht man Krah, wie er vor einem halben Dutzend chinesischer Zuhörer steht – ein überdimensionales Porträtfoto von sich selbst über ihm an die Wand geworfen – und ihnen etwas erläutert. Für seine Gesprächspartner in der Volksrepublik ist der Deutsche sicher ein angenehmer Besucher. Auf jeden Fall macht er keine Vorhaltungen wegen der Menschenrechtssituation im Land. Im Gegenteil, der AfD-Mann springt dem autoritären Regime bei. So spricht er bei den Berichten zu Folter und Inhaftierung der Uiguren von «Gruselgeschichten», von «Anti-China-Propaganda ohne valide Fakten». Doch offenbar beschränkt sich das Engagement des AfD-Mannes nicht auf wohlmeinende Worte. Gleich nach seinem Einzug ins Europaparlament engagierte sich Krah in der «EU-China Friendship Group», wo er eine steile Karriere machte. Der informelle Club, in dem Parlamentarier der verschiedensten Fraktionen zusammenkamen, setzte sich für eine engere Kooperation mit der Volksrepublik China ein. Wie sich herausstellte, hatte sogar die chinesische Mission in Brüssel Zahlungen für die Gruppe übernommen. Als das Nachrichtenportal *Politico* über die dubiose Vereinigung berichtete, stellte sie ihre Arbeit ein. Gegründet wurde der Club 2006 von dem konservativen britischen Abgeordneten Nirj Deva, in dessen Büro der chinesischstämmige Gai Jin arbeitete. Später wechselte der junge Mann zu dem ebenfalls konservativen tschechischen Abgeordneten Jan Zahradil, als dieser den Vorsitz der Gruppe übernommen hatte. In der Freundschaftsgruppe fungierte Gai als Generalsekretär, doch zeitgleich engagierte er sich wohl auch in Frontorganisationen der KPCh.[119] Der lose Lobbybund für die Volksrepublik, in dem sich die chinafreundlichen Abgeordneten zusammengefunden hatten, hatte also schon eine schillernde Vergangenheit, als Maximilian Krah dort mitzumischen begann. Zuletzt galt der AfD-Mann selbst als Strippenzieher in der «EU-China Friendship Group». Obwohl er zeitgleich dem Ausschuss für Internationalen Handel des EU-Parlaments angehörte, der parallel auch über ein Investitionsabkommen mit China verhandelte, hinderte das Krah nicht daran, weiter Stimmung für die Volksrepublik zu machen. So schrieb er am 6. Januar 2020 eine

Mail an Bernd Baumann, den parlamentarischen Geschäftsführer der AfD-Fraktion in Berlin. Darin beklagte sich der EU-Parlamentarier bei dem deutschen Kollegen über die Positionierung der Bundestagsfraktion gegenüber dem chinesischen Mobilfunkkonzern Huawei. Krah: «mit einiger Verwunderung habe ich die Positionierung der Fraktion zur Beteiligung der Firma Huawei beim 5G-Ausbau in Deutschland im besonderen wie der wirtschaftlichen Kooperation mit China im generellen zur Kenntnis genommen.» Die Position sei «nicht abgestimmt» und «unausgereift», kritisiert Krah, und er sehe «dringenden Klärungsbedarf». Um den AfD-Kollegen umzustimmen, bietet der EU-Abgeordnete an, seine «Argumente zum Thema vorzustellen» und einen «Lösungsvorschlag zu unterbreiten». Mit dem Ziel, zu einer «allseits akzeptablen Position zu gelangen».[120] Auch im Europaparlament beobachteten seine Parteifreunde, dass er gegenüber der Volksrepublik einen eigenen Kurs einschlug. «Krah zeigte fast immer ein auffälliges Abstimmungsverhalten zugunsten der kommunistischen Machthaber Chinas», sagt Nicolaus Fest, der für einige Zeit die Gruppe der deutschen AfD-Abgeordneten in Brüssel lenkte.[121] Überhaupt schienen die Rechtsaußen-Parlamentarier ihrem Kollegen in China-Fragen nicht über den Weg zu trauen. Für seine Abgeordnetenkollegen schien die einseitige Ausrichtung Krahs ein schwieriger Spagat. «Da haben wir uns schon gefragt, ob das, was dort besprochen wird, auch unter uns bleibt», erinnerte sich ein Abgeordneter.[122]

Im April 2023 berichtete *The European Conservative* über dubiose Verbindungen Maximilian Krahs zum Pekinger Regime und stellte sogar dessen Integrität in Frage. Die Publikation steht der Bibliothek des Konservatismus nahe, einer stramm rechten Einrichtung in Berlin, in der sich Autoren der *Jungen Freiheit*, Rechtsextreme aus dem Umfeld des braunen Vordenkers Götz Kubitschek und AfD-Politiker treffen. Dass ein rechtsradikales Blatt die AfD-China-Connection rügt, zeigt, wie umstritten auch im eigenen Lager der Kuschelkurs mit Peking ist. Der irische Autor des Textes, der aus Brüssel über die EU-Politik berichtet, nahm dabei das Abgeordnetenbüro des AfD-Politikers genauer unter die Lupe. Im Fokus des

Artikels steht vor allem ein enger Vertrauter Krahs, der in China geboren wurde, inzwischen aber die deutsche Staatsbürgerschaft besitzt. «Jian Guo, ein 42-jähriger Mitarbeiter von Krah, kam Kollegen verdächtig vor, weil er nur schlecht Englisch und Deutsch spricht», heißt es in dem Artikel, «aggressiv Werbung für die Kommunistische Partei Chinas (KPCh) macht und regelmäßig Beziehungen zu unbekannten chinesischen Delegationen im Parlament unterhält.»[123] Anderen AfD-Abgeordnete schien der chinesische Assistent von Beginn an suspekt. «Kurz nachdem er begann, für Herrn Krah zu arbeiten, soll er seine gesamten Social-Media-Accounts gelöscht haben», erinnert sich Nicolaus Fest. Sogar in der Fraktion fragten sie sich daher, wie Guo trotz seiner mangelnden Sprachkenntnisse, seiner chinesischen Staatsangehörigkeit und des fortgeschrittenen Alters – er liegt weit über dem Schnitt der meisten Parlamentsmitarbeiter – an den Job gekommen sei, heißt es in dem Artikel weiter. Und was genau er im Parlament überhaupt so mache. «Ich habe, obwohl unsere Büros kaum zehn Meter trennen, Krahs Assistenten Guo nie gesehen», sagt Fest rückblickend, der ebenfalls für die AfD im Europaparlament saß, dann aber die Fraktion verlassen musste. «Die anderen Mitarbeiter sagten, er sei quasi unsichtbar».[124] Auch soll Guo nur das niedrigste Gehalt erhalten haben, das für parlamentarische Mitarbeiter vorgesehen ist. Auf Nachfragen weiterer Journalisten gibt Guo an, anfangs nur auf einer halben Stelle eingestellt gewesen zu sein.[125] «Wenn das stimmt, dann stellen sich nicht nur weitere Fragen, es würde auch darauf hindeuten, dass sein Einkommen wahrscheinlich aus anderen Quellen aufgestockt wird», vermutete der EU-Abgeordnete Fest schon vor Monaten gegenüber *The European Conservative*.[126] Unabhängig überprüfen ließ sich das nicht.

Guo und Krah arbeiteten bereits seit 2019 zusammen, bis April 2024 stand Guo im Register des Europäischen Parlaments an erster Stelle als einer von drei akkreditierten Mitarbeitern des deutschen AfD-Mannes.[127] Beobachter gehen davon aus, dass auch Guo schon länger eine zentrale Rolle für die China-Begeisterung des deutschen Politikers spielte. In den vergangenen Jahren machte Krah immer wieder Stimmung gegen die EU und für die Volksrepublik China. Anfang 2024 betrieb er mit Gesinnungsgenossen eine Resolution, um das ehrgeizige Umweltprogramm «Green Deal» von Kommissionspräsidentin Ursula von der Leyen zu kippen. Wenige Wochen zuvor hatte er sich im Parlament für engere Beziehungen zur Volksrepublik ausgesprochen. «Natürlich kann man sich von China entkoppeln. Aber das Risiko ist ja, dass sich China dann auch umgekehrt von uns entkoppelt», so der AfD-Mann. Eine Entkopplung habe Nachteile vor allem für Europa, «und das in einer Zeit, wo wir ohnehin von Deindustrialisierung und wirtschaftlicher Stagnation, in Deutschland sogar Rezession, geprägt sind.»[128] Im Parlament sorgte sein ständiges Werben für eine KPCh-freundlichere Außenpolitik für Kopfschütteln, auch Krahs offenbar engere Beziehungen zu chinesischen Unternehmen, darunter der in die Kritik geratene Kommunikationskonzern Huawei.

Am 22. April 2024 kam es in der Causa Krah zu einem Paukenschlag: Sein Mitarbeiter Jian Guo wurde in Dresden festgenommen, seine Wohnungen durchsucht. Der Generalbundesanwalt wirft ihm «Agententätigkeit für einen ausländischen Geheimdienst in einem besonders schweren Fall» vor. Guo sei «Mitarbeiter eines chinesischen Geheimdienstes».[129] Aus Sicherheitskreisen ist zu hören, dass es sich bei diesem Dienst um das MSS handelt – das Ministerium für Staatssicherheit –, den mächtigsten und gefährlichsten Geheimdienst der Volksrepublik.[130] Damit gehört der Fall Jian Guo zu den brisantesten chinesischen Agentenfällen, die in den vergangenen Jahren in Europa aufgedeckt wurden. Noch ist er nicht verurteilt, es gilt selbstredend die Unschuldsvermutung. Sein Chef Maximilian Krah saß zu dem Zeitpunkt als Beisitzer im Bundesvorstand seiner Partei, dazu in sensiblen Ausschüssen des Europaparlaments. Als Spitzenkandidat führte er im Frühjahr 2024 seine Partei in den Europawahlkampf. Der mutmaßliche chinesische Geheimagent Guo hatte als Krahs Büroleiter und enger Vertrauter damit nicht nur Zugang zu vertraulichen Dokumenten aus der Bundespolitik, sondern auch zu heiklem Insiderwissen der Europäischen Union. Und das reichte der vermeintliche staatliche Spitzel offenbar direkt nach Peking weiter. «Im Januar 2024 gab der Beschuldigte wiederholt Informationen über Verhandlungen und Entscheidungen im Europäischen Parlament an seinen nachrichtendienstlichen Auftraggeber weiter», teilte der Generalbundesanwalt mit. «Zudem spähte er für den Nachrichtendienst chinesische Oppositionelle in Deutschland aus.» Bei den Dissidenten soll es sich um Anhänger der religiösen Bewegung Falun Gong gehandelt haben, die das Regime in Peking seit Jahrzehnten brutal verfolgt. Wenige Stunden nach seiner Festnahme wurde der AfD-Mitarbeiter aus dem Europäischen Parlament verbannt. «In Anbetracht der Schwere der Enthüllungen hat das Parlament die betreffende Person mit sofortiger Wirkung suspendiert», so eine Sprecherin.[131]

Offenbar liefen über Jian Guo auch dubiose Zahlungen an das direkte Umfeld des AfD-Abgeordneten Maximilian Krah. Schon Monate vor der Verhaftung berichteten Reporter des Nachrichtenportals *T-Online* von «Krahs China-Gate». So hätten Guo und eine chinesische Vertraute gemeinsam in Dresden ein Unternehmen aufgebaut, mit dem überschaubaren anfänglichen Stammkapital von 1000 Euro. Bei der Firma soll es sich um eine Unternehmensberatung gehandelt haben, die «bei der interkulturellen Kommunikation zwischen Deutschland und China» und bei Im- und Exportgeschäften helfen sollte.[132] Über die Aktivitäten des Unternehmens ist nicht viel bekannt. Auf jeden Fall interessierte sich offenbar nur wenige Jahre später ein Investor aus der Volksrepublik für die Firma, stieg dort ein und pumpte auf einmal ordentlich Geld in die Kasse. Der Chinese erhöhte das Stammkapital auf 100 000 Euro. Trotzdem hieß es schon wenige Jahre danach, das Unternehmen müsse wegen Vermögenslosigkeit aufgelöst werden. Wo ist das ganze Geld geblieben? Bis heute gibt es darauf keine Antwort. «Das Geld kann sich ja nicht einfach in Luft aufgelöst haben», sagt Jonas Müller-Töwe, der die finanziellen Verflechtungen um das Unternehmen enthüllt hat.[133] Es sieht nach einer dubiosen Finanzkonstruktion aus, um wohlwollende Unterstützer mit Geldmitteln zu versorgen. «Es ist ein Politthriller, der in der jüngeren deutschen Geschichte einzigartig scheint», schreiben die Reporter.

Aber Zahlungen aus der Volksrepublik erfolgten offenbar auch ganz offen an Krah und seine Mitstreiter. Wenige Monate nach seinem Einzug ins Europaparlament flog der deutsche Politiker erneut nach China. Für die Reise floss auch Geld aus der Volksrepublik, zumindest geht das aus den Angaben hervor, die Krah gegenüber der Parlamentsverwaltung gemacht hat. Später wollte er für den Flug zwar selbst aufgekommen sein, Zugticket, ein Essen und Übernachtungen in Luxushotels seien aber von verschiedenen Akteuren übernommen worden – darunter dem umstrittenen Technologiekonzern Huawei, für den sich Krah gegenüber dem deutschen Abgeordnetenkollegen einige Wochen später so vehement einsetzen wird, und der China National Petroleum Corporation (CNPC) sowie drei Stadtverwaltungen. Außerdem habe Krah einen «Reisekostenzuschuss» von 500 Euro bekommen.[134] Auf Nachfrage gab der AfD-Politiker schließlich zu, dass er mit seinen chinesischen Gesprächspartnern auch über den Stand der Verhandlungen zum Investitionsabkommen mit der Volksrepublik gesprochen habe. Maximilian Krah ist für die Chinesen ein Premiumkontakt. Er saß in Brüssel und Straßburg in einflussreichen Gremien, dem Ausschuss für internationalen Handel sowie dem Unterausschuss für Menschenrechte und dem Unterausschuss für Sicherheit und Verteidigung (Legislaturperiode 2019–2024). Auch der Delegation für die Beziehungen zu den Vereinigten Staaten gehörte er an. «Wir müssen die Welt nehmen, wie sie ist, auch wenn sie uns nicht gefällt, und das Beste für die Menschen in Europa herausholen», sagt Krah. Die Europäische Union, in deren Parlament er sitzt, sieht er genauso kritisch wie die USA. Aus seiner Bewunderung für das Pekinger Regime macht er keinen Hehl. Einige Wochen vor seiner Nominierung für Platz 1 der AfD-Europawahlliste kam der sächsische Politiker zu einem Streitgespräch nach Berlin. In kleiner Runde in einem engen Gastraum in Pankow sprach er Klartext. Die Europäische Union, in deren Parlament er als Abgeordneter sitzt, nannte er einen «Vasall[en] der Vereinigten Staaten». Er wolle einen «Reset und Neustart», frei nach dem Motto «einmal Stecker ziehen, einmal Stecker wieder reinsetzen und neues Betriebssystem aufspielen».[135]

Bei der Suche nach einem neuen Betriebssystem scheint der AfD-Mann in Peking fündig geworden zu sein.

Mit seiner Sympathie für das Reich der Mitte steht der Dresdner Krah in der AfD längst nicht allein da. Auch weitere Kollegen im Bundesvorstand sehen das Land wohlwollend. Parteichefin Alice Weidel hat selbst längere Zeit in China gelebt. Sechs Jahre lang arbeitete sie in Schanghai für eine Unternehmensberatung. Ihre Doktorarbeit hat sie über das chinesische Rentensystem geschrieben. In den sozialen Medien zeigt Weidel schon länger, auf welcher Seite sie sich offenbar sieht. «Während Abrissbirne Habeck das Inland abwirtschaftet, schlägt Baerbock uns im Ausland einen weiteren Sargnagel ein», wetterte Weidel im April 2023. «In ihrer Selbstüberhöhung düpiert sie China – unseren wichtigsten Handelspartner.»[136] Wenige Wochen später reiste die Parteichefin mit zwei AfD-Mitstreitern nach Peking und Schanghai. Auf dem Programm stand sogar ein Treffen mit dem Vize-Außenminister der Volksrepublik. Einer der Teilnehmer, der ehemalige Bundeswehr-Offizier und stellvertretende Vorsitzende der deutsch-chinesischen Parlamentariergruppe Peter Felser, berichtete später, wie die deutsche Delegation gegenüber den chinesischen Gesprächspartnern ihren Unmut über die aktuelle Außenpolitik ihres Landes geäußert habe. Laut Felser signalisierte die AfD-Delegation den chinesischen Gesprächspartnern, dass sie es nicht gut fänden, «wenn man da alle in alle Herren Länder herumfährt und dann wertebasiert den anderen irgendetwas vorschreiben möchte».[137] Ein Jahr zuvor hatte sich bereits Weidels Co-Vorsitzender Tino Chrupalla ähnlich geäußert. Damals war die US-Demokratin Nancy Pelosi nach Taiwan gereist, was als Zeichen der Solidarisierung mit der demokratischen Inselrepublik gedeutet wurde und in Peking übel aufstieß. Die deutsche Außenministerin Annalena Baerbock hatte sich ebenfalls auf die Seite Taiwans gestellt und China vor einer Eskalation gewarnt. «Diese Kriegsspielereien der Grünen sind größenwahnsinnig und brandgefährlich», schimpfte daraufhin Chrupalla im Sommer 2022. «Die Bundesregierung muss die legitimen Sicherheitsinteressen Chinas respektieren!»[138] Gefallen hatten dem AfD-Chef hingegen die China-Berichte seines ebenfalls aus Sachsen stammenden Parteifreundes Krah bei Facebook, die er mit einem «Gefällt mir» markierte. Genau wie ein gewisser Tim Lochner, der eigentlich ein Lokalpolitiker in der Stadt Pirna ist, zuletzt aber deutschlandweit von sich reden gemacht hat.

Im Dezember 2023 wurde mit Lochner zum ersten Mal in einer deutschen Stadt ein für die AfD antretender Oberbürgermeister gewählt. Das ehemalige CDU-Mitglied, inzwischen Coronakritiker und Anhänger der Verschwörungstheorie des «Großen Bevölkerungsaustauschs», wonach eine vermeintliche Politikelite planmäßig die deutsche Bevölkerung durch Migranten ersetzen wolle, gehört seit zehn Jahren dem Stadtrat im sächsischen Pirna an. Schon vor seiner Wahl zum Stadtoberhaupt machte Lochner von sich reden, als der Lokalpolitiker nach China gereist war und dort für eine Städtepartnerschaft mit seinem Heimatort eintrat. Der Vertreter einer 40 000-Einwohner-Stadt wurde in der Volksrepublik wie ein hoher Staatsgast empfangen. Für sein Engagement hatten ihm chinesische Lokalbehörden im Herbst 2019 eine Ehrenurkunde und den Titel «Internationaler Freundschaftsbotschafter von Lishui» verliehen, die Stadt war als möglicher Partner für die sächsische Kommune vorgesehen. Dass es für den großen Aufwand, der für den unbedeutenden deutschen Stadtrat veranstaltet wurde, Hintergedanken der chinesischen Seite geben könnte, war dem AfD-nahen Stadtrat Lochner offenbar nicht in den Sinn gekommen. Genauso wenig kam er auf die Idee, Fragen zu den Organisatoren der Reise und der Reisegruppe zu stellen. Begleitet wurde er von einem sächsischen Geschäftsmann und Chef des Vereins Neue Seidenstraße e. V., einer Jubelorganisation für Xi Jinpings Großmachtpläne. Und hinter den Kulissen wirkte auch Jian Guo bei dem Trip kräftig mit, der später als mutmaßlicher chinesischer Spion verhaftet wurde. Anerkennend sprach der für die AfD amtierende Bürgermeister von Pirna Tim Lochner auch von «unserem chinesischen Kontaktmann».[139] Der Besuch der sächsischen Delegation 2019 zeigt, dass die Verquickungen des vermeintlichen chinesischen Geheimagenten Jian Guo mit dem Umfeld und Politikern der AfD schon seit Jahren sehr eng sind und sich nicht auf den Europaabgeordneten Krah beschränken. Tim Lochner ist heute nicht nur Bürgermeister von Pirna, er fungiert gleichzeitig als stellvertretender Vorsitzender der AfD-Stadtratsfraktion. Von dem Empfang in China schwärmte der gelernte Tischler und Restaurator noch Jahre später, von dem Acht-Gänge-Menü, den extra für seinen Besuch gesperrten Straßen und der Liveübertragung im chinesischen Fernsehen. Auch bei ihm haben die Chinesen einen guten Riecher bewiesen. Als Oberbürgermeister von Pirna will Lochner die Idee mit der Städtepartnerschaft jetzt endlich mit dem dafür notwendigen Einfluss angehen. Wahrscheinlich ist der AfD-Mann aus Pirna der chinafreundlichste Oberbürgermeister Deutschlands. Doch der Pakt der rechten Politiker mit dem Regime in Peking gründet längst nicht nur auf politischer Überzeugung. Wie sich vor einigen Jahren zeigte, fließt für die politische Unterstützung der deutschen Rechtsaußen offenbar auch Geld aus China.

Im November 2022 kam Olaf Scholz zu seinem Antrittsbesuch nach China. Das Land stand wegen des Coronavirus immer noch unter verschärfter Kontrolle. Auch der Bundeskanzler musste sich mehrfach Tests unterziehen, einen letzten Test machte er, kurz bevor er aus dem Regierungsflieger am Pekinger Flughafen stieg. Die Journalisten beklagten später, dass wegen der Restriktionen eine ordentliche Berichterstattung kaum möglich gewesen sei. Nur eine Handvoll Reporter durften mit eigenen Augen beobachten, wie Scholz seinen Amtskollegen Xi Jinping traf. Nach gerade einmal elf Stunden ging der Kurztrip schon wieder zu Ende, der Kanzler flog weiter. Zeitgleich zu dem freundlichen Rendezvous der Mächtigen fand in China eine weit weniger freundliche Operation statt, die gegen Europa und Deutschland gerichtet war. Während in Peking die deutschen Journalisten noch mit den Unwägbarkeiten des Treffens der Regierungsspitzen kämpften, lief 1200 Kilometer südlich ein informeller Propagandaangriff gegen Olaf Scholz und seine europäischen Partner. Die Operation wurde aus einer Regionalstelle des Ministeriums für Staatssicherheit in Hangzhou gelenkt, der Hauptstadt der Küstenprovinz Zhejiang, eine Autostunde südlich von Schanghai. Die entscheidende SMS Richtung Europa war einige Monate vor dem Besuch des Kanzlers in Peking abgeschickt worden. Doch davon erfuhr die Öffentlichkeit erst viel später durch die Recherchen einer internationalen Recherchekooperation, darunter der *Spiegel* und die britische *Financial Times*.[140]

Demnach nahm der chinesische Geheimagent Daniel Woo, ein Offizier des Geheimdienstes MSS, im Frühjahr 2022 über sein Mobiltelefon Kontakt mit seinem Verbindungsmann in Brüssel auf. Er teilte ihm mit, dass seine Chefs in Peking große Pläne hätten. «Wir wollen die amerikanisch-europäischen Beziehungen sprengen», schrieb Woo in einer SMS an Frank Creyelman. Und dafür hatte Agent Woo eine Idee, wie er und sein belgischer Partner verfahren könnten. Bei Creyelman handelt es sich um einen schillernden Politiker der Rechtsaußen-Partei Vlaams Belang. Vom Gemeinderat in Mechelen hatte er es bis in die höchsten Ränge der belgischen Politik geschafft. Acht Jahre saß er für seine Partei im Senat, danach zog er ins Regionalparlament ein, wo er zum Präsidenten der Kommission für Außenpolitik bestimmt wurde.[141] Nach der Annektierung der ukrainischen Krim durch Russland reiste er auf die Halbinsel, um bei einem inszenierten Referendum mitzuwirken. Als vorgeblicher «Wahlbeobachter» attestierte er gegenüber der staatlichen russischen Nachrichtenagentur *RIA Nowosti*, dass alles «sehr korrekt und zivilisiert» abgelaufen sei.[142] Creyelman schien von den Vorgängen auf der Krim derart begeistert, dass er in dem Referendum ein Vorbild für seine Heimat sah. So könnte auch Flandern in einem ähnlichen Prozess von Belgien abgelöst werden.

Während seiner Krimreise kam Creyelman auch mit deutschen AfD-Politikern in Kontakt. Besonders wichtig sollte für ihn für die Zukunft offenbar Manuel Ochsenreiter werden, ein ehemaliger Mitarbeiter der AfD im Bundestag und Autor der *Jungen Freiheit*. Ochsenreiter soll der Kontaktmann für den Belgier zu weiteren deutschen AfD-Politikern gewesen sein, Creyelman habe ihn gegenüber dem chinesischen Agenten als «unseren Freund» bezeichnet. Laut *Spiegel* soll der AfD-Mann Ochsenreiter für seine geheime Zuarbeit von den Chinesen mehrere Tausend Euro erhalten haben.[143]

Dafür habe er die Strippen hinter einer Kleinen Anfrage des Bundestagsabgeordneten Stefan Keuter gezogen, so zumindest der Verdacht der Journalisten. Der AfD-Politiker hatte im Frühjahr 2021 eine kleine Anfrage an die Bundesregierung zu Flüchtlingen aus Hongkong gestellt, weil er – so der Eindruck – eine Einreisewelle aus der Sonderverwaltungszone befürchtete. Vor allem legte Keuter in seiner Eingabe nahe, dass einzelne Personen «ausdrücklich Gewalt in der politischen Auseinandersetzung befürworten», was für die Sicherheit Deutschlands ein Problem darstellen könnte.[144] In ihrer Antwort verwies die Bundesregierung darauf, dass insgesamt nur acht Anträge auf politisches Asyl gestellt worden seien, von denen nur zwei positiv beschieden wurden. Dass die AfD kaum existierende Hongkong-Flüchtlinge zum Thema im Deutschen Bundestag gemacht hat, könnte mit einer möglichen Einflussnahme durch die chinesische Seite zusammenhängen, vermutet das Nachrichtenmagazin. Grund für den Verdacht ist eine weitere SMS von Geheimagent Woo. «Voriges Jahr haben wir Druck auf die deutsche Regierung ausgeübt, um ihre Gewalt und ihre Einwanderungsziele zu zeigen», schreibt er in einer der Chatnachrichten. Angehängt war ein Link zur kleinen Anfrage ebenjenes Stefan Keuter.[145] Wenn die Aktivitäten von Keuter im Bundestag also einen ähnlichen Hintergrund haben wie vergleichbare Aktionen in Belgien, dann liegt nahe, dass auch die Mechanismen die gleichen sind. Dass also auch hier Geld geflossen sein könnte, nur dass es dafür bislang noch keine Beweise gibt. Für das Nachrichtenmagazin zeigen die Chatverläufe auf jeden Fall, dass China die extreme Rechte als Einfallstor für Europa sehe und einzelne Protagonisten erfolgreich angeworben habe. «Ebnen ausgerechnet die angeblichen Patrioten der AfD Geheimdiensten fremder Mächte den Weg ins deutsche Parlament?», fragt sich der *Spiegel* weiter. «Es wäre eine besondere Form von Landesverrat, die schriftlich vorliegenden Chatnachrichten untermauern diesen Verdacht.»

Manuel Ochsenreiter kann dazu nicht mehr befragt werden, da er vor einigen Jahren verstorben ist. Sicher ist auf jeden Fall, dass der rechtsextreme Aktivist bestens in der AfD vernetzt war und die

Kontakte leicht hätte herstellen können. Zu den Pseudowahlen auf die Krim reiste er zusammen mit einem weiteren AfD-Politiker, Bernhard Ulrich Oehme.[146] Und auch der belgische Rechtsaußen Creyelman kam in den russisch besetzten Gebieten der Ukraine mit weiteren AfD-Politikern zusammen. Bei einer «Wahlbeobachter»-Mission in der selbsternannten Volksrepublik Luhansk traf der China-Freund im November 2018 mit Olaf Kießling zusammen, dem stellvertretenden Fraktionsvorsitzenden der AfD in Thüringen. Creyelman und seine Gesinnungsbrüder von der AfD in Deutschland teilen offenbar ihre Begeisterung für autoritäre Regime – und lassen sich für diese bereitwillig einspannen. Egal ob für Russland oder manche eben auch für China.

Im Frühjahr 2022, als der chinesische Geheimagent seine SMS schrieb, hatte der ehemalige belgische Abgeordnete die große politische Bühne schon länger verlassen, aktiv war er nur noch in einem lokalen Gremium, das sich um die finanzielle Ausstattung und das Personal der örtlichen Polizei kümmert. Allerdings pflegte er immer noch allerbeste Beziehungen zu seinen rechtsextremen Parteifreunden auf nationaler und europäischer Ebene. Am 10. März 2022 schrieb Geheimdienstmann Woo laut *Financial Times* an seinen belgischen Kontakt, an welcher Art von Zuträgern er interessiert sei.[147] «Wir haben zwei Arten von Zielpersonen: 1. Gut positionierte, aber nicht auf unserer Seite 2. Nicht so gut positionierte, die aber auf uns hören.» Dann skizziert der Chinese einen Schlachtplan für das weitere Vorgehen. «Meine Idee wäre, dass wir uns über eine Zielperson verständigen und wir dann gemeinsam überlegen, wie wir sie am besten in unsere Kooperation ziehen können.» Er schließt: «So wie wir es zuvor schon gemacht haben.» Mehrfach scheint in den Chatprotokollen durch, dass es bereits im Vorfeld zu Kooperationen zwischen chinesischem Geheimdienst und europäischen Rechtsextremen gekommen ist.

Auch für die Attacke auf die amerikanisch-europäischen Beziehungen hatte Geheimagent Woo schon sehr konkrete Vorstellungen. Er schlug seinem belgischen Kontaktmann vor, er könne doch einmal zwei Parteifreunde im Europaparlament auffordern, rhetorisch etwas zu zündeln. Etwa indem sie behaupteten, dass durch das amerikanisch-europäische Vorgehen in der Ukrainekrise die Energiesicherheit auf dem alten Kontinent bedroht sei. Durch solche Aktionen hoffen die Machthaber in China, einen Keil zwischen Amerikaner und Europäer zu treiben. Ihre Artikel stützen die *Financial Times* und der *Spiegel* auf eine große Zahl abgefangener SMS zwischen dem chinesischen Geheimagenten Woo und dem belgischen Rechtsaußen Creyelman, die angeblich aus westlichen Sicherheitskreisen stammen. Die Textnachrichten belegten einen sich über 30 Monate erstreckenden Austausch zwischen 2019 und 2022. Und immer wieder ergeben sich daraus Hinweise, dass für Gefälligkeiten Geld geflossen ist. Einmal haben sich die beiden auch persönlich getroffen, während eines Aufenthalts des Belgiers in einem Strandhotel in der Stadt Sanya auf der Insel Hainan. Den Ort soll der chinesische Geheimdienst regelmäßig für konspirative Treffen nutzen. Experten vier westlicher Nachrichtendienste hätten die Identität von Daniel Woo bestätigt, der auch in anderen europäischen Ländern wie Polen und Rumänien undercover agieren soll, bei ihm handle es sich um einen Mitarbeiter des Ministeriums für Staatssicherheit in der Provinz Zhejiang.

Die Idee mit den beiden Europaabgeordneten, die Stimmung gegen die USA machen sollen, war eine von vielen. Einmal schlug Woo dem Belgier Creyelman vor, eine Konferenz zu Taiwan im Europäischen Parlament zu stören. Dann hatte er die Idee, eine Person zu bezahlen, damit sie Einfluss auf einen katholischen Kardinal ausübt. Der Geistliche solle sich in die hitzige Debatte über den Ursprung des Coronavirus einmischen und davor warnen, Covid-19 zu politisieren, um China aus der Schusslinie zu nehmen. Wieder ein anderes Mal forderte Woo den belgischen Politiker auf, er solle einen deutschen Wissenschaftler fertigmachen. «Ich habe den Auftrag erhalten, den Ruf von Adrian Zenz zu attackieren», steht in einer Textnachricht. «Es ist ein bezahltes Projekt.» Der Anthropologe gilt als einer der schärfsten Kritiker des Pekinger Regimes. 2021, als der chinesische Agent und der belgische Extremist SMS über Zenz austauschten, hatte dieser wieder einmal mit Enthüllungen zur Unterdrückung der Uiguren in der Provinz Xinjiang für Aufsehen gesorgt. Die Recherchen des Wissenschaftlers belegen ein grausames System von Straflagern, in denen Hunderttausende Uiguren eingesperrt und gefoltert werden, dazu Zwangssterilisationen und systematische Zwangsarbeit. Auch wegen der Veröffentlichungen von Adrian Zenz spricht die US-Regierung von einem «Genozid» an den muslimischen Bewohnern der Provinz. Für die chinesische Seite ist er ein «akademischer Schwindler und Kettenhund antichinesischer Kräfte».[148] Als der Rechtsextremist Creyelman den Wissenschaftler Zenz verbal attackieren soll, ist der Wissenschaftler als China-Experte ein regelmäßiger Gast im Berliner Bundestag.

Aus dem abgefangenen Chatverlauf geht hervor, dass für die Gefälligkeiten des belgischen Rechtsaußen-Politikers Geld geflossen zu sein scheint. So sollen einmal 6000 Euro, einmal 10 000 Euro gezahlt worden sein.[149] «Ich benutze jetzt Kryptowährungen, um die Unterstützung zu leisten», schrieb Woo im März 2022. «Wie geht das mit der Krypto? Ich bin ein Typ alter Schule? 😂», antwortete Creyelman und bekam als Rückmeldung, dass der Transfer über Binance stattfinden würde. Eine Woche später wollte der chinesische Agent zum ersten Mal eine Probezahlung via Kryptogeld vornehmen. Creyelman war wohl auch eine Art Verteiler für Zahlungen aus China, wenn weitere Personen in einen Plan eingebunden werden sollten. Im Januar 2024 bestätigte das Kabinett des belgischen Justizministers, dass gegen Frank Creyelman ein Strafverfahren eröffnet worden sei.[150] Die Vorgänge um den belgischen Rechtsextremisten können als Blaupause dafür gesehen werden, wie China Einfluss auf die europäische Politik und die Politik einzelner Mitgliedsstaaten auszuüben versucht. Die Strategie der Chinesen läuft offenbar darauf hinaus, in erster Linie kleinere Fische zu angeln, um über sie an die großen heranzukommen. Der rechte Politiker aus Mechelen ist dafür ein gutes Beispiel. Vor allem zeigt sich an dem Fall, wie reibungslos die Zusammenarbeit unter europäischen Rechten und ihre Unterstützung für China über Staatsgrenzen hinweg funktioniert.

Auf jeden Fall macht die AfD aus ihrer Sympathie für die Volksrepublik kein Geheimnis. Als im Sommer 2023 über die neue China-Strategie der Bundesregierung diskutiert wurde, griff der AfD-Politiker Petr Bystron das Papier scharf an, bezeichnete es gar als «besorgniserregend».[151] Der Bundestagsabgeordnete, der früher eine Werbeagentur geleitet und für BMW und Ikea gearbeitet hat, ist nicht irgendwer in der Partei. Lange Zeit gehörte der studierte Politikwissenschaftler der FDP an, bevor er zur Rechtsaußen-Partei wechselte. Dort machte er schnell Karriere. Er wurde für mehrere Jahre zum Vorsitzenden der AfD in Bayern gewählt, zog in den Bundestag ein und saß dort als Obmann im Auswärtigen Ausschuss. Im Frühjahr 2024 trat Bystron auf Platz 2 der AfD-Liste zur Europawahl an. Kurz vor der Abstimmung tauchten Hinweise auf, dass der Politiker aus russischen Kanälen 20 000 Euro bekommen haben soll. Bystron selbst hat dies stets bestritten. Aus dem tschechischen Geheimdienst BIS waren Informationen publik geworden, wonach über das Nachrichtenportal «Voice of Europe» Geld an prorussische Politiker verteilt worden sei.[152] Schon länger zeigte Bystron seine Sympathien für autoritäre Systeme wie Russland oder China ganz offen. Und wenn es um die internationalen Beziehungen ging, hatte Bystrons Wort Gewicht in der Partei. Nicht nur gegenüber Russland, auch zur Volksrepublik China ist seine Position klar, er will einen Kuschelkurs mit dem Regime in Peking. «Die Einstufung anderer Länder als Rivalen oder sogar Gegner ist die Folge des konfrontativen Kurses der USA gegenüber China», schimpfte Bystron. «Es ist ein Versuch, grün-woke Ideologie und die geopolitischen Interessen der USA unter dem Deckmantel einer Strategie für deutsche Außenpolitik durchzusetzen.» Konfrontation und Spaltung seien nicht im Interesse Deutschlands, so der AfD-Mann weiter, «ebenso wie der neokoloniale Ansatz, anderen Ländern die fragwürdigen ‹Werte› aufzuzwingen, die nicht einmal in Deutschland gesamtgesellschaftlich konsensfähig sind.» Die einzigen «Werte», die in der China-Strategie auftauchen, sind Demokratie, Rechtsstaat und Menschenrechte. Inwiefern diese Eckpfeiler des Grundgesetzes «fragwürdig» sind, kann wohl nur der Bundestagsabgeordnete selbst erklären. «Die AfD-Fraktion setzt sich stattdessen für eine Außenpolitik ein, die den Interessen Deutschlands dient», tönte er auf jeden Fall im Juli 2023. Den Text hätte die Propagandaabteilung der KPCh nicht besser schreiben können. Der Pakt zwischen Rechts- und Linksaußen wirkt noch immer, in beide Richtungen. «Xi Jinping hätte nichts dagegen, wenn eine nationalistische Regierung versuchen würde, aus dem bunten wieder ein rein weißes Deutschland zu machen», vermuten deutsche Journalisten schon länger.[153] Knapp hundert Jahre nach seiner Entwicklung hat das Hufeisenmodell ganz offenbar weiter Bestand.

TEIL VIER

Kotau für Kohle

Die Geschichte spielt auf einem schicken Parkgelände, irgendwo zwischen Ostfriesischen Inseln, Lüneburger Heide, Flensburger Börde und vorpommerschem Bodden. Nicht zufällig wirkt hier alles wie aus dem Film «Der Club der toten Dichter». In der Kantine werden Shepherd's Pie, Hähnchenschenkel mit Baked Beans und Passion Fruit Curd serviert. Die Spitze der Universität sieht sich selbst in der Tradition der elitären englischen Colleges, mit Studentenclubs und einer Abschlussfeier, bei der Doktorhüte in die Luft geschmissen werden. Auch das chinesische Neujahrsfest gehört zu den Höhepunkten des studentischen Lebens auf dem Campus. Dass der Name der Universität hier nicht genannt werden soll, liegt nicht an der Hochschule. Ihre Vertreter hätten es sehr wohl verdient, für ihr fragwürdiges Verhalten öffentlich angeprangert zu werden. Der Leidtragende der Geschichte, ein junger Mann mit Wurzeln in Tibet, will es aber so. «Ich habe der Universität trotz allem sehr viel für meine Karriere zu verdanken», sagt er, der es ebenfalls bevorzugt, anonym zu bleiben. «Außerdem will ich nicht, dass die Leitung in Zukunft bei Personen mit einem ähnlichen Hintergrund zweimal darüber nachdenkt, ob sie für diese einen Platz hat.»[1] Seine Haltung ehrt ihn. Denn die tragischen Vorfälle aus der Zeit um das Jahr 2015 belasten ihn bis heute.

Begonnen hatte alles eigentlich schon einige Jahre zuvor, im Sommer 2012. Der junge Mann, der heute als Informatiker in einem mittelständischen Unternehmen in Hamburg arbeitet, war gerade aus Indien in die Universitätsstadt gekommen. In seinem Pass stand allerdings «staatenlos», obwohl er auf dem Subkontinent geboren und aufgewachsen war. «Meine Familie würde man wohl als politische Flüchtlinge bezeichnen», sagt er. «Denn wir sind Tibeter.» Wie knapp Hunderttausend andere Menschen auch, die nach der endgültigen Annexion ihres Heimatlandes durch die Volksrepublik China Ende der 1950er Jahre ins benachbarte Indien geflohen waren, wanderte damals auch die Familie des Studenten ins Nachbarland aus. Und tat es damit dem Dalai-Lama nach, dem obersten spirituellen und politischen Oberhaupt der Tibeter, der ebenfalls seitdem in der indischen Stadt Dharamsala am Fuße des Himalajas lebt. Genau wie bei den meisten seiner Landsleute spielt für den jungen Mann die eigene Identität, das Selbstverständnis, zum Volk der Tibeter zu gehören, eine wichtige Rolle. Schmerzhaft bewusst wurde ihm dies, als er in der deutschen Universität ankam und die Frage nach seiner Herkunft auftauchte, denn er wäre gerne als Tibeter an der Uni eingeschrieben worden. Die ausländischen Studenten teilten sich zumeist zu zweit ein Zimmer im Wohnheim. An der Tür standen die Namen, und dahinter zeigte eine Flagge an, aus welchem Land die jeweilige Person stammte. «Bei mir stand nur ein Name», erinnert sich der Mann, «keine Flagge.» Mehrmals sprach er die Verwaltung darauf an, dass er gerne die tibetische Flagge hinter seinem Namen an der Türe hätte. «Ich hatte sie darum gebeten, aber sie lehnten ab.» Angeblich hätten sich chinesische Mitstudenten dagegen ausgesprochen, wurde ihm einmal mitgeteilt. Nach drei Jahren machte der Mann schließlich seinen Abschluss. Zur Krönung der akademischen Laufbahn sollte es eine große Feier geben. In einem Probedurchlauf übten die Absolventen für die Zeremonie. Bei der Verleihung der Zeugnisse sollten von jedem Studenten der Name und das Herkunftsland vorgetragen werden. «Bei mir sollte wieder ‹staatenlos› stehen», sagt der Mann heute. «Technisch hatten sie damit recht, aber es war eben nicht das, was ich eigentlich bin.» Der frischgebackene IT-Absolvent bat die Uniführung darum, zumindest bei seinem Abschied nach seinem Namen die Heimat seiner Familie «Tibet» zu nennen. Die Verantwortlichen versprachen ihm das und machten es dann doch nicht. Vor mehreren Hundert Gästen wurde der Mann als «Staatenloser» von der Alma

Mater entlassen. «Sie müssen sich das einmal vorstellen», erinnert er sich, «jeder hat eine Flagge mit seiner Herkunft. Sie aber haben nichts.»

Bei der Szene auf dem deutschen Campus handelt es sich nicht um einen internationalen Skandal. Es ist eine kleine Geschichte, die aber mehr verrät als viele große Aufreger. Eine Abschlussfeier an einer Universität irgendwo im Norden Deutschlands ist keine olympische Zeremonie. Es wäre also nicht zu einem weltweiten Präzedenzfall und damit der offiziellen Anerkennung Tibets als Land gekommen, wenn ein Absolvent als «Tibeter» bezeichnet worden wäre. Dafür ist die Hochschule viel zu unbedeutend. Es wäre eine Geste gewesen, dass man den Studenten und seine persönliche Biografie ernst nimmt und respektiert. Aber der Hochschule war es offenbar wichtiger, es sich nicht mit einflussreichen möglichen Geldgebern für die Zukunft zu verscherzen, was offenbar gelungen ist. So wurden sechs Jahre später Pläne publik, dass die Verantwortlichen mit dem Gedanken spielten, den Campus im Gegenzug für eine ordentliche Finanzspritze in chinesische Hände zu geben, um die Hochschule überhaupt weiterbetreiben zu können. Auch wenn es dazu schließlich doch nicht kam – die Politik legte ihr Veto ein, weil sie eine zu enge Verquickung von deutscher Spitzenforschung und chinesischen Geldgebern fürchtete –, fand die Hochschulführung andere Möglichkeiten, um an Geld aus der Volksrepublik zu gelangen. So darf ein Großkonzern aus der Provinz Shandong jedes Jahr einige seiner 40 000 Mitarbeiter zum Kurzstudium für vier Monate auf den deutschen Campus entsenden. Laut Homepage entfallen auf einen Studenten jährlich 20 000 Euro an Studiengebühren, dazu noch einmal 5500 Euro für die Unterbringung und bis zu 600 Euro an zusätzlichen Gebühren. Je nachdem, wie viele Mitarbeiter sich für den Studientrip nach Deutschland entscheiden, können so jedes Jahr schnell einige Hunderttausend Euro zusammenkommen. Auf diese Weise sprudelt chinesisches Geld in die Kassen. Damit die Bande zur Volksrepublik noch enger werden, unterhält die Uni zudem eine Kooperation mit gleich vier Partnerhochschulen aus dem Reich der Mitte. Zu der Fudan University in

Shanghai (Eigenwerbung: «Unter der Führung der Partei und des Staates [...] verfolgt die Universität die Entscheidungen des 19. Nationalen Volkskongresses und der Nationalen Bildungskonferenz und meistert so die ideologische und politische Erziehung»)[2], einer Technischen Universität in Shenzhen sowie Hochschulen in Macao und Ningbo. Wie nahe sich die Deutschen ihren chinesischen Partnern offenbar fühlen, zeigen sie auf der Homepage, die sich in exakt eine weitere Sprache übersetzen lässt. Ganz unten gibt es einen Button mit chinesischen Zeichen, daneben steht: «Official Chinese Site». Kein Französisch, kein Spanisch, kein Arabisch, nicht einmal Deutsch. Nur Englisch und Chinesisch. Dem Aufsichtsrat gehört als stellvertretender Vorsitzender ein ehemaliger hoher FDP-Politiker an, der für einige Aufregung sorgte, als er vor Jahren in die Dienste eines «umstrittenen chinesischen Mischkonzerns» wechselte, wie die *Frankfurter Allgemeine Zeitung* schrieb. «Sich als liberal gesinnter Mensch bei einem chinesischen Konzern zu verdingen ist erklärungsbedürftig», hieß es weiter im Text. Dem Geschäft mit der Bildung für Chinesen schadet das Engagement des einstigen Ministers sicher nicht. Dazu pumpt eine Vielzahl an Studenten aus Fernost jährlich erhebliche Summen in die Hochschulkassen und macht zugleich Werbung für die deutsche Uni. Fast jeder zwanzigste Student kommt aus dem Reich der Mitte, durch die Studiengebühren fließen so jedes Jahr weit über eine Million Euro in die Kasse. «Ich habe sehr schnell neue Freunde gefunden, die aus der ganzen Welt kamen», lässt sich eine chinesische Studentin zitieren, «und so lernt man auch viel über deren Kulturen.» Sie selbst gehörte zum Organisationsteam, das auf dem Campus eine Gala zum chinesischen Neujahrsfest auf die Beine stellte. «Losar», das tibetische Neujahrsfest und der wichtigste Feiertag des Bergvolkes, wird an der Uni nicht gefeiert. Denn das würde den Chinesen ganz sicher wieder missfallen.

Akademische U-Boote

Verfasst wurde der Text einige Monate vor dem 100. Geburtstag der Kommunistischen Partei Chinas. Mit dem Gesetz machten sich die Mitglieder ihr größtes Geschenk zum Jubeltag selbst. Am 10. Juni 2021 peitschte der Nationale Volkskongress den Entwurf durch, gerade noch rechtzeitig zu den Feierlichkeiten drei Wochen später. Unverzüglich trat damit das «Gesetz gegen ausländische Sanktionen» (Anti Foreign Sanctions Law) in Kraft. Doch der Titel täuscht. Es handelt sich nur bedingt um ein defensives Vorhaben zur Abwehr ausländischer Zwangsmaßnamen, wie es die Verfasser glauben machen wollen. Das Gesetz gegen Auslandssanktionen ist eine harte Angriffswaffe für die chinesische Politik und gibt ihr ganz neue Möglichkeiten an die Hand. Schon die Definition von Sanktionen gegen China fällt darin schwammig aus. Als Gegner werden Personen oder Gruppierungen ausgemacht, die sich an «diskriminierenden Maßnahmen gegen chinesische Staatsbürger» beteiligt oder der «Einmischung in die inneren Angelegenheiten Chinas» schuldig gemacht haben sollen.[3] Solche Personen können nun auf schwarze Listen kommen. Was konkret als Einmischung verstanden wird, bleibt auch vage. Es kann von Handels- oder Technologie- bis hin zu Menschenrechtsfragen rund um Hongkong oder die Uiguren-Region Xinjiang reichen. Mit dem Gesetz zielen die Kommunisten letztlich darauf ab, ihre autoritäre Politik besser im Ausland durchsetzen zu können. Von einer «Warnung an die Welt» durch die KPCh sprechen China-Experten.[4] «In den vergangenen vielleicht fünf Jahren hat es erhebliche Anstrengungen gegeben, um einen gesetzlichen Rahmen zu schaffen, der Vergeltungsmaßnahmen gegen ausländische Sanktionen ermöglicht und die extraterritoriale Reichweite chinesischer Gesetze erweitert», sagt Helena Legarda vom Mercator Institute for China Studies (MERICS). «Es handelt sich dabei um ein Paket, zu dem eine Vielzahl von Gesetzen gehört – zum Beispiel das Nationale Sicherheitsgesetz, das Gesetz gegen ausländische Sanktionen, das Anti-Spionagegesetz, das Datensicherheitsgesetz und andere.»[5] Ziel der Gesetze ist es, jegliche Bedrohung von außen parieren und selbst in den Angriffsmodus übergehen zu können. Im Instrumentenkasten befinden sich harte Schritte gegen Organisationen genauso wie gegen einzelne Personen. So kann die Einreise nach China verweigert werden, auch Ausweisungen sind möglich. Zudem können Konten eingefroren oder Betätigungsverbote in der Volksrepublik ausgesprochen werden.[6]

So weit das klassische Geschäft des diplomatisch-politischen Schattenboxens. Doch hier hört das Gesetzespaket nicht auf. So ist etwa im Gesetz gegen ausländische Sanktionen von «Gegenschlägen» die Rede, die feindlich gesinnten Staaten und Personen drohen sollen. «Da geht es auch darum, vorsorglich bestimmte Schritte einleiten zu können», so Legarda. Im Nationalen Sicherheitsgesetz wird dies noch eindeutiger, wenn von den Pflichten eines jeden für die Volksrepublik die Rede ist. In Kombination ermöglichen die verschiedenen Gesetzestexte auch den Einsatz von Studenten oder Gastwissenschaftlern für Spionagezwecke, so die Lesart der Experten. «Auf der Grundlage dieser Gesetze sind Organisationen oder auch Einzelpersonen dazu verpflichtet», sagt die Forscherin vom Berliner China-Institut. «Dies bedeutet, dass der Staat in Fällen, in denen er die nationale Sicherheit Chinas in Gefahr sieht, versuchen könnte, chinesische nichtstaatliche Akteure und Einzelpersonen im Ausland auf verschiedene Weise zu mobilisieren, theoretisch auch an Universitäten.» Der Bundesregierung ist die Gefahr schon länger bewusst, die von Austauschwissenschaftlern an deutschen Universitäten ausgeht. «Generell besteht das Risiko, dass chinesische staatliche Stellen oder Sicherheitsbehörden chinesische Staatsbürgerinnen und Staatsbürger auch im Ausland zur Kooperation verpflichten», warnt Jens Brandenburg, Staatssekretär im Forschungsministerium.[7] Der FDP-Politiker beobachtet seit Jahren, dass die chinesische Seite die deutsche Wissenschaftslandschaft unterwandert.

Besonders heikel wird es, wenn Hochschulen zu sicherheitsrelevanten Schlüsseltechnologien forschen und Kooperationen mit Partnerinstitutionen unterhalten. «Je enger ein chinesisches Institut mit dem Militär zusammenarbeitet, umso kritischer ist generell eine Kooperation zu bewerten», so Brandenburg. «Das gilt vor allem für sicherheitssensible Forschungsthemen.» Für die militärische Aufrüstung ist in der Volksrepublik China eine kleine Gruppe von Universitäten besonders wichtig, die sogenannten Sieben Söhne der Nationalen Verteidigung.[8] Dazu zählen das Beijing Institute of Technology (spezialisiert auf Luftfahrt- und Rüstungstechnologie), Beihang University (Luft- und Raumfahrt), Harbin Engineering University (Marinetechnik, Nuklearforschung, Luft- und Raumfahrt, Rüstung), Harbin Institute of Technology (Luft- und Raumfahrt), Nanjing University of Aeronautics and Astronotics (Luft- und Raumfahrt), Nanjing University of Science and Technology (Rüstung) und die Northwestern Polytechnical University (Luft- und Raumfahrt, Marinetechnik, Rüstung). Hinzu kommen noch einige Verteidigungslabore, die direkt der Regierung unterstehen, etwa an der Tsinghua Universität, der Universität Peking, der Schanghai Jiaotong Universität oder der North University of China. «Die Sieben Söhne der Nationalen Verteidigung verfügen alle über enge Verbindungen zum chinesischen Militär», heißt es in einer Analyse des Australian Strategic Policy Institute (ASPI), «sie sind zentrale Trainings- und Forschungseinrichtungen der Rüstungsindustrie in China». Trotzdem unterhält in Deutschland die RWTH Aachen mit dem Harbin Institute of Technology (HIT) eine Partnerschaft. Auch wenn sich diese Kooperation theoretisch nur auf eine Zusammenarbeit im Bereich der zivilen Ingenieurswissenschaften bezieht (Werkstoffkunde, Brücken- und Straßenbau etc.), so lässt sich die Trennung einzelner Wissenschaftsbereiche in der Praxis überhaupt nicht so eindeutig sicherstellen. In China hat der Standort Harbin eine lange einschlägige Historie. In der nordost-chinesischen Stadt, nicht weit von der russischen Grenze entfernt gelegen, unterhielt die Nationale Volksbefreiungsarmee schon ab 1953 eine ihrer ersten Forschungseinrichtungen, die Militärakademie für Ingenieurswissenschaften. Auch das heutige HIT gilt als eng verwoben mit dem Verteidigungssektor. «Mit seinen streng geheimen Verbindungen, einer hohen Anzahl an militärischen Laboratorien und militärischen Forschungsbereichen muss das Harbin Institute of Technology (HIT) als ‹sehr hohes Risiko› eingestuft werden», schreiben die australischen Experten, «dazu gehören enge Verbindungen zur Rüstungsindustrie und die Beteiligung an verdeckten Aktionen.»[9] Bei der RWTH Aachen gibt man sich problembewusst. «Wir kennen das Risiko und stellen durch minutiöse Einzelfallprüfungen sicher, dass wir keinen direkten oder indirekten Beitrag zu militärischer Forschung leisten», heißt es auf Anfrage zu der fragwürdigen Kooperation.[10] Auch zu zwei weiteren Universitäten in China unterhält die Aachener Hochschule eine Partnerschaft. Die South China University of Technology in Guangzhou gilt als mittelgefährlich, wird in China allerdings mit der Sicherheitsstufe «geheim» geführt, die Zhejiang University in Hangzhou wird von westlicher Seite sogar als hochriskant eingestuft und firmiert ebenfalls auf der «Geheim»-Listung der chinesischen Einrichtungen. Vor wenigen Jahren unterhielt die Rheinisch-Westfälische Technische Hochschule sogar noch 18 Kooperationen mit Institutionen in der Volksrepublik.[11] Davon haben acht laut ASPI ein «hohes Risiko», fünf sogar ein «sehr hohes Risiko», dass Forschungskooperationen dem chinesischen Militär in die Hände spielen. Die Angaben zu den ehemaligen Kooperationen stammen von einer alten Homepage der Universität. Trotzdem bestreitet die Hochschule diese. «Diese Zahlen sind nicht korrekt», behauptet die Uni. Auch die generelle Kritik an den Kooperationen mit China versucht die Hochschulführung beiseitezuwischen. Es gebe inzwischen mehr Kontrollinstrumente, dazu mehrstufige Genehmigungsverfahren – von den betroffenen Wissenschaftlern bis zum Rektorat. Außerdem arbeite nun eine Ethikkommission für die Uni, die heikle Vorhaben noch einmal prüfe. Das Gremium befasse sich «mit sicherheitsrelevanten Risiken, insbesondere bei wissenschaftlichen Arbeiten, bei denen anzunehmen ist, dass sie Wissen, Produkte oder Technologien hervorbringen, die unmittelbar von Dritten missbraucht werden und Menschenwürde, Leben, Gesundheit, Freiheit, Eigentum, Umwelt oder ein friedliches Zusammenleben bedrohen könnten».[12] Allerdings reevaluiere die Hochschule ihre Partnerschaften aktuell und müsse noch prüfen, mit wem sie in Zukunft auch weiterhin zusammenarbeiten wolle.

Bis heute gibt es an deutschen Universitäten keine ausreichende Sensibilität dafür, wie riskant Kooperationen mit chinesischen Partnern generell sein können, vor allem jedoch mangelt es an dem Bewusstsein, wie gefährlich Verbindungen mit Instituten sind, die für den Verteidigungsbereich arbeiten. Oftmals wird von deutscher Seite darauf verwiesen, dass die vertraglichen Klauseln eindeutig seien, dass ein Braindrain, also das Absaugen von Informationen, bestmöglich verhindert werde. Davon auszugehen, mit konventionellen rechtlichen Regelungen Spionage verhindern zu können, ist bestenfalls naiv – oft jedoch fahrlässig. «China versteht es, für Personen aus Wissenschaft und Wirtschaft Anreize zu setzen, um Informationen zu beschaffen», warnt das Bundesamt für Verfassungsschutz schon länger. «Wegen dieses umfassenden Vorgehens zur Informationsgewinnung ist China die größte Bedrohung in Bezug auf Wirtschafts- und Wissenschaftsspionage sowie ausländische Direktinvestitionen in Deutschland», heißt es im Jahresbericht 2022.[13] Aus diesem Grund hat eine hoch angesehene Universität wie die Eidgenössische Technische Hochschule (ETH) in Zürich eine schwarze Liste mit Fächern erstellt, in denen Kooperationen mit China generell ausgeschlossen sind. Dazu gehören etwa Forschungen im Bereich der Atomtechnologie. Doch sehen das offenbar nicht alle Hochschulen so, wie die «China Science Investigation» herausgefunden hat. Das journalistische Rechercheprojekt belegt, dass europäische Hochschulen etwa auch mit der China Academy of Engineering Physics (CAEP) zusammenarbeiten. 457 Fälle der Kooperation soll es in den vergangenen zwanzig Jahren gegeben haben, vor allem mit französischen Einrichtungen. «Zu den Hauptaufgaben dieser Armeeeinheit – die indirekt der Zentralen Militärkommission, der höchsten Verteidigungsorganisation, untersteht – gehören die Erforschung der Entwicklung von Atomwaffen, die Erforschung von Mikrowellen- und Laserwaffen, sowie die Erforschung und Entwicklung konventioneller Waffen», heißt es im Investigativ-Report.[14] Weitergehende Recherchen zeigen, dass auch deutsche Nuklearexperten mit der chinesischen Seite zusammenarbeiten. Das Karlsruhe Institute of Technology kooperiert etwa mit dem Institute of Nuclear Energy Safety Technology der chinesischen Akademie der Wissenschaften, zumindest laut der Website des INEST, das wiederum eng mit dem CAEP verknüpft ist. Über Bande arbeiten so auch die Forscher eines nationalen deutschen Forschungszentrums, das dazu als Mitglied zur renommierten Helmholtz-Gemeinschaft gehört, den chinesischen Atombombenforschern zu. Die Kooperation wird öffentlich einsehbar auf der Homepage der chinesischen Einrichtung verkündet.[15] Allerdings will die deutsche Forschungseinrichtung davon nichts wissen. «Das KIT kooperiert derzeit weder mit dem Institute of Nuclear Safety Technology noch mit der China Academy of Engineering Physics», teilt die Institutsspitze mit.[16] Angeblich sei die Karlsruher Einrichtung auch ausreichend sensibel in der Frage. «Vor jeder Zusammenarbeit mit chinesischen und auch anderen internationalen Partnern prüft die Rechtsabteilung des KIT die geplanten Kooperationsfelder auch vor dem Hintergrund der Dual-Use-Bestimmungen», so die Mailantwort. Die «China Science Investigation» unter der Federführung des Investigativportals *Follow the Money* aus den Niederlanden und der deutschen Rechercheplattform *Correctiv* hat die fragwürdigen Verquickungen zwischen europäischen Hochschulen und chinesischen Partnern aufgedröselt. Grundlage der Recherche ist eine Liste von chinesischen Einrichtungen, die das Australian Strategic Policy Institute (ASPI) in langjähriger Analyse herausgefiltert hat. Minutiös haben die Wissenschaftler innerchinesische Kooperationen der verschiedenen chinesischen Hochschulen mit staatlichen Einrichtungen analysiert und so Verbindungen zu militärischen Laboren, Einheiten oder Kommandostrukturen der Volksarmee hergestellt. Aus dem Ergebnis leiteten die australischen Forscher eine Risikoanalyse für Wissenschaftskooperationen mit den betreffenden Einrichtungen ab – von «niedrig» über «mittel» bis «hohes» oder «sehr hohes» Risiko.[17] Für die «China Science Investigation» hat das Team 350 000 Studien analysiert – mit teils beunruhigenden Erkenntnissen.[18] Ungefähr 3000 wissenschaftliche Arbeiten, bei denen europäische mit chinesischen Forschenden seit der Jahrtausendwende zusammengearbeitet haben, hätten letzten

Endes der Volksarmee und dem Rüstungsbereich zugearbeitet. «Die chinesische Führung nutzt das Wissen aus der gemeinsamen Forschung für die strategische Aufrüstung des Militärs», schreiben die Reporter.[19] Bei den Arbeiten gehe es oftmals um sicherheitspolitisch höchst sensible Bereiche wie Robotik, Künstliche Intelligenz, den Bau von unbemannten Fahrzeugen oder Radartechnologie. Allein für Deutschland hat die Recherche 349 Fälle ermittelt, in denen Hochschulen mit problematischen Partnern in der Volksrepublik kooperiert haben.

Generell findet militärisch-technische Wissenschaft in Laboren und Fakultäten statt, die explizit für die Streitkräfte arbeiten. In Deutschland sind das oft Forschungszellen, die direkt zu den großen Rüstungskonzernen wie Airbus Defence and Space, Rheinmetall oder Krauss Maffei Wegmann gehören. Gleichzeitig lässt die Bundeswehr in eigenen Einrichtungen tüfteln und testen, etwa in den Wehrwissenschaftlichen Instituten oder den Wehrtechnischen Dienststellen (WTD), denen teils auch Forschungsanstalten unterstellt sind. Daneben geht das Verteidigungsministerium auch immer wieder Kooperationen mit deutschen Universitäten ein, um etwa neue Hightech-Drohnen, bessere Funktechnik oder intelligente Munition zu entwickeln. So tauchen regelmäßig Hochschulen auf, bei denen die wenigsten eine Zusammenarbeit mit dem Militär vermuten würden, etwa die Gottfried Wilhelm Leibniz Universität Hannover, die Kieler Christian-Albrechts-Universität oder die Fachhochschule Bonn-Rhein-Sieg. Bei der expliziten Forschung für die Streitkräfte gibt es allerdings eine weitaus höhere Sensibilität für die Vertraulichkeit der wissenschaftlichen Arbeit. Weit weniger ausgeprägt ist diese jedoch bei der Entwicklung sogenannter Dual-Use-Technologie. Dabei handelt es sich um Technik, die eigentlich für den zivilen Gebrauch hergestellt wird, aber genauso für die Waffenproduktion Verwendung finden kann. Bestes Beispiel dafür sind Computerchips, die massenweise etwa in deutsche Waschmaschinen eingebaut werden, heute jedoch nach Russland gelangen, wo sie aus den Geräten ausgebaut und für die Herstellung von Kampfdrohnen für den Ukrainekrieg verwendet werden. Im größeren Rahmen lässt sich eine solche zivil-militärische Doppelnutzung bei der Hydraulik für die ICE-Züge beobachten. Die gleiche Technik findet in den Leopard-2-Panzern Verwendung: zur Stabilisierung der Kanonenrohre während der Fahrt. Da der chinesischen Seite bewusst ist, wie kompliziert bis unmöglich eine Kooperation bei der militärischen Kernforschung ist, konzentriert sich das Pekinger Regime inzwischen vor allem auf die Dual-Use-Technologien. Dies spiegelt sich auch in der wissenschaftlichen Aufstellung der Hochschulen in der Volksrepublik wider, etwa bei der bereits erwähnten China Academy of Engineering Physics (CAEP). Dort unterstützen die Professoren die sogenannte militärisch-zivile Fusion, die auf ein Konzept von Mao Zedong zurückgeht. Xi Jinping hat die über Jahrzehnte weiterentwickelte Idee schließlich 2017 in ein staatlich verordnetes Programm gegossen, das im US-Verteidigungsministerium als eine «aggressive, nationale Strategie der Kommunistischen Partei Chinas (KPCh)» bezeichnet wird.[20] Dabei geht es darum, dass der Austausch von Wissen zwischen Universitäten, Tech-Unternehmen und Militär gezielt vorangetrieben wird. Ein Schlüsselspieler für den breiten Wissenstransfer ist in China die National University of Defense Technology (NUDT). «Die NUDT untersteht direkt der Zentralen Militärkommission und zählt zu Chinas Topuniversitäten, was Computerwissenschaften, Lasertechnologie, Kommunikationstechnik oder Weltraumforschung anbelangt», heißt es in der australischen Risikoeinschätzung, «die NUDT ist wohl die am höchsten finanzierte technische Universität der Volksbefreiungsarmee.»[21] Laut «China Science Investigation» finden etwa zwei Drittel der deutschen Wissenschaftskooperationen, bei denen militärische Bezüge eine Rolle spielen, mit der National University of Defence Technology statt, mindestens 230 Mal haben demnach deutsche Wissenschaftler in den vergangenen zwanzig Jahren mit Kollegen der Hochschule kooperiert. Anscheinend ohne größere Gewissensbisse. Wie schnell jedoch aus einer wissenschaftlichen Zusammenarbeit eine Staatsaffäre werden kann, zeigte sich vor Kurzem.

Kurz nach den Osterferien 2024 postete Thomas Reichenbach an seine Kontakte im Karrierenetzwerk LinkedIn einen Satz, den er über die Feiertage in einem Podcast gehört haben wollte: «Fürchte dich nicht davor, täglich große Taten zu vollbringen.»[22] Wie groß seine Taten offensichtlich waren, zeigte sich wenige Tage später. Beamte des Bundeskriminalamtes nahmen den China-Experten in Bad Homburg fest. Er soll einen Spionagering aufgebaut haben, der im Auftrag des Ministeriums für Staatssicherheit (MSS) vertrauliche Informationen für den chinesischen Geheimdienst in Deutschland beschafft hat. Neben Reichenbach soll das Ehepaar Ina und Herwig Fischer aus Düsseldorf zu dem Agentennetz gehören. Professionell soll das Trio auf den ersten Blick harmlose Strukturen genutzt haben, um deutsche Hochschulen abzuschöpfen, wobei Reichenbach als Drahtzieher hinter den Aktivitäten gilt. Der Mann spricht perfekt Mandarin, hat länger in China gearbeitet, wo ihn der Geheimdienst MSS laut deutschen Ermittlern rekrutiert hat. Noch gibt es kein rechtskräftiges Urteil, es gilt also noch die Unschuldsvermutung. Für seinen Agentenführer, einen Mitarbeiter des MSS mit Sitz in China, soll Reichenbach immer neue Aufträge in Deutschland ausgeführt haben mit dem Ziel, Informationen «zu militärisch nutzbaren innovativen Technologien» zu beschaffen, so der Generalbundesanwalt. Bedient habe sich Reichbach dafür des Ehepaars Fischer, die als Chefs des Unternehmens Innovative Dragon Limited (ID) firmierten.

Bei der Firma handelt es sich um ein Beratungsunternehmen, das seit Jahren enge Verbindungen in die deutsche Wissenschaftsszene knüpft und Außenbüros in Schanghai und Düsseldorf unterhält. Alle drei Beschuldigten arbeiteten für Innovative Dragon Ltd., das seinen Hauptsitz offiziell in London hat. Im englischen Handelsregister ist Ina Maria Fischer, geboren 1956, als Direktorin eingetragen. Die Adresse der Firma ist nobel, mitten im Finanzdistrikt, der teuren City of London, nur wenige Meter von der St Paul's Cathedral entfernt. Der mutmaßliche Agent Reichenbach war als Leiter Investor Relations für Innovative Dragon Ltd. tätig. Als Vehikel und Tarnstruktur für ihre Spionage nutzte der Ring offenbar die Firma. «Diese dient als Medium zur Kontaktaufnahme und Zusammenarbeit mit Personen aus der deutschen Wissenschaft und Forschung», teilte der Generalbundesanwalt mit. «So schlossen die Eheleute über ihre Firma ein Kooperationsabkommen mit einer deutschen Universität zum Wissenschaftstransfer.»[23] Bei der Einrichtung handelte es sich um die Universität Duisburg-Essen. Die Hochschule, an der auch eines der umstrittensten Konfuzius-Institute in Deutschland angesiedelt ist, gilt in Sicherheitskreisen als «Einfallstor für chinesische Dienste in deutsche Universitäten».[24] Nach wenigen Tagen kamen noch weitere Kooperationen mit Hochschulen ans Tageslicht, die der Agentenring eingefädelt hatte. So bestätigten auch die Unis in Chemnitz und Stuttgart, mit Innovative Dragon Ltd. zusammengearbeitet zu haben.[25]

In Duisburg-Essen behauptet die Uniführung hingegen, dass «kein Kooperationsabkommen zum Wissenstransfer» mit Innovative Dragon Ltd. abgeschlossen worden sei.[26] Zwar habe es zwischen 2019 und 2021 gemeinsame Projektanträge für Fördervorhaben gegeben, die jedoch gescheitert seien. Allerdings räumt die Hochschule ein, dass es seit 2017 «einen Kontakt» zu dem Unternehmen gebe. Herwig Fischer, einer der verhafteten drei mutmaßlichen Zuträger des chinesischen Geheimdienstes, hat sich demnach an der Universität mehrfach eingebracht. So trat er als Redner auf, schrieb ein Kapitel für einen Tagungsband und saß als Experte auf dem Podium. Es gab «informelle Beratung zum Thema Autonomes Fahren» durch Innovative Dragon Ltd., und die Firma sponserte eine Univeranstaltung mit 1000 Euro. Auch traten Vertreter der aufgeflogenen Spionagefirma und Unipersonal bei «gemeinsamen Terminen auf dem Wissenschaftsforum» auf. Dass die Verbindungen zwischen der Uni in Duisburg-Essen und dem Unternehmen der verdächtigen MSS-Agenten doch enger waren, als es der Hochschule recht sein kann, belegen geschäftliche Verbindungen zwischen beiden Einrichtungen. «Seit diesem Frühjahr ist einer der Lehrstuhlinhaber der Universität Duisburg-Essen als stiller Teilhaber mit 5% an einer neu gegründeten Firma beteiligt», teilt die Hochschule mit. «Das Unternehmen wurde gemeinsam mit Personen aus dem Umfeld der Innovative Dragon Limited angemeldet.»

Laut Firmenhomepage, die inzwischen abgeschaltet ist, verfügt das Unternehmen über 30 Jahre Erfahrung und Wissen im China-Geschäft. Im Düsseldorfer Office liefen demnach die Fäden zusammen. «Von hier, mittig in Kontinentaleuropa gelegen, werden die Entwicklungsarbeiten in Deutschland und Europa koordiniert», teilte das Unternehmen vor Kurzem noch mit.[27] «Hier laufen vor allem die Projektkoordinationen des deutschen Netzwerks zusammen.» Nach der Enttarnung des Spionagerings bekommt der Satz eine völlig andere Dimension. Denn der Verdacht des Generalbundesanwalts ist schwerwiegend. Das Trio soll hochsensible Informationen zu militärisch nutzbaren Technologien nach China geschickt haben, über Jahre. Und dieses vertrauliche Material soll in großen Teilen aus deutschen Hochschulen stammen. «Zum Zeitpunkt ihrer Festnahme befanden sich die Beschuldigten in weiteren Verhandlungen über Forschungsprojekte, die zum Ausbau insbesondere der maritimen Kampfkraft Chinas nützlich sein könnten», so die Ermittler. Dabei soll es sich um Expertenwissen zum Bau leistungsstarker Marinemotoren gehandelt haben, wie sie für Kriegsschiffe gebraucht werden. «Überdies schafften die Beschuldigten im Auftrag und mit Bezahlung des MSS von Deutschland aus einen Speziallaser an und führten diesen ohne Genehmigung nach China aus, obwohl das Instrument der EU-Dual-Use-Verordnung unterfällt.»[28] Bis zu ihrer Verurteilung gilt natürlich die Unschuldsvermutung.

Die Enttarnung des mutmaßlichen Agentenrings mit besten Beziehungen in die deutschen Universitäten stellt nur die Spitze des Eisbergs dar. Eine permanente Gefahr der Bespitzelung geht von anderer Seite aus, nämlich von nicht professionell geschulten Spitzeln. Allerdings gibt es einen begründeten Verdacht, dass ein erheblicher Teil der mehr als 40 000 Gaststudenten aus der Volksrepublik China, die aktuell in Deutschland studieren, bewusst ihre jeweiligen Gastuniversitäten ausspionieren und das illegal erlangte Wissen in die Heimat schicken. Natürlich ist nicht jeder chinesische Student per se ein Spion. Allerdings können Tausende chinesischer Nachwuchswissenschaftler, die mit einem staatlichen Stipendium ihres Landes nach Deutschland gekommen sind, auf der Grundlage der unterschriebenen Förderverträge verpflichtet werden, ihre Partnerhochschulen auszuspionieren. Besonders im Fokus stehen Studierende, die in ihrem Heimatland die sogenannten CSC-Stipendien erhalten haben. Mit dem Programm werden in Deutschland lebende Studenten, Promovierende und Gastwissenschaftler unterstützt. Das Chinese Scholarship Council (CSC), das die Fördergelder bewilligt, untersteht dem Pekinger Bildungsministerium. Mit der Unterzeichnung der Stipendienverträge stimmen die betroffenen Personen explizit zu, sich strengen Regelungen zu unterwerfen. Der hessische Verfassungsschutz spricht von «etablierten Überwachungsstrukturen», das Programm sei «eng an den chinesischen Staat und die Kommunistische Partei Chinas angebunden».[29] Die Akademiker würden in Deutschland von chinesischer Seite bewusst geführt, um diese «für eigene Interessen zu instrumentalisieren». Eine erhebliche Gefahr sieht auch der Verfassungsschutz in Baden-Württemberg. So spielten chinesische Studenten eine «wichtige Rolle» für die Wissenschaftsspionage. «Sie werden möglicherweise bereits mit dem Auftrag zur Beschaffung bestimmter Informationen an deutsche Hochschulen und Forschungseinrichtungen entsandt oder nach ihrer Rückkehr zur Weitergabe ihres erlangten Wissens aufgefordert», so das Amt. «Das Nationale Geheimdienstgesetz ermöglicht es staatlichen chinesischen Stellen dabei Einzelpersonen, Firmen oder sonstige Organisation zur Mitarbeit zu verpflichten.» Und die Akademiker haben Zugang zu sensiblen Laboren und Einrichtungen, «etwa im Rahmen von Forschungskooperationen oder Praktika in Unternehmen».[30]

Vor einigen Jahren hat die amerikanische Johns-Hopkins-Universität einen solchen Vertrag öffentlich gemacht.[31] Von den Stipendiaten erwartet das Regime absolute Loyalität. Dies bedeutet, dass sich der betroffene Student verpflichtet, «ein Verantwortungsgefühl für die Mission zu entwickeln, nach China zurückzukehren und dem Land zu dienen». Außerdem verspricht der Stipendiat, «sich nicht an Aktivitäten zu beteiligen, die den Interessen und der Sicherheit des Mutterlandes schaden». Mit ihrer Unterschrift erklären sich die Austauschstudenten auch einverstanden, dass sie in der Fremde eine permanente Überwachung durch chinesische Stellen erfahren. Der Entsandte «muss die Ehre des Mutterlandes bewusst schützen und die Anweisungen der Botschaften (Konsulate) im Ausland befolgen», was zur Konsequenz hat, dass sich die Promotionsstudenten spätestens zehn Tage nach der Ankunft an ihrer deutschen Uni offiziell bei der Botschaft in Berlin oder einem der Generalkonsulate melden müssen. Auch wird erwartet, dass sie «häufigen Kontakt» halten, um permanent die universitären Leistungen und Erkenntnisse an die chinesischen Stellen weiterzugeben. Unterschwellig wird hiermit wohl signalisiert, dass auch Informationen regelmäßig abgeschöpft werden müssen, um diese ans Mutterland weiterzureichen. Nach Beendigung des Auslandsaufenthalts müssen die zurückgekehrten Stipendiaten mindestens zwei Jahre in China arbeiten, um der Volksrepublik «zu dienen». Erst nach dieser Frist verliert der Vertrag seine Gültigkeit.

Erste Hochschulen lehnten inzwischen Studenten mit CSC-Finanzierung ab, so etwa die Friedrich-Alexander-Universität Erlangen-Nürnberg (FAU). Allerdings wurde dort die Zusammenarbeit mit den staatlich finanzierten Gastwissenschaftlern aus Fernost nur ausgesetzt und inzwischen wieder aufgenommen, wie die Hochschule mitteilt.[32] Durch einen zentralen Aufnahmeprozess für Forschende aus China hofft die Uni nun überprüfen zu können, wer genau da zu ihnen kommt und ob eine eventuelle Gefahr durch Wissenschaftsspionage droht. «Auf dieser Grundlage können auch Stipendiatinnen oder Stipendiaten, die durch das China Scholarship Council finanziert werden, nach Durchlaufen des Prozesses auf Basis einer Einzelfallprüfung an der FAU als Gastforschende aufgenommen werden», so die Unispitze. Dass die chinesischen Gastwissenschaftler vertraglich zur Kooperation mit ihren Regierungsstellen verpflichtet sind, scheint die fränkische Hochschule nicht zu stören. «Es gibt keinen Hinweis darauf, dass aus der Universität auf unerwünschten Wegen Wissen oder vertrauliche Informationen abgeflossen sein könnten», heißt es.

Bereits an die 500 Studierende mit dem fragwürdigen Stipendium hat die Ludwig-Maximilians-Universität (LMU) in München empfangen. Dass es sich bei den Gästen aus Fernost möglicherweise um riskante Kollegen handeln könnte, ist an der bayerischen Hochschule offenbar niemandem bewusst. «Vereinbarungen der chinesischen Stipendiatinnen und Stipendiaten mit der chinesischen Regierung sind uns bislang nicht bekannt gewesen», antwortete die Uni auf Nachfrage.[33] Dabei beobachtet das Verfassungsschutzamt auch in München bereits seit einiger Zeit mit wachsender Beunruhigung, wie die deutsche Hochschullandschaft durch die akademischen U-Boote aus China immer mehr unterwandert wird. Dabei spielt dem Regime in Peking die Qualität der Entsandten in die Hände. «Hinsichtlich der Gefahr von Wissensabfluss muss miteinbezogen werden, dass es sich bei CSC-Stipendiaten durchgehend um chinesische Spitzenstudenten und -Doktoranden handelt, die aufgrund ihres Potentials bei dementsprechend ambitionierten Vorhaben deutscher Universitäten und Forschungsinstitute eingesetzt werden», heißt es beim bayerischen Verfassungsschutz.[34] Für die deutsche Seite entstehen dabei keinerlei Kosten, «da sie komplett vom chinesischen Staat finanziert werden, jedoch muss auch klar sein, dass die Forschungs- und Arbeitsergebnisse im Rahmen der Berichtspflicht oft direkt an China weitergegeben werden». Nach der vertraglich festgeschriebenen Rückkehr der Wissenschaftler nach China «können diese Ergebnisse 1:1 in China umgesetzt werden». Genau das ist das Dilemma der Hochschulen – für wenig Geld bekommen sie Spitzenpersonal, doch dieses stellt zugleich eine Gefahr dar, die viele Hochschulen selbst überhaupt nicht überblicken können. Doch nicht nur chinesische Gaststudenten und -wissenschaftler drohen die deutsche Forschungslandschaft durch einen dreisten Wissenstransfer zu schwächen. Sehenden Auges machen sich einige deutsche Hochschulmanager selbst zu nützlichen Bütteln des Pekinger Regimes.

Oben prangen die Siegel der beiden Einrichtungen. Links das Logo der chinesischen Konfuzius-Institute, rechts das Wappen der Freien Universität Berlin mit dem Bären und dem Wahlspruch «Veritas, Iustitia, Libertas» – Wahrheit, Gerechtigkeit, Freiheit. Wie weit es damit im universitären Alltag her ist, zeigt ein Vorfall, der noch nicht so lange zurückliegt. Das dafür entscheidende Papier stellt einen seltenen Einblick in die abgeschottete Welt der Hinterzimmerdeals und geheimen Absprachen zwischen deutschen und chinesischen Hochschulen dar. Unterzeichnet wurde der Vertrag am 18. Mai 2017 von einem der einflussreichsten Wissenschaftler Berlins, Peter-André Alt, dem damals amtierenden Präsidenten der Freien Universität Berlin (FU) und späterem Vorsitzenden der Hochschulrektorenkonferenz, gegengezeichnet wurde es von seinem chinesischen Counterpart etwa drei Wochen später.[35] Ma Jianfei firmiert unter seiner Unterschrift als stellvertretender Chef der Zentrale aller Konfuzius-Institute in Peking. Mit dem Vertrag besiegelten die beiden Wissenschaftsmanager eine Kooperation für das Fach Chinesisch. Eingerichtet werden soll eine Stiftungsprofessur, die als zentraler Baustein für den Aufbau eines Lehramtsstudiengangs Chinesisch gedacht ist. Gleich zu Beginn wird der finanzielle Rahmen abgesteckt, China erklärt sich bereit, eine W2-Professur in Berlin für fünf Jahre zu finanzieren. Dafür werden jährlich knapp 100 000 Euro veranschlagt, hinzu kommen noch einmal 10 000 Euro, die einmal im Jahr für Bücher oder Datenbanken ausgegeben werden können. Unterm Strich will China also knapp 550 000 Euro investieren, damit in Berlin eine Stiftungsprofessur für den neuen Lehramststudiengang Chinesisch eingerichtet werden kann. Das Geld wird innerhalb von dreißig Tagen nach Zahlungsaufforderung durch die deutsche Seite fällig, zu überweisen auf das Konto der Universität bei der Berliner Bank in Charlottenburg. Auf den ersten Blick sieht es nach einem guten Geschäft für die deutsche Universität aus. Doch wie immer in komplexen Verträgen sollte auch das Kleingedruckte gelesen werden. In dem Vertrag aus dem Jahr 2017 stehen die entscheidenden Passagen ganz am Ende, auf den Seiten fünf und sechs. Demnach kann Peking das Abkommen aufkündigen und die Zahlungen zurückfordern, wenn Berlin gegen chinesische Gesetze verstößt. Noch expliziter wird es einige Zeilen weiter unten festgeschrieben: «Die Auslegung und Vollstreckung der Vereinbarung unterliegt den Gesetzen der Volksrepublik China.» Sollte es zu rechtlichen Auseinandersetzungen kommen, so müssten diese vor der China International Economic and Trade Arbitration Commission, einer Schlichtungskommission mit Sitz in Peking, geklärt werden, die sich wiederum an chinesische Gesetze halten muss. Eine deutsche Exzellenz-Universität macht sich damit also von der Rechtsprechung eines autoritären Regimes abhängig.

In einem Brandbrief schlug schließlich die Alumni-Vereinigung der Freien Universität Alarm. Die ehemaligen Studenten machten sich Sorgen um die Unabhängigkeit ihrer einstigen Alma Mater, heißt es in dem Schreiben, das an die Forschungsministerin, den Regierenden Bürgermeister von Berlin, dessen zuständigen Wissenschaftsstaatssekretär und den Präsidenten der FU ging. «Seit Oktober 2019 finanziert die Kommunistische Partei Chinas (KPCh) eine Professur am Ostasiatischen Seminar», schrieben die Ehemaligen. «Dieser Zustand ist für uns unhaltbar, da ein Einfluss der KPCh auf die Lehrinhalte nicht ausgeschlossen werden kann.»[36] Die Alumni fürchteten einen «Präzedenzfall», der weitreichende Folgen bis hin zu Zensur in weiteren Kooperationen haben könnte. Unterschrieben wurde der Brief von Diplomaten, Menschenrechtsaktivisten und bekannten Wissenschaftlern wie Andreas Fulda. Der Sinologe weiß genau, wie schnell aus den zunehmend aggressiven Posen der Chinesen bitterer Ernst werden kann.

Zum ersten Mal legte sich der deutsche Professor 2019 mit dem Regime in Peking an. Fulda war als Experte seiner Alma Mater, der britischen Universität Nottingham, zu einer Talkshow im nahen Oxford gereist. Dort saß er auf dem Podium mit zwei Unterstützern des chinesischen Regimes. Einer arbeitete als Finanzier und Berater der Regierung in Peking. Der andere diente früher dem ehemaligen Staats- und Parteichef Deng Xiaoping als Übersetzer. Und der Sinologe Fulda griff die chinesische Staatsführung vor Millionen Zuschauern des arabischen Fernsehsenders *Al Jazeera*, der die Talkrunde organisiert hatte, frontal an. Er zog Verbindungslinien zu korrupten Parteikadern, nannte Namen von mächtigen KPCh-Apparatschiks und deren Ehefrauen, die ihre Finger in der Ölindustrie oder im Diamantengeschäft hätten. «Die Mitglieder des Politbüros und ihre Familien sind alle reicher als irgendjemand außerhalb Chinas», so Fulda in der Sendung.[37] Die Quittung für seine massive Kritik kam einige Zeit später. Kurz vor Mitternacht, an einem Donnerstag in der Adventszeit, tauchte die erste Drohung auf. Ein gewisser Luke Depulford schickte Fulda eine Mail, im Betreff stand «chinesisches Sprichwort». Als er die Nachricht öffnete, tauchte ein kurzer Text auf: «Locke eine Schlange aus ihrem Loch und schlage ihr dann den Kopf ab.»[38] Tatsächlich gibt es einen Luke de Pulford. Er ist Direktor der Interparliamentary Alliance on China und gehört damit zu den Kritikern der KPCh. Natürlich hatte nicht er die Mail verschickt. Wer es wirklich war, konnte nicht herausgefunden werden. Die Drohung war jedoch sehr real.

«Wenn man still und leise vor sich hinforscht, dann interessiert das niemanden», sagt Fulda. «Aber wenn man eine gewisse Aufmerksamkeit bekommt, dann werden Hebel in Gang gesetzt, um das zu unterbinden.»[39] Regelmäßig hat der Sinologe inzwischen mit Einschüchterungsversuchen zu tun. Es gibt Rufmordkampagnen, Fake News über ihn bis hin zu Drohungen. «Gott will, dass ich eine Nachricht an alle weiterleite», warnte eine Frau in einer Mail an mehrere China-Kritiker, darunter Andreas Fulda, «der europäische weiße Abschaum wird für seine Sünden bezahlen.» Ein anderes Mal schrieb ihm eine Josie Guo: «Ich weiß nicht, ob Sie das schon wissen, aber ein ethischer Völkermord gehört zu unseren nächsten Schritten.» Irgendwann bekamen Kollegen verstörende Handlungsanweisungen. «Behalten Sie bitte Professor Fulda im Auge», hieß es in einer Mail, «er lässt psychologische Auffälligkeiten erkennen, die mit einer permanenten Negativspirale zusammenhängen.» Richtig widerlich wurde es kurz vor Weihnachten 2022. Wieder spät in der Nacht erreichte Fulda eine Mail mit einem Foto. Darauf war ein teilweise gehäuteter Mensch zu sehen, bei dem die Augäpfel freigelegt aus dem Schädel starrten. Daneben stand: «Dies alles wird mit Ihrem Tod enden. Und wenn nicht Ihrem, dann mit dem Ihrer Familie.»

Einschüchterungen von kritischen Wissenschaftlern gehören auch in Deutschland inzwischen zum Alltag. «Der Bundesregierung liegen Erkenntnisse vor, wonach chinesische Behörden versuchen, sowohl chinesische Studierende und Wissenschaftlerinnen und Wissenschaftler in Deutschland als auch deutsche Wissenschaftlerinnen und Wissenschaftler, die zu China forschen, in ihrem Handeln zu beeinflussen», heißt es in der Antwort auf eine Kleine Anfrage des grünen Bundestagsabgeordneten Kai Gehring.[40] Hinter den anonymen Mails, den Diffamierungen übers Telefon oder Kampagnen auf dem Campus stecken oft Handlanger des Pekinger Regimes, die nicht selten undercover in deutschen oder europäischen Städten leben. Laut werden diese nur, wenn man Kritik an der Volksrepublik China übt. Sonst führen sie ein unauffälliges Leben. Über Personen wie Andreas Fulda erwarten die Machthaber in Peking von diesen «Einflussagenten» Informationen. In Kritikern des Systems wittert die KPCh eine der größten Gefahren für den eigenen Machterhalt, entsprechend aggressiv agiert das Regime auch in Deutschland. Auch viele der studentischen Spitzel werden gezielt auf Dissidenten angesetzt, um diese auszuhorchen oder zu beobachten.

Für die Informationsbeschaffung fährt das Regime in Peking mehrgleisig. Gerade wenn es um den Wissenstransfer geht, also das Abschöpfen von geheimen Forschungsergebnissen zu Zukunftstechnologien, überlässt China nichts dem Zufall. «Zum ganzheitlichen Ansatz des staatlich gesteuerten Transfers von Know-how und Technologien zählen neben Investitionen auch Forschungskooperationen und Talentprogramme», heißt es im Bericht des Verfassungsschutzes, «wobei die verschiedenen Vorgehensweisen zum Teil ineinandergreifen und sich gegenseitig verstärken.»[41] Oft genug beobachtete der deutsche Inlandsgeheimdienst bei den Chinesen ein gewisses Geschick, an das gewünschte Wissen zu gelangen, ohne auf klassische nachrichtendienstliche Mittel und Methoden zurückgreifen zu müssen. Dabei erweist sich der Ansatz, über einen breiten Instrumentenkasten zu verfügen und gleichzeitig teils erhebliche finanzielle Anreize zu schaffen, als besonders effektiv. «Wegen dieses umfassenden Vorgehens zur Informationsgewinnung ist China die größte Bedrohung in Bezug auf Wirtschafts-

und Wissenschaftsspionage sowie ausländische Direktinvestitionen in Deutschland», so der Verfassungsschutz weiter. Oftmals steht die vermeintliche Toleranz im Umgang mit den chinesischen Gastwissenschaftlern jedoch in einem klaren finanziellen Zusammenhang. Durch die Kooperationen fließen hochwillkommene Zuschüsse in die klammen Kassen der deutschen Hochschulen, was eine gewisse Geschmeidigkeit im Umgang mit den Vertretern der Volksrepublik China zur Folge hat. Wer zahlt, bestimmt, lautet allzu oft auch an den Universitäten das ungeschriebene Gesetz. Sehenden Auges missachten die Universitätsführungen Verstöße gegen die vermeintlich heilige Wissenschaftsfreiheit in Deutschland, indem sie vor dem Machtapparat Pekings einknicken. Damit schaden sie sich auch selbst, was den Beteiligten bislang noch nicht wirklich bewusst zu sein scheint.

Gerade auch durch die Spitzel in deutschen Laboren und Hochschulen wird China immer erfolgreicher. Als Mitte März 2024 das Europäische Patentamt die neuesten Zahlen vorlegte, gehörte die Volksrepublik zu den großen Gewinnern. Während die deutschen Patente im Laufe des vergangenen Jahres um 1,4 Prozent auf 24966 gestiegen waren, konnte China seine Patente um 8,8 Prozent auf nun 20735 erhöhen. Allein 5071 Patentmeldungen stammten aus dem Mobilfunkkonzern Huawei, was in etwa einem Viertel entsprach. Bester deutscher Konzern war Siemens mit im Vergleich eher bescheidenen 1889 Patenten. Damit sitzen die Chinesen den Deutschen im Nacken.[42] In fünf Jahren haben sich die Patentanmeldungen aus dem Reich der Mitte damit mehr als verdoppelt. Ihre aggressive und oft auch skrupellose Wachstumspolitik spiegelt sich in den Ergebnissen wider. Bis 2049 will die Volksrepublik die politische Weltführerschaft erreichen – und dies ist ohne eine Hightech-Armee und eine schlagkräftige Wirtschaft nicht möglich.

Auf dem Weg dorthin wäre den Chinesen vor einigen Monaten fast ein besonders raffinierter Coup gelungen. Nur in allerletzter Minute konnte ein möglicher Spionageplot vereitelt werden. Wie aus dem Rathaus der schleswig-holsteinischen Landeshauptstadt verlautete, gab es Pläne für eine Städtepartnerschaft zwischen Kiel und Qingdao. Als Zentrum der ehemaligen deutschen Kolonie Kiautschou verfügt die chinesische Millionenstadt über eine lange Beziehung zu Deutschland. Noch heute erinnert das gleichnamige Bier Tsingtao, gebraut in einer von den deutschen Kolonialherren einst gegründeten Brauerei, an die alte Verbindung. Auch brachten die Lokalpolitiker in Kiel an, dass sich beide Städte durch ihre Nähe zum Meer und die maritime Tradition nahestanden. Trotzdem lag es nicht unbedingt auf der Hand, dass eine 36-mal so große Megacity mit der beschaulichen deutschen Ostseestadt eine Verbindung eingeht. Allerdings gibt es in Kiel eine wissenschaftliche Perle, das Geomar. Am Helmholtz-Zentrum für Ozeanforschung arbeiten ca. 500 Wissenschaftler. Das Institut zählt zu den renommiertesten in der Welt, gehört dem European Marine Board an und erhält regelmäßig Förderpreise für Spitzenleistungen. «Das GEOMAR erforscht den globalen Ozean vom Meeresboden bis in die Atmosphäre, um das Ozeansystem zu verstehen», heißt es auf der Homepage. In Kiel sitzt aber auch eine der wichtigsten deutschen Militärwerften. ThyssenKrupp Marine Systems gehört zu den führenden Entwicklern nicht-nuklearer U-Boote, Marineschiffe und anderer Militärtechnologien in Europa. Weltspitze ist die Werft beim Bau von Tarnkappen-U-Booten. Die Modelle der 212-Klasse lassen sich von Gegnern im Kampf kaum orten, da sie sehr leise sind, kaum Wärme abstrahlen und Sonar- und Radarsignale reflektieren. Entsprechend nachgefragt werden die Unterwasserschiffe von Armeen rund um den Globus. Die israelischen Streitkräfte sollen für ihr Atomwaffenarsenal Spezialanfertigungen aus Kiel bekommen haben, mit denen die nuklearen Sprengsätze mobil eingesetzt werden können.

Als die Pläne für eine Städtepartnerschaft mit Qingdao im März 2023 öffentlich vermeldet wurden, formierte sich schnell Widerstand. Besonders alarmiert zeigte sich die Spitze des Instituts für Sicherheitspolitik an der Universität Kiel. «Wir schätzen die Gefahr hier am Institut sehr groß ein, weil China eine lange Tradition des Missbrauchs von Städtepartnerschaften und auch wissenschaftlichen Kontakten hat», so der Leiter Joachim Krause, «um Informationen abzufischen, die vor allen Dingen für das Militär und in diesem Fall für die Marine der Volksrepublik von entscheidender Bedeutung sind.»[43] Insider beschreiben eine langfristig angelegte Strategie. Bei offiziellen Empfängen, Besuchen und Kooperationen werden immer neue persönliche Kontakte geknüpft. Nicht selten nehmen bei solchen gesellschaftlichen Veranstaltungen auch einflussreiche Wissenschaftler oder hohe Militärs teil. Irgendwann reichen die Beziehungen dann auch in die sensiblen Bereiche, welche die chinesische Seite vor allem interessiert.[44] Und hier rangiert in Kiel an oberster Stelle die Spitzentechnologie aus dem Marinebereich. «Der deutschen Seite war nicht bewusst, dass Qingdao eines der Zentren der U-Boot-Forschung und der Unterwasserseekriegsführung in China ist», sagt der Militärexperte Carlo Masala. In Sicherheitskreisen sei bekannt, dass die chinesische Seite Städtepartnerschaften nutze, um gezielt Wissen und Know-how abzugreifen. «Für diese machtpolitischen Zusammenhänge fehlt auf Länder- und kommunaler Ebene in Deutschland jede Sensibilität», so Masala. «Es handelt sich um ein Einfallstor für Spionage.»[45]

Erfüllungsgehilfen in Nadelstreifen

Mit dem Geld ist es so eine Sache. Niemand wird gezwungen, Geschäfte mit China zu machen. Nur scheinen mögliche Profite oft einfach zu verlockend, so dass sich deutsche Unternehmen vom chinesischen Markt oder von Zulieferungen abhängig machen. Diese Abhängigkeiten können teilweise im wahrsten Sinne des Wortes lebensgefährlich werden. Einem größeren Teil der Bevölkerung wurde dies im Winter 2022/23 bewusst. Damals kam es in Deutschland zu einem Engpass bei Fiebersaft für Kinder. Verzweifelt klapperten Eltern in den Großstädten die Apotheken ab und wurden überall abgewiesen. Es gab einfach keine Vorräte mehr, anfangs nur von Paracetamol-, später auch von Ibuprofen-Produkten. Ein Jahr später mussten Eltern erneut auf die Suche nach Fiebersäften für ihren Nachwuchs gehen, weil die meisten Apotheken wieder keine ausreichenden Vorräte hatten. Im Laufe des Jahres hatte sich die Zahl der Lieferengpässe im Vergleich zum Vorjahr noch einmal um die Hälfte erhöht. Apotheker berichteten von Kunden, die aus dem thüringischen Rudolstadt 200 Kilometer bis ins bayerische Nürnberg fuhren, um das entsprechende Medikament zu bekommen.[46] Daten des Bundesgesundheitsministeriums belegen eine toxische Vermischung von Ursachen, die letztlich zu der Verknappung führte. So stieg in den Jahren 2022 und 2023 die Nachfrage nach speziellen Medikamenten wie Fiebersaft massiv an. Gleichzeitig kam es zu Problemen bei der Herstellung, und es wurde zudem nicht genug produziert. Ein Großteil der Präparate, aber auch der dafür notwendigen chemischen Grundstoffe stammen aus China. Als es dort in der Folge der rigiden Coronapolitik noch zusätzlich zu Engpässen kam, waren die Auswirkungen auf dem gesamten Globus zu spüren. «Die Fabriken müssen im Hochbetrieb laufen, um auf eine Nachfrage reagieren zu können, die die Behörden nicht vorhergesehen haben», berichtete im Dezember 2022 ein französischer Radiokorrespondent, der sich in einem Betrieb in Shandong, einer Stadt südlich von Peking, umgesehen hatte.[47] Dort konnte er die angespannte Situation beobachten. In dem Werk wurde Ibuprofen hergestellt, das größtenteils für den Export bestimmt war. «Aber jetzt wurde zum ersten Mal eine zuvor unbekannte Maßnahme ergriffen: der Export von Medikamenten wird zeitweilig eingestellt, um auf die eigene Notlage zu reagieren.» Die Folgen waren für Europa und insbesondere Deutschland dramatisch.

«Die Chinesen brauchen keine Atombombe, sie können uns auch durch einen Lieferstopp bei Antibiotika erledigen», warnte schon im Jahr 2020 die renommierte Pharmakologin Ulrike Holzgrabe. Nachvollziehbar wird dies am Beispiel Amoxicillin, einem Präparat, das bei Infektionen im Magen-Darm-Bereich, bei Blasenentzündungen oder auch Atemwegsinfekten verschrieben wird. «Amoxicillin gehört zu den meistgenutzten Breitband-Antibiotika zur Behandlung von bakteriellen Infektionen», heißt es in einer Analyse der Universität Würzburg. Allein in Deutschland seien im

Jahr 2021 gesetzlich Versicherten etwa 62 Millionen Tagesdosen verschrieben worden, «bereits heute werden über 70 Prozent aller generischen Antibiotika in Asien hergestellt, mit steigender Tendenz.»[48] Die große Masse davon in China. Durch gestiegene Energiepreise und regulatorische Schritte durch die Gesundheitsbehörden – wie Festpreise oder Rabattverträge für die Kassen – drohten nun auch die letzten Produktionsstandorte in Europa zu schließen. «Infolgedessen scheint eine nahezu 100%ige Abhängigkeit von asiatischen Wirkstoffproduzenten auf mittlere Sicht unausweichlich zu sein», warnen die Experten. An ihrem Vergleich mit der Atombombe hält Ulrike Holzgrabe bis heute fest. «Den Spruch habe ich damals eigentlich eher aus Frustration gesagt», erinnert sich die Professorin. «Weil damals niemand die große Gefahr gesehen hat.»[49] Doch inzwischen habe sich die Situation sogar noch verschärft. Für pharmakologische Unternehmen schien es irgendwann nicht mehr lukrativ genug, verschiedene Medikamente in Deutschland herzustellen. Gerade wenn die Patente für einzelne Präparate abgelaufen sind und diese als Generika hergestellt werden können, schnurrt die Gewinnspanne für die Hersteller zusammen. Viele verlieren dann das Interesse an der Produktion und schauen dabei zu, wie die Herstellung in Länder wie China verlagert wird. Mit dramatischen Folgen. Aus Profitstreben und teils auch Gier rutschte Deutschland so in den vergangenen Jahren schnurstracks in die Abhängigkeit vor allem von China. «Da geht es um echt lebenswichtige Medikamente», so Holzgrabe. «Wir sind hier weit erpressbarer, als es sich die deutsche Politik bislang vorstellen will.»

Erpressbar hat sich die deutsche Wirtschaft auch in einem anderen Bereich gemacht, dem für Deutschland so wichtigen Autobau. Allerdings aus anderen Gründen. Durch die enorme Verschiebung von Absatzmärkten in die Volksrepublik während der vergangenen Jahrzehnte – allein die Volkswagen-Gruppe verkaufte im Jahr 2023 jedes dritte ihrer Autos in China (3,24 von 9,24 Millionen Fahrzeugen) – richten sich inzwischen zentrale Entscheidungen der deutschen Wirtschaftspolitik an den Vorgaben aus Peking aus. Erstmals schmerzlich zum Tragen kam diese Abhängigkeit um das

Jahr 2012. In Deutschland hatte sich damals die Solarbranche zu einem florierenden und führenden Wirtschaftszweig entwickelt. Geboomt hatte der Sektor in den Jahren zuvor vor allem auch, weil üppige staatliche Subventionen geflossen waren. Dank des Erneuerbare-Energien-Gesetzes (EEG) hatte die Branche über zehn Jahre floriert, von anfangs 0,3 Gigawatt Stromgewinnung durch Sonnenenergie war der Wert auf 33 Gigawatt angewachsen, bis die Bundesregierung unter Angela Merkel (CDU) in kurzer Zeit die Subventionen radikal zurückfuhr. Nach zwei Jahren waren von 100 000 Arbeitsplätzen noch etwas mehr als die Hälfte übrig.[50] Den Unternehmen hatten aber nicht nur die gekürzten Zuschüsse zu schaffen gemacht; zugleich drängten chinesische Hersteller mit Dumpingpreisen auf den deutschen Markt. Dass deren Produkte sehr billig waren, lag allerdings nicht nur an den geringeren Arbeitskosten in der Volksrepublik. Aus politischen Gründen ließ die KPCh die eigenen Solarfirmen stark subventionieren, damit der Sektor in Windeseile in China aufgebaut werden konnte. Es kam zu massiven Wettbewerbsverzerrungen zugunsten der chinesischen Unternehmen. Doch die deutsche Seite scheute vor harten Schritten wie höheren Einfuhrzöllen oder Strafsteuern zurück – wegen der für den Wirtschaftsstandort Deutschland noch wichtigeren Automobilindustrie. Jürgen Trittin, grüner Umweltminister im Kabinett von Gerhard Schröder und in der Frühphase für den Aufbau der Solarindustrie mitverantwortlich, beschrieb viele Jahre später, dass die deutsche Politik einen Rachefeldzug der chinesischen Seite fürchtete und deswegen untätig blieb. «Wir haben ein Riesenproblem mit den drei Automobilisten und mit BASF», so der grüne Politiker, «also vier aus deutscher Sicht systemrelevanten Unternehmen, die eine implizite Staatsgarantie in Deutschland haben.»[51] Pointiert formuliert: Aus Angst um die Autobauer wurden die Solarhersteller geopfert.

Ca. 90 Prozent der weltweit verkauften Solarpaneele werden inzwischen in China gefertigt. In dem für eine klimafreundlichere Zukunft so wichtigen Sektor hat das Land eine dominante Marktführerschaft aufgebaut, mit neuen erheblichen Risiken für Deutschland. «Anfang Februar 2023 verbreitete sich die Nachricht, dass der chinesische Parteienstaat darüber nachdenkt, den Export von Technologiekomponenten, die für die Herstellung von Solarmodulen notwendig sind, zu begrenzen», schreibt Andreas Fulda. «Solche Exportbegrenzungen können den Erholungsprozess der einst mächtigen Solarbranche in Deutschland empfindlich verlangsamen.»[52] Darüber hinaus kann die Energieversorgung empfindlich gestört werden, wenn notwendige Bauteile für die großen Solarparks nicht mehr geliefert werden. Deutschland hat sich also auch auf diesem Gebiet von der chinesischen Seite wegen einer Mischung aus Profitgier und Ängstlichkeit komplett abhängig gemacht.

In Teilen geradezu unterwürfig agieren die Bosse jedoch in den vier bereits erwähnten Konzernen – Volkswagen, BMW, Mercedes und BASF.

Anfang der 1980er Jahre schien das Reich der Mitte kein besonders vielversprechender Markt für die Zukunft zu sein. Zwar zählte das Land damals schon die meisten Einwohner, doch lebten diese größtenteils in bitterer Armut. Wie sollten die Menschen in China also zahlungskräftige Kunden werden, um etwa deutsche Autos zu kaufen? Doch bei Volkswagen nahm man früh eine andere Perspektive ein. «Zu unserem Glück interessierte sich damals kaum ein Mensch dafür, dorthin zu gehen», erinnerte sich der einstige Konzernchef Carl Horst Hahn kurz vor seinem Tod.[53] Konkurrierende Konzernbosse hätten damals in Gegenwart von Kanzler Helmut Kohl (CDU) über ihn gelästert, er versenke 100 Millionen Dollar bei den Kommunisten. Doch der Erfolg hat dem VW-Boss, dessen Vater zu den Gründern der Auto Union in Chemnitz gehört hatte, recht gegeben. Schon 1983 dominierten die Wolfsburger den chinesischen Markt. «Mit nur 5000 verkauften Fahrzeugen hatten wir praktisch über Nacht schon im ersten Jahr einen Marktanteil von 27 Prozent», so der einstige Automanager Hahn. Innerhalb von 40 Jahren hat die Volkswagen-Gruppe ihren Absatz in China mit 648 multipliziert – aus ein paar Tausend sind ein paar Millionen Autos geworden. Ohne sein Geschäft in der Volksrepublik wäre der niedersächsische Konzern heute kaum noch denkbar. «Die Zukunft von Volkswagen wird sich auf dem chinesischen Markt entscheiden», sagte der damalige VW-Chef Herbert Diess vor wenigen Jahren.[54] Aus wirtschaftlicher Sicht handelte es sich beim China-Geschäft der Autobauer bis vor einigen Jahren um eine einzige Erfolgsstory. Allerdings hat diese ihren Preis. Für den Marktzugang und günstige Produktionsbedingungen vor Ort erwartet die regierende KPCh Unterstützung in drei zentralen Punkten. Kritik an den Kommunisten ist tabu, die deutschen Autobauer lassen sich unter tatkräftiger Mithilfe der Konzernbosse als Hebel für wirtschaftliche Interessen der Volksrepublik China in Deutschland nutzen – und in der Uiguren-Region Xinjiang müssen sich auch die deutschen Konzerne die Hände schmutzig machen.

Als erster Autobauer kam Volkswagen in diesen zweifelhaften Genuss, als der Konzern 2013 eine Fabrik in Urumqi, der Hauptstadt der Provinz Xinjiang, eröffnete. «VW wurde klar vor die Wahl gestellt: Wollt ihr die Genehmigung für die anderen geplanten Werke, ja oder nein?», berichtete damals ein Bracheninsider. «Wenn ja, dann baut auch eines in Urumqi.»[55] Welcher Wind dort weht, mussten die Wolfsburger schnell lernen. Anfangs versprachen die Deutschen, 35 Prozent der neu geschaffenen Arbeitsplätze würden an Angehörige der muslimischen Minderheit vergeben. Diese leiden seit Jahrzehnten unter der Dominanz der Han-Chinesen und deren Ausgrenzungspolitik. Doch auf Druck der Zentralregierung wurde die Quote schließlich kassiert, es blieb bei den Lippenbekenntnissen.[56] Zehn Jahre später hat Volkswagen in seinem Werk in Xinjiang mit ganz anderen Problemen zu kämpfen. Als bekannt wurde, dass für den Bau einer VW-Teststrecke in der Stadt Turpan offenbar auch uigurische Zwangsarbeiter eingesetzt wurden, verabschiedeten sich sogar Investoren. «Damit ist Volkswagen für unsere nachhaltige Publikumsfonds jetzt nicht mehr investierbar», hieß es etwa bei der Fondsgesellschaft Union Investment.[57] Druck kam auch vom Betriebsrat und von der niedersächsischen Landesregierung, die von «besorgniserregenden» Berichten sprach. Im Februar 2024 eskalierte die Lage noch einmal, als in amerikanischen Häfen Tausende nagelneue Audis, Porsches und Bentleys nicht von den Frachtschiffen gebracht werden durften. US-Abgeordnete wollten Erkenntnisse haben, wonach ein Elektronikbauteil in den Fahrzeugen unter Beteiligung von Zwangsarbeitern hergestellt worden sei. Nach amerikanischen Gesetzen ist der Handel mit solchen Produkten illegal.[58] Damit geriet der deutsche Konzern auch immer mehr zwischen die Fronten im Konflikt der USA mit der Volksrepublik China.

Dabei ist der Kontakt zwischen den VW-Bossen und der Spitze der KPCh seit Jahrzehnten sehr eng. Schon 2002 empfingen Ferdinand Piech und Bernd Pischetsrieder in Wolfsburg den chinesischen Staats- und Parteichef Jiang Zemin. Später führte Martin Winterkorn Politbüromitglieder wie Sun Chunlan, damals «Chinas starke Frau», durch das Werk in Niedersachsen. Winterkorns Nachfolger Matthias Müller war nach Eigenauskunft «mindestens 50 Mal» in der Volksrepublik, zum ersten Mal im Sommer 1989, kurz nach dem Massaker auf dem Platz des Himmlischen Friedens. Vor allem in den Jahren an der Konzernspitze baute der Boss enge Kontakte auch in den Parteiapparat Chinas auf. «Dieses Netzwerk, das man dann im Laufe der Zeit knüpft, das hat mir sehr geholfen», verriet Müller einmal in einem Podcast, «durchaus auch in politischen Kreise.» Über Jahre hatte VW sogar einen Premiumkontakt in der von der KPCh geführten Regierung. «Man muss wissen, dass der spätere Wissenschaftsminister, Herr Wan Gang, ganz früher in seinen jungen Jahren Mitarbeiter von Audi war», berichtete der Ex-VW-Chef. Fast zehn Jahre, bis ins Jahr 2000, war Wan in leitender Funktion für die Ingolstädter Autobauer – das Unternehmen gehört zur Volkswagen-Gruppe – im Bereich Forschung und Entwicklung tätig. Und die deutsche Vergangenheit des Spitzenpolitikers habe auch später eine enge Beziehung ermöglicht. «Es war natürlich schon sehr hilfreich, eine Persönlichkeit wie ihn zurate ziehen zu dürfen und, wenn man mal nicht mehr weiterwusste, einfach mal anzurufen und zu fragen, was er denn jetzt machen würde.» Wan Gang war auch mit anderen Autobossen gut bekannt, wie dem ehemaligen Daimler-Chef Dieter Zetsche. Die Beschreibungen von Matthias Müller lassen sich daher auf die gesamte

Branche übertragen, wenn er sagt: «Wir haben es über die vielen Jahre geschafft, uns in China gut zu vernetzen.»

Als im Herbst 2023 eine hitzige Debatte über (teils verdeckte) Subventionen für die chinesischen Autobauer losbrach, versuchte die Volkswagen-Spitze die Konfrontation zu entschärfen. Während EU-Kommissionspräsidentin Ursula von der Leyen eine Untersuchung zu den chinesischen Elektrobauern einleitete, die wegen der staatlichen Finanzspritzen ihre Autos auch in Europa billiger verkaufen können und somit den Wettbewerb verzerren, tat VW-Boss Oliver Blume das Problem ab. «Wir sollten uns eher darauf konzentrieren, wie wir hier wettbewerbsfähige industrielle Rahmenbedingungen schaffen», sagte der Konzernboss vor Hunderten Zuhörern in Stuttgart. «Wenn ich selbst stark bin, habe ich einen Wettbewerb außerhalb Europas nicht zu fürchten.»[59] Alles also nur halb so schlimm? Gerade VW machen die Billigpreise der chinesischen Konkurrenz das Leben schwer. Offenbar fürchten die Wolfsburger noch viel mehr, dass der chinesische Machtapparat brutal zurückschlagen könnte, falls die EU gegen China die Daumenschrauben anlegte, und die Konsequenzen dadurch für die deutschen Autobauer noch schlimmer wären. Und so machte Blume schon eine Woche später seine Aufwartung bei den Machthabern in Peking. Beim Treffen versprach Vize-Regierungschef Ding Xuexiang dem deutschen Topmanager – laut offiziellen Quellen –, «die Tür zur Öffnung Chinas werde immer weiter aufgehen».[60] In den rosigsten Farben malte der KPCh-Vertreter eine wirtschaftliche Zukunft für die deutschen Autobauer, China sei bereit, «ein besseres Umfeld und bessere Bedingungen für Unternehmen mit ausländischem Kapital, einschließlich Volkswagens, zu schaffen, damit sie in China investieren und florieren können». Der VW-Boss revanchierte sich. «Oliver Blume dankte der chinesischen Seite für die starke Unterstützung der Entwicklung von Volkswagen in China», vermeldete die chinesische Botschaft in Berlin zu dem Treffen. «Er sagte, Volkswagen schätze die Freundschaft mit China und dem chinesischen Volk und werde seine Investitionen in Schlüsselbereichen erhöhen und weiterhin Aktivitäten auf dem chinesischen Markt intensivieren.» Es ist ein gutes Beispiel dafür, wie das chinesische Erpressungsmodell funktioniert. Um weiterhin vom riesigen chinesischen Binnenmarkt profitieren zu können, akzeptieren deutsche Konzernbosse sogar Methoden, die nach EU-Recht verboten sind – etwa Dumpingpreise und verzerrte Wettbewerbsbedingungen. Als die Brüsseler Kommission sich trotzdem querstellte und an den Aufschlägen für chinesische Importe festhielt, versuchte Kanzler Olaf Scholz (SPD) noch einmal, im Sinne der Autobosse und somit der kommunistischen Führung einzugreifen. Ende Juni 2024 schlug er vor, dass Zölle für beide Seiten gleichermaßen erhöht werden könnten – also 15 Prozent Aufschlag für chinesische Importe in die EU und 15 Prozent für europäische Importe in die Volksrepublik. Doch Ursula von der Leyen (CDU) und ihre Kommission blieben hart. «Im Umgang mit China gehe es nicht darum, Zölle anzugleichen, sondern darum, faire Wettbewerbsbedingungen zu schaffen und chinesische Subventionen auszugleichen», beschrieben Beobachter die Haltung der Brüsseler Behörde.[61] Wenige Tage später traten die Sonderzölle zum Ärger der Konzernführungen in Wolfsburg, Stuttgart und München zumindest vorläufig in Kraft. Sie hatten es nicht geschafft, die Entscheidungen in der EU im Sinne Pekings zu beeinflussen. Besonders wichtig sind die Autobauer für die Chinesen aber in einer anderen Frage, wenn es nämlich darum geht, in Deutschland einen Fuß in die Schlüsselindustrien zu bekommen. Auch hierfür werden VW, BMW und Co. als Faustpfand benutzt, um eigene Zugänge zu erpressen.

Bei «Harry Potter und die verbotene Reise» handelt es sich nicht um einen neuen Band der erfolgreichen Buchserie um den kleinen Zauberer. Die Reise wird diesmal nicht in der Fantasie und im Kopf zurückgelegt, sondern ist ziemlich real. Wer das Abenteuer erleben will, muss aufsitzen und sich anschnallen. Dann beginnt ein irrer Ritt mit dem Besen. In atemberaubender Geschwindigkeit rast man zum Dach des Zauberschlosses Hogwarts hinauf, vorbei am Wildhüter Hagrid, nur um sogleich in nicht weniger rasanten Kurven feuerspeienden Drachen auszuweichen und durch Felsschluchten zu entkommen. Irgendwann geht es in die Schularena, wo gerade ein Quidditch-Spiel stattfindet. Und man befindet sich mittendrin, wenn die Gegner ihre messerscharfen Attacken gegen einen reiten und der goldene Schnatz auf einmal vorbeischießt. Für den Ritt auf dem Besen muss man nach Orlando im US-Bundesstaat Florida reisen. Dort, im Freizeitpark der Universal Studios, gibt es eine Maschine, durch die der magische Flug für jedermann möglich wird. Bei der Maschine handelt es sich eigentlich um einen Roboter, der in Augsburg entworfen wurde. Als die bayerische Firma Kuka im Frühjahr 2010 das revolutionäre Fahrgeschäft für den Harry-Potter-Park der Öffentlichkeit präsentierte, sorgte das für einiges Aufsehen. Sechs Jahre später war die weltweite Aufregung noch größer, doch da war der Grund weit weniger erfreulich.

Innerhalb eines Jahres hatte ein chinesischer Hausgeräte-Hersteller das Hightech-Unternehmen übernommen. In einem nicht weniger atemberaubenden Ritt über die Aktienmärkte, als es Harry Potter mit seinem Besen vorgemacht hatte. Im Rahmen der gesetzlichen Meldepflicht teilte die Midea International Corporation Company Limited, Hongkong, China, im August 2015 mit, dass ihr Stimmrechtsanteil an dem bayerischen Unternehmen jetzt 5,43 Prozent betrage.[62] Der Konzern mit Sitz in der südchinesischen Provinz Kanton, der vor allem Klimaanlagen, Waschmaschinen und Kühlschränke herstellt, tauchte zum ersten Mal in der Besitzerstruktur von Kuka auf. Von Beginn an versuchten die Akteure aus Fernost, ihre wahren Ambitionen zu verstecken. Während der darauffolgenden Wochen und Monate signalisierten die Chinesen, dass sie ihren Anteil auf bis zu 30 Prozent aufstocken würden, dass sie allerdings keine Übernahme von Kuka anstrebten. Als sie dann ein knappes Dreivierteljahr später ihr Angebot pro Aktie präsentierten, das sie mit 115 Euro bezifferten, lag dieses mehr als ein Drittel höher als der damalige Aktienkurs des Unternehmens. Große Anteilseigner, vor allem zwei deutsche Familienunternehmen aus Baden-Württemberg und Hessen, nahmen die Offerte aus Fernost an und verkauften für etwa sechs Milliarden Euro ihre Beteiligungen an Kuka. Im Frühjahr 2016 hielten die chinesischen Kühlschrankproduzenten damit 48,6 Prozent der Unternehmensanteile. Drei Monate später waren es sogar knapp 95 Prozent. Still und leise erhöhten die Chinesen in den darauffolgenden Jahren noch einmal ihre Anteile, bis sie bei über 95 Prozent lagen. Die Minderheitsaktionäre konnten nun zum Verkauf gezwungen und das Unternehmen von der Börse genommen werden. Das sehr gute Geschäft für die beiden deutschen Familienunternehmen war ein sehr schlechtes Geschäft für Deutschland. In einer Nacht-und-Nebel-Aktion hatte ein bis dahin unbekannter Player aus der Volksrepublik die komplette Kontrolle über eines der zukunftsträchtigsten Unternehmen des Landes übernommen. Ein Ex-Manager bestätigte später, dass «die Übernahme von Kuka seitens Midea von langer Hand geplant» gewesen sei.[63] Als sie ihr Ziel erreicht hatten, kündigten die neuen Chefs an, für 400 Millionen Euro ein neues Werk in der chinesischen Stadt Shunde zu bauen, dem Stammsitz von Midea, mit 4000 neuen Arbeitsplätzen. Dort sollen in wenigen Jahren 75 000 Roboter produziert und große Teile der Forschungsabteilung aus Deutschland neu angesiedelt werden, berichtete der Insider weiter.

Im Juli 2023 feierte Kuka sein 125. Firmenjubiläum. Zu den Feierlichkeiten waren auch der bayerische Ministerpräsident Markus Söder und die Augsburger Oberbürgermeisterin Eva Weber (beide CSU) gekommen. Sie hörten die Rede des chinesischen Botschafters Wu Ken, der eine strahlende Zukunft für das Unternehmen an die Wand malte. Kuka sei der «weltweit führende Anbieter von intelligenten Automatisierungslösungen». Midea, das laut Wu «eines der Top-Privatunternehmen Chinas» sei, habe «sich sogar als idealer Partner herausgestellt». Ideal scheint der Partner jedoch vor allem aus chinesischer Sicht zu sein. Ein Viertel seines weltweiten Umsatzes macht Kuka bereits in China, Tendenz steigend. Ein Viertel der Arbeitsplätze des Unternehmens befinden sich noch in Augsburg, der Rest ist auf mehrere Standorte global verteilt, immer mehr davon in der Volksrepublik. «Ein altes chinesisches Sprichwort besagt: ‹Kümmere dich nicht um die Zukunft, und du wirst die Gegenwart betrauern›», sagte der Botschafter auf der Firmenfeier, «bei der Lösung von Problemen ist es also wichtig, dass wir langfristig denken.»[64] In Augsburg dachte man offenbar eher kurzfristig. Aus dem

Zukunftsunternehmen ist ein Betrieb geworden, bei dem heute über Arbeitsplatzabbau geredet wird. Die bei den Verhandlungen immer wieder beteiligte IG Metall sieht die Entwicklung pessimistisch. «Die zunehmenden Übernahmen deutscher Unternehmen in Schlüsselindustrien können gefährlich werden», sagte Wolfgang Lemb, Geschäftsführer bei der Gewerkschaft. «Dahinter steckt eine strategische Ausrichtung Chinas. Das darf man nicht unterschätzen.»[65] Auch wegen der Erfahrungen mit Kuka fordert die IG Metall nun eine «zielgerichtete Gegenstrategie». Doch davon lässt sich die chinesische Seite nicht abschrecken. In der Volksrepublik werden schon neue Pläne geschmiedet, um weitere wichtige deutsche Konzerne zu übernehmen. Bei der Jubiläumsfeier in Augsburg beschrieb der chinesische Botschafter ganz offen die Ziele seines Landes für die Zukunft. «Deutschland und insbesondere zahlreiche deutsche Unternehmen sind unsere verlässlichen Partner auf dem Entwicklungsweg der Modernisierung chinesischer Prägung.» Widerspruch gab es auch von den anwesenden Politikern nicht. Offenbar hat sich niemand der Anwesenden informiert, was unter «Modernisierung chinesischer Prägung» zu verstehen ist.

Kuka war für die chinesische Seite in Deutschland die Probe aufs Exempel. Danach wurde der Appetit immer größer. Aber auch die Deutschen begannen zu ahnen, dass der Ausverkauf strategischer Industrien für die Zukunft erhebliche Gefahren mit sich bringen könnte. Für einige Aufregung sorgte einige Jahre später das Vorhaben Chinas, einen Teil des Hamburger Hafens zu übernehmen. In der Öffentlichkeit drehte sich die Diskussion vor allem um die Anteile, welche die chinesische Seite kaufen dürfe, und darum, was dies an Einflussmöglichkeiten mit sich brächte. Letztlich zogen sich die Verhandlungen über anderthalb Jahre hin. Ursprünglich hatten die Hamburger Hafen und Logistik AG (HHLA) und die COSCO Shipping Ports Limited (CSPL) eine Vereinbarung getroffen, dass die chinesische Seite 35 Prozent des Containerterminals Tollerort übernehmen werde. Das 0,6 Quadratkilometer große und damit kleinste der Hamburger Terminals liegt in Steinwerder, nördlich der einstigen Vulkanwerft. Seit vierzig Jahren werden hier China-Frachter beladen. Inzwischen verfügt das Terminal über vier Liegeplätze, 14 Containerbrücken und einen eigenen Bahnhof. In Tollerort können mehrere hundert Meter lange Ozeangiganten abgefertigt werden, die bis zu 20 000 Standcontainer fassen können. Für die chinesische Seite stellt das Terminal «eine wichtige Säule der Logistik in Europa» dar, entsprechend groß war auch die Vorfreude.[66] Der einstige Hamburger Bürgermeister und aktuelle Bundeskanzler Olaf Scholz (SPD) wollte den Deal durchwinken. Doch heftiger Widerstand kam vor allem von Wirtschaftsminister Robert Habeck (Grüne), der eine «sektorübergreifende Investitionsprüfung» einleiten ließ. Als diese abgeschlossen war, untersagte die Bundesregierung, in der es auch andere kritische Stimmen gegeben hatte, den Verkauf zum Teil. Immerhin durften die Chinesen knapp ein Viertel übernehmen. Im Juni 2023 unterschrieben die HHLA und China COSCO Shipping Corporation die Verträge. Danach erwarb eine Tochterfirma der Staatsholding für knapp 42 Millionen Euro 24,99 Prozent der Anteile am Containerterminal Tollerort – und lag damit unter der Sperrminorität. Dass es gegen den Einstieg der Chinesen Widerstand gab, ärgerte vor allem die AfD. «Was wir im Ausland in Anspruch nehmen, das müssen wir unseren Partnern hier in Deutschland auch ermöglichen», sagte der Bundestagsabgeordnete Petr Bystron. «Wir brauchen den Handel, wir brauchen den Austausch.» Wenige Monate später kam heraus, dass er von russischer Seite Geld angenommen haben soll. Auch gegen die neue China-Strategie hatte der AfD-Mann immer gekämpft und sich für die chinesische Seite starkgemacht. Wegen Bystron und Co. sprechen Beobachter bei der AfD inzwischen von einer «Russland-China-Connection».

Wie berechtigt jedoch die Kritik am Einstieg der Chinesen beim Hamburger Hafen war, zeigte sich schon ein knappes Jahr später. Während der Verhandlungen mit der chinesischen Seite hatte die HHLA zwar immer wieder behauptet, dass der operative Betrieb des Terminals, die IT-Systeme und auch die Abwicklung der Kundenbeziehungen in deutscher Hand bleiben würden. Cosco könne bei sensiblem internen Wissen also außen vor gehalten werden – so der Subtext. Auch das Grundstück bleibe weiterhin in der Hand der Hansestadt Hamburg. Doch im Frühjahr 2024 wurde ein Ermittlungsbericht der US-Behörden publik, wonach die Hafenkräne des chinesischen Herstellers ZPMC für Spionagezwecke missbraucht werden könnten. «Wir haben Öffnungen und Schwachstellen gefunden, die von vornherein vorhanden sind», beschrieb ein Beamter die verdächtigen Sicherheitslücken vor dem US-Kongress.[67] In den Kränen, die sich auch im Hafen von Hamburg befinden, sollen Modems verbaut worden sein, die von einem mobilen «Diagnose- und Überwachungsdienst» genutzt werden könnten. Eigenartigerweise tauchten die technischen Installationen in den Kränen auf, obwohl diese vertraglich nicht vereinbart waren. Auch im Terminal Tollerort stammen die Containerbrücken von ZPMC. Einige wurden mit dem Schwergutschiff «Zhen Hua 26» direkt aus den chinesischen Fabriken nach Hamburg transportiert.[68] «Wir nehmen die Hinweise ernst und beobachten die weiteren Entwicklungen aufmerksam», sagte eine Hafensprecherin.[69] Im Pentagon werden die Containerbrücken aus China schon länger als «Trojanisches Pferd» gesehen. In den USA gibt es bereits Pläne, die verdächtigen Krananlagen auszutauschen und durch in eigenen oder japanischen Fabriken produzierte zu ersetzen. Mit einer derartigen Gefahr hatte beim Verkauf der Hafenteile an die Volksrepublik noch niemand gerechnet.

Besonders heikel ist die wirtschaftliche Verflechtung in einem weiteren Bereich – der Telekommunikation. Als im Juni 2019 die Lizenzen für die neuen 5G-Netze versteigert wurden, ahnten einige der Beteiligten vielleicht schon, wie kompliziert der Ausbau noch werden würde. Auf einem Foto stehen die Vertreter von Telekom, Vodafone, 1&1 und Télefonica in einem Saal der Bundesnetzagentur in Mainz und halten ihre Zulassungsurkunden in die Luft. Alle vier Männer schauen ernst, nur einer versucht ein Lächeln. Kurze Zeit später entbrannte in Deutschland eine Diskussion darüber, welche Technik in den neuen 5G-Sendemasten überhaupt verbaut werden darf. Eine Gruppe von Experten von der ETH Zürich, der Université de Lorraine und der University Dundee hatten erhebliche Sicherheitsrisiken für die neue Technik ausgemacht. In ihrem Papier «A Formal Analysis of 5G Authentication» beschrieben die Forscher die Technologie als «unausgereift und nicht ausreichend getestet».[70] Bedenklich sei vor allem, dass durch 5G «das Bewegen und der Zugang von sehr viel größeren Datenmengen ermöglicht und somit zugleich die mögliche Angriffsfläche erweitert wird». Als Hauptgefahr wurde in mehreren westlichen Staaten von Anfang an China ausgemacht. Um jeglichem Risiko vorzubeugen, entschlossen sich die Regierungen in den USA, Großbritannien, Australien und Neuseeland, auf chinesische Bauteile für den Ausbau des 5G-Netzes zu verzichten. Es bestehe die Gefahr, dass Huawei und ZTE «zentrale amerikanische Sicherheitsinteressen untergraben» könnten, hieß es in einem Bericht der US-Geheimdienste.[71] Im Oktober 2020 kam der Verteidigungsausschuss im britischen Unterhaus zu dem Ergebnis, dass enge Verbindungen zwischen Huawei, dem chinesischen Staat und der KPCh existierten. Die Abgeordneten legten der Regierung nahe, möglichst sämtliche bereits verbauten chinesischen Komponenten aus dem 5G-Netz wieder zu entfernen. Auch Belgien, das mit Brüssel als Hauptsitz von NATO und EU besonders im Fokus chinesischer Spionage steht, hat sich der Linie angeschlossen. Für den Netzausbau setzt das Land ausschließlich auf westliche Technik, vor allem auf die finnischen Experten von Nokia. Relativ früh hat auch Schweden, das von der chinesischen Unterwanderung besonders betroffen ist, Huawei von einer möglichen Beteiligung beim 5G-Ausbau ausgeschlossen. Seit einigen Jahren arbeitet das amerikanische Außenministerium an «The Clean Network». Mit der Initiative soll eine «Allianz der Demokratien und Unternehmen» geschaffen werden, die sich «auf demokratische Werte gründen».[72] Dem Projekt angeschlossen haben sich inzwischen 26 von 27 EU-Staaten und 27 von 30 NATO-Mitgliedern. Empört sprach Peking von einer «konzertierten Aktion», mit der die amerikanische Regierung versuche, gegen die chinesischen Technologieunternehmen vorzugehen.[73] «Wenn die USA ihre Staatsmacht dazu nutzen, chinesische Unternehmen mutwillig zu unterdrücken und grundlegende wirtschaftliche Prinzipien mit allen Mitteln zu sabotieren», orakelten die Parteizeitungen, «wird dies den internationalen Markt stören, wodurch im Endeffekt alle Beteiligten zu Leidtragenden werden.»[74]

Auf offene Ohren stößt die chinesische erpresserische Staatspropaganda offenbar in Deutschland. Vor allem bei der Deutschen Telekom werfen sich die Verantwortlichen für Huawei und Co. in die Bresche. «Fast könnte man sogar meinen, der chinesische Botschafter selbst würde sprechen», schrieb die *Wirtschaftswoche* in einem Bericht über Timotheus Höttges.[75] Der Konzernboss aus Bonn schießt schon seit Längerem gegen das Ziel – vor allem der Bundesinnenministerin Nancy Faeser (SPD) –, Huawei-Komponenten aus den Kernbereichen des deutschen 5G-Netzes bis Ende 2026 zu verbannen. Dabei ist dieses Ziel in Großbritannien noch ambitionierter. Bis Ende 2027 müssen Huawei-Teile komplett aus dem Netz entfernt werden. Für Höttges ist das jedoch «naiv, technisch unrealistisch und absolut unmöglich». Und dann kommt wieder die altbekannte Leier: «Natürlich erwarten die Chinesen von uns auch, dass wir ihre Produkte kaufen.»[76] Und Deutschland lebe eben nun einmal vor allem vom Export von Autos, Maschinen und seiner Chemie. Da sind sie wieder, die großen vier, VW, BMW, Mercedes und BASF, dazu die mittelständischen Maschinen- und Anlagenbauer. Allerdings weiß auch Höttges, dass ein Sicherheitsrisiko nicht so einfach zu vernachlässigen ist. Darum geht er auch hier in die Offensive. «Ist eine Antenne, die auf einem Dach steht, eine sicherheitsrelevante Komponente?», fragt er rhetorisch und verneint sofort. Für den Telekom-Chef scheint der Eifer der Innenministerin übertrieben. «Ob es aber klug wäre, Antennen jetzt abzureißen und moderne Antennen durch einen europäischen Hersteller zu ersetzen, wage ich zu bezweifeln.» Konkurrent Télefonica Germany sieht das offenbar teilweise anders und hat sich der Clean-Network-Initiative angeschlossen. Und auch die Deutsche Telekom kann, wenn sie will, offenbar anders agieren. Auf dem amerikanischen Markt hat der Bonner Kommunikationskonzern ausschließlich Technik von Nokia und Ericsson verbaut – und sich damit an die US-Vorgaben gehalten. In China fürchtet, so hat es den Anschein, aber auch Telekom-Mann Höttges die Rache des Regimes, wenn in Deutschland mit Unternehmen aus der Volksrepublik hart umgegangen wird.

«Die Instrumentalisierung westlicher Unternehmen durch die KPCh ist bereits ein großes Problem», sagt Andreas Fulda. Für den China-Experten der Nottingham University werden die großen Schwergewichte der deutschen Wirtschaft ganz gezielt gegen die Politik in ihrem Heimatland in Stellung gebracht. «Denn damit wird die strategische Handlungsfähigkeit der Bundesregierung stark eingeschränkt.»[77] Oftmals ist es den Firmen selbst nicht bewusst, wie heikel ihre Einlassungen auch für sie selbst werden können. «Wir haben eine Vielzahl von Fallbeispielen, in denen die vielleicht höchst optimistische und zu positive Haltung hinsichtlich der Handelsbeziehungen zu China dazu geführt hat, dass sich diese Unternehmen praktisch aufgelöst haben», ist Sinan Selen überzeugt. Bei einer Veranstaltung mit Unternehmern in Berlin versuchte er die Konzernbosse zu sensibilisieren: «Das droht auch Ihnen.»[78] Der Vize-Chef des deutschen Verfassungsschutzes sieht für viele systemrelevante Unternehmen dringenden Handlungsbedarf. Brandmauern und unternehmerische Scheidungen können die Konsequenz sein. Wie dringend der Handlungsbedarf ist, hat vor allem die EU-Kommission in Brüssel verstanden. Es ist nicht lange her, da reagierte Ursula von der Leyen auf die unausgesprochene Kriegserklärung der chinesischen Seite. «Wir werden unsere Firmen verteidigen, wir werden unsere Wirtschaft verteidigen», sagte die EU-Kommissionspräsidentin, nachdem sie sich gemeinsam mit dem französischen Präsidenten Emmanuel Macron mit Xi Jinping getroffen hatte. Im Namen Europas setzte sie hinzu, man werde «nicht zögern, harte Entscheidungen zu treffen, um seine Wirtschaft und seine Sicherheit zu schützen».[79] Während Brüssel offenbar verstanden hat, wie wichtig eine härtere Gangart gegenüber Peking ist, setzt Berlin weiterhin vor allem auf einen Weg der Besänftigung. «Das ist ein Armutszeugnis», analysiert China-Experte Fulda, der vor allem die Bundesregierung in der Pflicht sieht. «Ich habe Zweifel an der Bereitschaft des Kanzleramtes, aufgeklärte und materielle deutsche Interessen gegenüber der Kommunistischen Partei effektiv zu verteidigen.»[80] Doch teils geradezu fahrlässig ist das Verhalten in den Konzernen und Wirtschaftsverbänden, wo große Teile in einer romantischen Freihandelsnostalgie verharren, die sich an die guten alten Zeiten der Globalisierung klammert. Wer diese Sicht der Welt stört, wird hart angegangen.

Die Szenerie ist in schummriges rötliches Licht getaucht. Die Gesprächspartner sitzen sich in knallroten Ledersesseln gegenüber. Michael Schumann, Vorsitzender des Bundesverbandes für Wirtschaftsförderung und Außenwirtschaft (BWA), fühlt sich in dem Fernsehinterview mit einem Berliner Lokalsender sichtlich wohl. «Das Wort Lobbyist ist eines, das mir nur bedingt behagt», verrät er der freundlichen Moderatorin und lächelt milde, «vielleicht wäre Brückenbauer passender.»[81] Der Mann ist studierter Germanist und Philosoph, lange Jahre arbeitete er in der PR-Branche. Seine eigene Kommunikationsagentur hat Schumann aber schon vor mehr als 15 Jahren verkauft. Danach weist sein offizieller Lebenslauf vorwiegend Ehrenämter aus.[82] Irgendwann, nachdem sich der Berliner Journalistenverband heillos zerstritten hatte und in zwei Hälften zerfallen war, gehörte er für eine Dekade dem Vereinsvorstand einer der beiden Fraktionen an. Er saß dem Berliner Lions-Club vor, machte beim Forum Medien Politik Wirtschaft mit, das Journalisten mit Wirtschaftsleuten vernetzen will. Und dann entdeckte der Verbandsboss Schumann wohl auch seine Liebe zu China. 2010 war das, damals heuerte er bei dem einige Jahre zuvor gegründeten Bundesverband für Wirtschaftsförderung und Außenwirtschaft als Statthalter für China an, wo er die Repräsentanz in Schanghai mit aufbaute. Während der Jahre in der Boomtown hat er ein engmaschiges Netz an Kontakten geknüpft – in seinem Adressbuch standen nach dem mehrjährigen Aufenthalt an die 1000 Schlüsselpersonen in Wirtschaft und Politik.[83] Bis dahin war die Volksrepublik für den gebürtigen Düsseldorfer Terra incognita, doch das änderte sich in Windeseile. Nach eigener Auskunft will er inzwischen mehr als hundertmal nach China gereist sein. Der BWA vertritt hauptsächlich Unternehmen aus dem deutschen Mittelstand, an die 500 Firmen und Verbände gehören inzwischen zu den Mitgliedern. Und Michael Schumann ist nicht nur ihr Vorsitzender, er ist auch ihr Mann für die Volksrepublik. Doch der Verbandsboss wirkt nicht nur in der eigenen Struktur, er gehört zu den großen Netzwerkern in Berlin, was sich auch generell für die deutsche China-Connection bezahlt macht. Zusammen mit dem ehemaligen CSU-Bundesinnenminister Hans-Peter Friedrich gründete Schumann 2019 den Lobbyverein China-Brücke, in den Räumlichkeiten des BWA.[84] Das Gremium organisiert auch Gesprächsrunden mit Personen, die eng mit der KPCh und dem Regime in Peking verbunden sind. Zu den geladenen Gesprächspartnern gehörte Rudolf Scharping genauso wie Berater des chinesischen Staatsrates oder Offizielle der Botschaft in Berlin. Michael Schumann gefällt sich als Mittler für deutsche Unternehmen vor allem auch in China. «Der Verband vertritt die Interessen der Wirtschaft», nimmt der Verbandschef im TV-Gespräch mit der Moderatorin seinen Gedanken wieder auf, «aber vor allem baut er Brücken.» Wohin diese Brücken führen, lässt sich auf der Homepage der Lobbyorganisation nachvollziehen. Bei den auszuwählenden Sprachen gibt es neben Chinesisch auch Russisch und Persisch (Islamische Republik Iran). Das Büro des Verbandes in bester Lage am Berliner Kurfürstendamm schmücken Devotionalien aus Kasachstan, Mali oder Vietnam. An der Wand hängt eine Weltkarte mit blauen Pins, ca. siebzig Köpfe stecken in dem Papier. Demnach hat der Verband auch Repräsentanten in so schwierigen Ländern wie Sudan, Eritrea oder dem Jemen, wo teils seit Jahrzehnten Despoten an der Macht sind.[85]

Michael Schumann und sein Außenhandelsverband gehören zu den größten Befürwortern einer engen Zusammenarbeit mit der Volksrepublik China. Gefahren sieht der PR-Mann so gut wie keine, er erkennt nur Chancen. Vielmehr beklagt er eine Diskussion in Deutschland, in der «aus einem falsch verstandenen Bedrohungsszenario» das Gefühl entstehe, «wir könnten von diesen politisch anders verfassten Ländern nichts lernen, und das hielte ich für falsch». So beschrieb er es zumindest in einem Interview mit *RTL*.[86] Und dann kam ein Satz, der tiefer blicken ließ. «Sie können auch von der chinesischen politischen Verfasstheit eine ganze Menge lernen», beschrieb Schumann seinen hemdsärmeligen Kurs, «wenn sie sich anschauen, wie dort Politik auf Effizienz ausgerichtet ist.» Entsprechend dünnhäutig reagiert der Verbandschef auf Kritik an seinem Kurs, mit offenen Armen auf das Regime zuzugehen. «Fürsprecher der deutsch-chinesischen Zusammenarbeit werden diffamiert und ihre Reputation beschädigt», schrieb er vor einigen Monaten im Fachdienst China.Table, wo er bereits mehrfach veröffentlicht hatte, «und das alles wird gespeist aus einem journalistischen Ethos, das glaubt, fehlendes Wissen und mangelnden Sachverstand durch richtige ‹Haltung› kompensieren zu können.»[87] Wer die «Haltung» des BWA verstehen will, wird auf dessen Internetseite schlauer. Beim Außenhandelsverband handelt es sich um eine bizarre Vereinigung. Von den aktuell auf der Homepage geführten sieben Mitgliedern des Präsidiums sind zwei bereits gestorben.[88] Als Ehrenpräsident fungiert der 84-jährige letzte Ministerpräsident der DDR, Lothar de Maizière. Ein weiteres Präsidiumsmitglied war Versicherungsdirektor in der DDR und wird als «Bevollmächtigter Repräsentant des Verbands der Industriellen und Unternehmer Russlands für Europa» geführt. Ein Geschäftsmann mit Wurzeln in China gehört dazu, der von Berlin aus ein Pflegeunternehmen aufgebaut hat mit Ablegern in China und Bayern. Zur Bundesversammlung 2021 kam offenbar gerade mal ein Dutzend Teilnehmer. Der Statthalter des Verbandes in Budapest, Arne Gobert, ist eng mit dem Machtapparat von Viktor Orbán verbandelt. Gemeinsam mit einem ehemaligen Industrieminister des ungarischen Autokraten organisierte er vor Kurzem ein Vernetzungstreffen für die Rüstungsindustrie, an dem auch ein ehemaliger CSU-Bundesminister teilnahm. Nach einer Reise nach Brüssel, wohin der BWA-Mann Gobert als Experte für die Orbán-Regierung geschickt worden war, berichtete er in einem Interview von der Budgetkontrollkommission des Europäischen Parlaments, bezeichnete die Sitzung als «eine Farce, um den demokratischen Anschein zu wahren».[89] Überhaupt scheint Gobert, der auch Präsident des Deutschen Wirtschaftsclubs Ungarn ist, von den Brüsseler Institutionen nicht viel zu halten.

«Ich war zwar nie zu Gast beim Meeting eines kommunistischen Zentralkomitees», sagte er. «Was ich aber an diesem Tag in Brüssel erlebt habe, erinnert mich ganz stark an diese Praxis ...»[90]

Goberts oberster Verbandskollege Michael Schumann wiederum beklagt in dem Fernsehinterview mit dem Berliner Regionalsender mit Verweis auf seine Zeit beim Journalistenverband, dass es im Vergleich zu früher heute keine ausreichende Qualitätssicherung in der Berichterstattung mehr gebe. «Davon scheint heute, in einer Zeit zunehmender Ideologisierung und Polarisierung unserer Debatten, in denen Verschwörungstheorien aller Art fröhliche Urständ feiern, nicht mehr viel übrig», so der Lobbyist.[91] Dann beginnt er über die Welthandelsorganisation WTO zu schwadronieren, die eine westliche Sicht auf die Demokratie zu verbreiten suche. Tatsächlich handelt es sich bei der UN-Organisation um eine wirtschaftspolitische Struktur, deren Ziel es ist, gewisse Regeln für den internationalen Handel festzulegen und zu überwachen. Grundprinzipien sind die Liberalisierung der Beziehungen, das Gebot der Nichtdiskriminierung des anderen oder die Gegenseitigkeit, dass sich Verhandlungsergebnisse also auf alle beteiligten Seiten beziehen müssen. Gegründet wurde die Organisation 1994 im marokkanischen Marrakesch als Nachfolgerin für das GATT-Abkommen (General Agreement on Tarifs and Trade), den bis dahin gültigen Mechanismus zur Senkung von Zöllen und Handelsbeschränkungen, ihr gehören inzwischen 161 Länder auf der ganzen Welt an. Eine Propagandamaschine für westliche, demokratische Werte ist die WTO ganz sicher nicht. Allerdings passt das Narrativ in die chinesische Erzählung von der angeblichen Dominanz des Westens, die auch von ihren Unterstützern in Deutschland gerne verbreitet wird. «Das ist eine ganz gefährliche Entwicklung», so «Brückenbauer» Schumann im Fernsehstudio. Dann kommt er zu einer zentralen Überlegung, die viel über die Denke des China-Freundes aussagt. «Wenn man allen helfen will und selber schwach ist, dann schaut doch da keiner drauf», so der Verbandschef. Zur Veranschaulichung bringt er einen eigenartigen Vergleich. In den Flugzeugen habe es früher immer geheißen, dass sich im Notfall erst die Starken die Sauerstoffmaske nehmen sollten, um dann den Schwachen noch helfen zu können. «Dieses Bewusstsein ist verloren gegangen.»

Im Vergleich zu den großen Wirtschaftsverbänden wie etwa dem BDI (spricht für 100 000 Unternehmen mit etwa acht Millionen Angestellten) ist der Bundesverband Wirtschaftsförderung und Außenhandel (spricht für 500 Unternehmen und Unterverbände mit 8000 bis 10 000 Personen) eigentlich viel zu unbedeutend, als dass man sich intensiver mit der Mikroorganisation beschäftigen müsste. Allerdings lassen sich bei den China-Lobbyisten einige generelle Strategien beobachten, wie Kritik zum Verstummen gebracht und die Begeisterung für das Geschäft mit dem Regime in Peking weiter angefeuert werden soll. Mit Verweis auf die angeblich so tief reichende eigene Erfahrung mit der Volksrepublik werden kritische Journalisten als unwissend und von einer humanistischen Mission getrieben beschrieben. Hier fußt der Vorwurf des mutwilligen «China bashing», das kritische Wissenschaftler und Reporter angeblich betrieben. Immer wieder mit solchen Vorwürfen konfrontiert wird etwa der Sinologe Andreas Fulda. Als er im Mai 2024 sein Buch «Deutschland und China – wie die Verstrickungen unsere Freiheit, Wohlstand und Sicherheit untergraben» veröffentlicht, wird sofort seine Seriosität in Frage gestellt.[92] Sogar ein Grünen-Politiker der ersten Stunde beteiligt sich, nennt das Buch «ein neues Werk von Anti-China-Propaganda», eine «Fake Story über den ‹gefährlichen› Aufstieg Chinas» und unterstellt dem Autor, «Propaganda für die USA» zu machen. Auch im links-ökologischen Milieu hat die Volksrepublik Unterstützer, weil diese sich von China einen potenten Mitstreiter im Kampf gegen den Klimawandel erhoffen. Dazu gibt es nicht wenige unter den Urgesteinen in der Ökopartei, die zu Beginn ihrer politischen Karriere in maoistischen Kreisen aktiv waren und dort neben der Verehrung für den einstigen Diktator auch eine gute Portion China-Liebe mitbekommen haben. Auf jeden Fall sieht das grüne Gründungsmitglied Jürgen Kurz Lobbyisten der Volksrepublik heute in einer ähnlichen Situation wie vor vierzig Jahren die ersten Ökoaktivisten. «Damals wurde mir von Beamten, Lehrern und vielen anderen erklärt, ich verstehe nichts von Wirtschaft›, so Kurz, der nach eigenen Angaben seit 20 Jahren in der Volksrepublik lebt. «Heute bekomme ich von vielen Leuten, die noch nie in China waren, gesagt, ich verstehe nichts von China.»[93] Auch solche Aussagen lassen bei Unternehmern Zweifel wachsen, ob die Warnung vor dem Pekinger Regime tatsächlich so fundiert ist – und nicht vielleicht doch stark übertrieben. In diese Richtung zielt auch immer wieder der Bundesverband Außenwirtschaft. «Wir haben für alle Länder, mit denen wir zu tun haben, irgendein Bild im Kopf – ein Etikett aus der Schublade, das man da draufklebt», sagt Michael Schumann im Fernsehstudio. «Und leider hat das nur in den seltensten Fällen mit der Realität vor Ort zu tun.»

Während Wirtschaft und Politik über lange Jahre die enge Verflechtung mit China zusammen vorangetrieben haben, bewegen sich inzwischen die Wege teilweise langsam auseinander. ‹De-Risking›, also Risikominimierung, ist das neue Zauberwort unter Politikern, die in Fernost nicht nur Chancen, sondern auch Gefahren sehen. Für Verbandsboss Schumann geht das an der Wirklichkeit vorbei, was er gern auch den chinesischen Staatsmedien sagt. «Ein ganzes Land, das mit Deutschland seit langer Zeit derart freundschaftlich verbunden sei, nun pauschal zu einem ‹Risiko› zu erklären, zeuge von wenig China-Kenntnis und sei der falsche Weg», lässt er sich im Online-Portal der Parteipostille *China Today* zitieren.[94] Im Gespräch mit den chinesischen Reportern, die direkt der Propagandaabteilung der KPCh unterstehen, fordert der Deutsche «mehr Augenmaß» im Umgang mit der Volksrepublik. Mit seiner Sicht steht er in der deutschen Wirtschaft weiterhin nicht allein da.

Laut Statistischem Bundesamt betrug das Handelsvolumen zwischen China und Deutschland im Jahr 2023 noch immer stolze 253,1 Milliarden Euro. Zum achten Mal hintereinander war die Volksrepublik damit der größte Handelspartner.[95] Das Institut der deutschen Wirtschaft (IW) in Köln legte auch Zahlen vor, die auf Erhebungen der Bundesbank basierten. Demnach hätten die deutschen Direktinvestitionen in China im Jahr 2023 bei 11,9 Milliarden Euro gelegen, was einer Zunahme von 4,3 Prozent und damit einem neuen Spitzenwert entsprechen würde.[96] Jeder zehnte Euro, den deutsche Firmen im Ausland investieren, fließt also nach Fernost. Risikominimierung sieht sicher anders aus, was auch die chinesische Staatspropaganda bemerkt. «Die jüngsten Daten sorgten nach der Bekanntgabe für weitreichende Aufmerksamkeit und sendeten eine wichtige Botschaft an die Welt: nämlich dass die wirtschaftliche Verbundenheit der beiden großen Volkswirtschaften China und Deutschland noch immer denkbar eng ist, trotz des anhaltenden globalen Gegenwindes», jubilierte *China Daily*.[97] «In all den Jahren meiner Beschäftigung mit China kann ich mich an kein einziges Jahr erinnern, in dem nicht irgendein Journalist eines westlichen Mediums den bevorstehenden Zusammenbruch der chinesischen Wirtschaft vorhergesagt hätte», sekundierte China-Lobbyist Schumann. «Bislang lagen solche Berichte immer daneben.» Zwei Monate später kam die Meldung, dass China nicht mehr wichtigster Handelspartner Deutschlands sei. Nach Berechnungen der Nachrichtenagentur *Reuters* hatte der Warenaustausch mit den USA im ersten Quartal 2024 den mit Fernost überstiegen.[98] Demnach hätten deutsche Unternehmen für 63 Milliarden über den Atlantik ver- oder gekauft, mit China lag das Volumen bei 60 Milliarden. Offenbar gibt es doch einige Industrielle in Deutschland, die die Mahnungen zu einer Risikominimierung ernst nehmen.

Dass die Entflechtung der deutschen und der chinesischen Wirtschaft nicht so leicht ist, zeigt sich in Bremen. In der alten Hansestadt gibt es schon seit mehr als 150 Jahren enge Beziehungen zu China. Schon 1866 fuhren die Schiffe der C. Melchers & Co. KG nach Fernost, bauten eine Handelsniederlassung in Hongkong auf. Der China-Handel hat nicht nur die Reeder und Händler wohlhabend gemacht. Über die Jahrzehnte hat sich eine enge Wirtschaftsbeziehung zum Reich der Mitte entwickelt. Heute unterhalten mehr als 500 Firmen aus dem Bundesland geschäftliche Beziehungen zur Volksrepublik – und das bei gerade einmal 570 000 Einwohnern. 200 der mit China verknüpften Unternehmen haben dort eine Tochtergesellschaft, führen eine Produktionsstätte oder haben eigene Handelsvertreter vor Ort. Umgekehrt haben 150 Unternehmen aus China in Bremen eine Gesellschaft gegründet oder sich in bestehende Strukturen eingekauft.[99] Trotzdem wissen sie auch in der alten Handelsstadt Bremen, wie riskant die Lage inzwischen ist. Der chinesischen Führung gehe es im Wesentlichen darum, die eigene Wirtschaft weniger verletzlich zu machen, analysiert Sandra Heep vom Kompetenzzentrum China der Hochschule Bremen, und zugleich, dass sie «umgekehrt eher dazu in die Lage versetzt wird, andere zu verletzen oder anderen gefährlich zu werden».[100] Dass dieser Ansatz für die alte Hansestadt und seine Unternehmen erhebliche Gefahren birgt, haben sie in Bremen langsam verstanden. Auch wenn schnelle Profite noch so verlockend sind.

Clicks for Communism

Nicht nur Wirtschaftsbosse und Lobbyisten lassen dem Pekinger Regime zu viel durchgehen. Die Anbiederung an China gilt auch für Teile des deutschen Kulturbetriebs. «Wenn sich in westlichen Ländern Verleger, Filmemacher und Theaterdirektoren entschließen, Äußerungen zu zensieren, weil diese ‹die Gefühle des chinesischen Volkes verletzen› könnten, wird die Meinungsfreiheit unterdrückt», schreiben Clive Hamilton und Mareike Ohlberg.[101] Oft spielt auch bei den Kulturschaffenden Geld eine wichtige Rolle. Dabei blenden die Intellektuellen nicht selten aus, welch fein austarierter Strategie die Märchen und Verdrehungen der chinesischen PR folgen. Mit dem Überfall Russlands auf sein Nachbarland haben die Machthaber in Peking einmal mehr begriffen, wie entscheidend die Macht der Worte ist. Dementsprechend fordern die Militärs immer lauter, dass auch China seine «hybriden Kriegstaktiken» massiv ausbauen müsse.[102] «Seit dem Ausbruch der Krise in der Ukraine ist eine neue Form der ‹hybriden Kriegsführung› entstanden», sagte General Wang Haijiang, ein hochrangiger Befehlshaber der Volksbefreiungsarmee, erst unlängst vor Nachwuchskräften der KPCh. Dem müsse die Volksrepublik Rechnung tragen und ihre Fähigkeit gerade auch im Bereich der Cyberpropaganda ausbauen.

In Deutschland sind die Helfershelfer des Pekinger Regimes schon seit einiger Zeit verstärkt aktiv. Wirkung entfalten können sie aber nur, wenn die deutsche Seite sie dabei unterstützt. Und genau das geschieht immer häufiger, mit erheblichen Konsequenzen. Wie ein langsam wirkendes Narkotikum durchzieht die chinesische Propaganda inzwischen wichtige Teile des Kulturlebens, vor allem wenn es um die Wahrnehmung Chinas und seines Regimes geht. Anfänglicher Widerspruch wird über die Jahre mehr und mehr gedämpft, bis er völlig erstickt. Das zeigt der Fall mit dem Buch.

Im Herbst 2020 hatte die Handelskette Thalia einen fragwürdigen Deal mit dem Regime in Peking eingefädelt. Mit einem chinesischen Staatsbetrieb war der Grossist übereingekommen, der KPCh prominente Werbeflächen zu überlassen. Gegen Bezahlung durfte das Pekinger Regime in drei Filialen eigene Propagandatitel ausstellen, darunter einen Sammelband mit Reden von Xi Jinping. Für den menschenrechtspolitischen Sprecher der CDU/CSU-Bundestagsfraktion kam das einer geistigen Kapitulation gleich. «Thalia muss sich entscheiden: Ducken vor Diktaturen, wegen etwas mehr Profit – oder Anstand und Haltung», sagte Michael Brandt damals.[103] Auch Journalisten polemisierten gegen die Buchhandelskette, die zuvor mit Slogans wie «Lesen hilft gegen Vorurteile» oder «Donald Trump liest nicht gern» geworben hatte. «Es sind Sprüche, die sich nun leicht gegen ihren Absender wenden lassen. ‹China-Deal: Mit Lesen wäre das nicht passiert›», ätzte etwa der *Spiegel*.[104] Als das Geschäft mit den Kommunisten publik wurde, geriet die Buchhandelskette massiv unter Druck. Die Glaubwürdigkeit des Unternehmens schien auf dem Spiel zu stehen. «Wir glauben an eine Welt, in der Inhalt zählt», hatte Thalia noch zuvor in seine Unternehmensvision schreiben lassen, «in der geistige Nahrung die Menschen und die Gesellschaft ein bisschen besser macht.»[105] Dass die geistige Nahrung des chinesischen Regimes die Gesellschaft besser macht, glaubt inzwischen kaum noch jemand. Zwangsmethoden, Überwachung und brutale Gewalt zielen einzig darauf ab, die eigene Macht zu sichern und noch einflussreicher zu werden. Auch geistige Nahrung kann, genau wie Essen, vergiftet sein. Schlechte geistige Nahrung kann krank machen und in extremis sogar zum Tod führen. Dem Hirntod.

Die Überhöhung Xi Jinpings gehört für die chinesische Staatspropaganda zu den zentralen Erzählungen. Nicht ohne Grund drapierten die Gesandten des Staats- und Parteichefs sein Werk zentral in der Auslage von Thalia, als sie sich die Werbefläche erkauft hatten. Dass der PR-Coup anschließend für einige Aufregung in Deutschland sorgte, ließ den chinesischen Apparat völlig kalt. Im Stillen feilte die KPCh einfach weiter an einer Strategie, wie sie ihre Ideen auch in Deutschland verbreiten könnte. Mitte Oktober 2023 war es dann so weit. Auf großer Bühne sollte Xis Werk noch einmal vorgestellt werden. Diesmal geriet der Plan zu einem Gesellenstück und zeigte, dass die stoische und zielorientierte Arbeit sich für das Regime auszahlte. Gerade hatte die Frankfurter Buchmesse zum 75. Mal ihre Tore geöffnet. Zum Auftakt sprach der slowenische Philosoph Slavoj Žižek und bescherte der Veranstaltung einen mittelprächtigen Skandal. Kurz nach dem bestialischen Überfall der Hamas auf Israel hatte er israelische Extremisten mit palästinensischen Extremisten gleichgesetzt, was zu einiger Empörung in der Öffentlichkeit führte. Die Diskussion erstreckte sich über mehrere Tage und verdeckte den Auftritt einer zweiten Person, deren Vortrag nicht weniger brisant war. Unter dem Titel «Die Kraft der Gedanken» hielt der chinesische Botschafter Wu Ken – einer der diplomatischen «Wolfskrieger» – einen Vortrag, in dem er in den Hallen der Buchmesse eine Podcastserie über Xi Jinping vorstellte. Gleich zu Beginn trug der Diplomat ein Zitat von Johann Wolfgang von Goethe vor: «Denken und Tun, Tun und Denken, das ist die Summe aller Weisheit.»[106] Geschickt webte er danach eine Verbindung zwischen dem deutschen Vorzeigedichter zum Vorsitzenden der Kommunistischen Partei Chinas. «Dieses Zitat aus dem klassischen deutschen Bildungsroman *Wilhelm Meisters Wanderjahre* ist nicht nur Ausdruck der Philosophie, die dem persönlichen Reifeprozess eines jeden Einzelnen zugrunde liegt», sagte der Botschafter, «sondern entspricht auch der Logik und Weisheit, mit der ein Land regiert und geführt wird.» Danach stellte er die «Stories of

Xi Jinping» vor, eine Podcastreihe in zwölf Folgen, in der der Chef der KPCh Bauern auf dem Land, Kohlekumpels, Schüler oder Fabrikarbeiter trifft.[107] «Sie zeigen, wie er den Menschen zuhört und sich ihrer Anliegen annimmt», jubilierte Botschafter Wu über die einzelnen Episoden. «Sie machen den am Menschen orientierten Regierungsansatz von Staatspräsident Xi Jinping deutlich.» In den Ohren von Uiguren, Tibetern, Hongkongern und chinesischen Regimekritikern, die seit Xis Amtsantritt zu Tausenden in Gefängnisse und Arbeitslager gesperrt werden, mussten die Worte des Diplomaten wie Hohn klingen. Vor allem aber zeigte die Episode aus dem Herbst 2023, wie es die chinesische Propaganda inzwischen geschafft hat, kritische Reflexe in Deutschland einzudämmen. Denn offenbar stört sich heute kaum jemand daran, wenn der chinesische Botschafter auf der Frankfurter Buchmesse einen Saal anmieten lässt, um Jubelbücher und Ergebenheitspodcasts zu Xi Jinping zu präsentieren. Jedes Kind kennt es von Rotkäppchen, Hänsel und Gretel oder dem Pumuckl. Eine Erzählung bleibt nur dann hängen, wenn sie immer gleich und regelmäßig wiederholt wird. Das Märchen von Xi Jinping bekommen die Deutschen jetzt schon einige Jahre erzählt. Und der Widerstand dagegen wird immer leiser.

Vor Kurzem beschäftigte sich eine Interviewreihe des Institute for National Security Studies der Universität Tel Aviv mit der hybriden Kriegsführung der KPCh. «Das Geheimnis der chinesischen ‹Giftmaschine›», lautete die Folge, in der China-Experte Tuvia Gering die PR-Strategie des Regimes sezierte.[108] Auch bei der weltweiten Propaganda fährt der Apparat mehrgleisig. Chinesische Medienkonzerne veröffentlichen ihre Texte in verschiedenen Sprachen. Dazu werden immer neue Plattformen dazugekauft, auch im Ausland, die entweder auf Chinesisch oder in den jeweiligen Landessprachen Inhalte im Sinne der Partei publizieren. Dazu sendet ein ganzes Heer von Diplomaten, Parteikadern oder sonstigen Apparatschiks immer gleiche Infostückchen über die sozialen Medien wie Facebook oder X (ehemals Twitter). «Und dann gibt es noch die ausländischen Influencer», sagte Gering. Über TikTok, YouTube oder andere Videoplattformen teilten diese gefällige Filmchen, die von Millionen Chinesen geklickt und gesehen werden. Ihre Clips sind zumeist harmlos, zeigen lustige oder glitzernde Szenen aus der Volksrepublik. So beteiligen sich die Influencer oft an der glorreichen Erzählung der KPCh. «Sie dienen China und bekommen dafür Geld», so Gering. Auch in Deutschland verdienen Influencer enorme Summen, indem sie gefällige Inhalte für das Reich der Mitte produzieren.

In den Wintermonaten 2023 kam es vor dem Landgericht Frankfurt am Main zu einem bizarren Prozess, von dem die Öffentlichkeit so gut wie nichts erfuhr. Es standen sich dort zwei deutsche Influencer gegenüber, die ihre Kernklientel Tausende Kilometer entfernt haben, in der Volksrepublik China. Bei dem einen handelte es sich um Thomas Derksen, der in China als Afu Thomas ein Internetstar ist. «Afu» heißt «der Glückliche». Der andere war Christoph Rehage, ein Globetrotter und China-Fachmann, der ebenfalls in Fernost millionenfach geklickte Clips produziert hat. Derksen und Rehage könnten unterschiedlicher kaum sein. Der eine, als sechstes Kind russlanddeutscher Einwanderer in Gummersbach geboren, hat die legendäre «Vom Tellerwäscher zum Millionär»-Story hingelegt. Derksen alias Afu Thomas zählt mit bis zu neun Millionen Followern – allein bei Weibo hat er 2,6 Millionen Anhänger – zu den Großen im Social-Media-Business in China. Eine Erfolgsstory, die nicht absehbar war. «Nach dem Abitur lernte er aber erstmal etwas Vernünftiges und absolvierte bei der Kreissparkasse Köln eine Ausbildung zum Bankkaufmann», heißt es auf der Homepage von Afu Thomas.[109] Allerdings habe er nicht sein Leben lang Bausparverträge und Aktiendepots verkaufen wollen, weshalb er Wirtschaft und Politik studiert habe. Und die chinesische Sprache. Er ging in die Volksrepublik, verbrachte ein Jahr an der Uni in Schanghai, diente sich einem deutschen Mittelständler an, für den er dessen China-Geschäfte betreute, heiratete eine Chinesin. Einige Jahre später folgten die ersten Filmchen. Thomas Derksen, jetzt Afu Thomas, als Hausfrau verkleidet, mit einem Kopftuch und Schleife im Haar. Er macht sich lustig über seine Schwiegermutter, über Ausländer in China, zieht immer wieder über sein Heimatland Deutschland her. Mit der Masche schaffte er bei seinem chinesischen Publikum den Durchbruch. «Im März 2016 veröffentlichte er sein erstes Video, das unmittelbar nach der Veröffentlichung viral ging und millionenfach geklickt und geteilt wurde», lässt er stolz auf seiner Homepage verbreiten. Schon wenige Monate nach den ersten Veröffentlichungen auf den Plattformen Weibo, QQ und Meipai überspringen die Clips bei den Klicks die 100-Millionen-Marke. Es ist der Beginn einer hocherfolgreichen Influencerkarriere, die ihn in chinesische und irgendwann auch in deutsche Talkshows bringt, zu Staatsbesuchen und auf Fotos mit Frank-Walter Steinmeier und Xi Jinping. Stolz brüstet sich Derksen heute mit seinen Auszeichnungen, dass er «2017 zu einer der ‹Einflussreichsten Persönlichkeiten Shanghais› gewählt, mit dem ‹Most Creative Creator Award› (IMS) in Los Angeles ausgezeichnet und von der größten Social-Media-Plattform Chinas Weibo als ‹Deutsch-Chinesischer Freundschaftsbotschafter› geehrt» worden sei. In nicht einmal zehn Jahren hat er es mit seinen chinesischen Clips zum wohlhabenden Influencer gebracht. «Ich weiß ungefähr, was die Leute hier als Geschäftsführer oder CEO bekommen», sagte er einmal. «Solange ich ein bisschen mehr verdiene, reicht mir das.»[110] Bei der Kreissparkasse Köln wäre er auf jeden Fall nicht so schnell so reich geworden.

Ganz anders Christoph Rehage, der sich in China «Laolei» nennt, eine humoristische Übersetzung seines Namens – in etwa: «Ei Alter, Rehage». Bereits als junger Mann suchte er das Abenteuer in der weiten Welt. Während seiner Schulzeit verbrachte er ein Jahr in Wichita, einer ehemaligen Indianersiedlung im Bundesstaat Kansas. Berüchtigt ist die Stadt für einen Serienmörder, der in den 1970er Jahren mindestens sieben Menschen getötet haben soll. Einige Jahre später jobbte Rehage in Paris und lief dann zu Fuß wieder nach Hause. Auch er ist ein Sprachentalent, spricht fließend Russisch, Französisch und Englisch. Familiäre Wurzeln hat er in Ungarn. Irgendwann schrieb er sich in München für Sinologie ein, lernte auch noch Chinesisch perfekt, studierte später in Peking dazu Filmwissenschaften. Dort reifte die Idee, einmal zu Fuß von Peking nach Deutschland zu laufen, was er schließlich in Angriff nahm. Nach 4636 Kilometern musste er jedoch abbrechen, weil er wegen der langen Abwesenheit Stress mit seiner Freundin zu Hause in Deutschland bekam. Über seine Reise hat er den Film «The Longest Way» gedreht, den das amerikanische *Time*-Magazin in die Top Ten der besten viralen Filme 2009 wählte. Zwar kam Rehage niemals an die Follower-Zahlen von Afu Thomas heran, doch immerhin folgten auch ihm 800 000 Anhänger in China. Bis an einem Tag die Zensur der KPCh seinen Account abstellte. Auf einer Veranstaltung des Mediengiganten Tencent hatte er auf der Bühne eine humoristische Anspielung auf das kommunistische Regime gemacht. «Ich möchte Danke sagen», so Rehage vor dem gefüllten Saal, «ich sage: Danke, Marx, danke dem Sozialismus, danke den Behörden und danke allen Parteiführern.» Auf die witzig gedachte Kurzrede folgten zwar einige Lacher im Publikum, aber bei den Mächtigen kam sie nicht so gut an. «Wenn du dich weiter bei uns entwickeln willst, dann musst du Inhalte liefern, die keinen Ärger machen», habe ihm danach ein Mitarbeiter des Konzerns gesagt, berichtet Rehage heute.[III] Einige Zeit später wurde sein Account über Nacht abgeschaltet. «Du bekommst da keine offizielle Mitteilung», sagt der Influencer, «so funktioniert das nicht in einer Diktatur.» Er konnte einfach keinen Zugriff mehr auf seine Seiten bekommen. Erst Monate später wurde dem Deutschen von einem chinesischen Vertrauensmann bestätigt, dass Wangxinban, die Cyberspace Administration of China, eine Art Internetzensurbehörde, hinter der Aktion steckte. «Die haben mich anscheinend auf eine schwarze Liste gesetzt, und dann müssen alle Internetunternehmen meine Accounts löschen.» Seitdem kann Rehage im chinesischen Internet nichts mehr veröffentlichen. «Da hat sich die KPCh auf einmal überlegt, der muss weg», so der Influencer. «Dabei hatte ich davor sogar eine regelmäßige Kolumne in einer staatlichen Zeitung gehabt.» Aufgrund seiner persönlichen Leidensgeschichte kennt er die Mechanismen hinter dem Erfolg von Influencern in China. Er weiß, nach welcher Pfeife Social-Media-Stars im Reich der Mitte tanzen müssen.

Ende Januar 2023 hatte Thomas Derksen also einen Antrag auf

ein Eilverfahren gegen Christoph Rehage gestellt.[112] Vor der 3. Zivilkammer des Landgerichts Frankfurt wurde der Fall knapp zwei Wochen später verhandelt. Mit wenigen Worten fällten die Richter ihr Urteil, der Antrag wurde abgewiesen. Derksen musste die Prozessgebühren in fünfstelliger Höhe zahlen. Er wollte erwirken, dass ein YouTube-Film von Rehage aus dem Netz genommen wird. Darin beschreibt Rehage aus sehr subjektiver Sicht unter anderem auch, wie Derksen sein Geld verdient. Afu Thomas findet sich falsch charakterisiert, will den für ihn unangenehmen Clip aus der Öffentlichkeit verbannen. Auf den ersten Blick klingt der Prozess nach einer Petitesse. Ein Ego-Fight zweier Influencer, die am anderen Ende der Welt ihr Geld verdienen. Aber auf einer weiteren Ebene dreht sich der Prozess auch um die Frage, inwiefern es moralisch ist, mit Propagandafilmchen, die einem diktatorischen Regime in die Hände spielen, Geld zu verdienen, was überhaupt Propaganda ist und ob dies in Deutschland kritisiert werden darf. Ausgangspunkt für das Verfahren war eine kleine Aktion, die chinesische Studenten an der RWTH Aachen einige Monate zuvor organisiert hatten. In einer Nacht- und-Nebel-Aktion hatten die Gaststudenten einen Plan ausgeheckt, wie sie dem Internetstar Afu Thomas eine Lehre für seine in ihren Augen anbiedernden Filme in China erteilen könnten.

Im Mittelpunkt der Kontroverse steht ein chinesischer Student, der sich in Deutschland «Erwin» nennt. Seinen echten Namen will er nicht in der Öffentlichkeit lesen aus Angst, das Regime könnte ihm und seinen Eltern noch mehr Probleme bereiten als bislang schon. Erwin ist im Herbst 2022 nach Aachen gekommen, wo er eigentlich Werkstoffkunde studieren wollte. Doch schnell merkte der gebürtige Pekinger, dass seine Interessen viel eher den Geisteswissenschaften galten. Und er begriff, wie politisch er eigentlich dachte. Erwin kam in Kontakt mit kritischen Studenten auf dem Campus. Sie organisierten einen Filmabend zu Hongkong, teilten Informationen zu Protestdemos, machten kleinere Veranstaltungen gegen das autoritäre Regime in der Heimat. Bald bekam die Staatsmacht davon Wind und übte Druck auf die Eltern aus. «Wenn Sie nicht mit Ihrem Sohn reden und auf ihn einwirken, dass er mit seinen Aktionen aufhört, dann werden Sie Ihren Job verlieren», so hätten die Polizisten auf seine Eltern in China eingewirkt, berichtet Erwin.[113] «Ich wurde auch von Kommilitonen bedroht.» Ein offenes Gespräch mit seiner Familie am Telefon ist nicht mehr möglich. Worte wie «Tibet» oder «Hongkong» sind tabu. Sofort springt die Kommunikationsüberwachung an, wenn die Silben auch nur ausgesprochen werden. Manchmal werden dann Telefonkontakte auch komplett blockiert. Deswegen haben sie sich Chiffren ausgedacht. Wenn er über Xi Jinping sprechen will, dann sagt Erwin «Winnie der Bär». Seine Eltern reden nur noch in Andeutungen mit ihm, zu gefährlich ist die Situation für die beiden Lehrer. Aber durch die Repressionen gegen seine Familie, das feindliche Klima unter den chinesischen Mitstudenten und den Widerstand, den Erwin von Seiten der Machthaber erfährt, versteht der Student erst, wie wichtig sein Engagement ist. Die Gängelung durch das Regime macht ihn nur noch entschlossener. Er ist von seinem eingeschlagenen Weg immer überzeugter. Irgendwann hatten er und seine Mitstreiter dann die Idee mit dem «Mocking Award», wie er es nennt, einem Schmähpreis.

Anfang 2023 organisierte der Verein der chinesischen Wissenschaftler und Studenten in Aachen ein Frühlingsfestival. Mit einer professionell designten Einladungskarte, darauf stilisierte Lampions und Fahnen mit Schriftzeichen, wurde für den Abend des 6. Januar in die Aula 1 der Universität geladen. Auch namhafte Sponsoren tauchten auf dem Flyer auf, die das Event offenbar mitfinanzierten – die AOK, Siemens und der chinesische Baumaschinenhersteller XCMG Group.[114] Einen Dank richteten die Organisatoren auch an das Generalkonsulat der Volksrepublik China in Düsseldorf. Damit war klar, dass die Veranstaltung den Segen der Mächtigen in Peking bekommen hatte. Als «Special Guest» wurde ein Deutscher angekündigt. Auf einem Foto sieht man einen jungen Mann mit Brille, der in den Armen seine chinesische Ehefrau trägt. Ihr Hund schaut gelangweilt zur Seite. «Wir hatten so viel Glück, dass uns das deutsch-chinesische Paar Afu Thomas und Julie als Gäste zugesagt haben», jubelten die Veranstalter. «Wir werden alle zusammen eine fantastische Nacht erleben.» Doch verlief der Abend anders, als es sich die Organisatoren erhofft hatten. Denn es gelang den kritischen Studenten, die Veranstaltung zu kapern und ihren Schmähpreis zu überreichen. In einer Nachricht an Christoph Rehage beschreibt Erwin zwei Tage später, wie er die Veranstaltung erlebt hatte. Rehage hatte Fotos von der Veranstaltung in die Hände bekommen und dazu einen kleinen Film gemacht, den er über seine Kanäle teilte. «Hallo Laolei, vielen Dank für dein Video», schreibt der Student.[115] «Ich bin derjenige, der den Preis verliehen hat. Als wir das alles vorbereitet hatten, hätten wir nicht gedacht, dass du unsere Aktion gut finden würdest.» Doch sei es für die regimekritischen Studenten eine sehr persönliche Angelegenheit gewesen, wie sie sagen, die ihnen am Herzen gelegen habe. Anfänglich hätten sie überlegt, ein Schild oder Plakat vor der Bühne in die Höhe zu halten. «Aber das schien uns zu politisch zu sein», schreibt der Student. «Und für andere Leute, die sich einfach nur die Show anschauen wollten, wäre es sicher respektlos und aufdringlich gewesen.» Deswegen hätten sie sich dafür entschieden, keine klassische politische Protestaktion zu machen. Es habe etwas Satirisches sein sollen, mit einer gewissen Unterhaltsamkeit. «Mein Freund kam dann auf die Idee mit dem ‹Goldenen Arschkriecher-Preis›», schrieb der Student an Rehage. «Die extrem kitschige Urkunde war mein Einfall.» Dann berichtete er über den Verlauf des Abends. «Wir waren extra sehr früh zur Veranstaltung gekommen.» Auf einem Foto ist eine Videoprojektion an der Wand zu sehen, stilisierte Blumen, eine gezeichnete Rakete, die ins Weltall fliegt. Doch der Beamer wirft auch eine andere Nachricht an die Wand: – «KPCh muss weg, boykottiert die KPCh», steht da. Einer aus der Gruppe hatte den Satz heimlich in die Computerpräsentation eingefügt. «Als sie es merkten, wurde alles schwarz», heißt es weiter im Bericht. Irgendwann kam Afu Thomas bei der Veranstaltung an. «Wir erkannten ihn erst gar nicht», schrieb der Student. «Aber als er in die erste Reihe ging, sich dort mit den Mitarbeitern der Botschaft und einigen anderen wichtigen Persönlichkeiten unterhielt und Hände schüttelte, wussten wir, wer er war. Ich sprach mit unserem Fotografen. Wir dachten, dass es wahrscheinlich schwieriger würde, wenn die Veranstaltung erst einmal begonnen hatte. Deswegen beschlossen wir, sofort in die erste Reihe zu gehen und ihm den Preis zu verleihen.» Kurz warteten sie noch, bis er alle begrüßt hatte. Dann lief die Gruppe auf den Internetstar zu. «Ich sprach ihn direkt auf Chinesisch an und sagte ihm: ‹Afu, ich habe ein Geschenk für dich.› Das hat ihn total gefreut. Nur der Vertreter des Studentenvereins war etwas irritiert. Aber er ließ mich weitermachen. Er dachte bestimmt, ich sei ein ganz normaler Fan. Dann zog ich die zusammengerollte Urkunde heraus und sagte, während ich sie ihm überreichte: ‹Afu, herzlichen Glückwunsch für deine herausragenden Leistungen im Sinne der Staatspropaganda. Hiermit verleihe ich dir den ‹Goldenen Arschkriecher-Preis›. Es war etwas laut, dazu trug ich eine Maske. Vielleicht hat er mich deswegen nicht richtig verstanden. Auf jeden Fall nahm er die Urkunde und las, was darauf stand.» Dann seien auf einmal die Gesichtszüge des Internetstars eingefroren, und er habe sich weggedreht. «Ein Vertreter des Studentenvereins schmiss mich raus», so der Regimekritiker. «Dann fragten sie mich noch, ob ich mich angemeldet hatte», erinnerte er sich, wohl um die Identität der Kritiker herauszufinden. «Unglaublich.» Als die kritischen Aktivisten vor die Tür gesetzt worden waren, begann die Veranstaltung. Ganz so, als wäre nichts gewesen.

Doch womit niemand gerechnet hatte: Fotos mit Afu Thomas und dem Arschkriecher-Preis gelangten an die Journalistin Su Yutong und an Christoph Rehage. Beide verbreiteten die Bilder über ihre Netzwerke – und machten die Aktion damit teils auch in der chinesischen Welt bekannt. Mit seinem einstweiligen Verfügungsantrag gegen den Film von Christoph Rehage wollte Derksen erreichen, dass der Bericht zur Schmähpreisverleihung gelöscht wird. Durch seine Anwälte wollte er das Recht am eigenen Bild geltend machen. Die Fotos von ihm in dem Film dürften nicht gezeigt werden – so seine Hoffnung. Doch die Richter sahen das anders und beriefen sich auf das Kunsturhebergesetz. Darin wird zwar in § 22 geregelt, dass jeder das Recht am eigenen Bild hat. Im § 23 stehen aber auch die Ausnahmen – etwa wenn es sich um Bildnisse aus dem Bereich der Zeitgeschichte handelt oder um Versammlungen, Aufzüge oder ähnliche Vorgänge. Als solches wurden die Fotos und damit das Video nun eingeordnet – als Dokument der Zeitgeschichte, das zudem auf einer öffentlichen Veranstaltung entstanden ist. In seinem Film erwähne Christoph Rehage, «dass dem Antragsteller ein Schmähpreis überreicht wurde (KPCh-Schleimpreis) und dass der Antragsteller sich darüber gefreut habe (‹wahnsinnig gefreut›)», heißt es im Urteil.[116] Zudem habe Rehage seine Kritik am Verhalten Derksens mit Verweis auf die Politik der KPCh begründet. «Die Meinungsäußerung über den Antragsteller – ob die Kritik berechtigt sein mag oder nicht – muss sich dieser gefallen lassen», so die Richter. Weniger Glück hatte die kritische chinesische Journalistin Su Yutong. Sie hatte ebenfalls über den Schmähpreis berichtet und getwittert: «Der Deutsche Auslandspropagandist Afu wie er den Goldenen Arschkriecher-Preis der KPCh erhält›».[117] Allerdings löschte der Anbieter X den Tweet kurze Zeit später. Er verstoße gegen die Vorschriften des Kurznachrichtendienstes. Gegen die Löschung geht die Journalistin nun ihrerseits vor. Das Verfahren läuft vor dem Amtsgericht Berlin und ist im Frühjahr 2024, anderthalb Jahre nach der Schmähpreis-Verleihung, noch nicht abgeschlossen. Bei den Prozessen vor dem Landgericht Frankfurt und dem Amtsgericht Berlin handelte es sich um wichtige Meilensteine der Rechtsprechung zur Meinungs- und Pressefreiheit in Deutschland, aber eigentlich auch in China. Entsprechend erfreut zeigte sich Rehage nach dem Urteil. «Falls Ihr es nicht mitbekommen habt: ich wurde von ‹Afu› Thomas Derksen verklagt», schrieb der Influencer einige Monate später an seine Follower, «ein Fall, den er verloren hat.»[118] Das Hauptsacheverfahren stünde Afu theoretisch noch offen – ob er dieses tatsächlich anstrengt, ist nach diesem Ergebnis unwahrscheinlich.

Dass die Kritik an der Regimenähe des deutschen Influencers Afu Thomas, alias Thomas Derksen, nicht unberechtigt ist, bewies dieser kurze Zeit nach dem Vorfall in Aachen selbst. Gut eine Woche später beteiligte sich Afu Thomas erneut an einer Frühlingsfeier, diesmal in Düsseldorf. Bei dem offiziellen Fest des Generalkonsulats handelte es sich um eine glamouröse Propagandaveranstaltung des Pekinger Regimes. Aus einem Eintrag zu der Feier geht hervor, worum es den Diplomaten wirklich ging: «die ‹Festivals› nutzen uns, die Übersee-Studenten darin zu bestärken, die chinesische Geschichte gut zu erzählen».[119] Will sagen, die Story im Sinne der KPCh zu verbreiten. Es handelt sich um die altbekannte Formel unter Xi Jinping: «die chinesische Geschichte gut erzählen» als Chiffre für die Auslandspropaganda der Volksrepublik China. Vorgestellt wurde die Strategie erstmals auf der Nationalen Propaganda- und Ideologischen Arbeit-Konferenz im August 2013, kurz nachdem Xi Jinping die Macht in China übernommen hatte. «Ist das Propaganda?», fragt Christoph Rehage in einem Clip, in dem er auch auf den Besuch von Afu Thomas im chinesischen Generalkonsulat hinweist, und lässt die Zuschauer selbst entscheiden. Auffällig ist auf jeden Fall, dass das Engagement von Thomas Derksen bei offiziellen Terminen des Pekinger Regimes nicht ganz zu seiner Aussage passen will, dass er «nicht politisch» sei. Zuvor hatte Derksen bereits stolz Fotos verbreitet, auf denen er bei einem deutschen Staatsbesuch von Frank-Walter Steinmeier mit Xi Jinping zu sehen ist. Als er einmal auf seine weichgespülten Filme in China angesprochen und gefragt wurde, warum er so unkritisch gegenüber dem Regime sei, beschrieb Derksen seine Haltung. «Wenn wir über chinesische Politik sprechen, dann weiß ich nicht, worüber ich sprechen kann und worüber nicht», sagte er einem chinesischen Reporter der *Deutschen Welle*. «Über deutsche Politik zu sprechen, ist kein Problem. Aber wenn ich das machen würde, dann würde auch niemand mehr zuschauen.»[120]

Für die chinesischen Staatsmedien ist Derksen auf jeden Fall ein willkommenes Vehikel für die eigenen Botschaften. «Wegen seiner außergewöhnlichen Videoclips im Internet, in denen sein glückliches Leben in China nachgezeichnet wird, ging er kürzlich auf Chinas Social-Media-Plattform viral», schreibt über ihn etwa die Nachrichtenagentur *Xinhua*, die der kommunistischen Propagandaabteilung untersteht.[121] «Sein glückliches Leben in China» zeigen, genau darum geht es den kommunistischen Medien – und

Derksen macht dabei bereitwillig mit. Etwa wenn Thomas Derksen, alias Afu Thomas, das chinesische Online-Shopping preist. In einem Video, das auf der staatlichen Nachrichtenseite integriert und von einem ganzen Stab chinesischer Producer hergestellt worden ist, zieht Derksen über sein Heimatland her. «Online-Shopping in Deutschland ist eine Herausforderung für die Geduld eines jeden», schimpft er, «normalerweise dauert es drei bis sieben Werktage, bis die Ware kommt.» Zur Bekräftigung reckt er wütend sieben Finger in die Kamera. «Nicht zu vergessen, dass an Sonn- und Feiertagen nicht geliefert wird.» Einmal habe er am 23. Dezember ein Weihnachtsgeschenk für seine Frau bestellt, das einen halben Monat später bei ihm angekommen sei. Dann behauptet er, in Deutschland müsse man neben der Liefergebühr auch noch Versicherungsgebühren, Servicegebühren, Entfernungsgebühren, Sicherheitsgebühren, Registrierungsgebühren oder Verpackungsgebühren zahlen. «Als ich zurück nach China gekommen bin, wurde alles gleich wieder viel angenehmer», sagt Afu Thomas. «Die Liefergebühren sind nur ein paar Yuan», freut er sich in dem Video, «ich habe heute Morgen bestellt, und am Nachmittag ist es da.» So viel Lob für das chinesische Regime spielt der staatlichen Propaganda in die Arme. «Chinas boomendes Online-Geschäft hat sich nicht nur zu einem wichtigen Teil des alltäglichen Lebens der Chinesen entwickelt», schrieb *Xinhua* mit Verweis auf den deutschen Influencer, «auch für zahlreiche Ausländer hat es sich zu einem absoluten Aha-Erlebnis entwickelt, die es deswegen mit Daumen-hoch bewerten», hieß es bei den Staatsnachrichten.[122] Derksen ist für *Xinhua* ein absoluter Glücksfall. Deswegen haben sie ihm sogar eine Art Kolumne eingerichtet. Darin postet er Fotos von seiner Hochzeit (Eltern, chinesische Schwiegereltern, seine Frau und er), plaudert über Persönliches: «Man kann sich ja bekanntlich Nachbarn und Verwandte nicht aussuchen. Das führt dazu, dass man immer mal wieder unweigerlich bei verschiedenen Gelegenheiten aufeinandertrifft»[123] – aber eben auch immer wieder über die angeblich so wunderbare Volksrepublik China. Ein Beitrag ist mit «China? Super Land!» überschrieben. Darin heißt es: «Zwei Gründe, warum ich gerne in China lebe, habe ich bereits genannt: Die öffentlichen Verkehrsmittel und das Benutzen von Mobiltelefonen in China.»[124] Dass in der Volksrepublik alle Menschen ständig Angst haben müssen, jederzeit beim Telefonieren überwacht und bei unerwünschten Gesprächen bestraft zu werden, sagt er nicht. Mit solcher Kritik wäre die Unterstützung durch die Machthaber auch schnell verwirkt, wovon Christoph Rehage berichten kann.

Der kritische Influencer hat einmal selbst erlebt, wie bereitwillig das Regime westlichen Internetstars unter die Arme greift, wenn der KPCh die Inhalte gefallen. Denn einmal stand er auf der anderen Seite der Macht. Da hatte er selbst für kurze Zeit vom enormen Einfluss des Regimes profitiert, aber das ist eine gefühlte Ewigkeit her. Damals hatte Rehage einen kleinen Film über die Autofahrer in Peking gemacht. «Die Message war, dass die Chinesen eigentlich höfliche Menschen sind», so Rehage, «aber, sobald sie im Auto sitzen, ultra brutal agieren.» Sogar ältere Damen würden dann zu Monstern, so der Subtext des Clips. «Am Ende sagte ich, die Chinesen fahren wie Affen.» Anscheinend hatte die kritische Botschaft jedoch ins Konzept der Kommunisten gepasst. Sie wollten ihre Staatsbürger erziehen, und wenn sich dann ein Deutscher schlecht über das Fahrverhalten auf Pekings Straßen äußerte, half das offenbar. Auf jeden Fall wurden die Klickzahlen für sein Internetvideo wie von Geisterhand in enorme Höhen getrieben. «Innerhalb von zwei Tagen war ich bei 20 Millionen Aufrufen», erinnert sich Rehage.[125] Anschließend hatte der Deutsche Einblicke in die Hinterzimmerdeals der KPCh erhalten, mit denen Social-Media-Erfolge in der Volksrepublik erkauft werden können. Damals wurde er von Vertretern des Regimes angesprochen. Kritik sei erlaubt, aber nicht an der Partei. Wenn er sich daran halte, dann könne er weiterhin auf große Erfolge in den Social-Media-Diensten der Volksrepublik bauen. Doch dann kam die Geschichte mit seiner humoristischen Anspielung auf Karl Marx bei der Preisverleihung. Danach war die Internetkarriere für Christoph Rehage beendet. Und seitdem weiß er auch, dass Mega-Erfolge als Influencer in China kein Zufall sind.

Schöne Neue Medienwelt

In Deutschland sind für das breite China-Bild einige wenige Personen verantwortlich, die als eine Art Großerklärer auftreten. An erster Stelle ist hier Frank Sieren zu nennen. Der ehemalige Korrespondent der *Wirtschaftswoche* und des *Handelsblatts* lebt seit fast dreißig Jahren in der Volksrepublik. Er hat ein Dutzend Bücher zu dem Land geschrieben, die oft zu Bestsellern wurden. *Der China-Schock – Wie Peking sich die Welt gefügig macht* und andere frühere Werke befassten sich durchaus kritisch mit dem Land und seinen kommunistischen Machthabern. Doch in den vergangenen Jahren hat Sieren eine eigenartige Nähe und offenbar auch ein gewisses Verständnis für den Unterdrückungsapparat der KPCh entwickelt. «Er schreibt mit Tempo und Verve, seine Begeisterung für Chinas rasante Entwicklung kann er kaum verbergen», bemerkte schon vor einiger Zeit ein Korrespondentenkollege über ihn. «Zuweilen allerdings ist Sierens Bewunderung für China derart groß, dass er sich vom wissensstarken Beobachter zum parteiischen Sympathisanten verwandelt.»[126] Etwa wenn Sieren von den «sogenannten universellen Menschenrechten» spreche, die aber eigentlich eine Erfindung des Westens und mit dem Rest der Welt nicht abgesprochen seien. Die Formulierung ist von Rudolf Scharping, Hans-Peter Friedrich oder den China-Lobbyisten in der deutschen Wirtschaft bekannt. «Das ist exakt Pekings Sprachregelung, hinter welcher der Versuch einer Relativierung steckt», so der andere China-Korrespondent. Entsprechend litten die Texte des Buchautoren «unter zu viel Bewunderung und zu wenig Sachlichkeit». Trotzdem wird Sieren immer wieder gerne vor allem ins Fernsehen als Experte zu China eingeladen. Etwa in die Show von Universalphilosoph Richard David Precht. In der *ZDF*-Sendung im Frühjahr 2023 schwadronierte Sieren über die Arroganz des Westens, über postkoloniale Rückzugsgefechte und kam wieder auf sein Lieblingsthema, die angeblich tendenziösen politischen Werte des Westens.[127] Dass jeder Mensch eine gleichwertige Stimme haben müsse, sei zwar eine westliche Erfindung. Da im Rest der Welt aber nun Milliarden mehr Menschen lebten, würde «der Westen» vor der universellen Verankerung zurückschrecken. «Davor fürchten sich allerdings auch viele», so die Behauptung des Journalisten. In der Sendung darf Sieren einen bizarren Vergleich vorbringen, den er schon mehrmals bemüht hat. Er vergleicht das Eintreten des Westens für Menschen- und Freiheitsrechte mit der Verteidigung des Adels seiner Privilegien in den Jahren bis zur Französischen Revolution. So wie einst Könige, Grafen und Herzöge für ihre Übervorteilung qua Geburt gekämpft haben – angefangen von ihrem Heer an Leibeigenen, dem politischen Alleinvertretungsanspruch bis hin zum Recht der ersten Nacht –, so klammert sich also die westliche Welt an Ideen wie Demokratie, Freiheit und Rechtsstaat? Eine eigenartige Sichtweise, die Moderator Precht aber unwidersprochen stehen lässt. «Ich sehe nicht, dass der Westen noch die Kraft hat, sein Monopol, die Spielregeln zu bestimmen, durchzuhalten», legt Sieren gleich nach. «Wir müssen lernen, die Welt aus der Perspektive dieser Aufsteiger zu sehen», so seine eindeutige Botschaft. «Die haben eben andere Vorstellungen.» Dann gelangt er zu einer überraschenden Einschätzung: «Ob China jetzt wirklich kommunistisch ist, darüber können wir uns lange unterhalten …»

«Sie würden sagen, in der chinesischen Führung gibt es keine überzeugten Kommunisten?», will Precht daraufhin wissen, bekommt aber keine klare Antwort. Sieren bleibt im Ungefähren, vermittelt Eindrücke, versucht Ängste zu nehmen. «Die Ideologie ist nur ein Mittel zum Zweck», behauptet er schließlich. Dabei lebt er seit Jahrzehnten in der Volksrepublik, sicher unter privilegierten Zuständen. Doch dass er die «kommunistische» oder autoritäre Seite des Systems nicht mitbekommen hat, ist schwer vorstellbar. Der Ein-Parteien-Staat, die kommunistische Propaganda, die allgegenwärtige Einheitsfront, das rigide Strafsystem, die mangelnde Rechtsstaatlichkeit, die permanente Überwachung. Auch dass die Schrauben in den vergangenen Jahren wieder fester angezogen wurden, sollte ihm nicht entgangen sein. «Das Rechtssystem hat sich dramatisch verbessert», behauptete er hingegen im *ZDF* – wieder unwidersprochen. Irgendwann fällt Precht dann doch auf, wie begeistert sein Gegenüber von dem Pekinger Regime spricht. «Das hört sich in der Beschreibung jetzt ja sehr positiv an», sagt er dann und sieht im nächsten Atemzug selbst die Probleme eher in den westlichen Gesellschaften als im chinesischen Unterdrückerstaat. «Bei uns wird überall beklagt, der Gemeinsinn geht verloren. In der turbokapitalistischen Gesellschaft.» Auffällig ist auf jeden Fall, wie unkritisch Sieren mit einem Staat umgeht, den die deutsche Außenministerin Annalena Baerbock unlängst als «Diktatur» bezeichnet hat. Auch historische Staatsverbrecher scheint er eher durch eine rosarote Brille zu sehen. Einmal sagt er, als es um das drohende Auseinanderfallen des Landes Ende der 1940er Jahre geht, geradezu vertraut: «Der Mao hat dann im letzten Moment das alles wieder zusammengehalten, das Land.» Man stelle sich einmal vor, jemand würde heute so über Hitler oder Stalin sprechen.

Schon vor einigen Jahren hat es eine hitzige Debatte darüber gegeben, ob Frank Sieren das kommunistische Regime reinwasche. Damals hatte er sich verharmlosend in einem Beitrag für die *Deutsche Welle (DW)* über das Massaker auf dem Platz des Himmlischen Friedens geäußert, bei dem 1989 viele Tausend Menschen getötet wurden. Sieren sprach von einem «Ausrutscher in der neuen chinesischen Geschichte».[128] Politische Verbrechen wie die Liquidation der chinesischen Großgrundbesitzer in den 1950ern, die Millionen an staatlich provozierten Hungertoten in den darauffolgenden Jahren, die Exekution von Hunderttausenden vermeintlichen Regimegegnern in den Jahren der Kulturrevolution – als Kinder ihre Eltern, Schüler ihre Lehrer denunzierten – hatte der deutsche China-Erklärer da wohl ausgeblendet. Sieren ging es offenbar auch um eine andere Botschaft. «Niemandem ist geholfen, wenn im Westen die Ereignisse einseitig überzeichnet werden», sagte der deutsche Journalist. Bei den Berichten zu dem Massaker – so schienen es die Ausführungen Sierens nahezulegen – handle es sich um Spekulationen. «Wir werden wohl niemals erfahren, was sich wirklich vor 25 Jahren in Peking zugetragen hat», behauptete er. Zu dem Zeitpunkt hatte es bereits intensive Recherchen zu den blutigen

Vorgängen in Peking im Juni 1989 gegeben. Während die KPCh von mehr als zweihundert Toten sprach, nannte das chinesische Rote Kreuz die Zahl von 2600 getöteten Personen. Der ehemalige britische Botschafter Alan Donald will aus einer Quelle im kommunistischen Machtapparat («ein guter Freund», der angeblich im Staatsrat saß) erfahren haben, dass es sogar an die 10 000 Tote gegeben habe. Die Zahl liegt wohl um einiges zu hoch, wie er später selbst einräumte. Bei den Protesten Beteiligte wie der damalige Studentenführer Wang Dan haben rückblickend von «Säuberungsaktionen» der KPCh noch in den Tagen und Wochen nach dem eigentlichen Blutbad berichtet, die erneut eine erhebliche Anzahl an Toten zur Folge hatte. Dass es sich bei den Vorgängen auf und um den Platz des Himmlischen Friedens um ein großes Staatsverbrechen gehandelt hat, zweifeln heute eigentlich nur noch wenige an. Frank Sieren forderte in seiner Kolumne jedoch «eine realistische und faire Betrachtung des 4. Juni» – des Tages also, an dem das Massaker stattfand. Wie eine «faire Betrachtung» von Massenmord aussehen soll, bleibt wohl sein Geheimnis.

Heftiger Widerspruch kam auf jeden Fall von einer chinesischen Kollegin bei der *Deutschen Welle,* Su Yutong. «Auch wenn Herr Sieren das Gegenteil versichert, können seine Formulierungen nur als Relativierung und Beschönigung der Geschehnisse von 1989 verstanden werden», so die Journalistin.[129] Ihre Kritik machte Su in einem öffentlichen Brief an Peter Limbourg, den Intendanten des Senders, publik. Darin wirft sie Sieren mehr oder weniger Propaganda im Sinne der KPCh vor. «Sein Beitrag reiht sich ein in viele andere von der *DW* veröffentlichte, in denen er gleichfalls den offiziellen Standpunkt der Regierung weitgehend übernimmt.» Der deutsche Auslandsrundfunk stand schon länger im Verdacht, mit den Mächtigen in der Volksrepublik eher nachsichtig umzugehen. «Wer glaubt, da unter der Tür durchkriechen und denen die kleine Hand reichen zu können, der hat nicht verstanden, dass von der Hand nichts übrigbleiben wird», mahnten Politiker wie der FDP-Mann Markus Löning, ehemaliger Menschenrechtsbeauftragter der Bundesregierung, und der *Spiegel* bezeichnete die *Deutsche Welle* als den «Club der roten Dichter».[130] Doch für die Verantwortlichen im Sender waren nicht die skandalösen Aussagen ihres Kolumnisten das Problem. Der Sender schmiss Su Yutong hinaus, die auf die Äußerungen im staatlichen deutschen Auslandsrundfunk aufmerksam gemacht hatte. Heute arbeitet die Journalistin für den amerikanischen Sender *Radio Free Europe*.

Die Kooperation mit Frank Sieren blieb jedoch stabil. Schon lange zählt er zu den Großkommentatoren des deutschen Auslandssenders, wenn es um China geht. Für die Fernsehsparte der *Deutschen Welle* hatte er sogar eine eigene Sendung – «Asiatalk» – in Peking produziert. «Wir schärfen mit dem neuen Talk-Format unser Profil auf dem asiatischen Fernsehmarkt», hatte der Fernsehdirektor Christoph Lanz im Jahr 2009 vor der ersten Sendung gejubelt. «Zudem schaffen wir ein attraktives Angebot für unsere Vertriebspartner in der Region.»[131] Das Format erwies sich schnell als wenig kritisch. Zu den Gästen zählten Gerhard Schröder, Siemens-Manager oder der deutschstämmige Dekan einer chinesischen Business-School. Produziert wurde die Sendung «Asiatalk» von Sierens eigener Firma – Sinocom.TV.[132] Zu den Hauptverantwortlichen dort zählte dessen Ehefrau Anke Redl. Diese ist zudem China-Repräsentantin der Vermarktungsfirma German Films, zu deren Gesellschaftern die deutsche Filmförderanstalt gehört.[133] Auffällig ist, wie das Ehepaar Sieren-Redl in China ein komplexes Firmengeflecht geschaffen hat, das in den verschiedensten Bereichen tätig ist. Neben Journalismus stehen auch Lobbyarbeit, Unternehmensberatung und offenbar auch die Beschaffung von Kontakten in die chinesische Politik im Portfolio. So organisiert CMM-I, die Firma von Sierens Ehefrau, in China auch Großveranstaltungen im Medienbereich. Vor Kurzem warb Redl auf der Homepage des Unternehmens mit den Fähigkeiten ihres Teams, auch Unterstützung aus der chinesischen Politik zu bekommen. «Von ihrer Struktur sind solche Veranstaltungen komplex und erfordern, dass man Allianzen [wörtlich: «buy in»] mit den höchsten Ebenen der chinesischen Regierung und Industrie erwirkt.»[134] Die Aussagen sind inzwischen von der Homepage verschwunden, über Internet-Archive lässt sich die entsprechende Seite aber noch finden. Dafür steht das Lob eines Kunden weiterhin auf der Seite, der über die Fähigkeiten der Firma schwärmt: «Es ist fraglich, ob wir ohne die Arbeit von CMM-I unser China-Geschäft so effektiv hätten aufbauen können.»[135] Im Board des Unternehmens sitzen die gleichen Personen, die auch die TV-Show von Frank Sieren produziert haben und die sich ihrer exzellenten Kontakte zur KPCh rühmen. Ihre Nähe zum Regime belegt Redl auch durch ihre Teilnahme an wichtigen PR-Veranstaltungen, die von der KPCh organisiert werden, wie erst kürzlich dem «2023 Xizang Development Forum», das von der Presseabteilung des Staatsrats organisiert wurde und mit Slogans wie «Die KPCh bringt Xizang [Tibet; der Autor] Wohlstand» warb. «Das Forum ist nichts anderes als eine Farce», kritisierten exiltibetische Kreise.[136] «Ich finde es problematisch, wenn eine von Deutschland bezahlte Vertreterin des deutschen Films auf so einer Konferenz auftritt», kritisiert der Sinologe Sascha Klotzbücher.[137] Auf ihrer Homepage bekennt sich die Lobbyorganisation German Films zu den «Europäischen Werten».[138] Für Klotzbücher sind Veranstaltungen der KPCh und des Machtapparats mit den europäischen Werten von Demokratie und Menschenrechten jedoch nicht in Einklang zu bringen. «Jegliche Teilnahme sollte für sie indiskutabel sein», so der Professor über die Filmschaffende Redl. «Der Name des deutschen Films könnte so für ihr eigenes billiges Geschäftsinteresse verkauft werden.» Konfrontiert mit den Vorwürfen antwortet Anke Redl in einer Mail auf unsere Fragen. Ihr ist es wichtig zu betonen, dass sie keine «westliche Medienvertreterin» sei und als freie Mitarbeiterin auf Projektbasis für German Films arbeite. «Dabei spielt es durchaus eine Rolle, deutsche oder westliche Werte global zu verbreiten», so Redl. «Das ist allerdings nicht möglich, ohne mit staatlichen chinesischen Stellen zu kooperieren.»[139] So sei eine Zusammenarbeit mit dem staatlichen Filmministerium notwendig, um etwa ein Festival organisieren zu können. Auch müsse sie Kontakte pflegen und «kontinuierlich Spielräume für den deutschen Film» ausloten. «Prinzipiell schließen wir dabei eine Zensur deutscher Filme von chinesischer Seite aus», so Redl weiter. «Wir schneiden also keine

Filme für unser Filmfestival um.» Dass sie an der staatlich organisierten Tibetreise teilgenommen hat, leugnet sie nicht. Allerdings will die deutsche Filmschaffende die Reisekosten selbst getragen und vor Ort auch mit kritischen Personen gesprochen haben, «selbstverständlich auch mit Tibetern, die die Regierungspolitik kritisch sehen». Darüber hinaus arbeite ihre Firma nicht für «chinesische oder staatliche Strukturen».

Als in der *ZDF*-Sendung Richard David Precht seinen Gast Frank Sieren, den Mann von Anke Redl, fragt, ob er davon ausgehe, dass auch China irgendwann auf einen demokratischen Weg gelangen werde, gibt sich der Gefragte überzeugt: «Es sind ja auch Menschen, und die werden mit einer gewissen Entwicklungsreife bestimmte Freiheiten einfordern.» Dann spricht er über Shenzhen, das chinesische Silicon Valley. Dort habe er länger recherchiert und darüber ein Buch geschrieben. In der deutschen Fernsehsendung schildert er nun, was er dort beobachtet haben will. Die Menschen hätten in der IT-Hochburg bereits heute mehr politische Rechte als andernorts in China. «Das bedeutet auch, dass diese Menschen in diesen Regionen größere Freiheiten beanspruchen und auch bekommen als in den rückständigeren Regionen.» Als Frank Sieren seine Einschätzung zum angeblich so liberalen Shenzhen vorträgt, liegen die Vorfälle um den Unternehmer Jack Ma gerade einige Jahre zurück. Der hatte auf einem Forum der Volksbank Chinas 2020 eine kritische Rede zur Wirtschaftspolitik von Xi Jinping und dessen Regierung gehalten. Kurze Zeit später verschwand der Internet-Gigant für einige Monate, völlig unerklärlich. Als er wieder auftauchte, wurde bekannt, dass er seine Beteiligungen größtenteils abgeben müsse. Auch die *South China Morning Post*, deren Eigentümer Ma über seine Konzernstruktur war, ging an den chinesischen Staat. All das sah eher nach russischen als nach westlichen Zuständen aus. Fast ein Jahr hielt sich Ma im Ausland auf, bevor er vom Premierminister «überredet» wurde, nach China zurückzukommen. Ma hatte sein Unternehmen und sein Internet-Reich zwar in Hangzhou, der Hauptstadt der Provinz Zhejiang, aufgebaut. Als Tech-Gigant gehörte er aber ebenfalls zu den führenden

Köpfen im chinesischen Silicon Valley. Von «größeren Freiheiten» für deren Unternehmer kann er sicher nichts berichten. Allerdings geht auch diese Passage des Gesprächs unwidersprochen durch. Doch die Story, im Sinne der KPCh «gut erzählt», scheint bei den Zuschauern anzukommen. Auf YouTube wird die Gesprächsrunde 1,3 Millionen Mal geklickt. Mehr als 3000 Kommentare tauchen auf, darunter offenbar viele aus China stammende Personen. «Ehrlich gesagt, wundert es jeden, dass es in Deutschland noch Medien oder Sendungen gibt, die ohne Ideologie auf China schauen», kommentiert jemand auf Mandarin.[140]

Es gibt eine Filmsequenz aus Peking, die den neuen Alltag in der chinesischen Politik zeigt. Die Szene wurde am 22. Oktober 2022 aufgenommen, in der Großen Halle des Volkes. Der 20. Nationale Parteikongress der KPCh war zusammengekommen, um eine Art Krönungszeremonie für Xi Jinping abzuhalten, den alten neuen Herrscher über die Volksrepublik. Dafür saßen Tausende Delegierte im Saal, die zuvor von den knapp 100 Millionen Parteimitgliedern im ganzen Land bestimmt worden waren, um der Zeremonie beizuwohnen. Eigentlich gab es seit den blutigen Jahren unter Diktator Mao Zedong die Regelung, dass kein Parteichef länger als zwei Wahlperioden – also zehn Jahre – an der Spitze des Staates stehen durfte. So sollte der Gefahr vorgebeugt werden, dass ein ewiger Alleinherrscher seine Macht zementiert und einen Vasallenstaat um sich formt. Doch im Vorfeld des Parteikongresses waren die Vorschriften extra umgeschrieben, der Weg für eine weitere Inthronisierung Xi Jinpings vorbereitet worden. Von einer «totalen Beherrschung der chinesischen Politik» durch den Staats- und Parteichef war die Rede.[141] Mit 2952 zu null Stimmen ging die dritte Amtszeit für Xi durch. Die neuen Regeln ermöglichen es nun, dass er sein Amt auf Lebenszeit behält, was zuvor mit seinem mörderischen Unterdrückungsapparat nur Mao Zedong gelungen war.[142] Zum Abschluss des Parteikongresses waren alle noch einmal zusammengekommen. Die Szenerie wirkt kalt und brutal.

Vom Podium blicken die Köpfe der Partei und des Landes auf ihre Gefolgsleute herab. Direkt neben Xi, zu seiner Linken, sitzt sein Vorgänger, Hu Jintao. Doch auf einmal tritt ein Saaldiener hinter den Mann, greift ihm unter den Arm und versucht ihn aus dem Stuhl zu heben. Hu widersetzt sich. Mit den Händen krallt er sich am Pult fest. Mehrfach versucht er, sich Richtung Publikum zu drehen. Dann packt ihn der Saaldiener mit beiden Händen unter den Achseln, ein weiteres Präsidiumsmitglied reicht die Mappe des ehemaligen Parteichefs hinter seinem Rücken an den Ordner, und Hu wird aus dem Stuhl gehebelt. Ein zweiter Saaldiener kommt hinzu, und sie führen ihn ab. Einmal versucht Hu noch, mit Xi zu sprechen, aber der Griff der beiden Männer an seiner Seite ist fest, und sie schieben ihn aus dem Saal. Die Szene dauert 1 Minute und 47 Sekunden. Die französische Nachrichtenagentur *AFP* hat sie gefilmt.[143] Wahrscheinlich hätte die Welt den Vorfall nicht zu sehen bekommen, wäre nicht just in dem Augenblick die internationale Presse im Saal anwesend gewesen. Kaum war der alte starke Mann aus dem Blick, begannen die Spekulationen über die Bedeutung des Vorfalls. Der spanische Fernsehsender *ABC* und die italienische Zeitung *La Repubblica* sprachen von «Rausschmiss». «Hu Jintao», beobachtete die *Deutsche Welle*, «schien die Bühne des Parteikongresses der KPCh nicht verlassen zu wollen.» Er sei «überraschend abgeführt» *(Guardian)*, «aus dem Saal geleitet» *(ZDF)*, «herauseskortiert» worden *(Reuters)*, berichteten andere Reporter. «Hu Jintaos Abgang aus dem Volkskongress sorgt für Aufsehen», schrieb das *Wall Street Journal*. Im türkischen Fernsehen war gar von einer «Erniedrigung» Hus die Rede. Nicht nur in den westlichen Medien wurde der Vorgang kritisch verfolgt. «Hu sah betrübt aus», beobachtete die *Arab News*, «er schien sich seinem erzwungenen Abgang zu widersetzen, einmal drehte er sich um und wollte zu seinem Stuhl zurück.»[144] Journalisten aus Indien beobachteten die Szene noch detaillierter. «Als Li Zhanshu, der durch die Vorgänge beunruhigt schien, aufstehen wollte, um Hu zu helfen, signalisierte ihm ein anderer Spitzenfunktionär, Wang Huning, dass er sitzen bleiben solle.»[145] Journalisten aus der ganzen Welt vermuteten, dass es sich bei dem erzwungenen Abgang des einstigen starken Mannes um ein politisches Zeichen gehandelt habe – auch ein Signal der Einschüchterung.

Trotzdem meinte der deutsche Fernsehphilosoph Richard David Precht einige Tage später die internationale Berichterstattung zu dem Vorfall um Hu Jintao infrage stellen zu müssen. «Der Mann ist über 80, und dem ging es nicht gut», zitiert Precht in seinem Podcast mit Markus Lanz wiederum seine Quelle. «Die haben gemerkt, der ist ein bisschen konfus und vielleicht nicht mehr ganz klar.»[146] Berichtet habe ihm das Frank Sieren, der einige Wochen zuvor bei ihm in der Sendung war. «Und dann haben die ihn freundlich, fürsorglich hinausgeleitet», so Precht weiter. Über die Berichte der anderen Journalisten ist der TV-Philosoph offenbar verunsichert. «Und jetzt möchte man natürlich wissen, mein Gott, was von beiden stimmt denn?» Die Version Sierens ist verdächtig nahe an der offiziellen Stellungnahme der KPCh. «Als er sich während der Sitzung nicht gut fühlte, begleitete ihn sein Team aus gesundheitlichen Gründen in einen Raum neben dem Saal, um sich auszuruhen», teilte die staatliche Nachrichtenagentur Xinhua mit. «Jetzt geht es ihm wieder viel besser.»[147] Entsprechend verärgert scheint Precht über die Berichterstattung der meisten Journalisten: «Woher wissen die Leute, die darüber urteilen, was da genau passiert ist?» Um in Zukunft die Wahrheit zu erfahren, richtet der Moderator noch einen Appell an die nachrückenden Generationen: «Ich kann ja nur jeden jungen investigativen Journalisten auffordern, sich dahinterzuklemmen und Licht in dieses Dunkel zu bringen.»

Ein bisschen Licht lässt sich schon jetzt ins Dunkel bringen: Frank Sieren, die bevorzugte China-Quelle von Richard David Precht, steht in engem Kontakt mit den staatlichen Strukturen der Volksrepublik China und den Machthabern der kommunistischen Partei. Erst kürzlich haben er und seine Frau als offizielle Teilnehmer beim bereits erwähnten «2023 Xizang Development Forum» mitgemacht, also einem Entwicklungsforum zu Tibet. Bei der Zusammenkunft handelt es sich um eine Showveranstaltung der Partei, die alle paar Jahre stattfindet. Teilnehmer wurden dafür extra in die streng abgeschirmte Region gebracht, wo sie auch für staatliche Medien Statements abgaben. Auf Bildern sieht man Frank Sieren und seine Frau Anke Redl, wie sie für das chinesische Staatsfernsehen in der tibetischen Bergwelt posieren. Sie sind nur schwer zu erkennen, da sie die Baseballkappen tief in die Stirn gezogen haben und bis zum Hals verdeckt sind. Sieren hat dazu eine große Sonnenbrille auf. Öffentlich gemacht hat die Fotos der Sinologe Sascha Klotzbücher, der über die PR-Aktion entsetzt ist.[148] «Die beiden sind Medienprofis, und sie kennen China. Sie wissen, wie man da vermarktet wird», sagt der Professor von der Comenius-Universität in Bratislava. «Bei der Veranstaltung zu Tibet handelte es sich um eine reine Propagandaveranstaltung, die von der KPCh organisiert wurde.»[149] Darüber hinaus sekundierte Frank Sieren dem Regime noch mit einem Textbeitrag. Der deutsche Journalist bezeichnet Tibet darin als «ein Modell für ein pluralistisches China und eine multipolare Weltordnung».[150] Geradezu kindlich schwärmend berichtet Sieren von seinen Eindrücken: «Wir haben die Entwicklung des neuen Tibets gesehen, wir haben die Autobahn gesehen, und der Zug wurde durch den Bau des Tunnels beschleunigt.» Als Autor taucht er unter seinem chinesischen Namen auf: Zelin. «In China können sie mit solchen Beiträgen richtig Geld machen, also mit Textbeiträgen für Publikationen oder mit der Teilnahme an solchen Seminaren», sagt Sinologe Klotzbücher.[151]

Zurück in Peking, beteiligten sich Sieren und Redl noch an einer Tibetkonferenz des chinesischen Staatsrates. «Das Glück der Menschen ist das höchste Menschenrecht – und Entwicklung ist der Schlüssel, um für bessere Leben der Menschen zu sorgen», lautete die Grußbotschaft von Xi Jinping an die Teilnehmer.[152] Über die Veranstaltung wurde breit in chinesischen Medien berichtet. Tenor: Tibet geht es gut, der Wohlstand wächst, und der Tourismus boomt. Auf einem Foto sitzen Anke Redl und Frank Sieren neben einem aus den USA stammenden Journalisten des kommunistischen Propagandablattes *China Daily* und einem stellvertretenden Parteisekretär.[153] Das Paar Sieren-Redl lässt sich auf Kooperationen mit einem Regime ein, das demokratische Prinzipien mit Füßen tritt. Unabhängig sind sie damit nicht. Wir hätten Frank Sieren gerne zu den Recherchen gehört. Eine Mailanfrage, in der wir ihn baten uns mitzuteilen, ob Teile oder die gesamten Kosten der Reise nach

Tibet für ihn von chinesischer Seite übernommen wurden, blieb unbeantwortet. Auch auf die Frage, ob er einen möglichen Interessenkonflikt darin sehen könne, wenn er als Journalist an Propagandaveranstaltungen der KPCh mitwirkte, bekamen wir keine Antwort.[154] Für Andreas Fulda birgt die Nähe zu den Mächtigen Gefahren für eine unabhängige Berichterstattung. «Geradezu alarmierend ist es, wenn jetzt auch noch deutsche Medienschaffende den Sprachregelungen der chinesischen Führung Tribut zollen», warnt der Sinologe von der Nottingham University. «Denn so wird die demokratische Resilienz der Zivilgesellschaft untergraben.»[155]

Eine willige Plattform findet Frank Sieren für seine Jubelstorys aus dem Reich der Mitte seit einiger Zeit in der *Berliner Zeitung*. Hier schreibt er regelmäßig Artikel, die aus einem vermeintlich neutralen Blick entstehen. Schon die Titel zeigen jedoch, in welche Richtung die Texte gehen: «Totale Kontrolle? Die Wahrheit über Chinas Sozialkreditpunktesystem»,[156] «Putin bei Xi in Peking: Die Zähmung des Widerspenstigen»[157] oder «Umfrage in Südostasien: China legt zu, Vertrauen in die EU sinkt dramatisch»[158]. Mit seiner etwas anderen Sichtweise rennt Sieren beim Verleger Holger Friedrich anscheinend offene Türen ein, rühmt der sich doch gern damit, mutig und unvoreingenommen immer wieder auch unbequeme Themen und Sichtweisen in sein Blatt zu holen. Doch wie es mit der eigenen Unabhängigkeit steht, zeigt sich bei der China-Berichterstattung. Wie nahe die Zeitung inzwischen an der Seite der Mächtigen in Peking steht, belegte Friedrich vor wenigen Monaten selbst. So nahm der Selfmade-Millionär Ende November 2023 an einer Veranstaltung in Peking teil. Auf der «13. Konferenz des Welt-Sozialisten-Forums», das vom Institut für Marxistische Studien organisiert wurde, dem «Thinktank der Kommunistischen Partei Chinas» (Zitat: Holger Friedrich), hörte der Mann aus Berlin nicht nur zu, er mischte selbst als Redner mit. Dort sprach er ganz selbstverständlich neben Personen wie Rossana Cambron, der Vize-Vorsitzenden der Kommunistischen Partei der USA, oder Yury Tavrovskiy, Professor an der russischen Academy of National Economy and Public Administration. «Die Teilnahme von Vertretern des Zentralkomitees stellte eine deutliche Aufwertung der Veranstaltung im Vergleich zu den Vorjahren dar», freute sich Friedrich später in einem Artikel in seiner Zeitung.[159] Dass der einstige Stasi-Spitzel und das ehemalige SED-Mitglied Holger Friedrich offenbar ein sehr spezielles Verständnis von Journalismus hat, bewies er bereits mehrfach. Kurz nachdem er die Zeitung übernommen hatte, ließ er Werbeartikel zu einem Unternehmen drucken, an dem er selbst Anteile hielt. Als sich jemand vertraulich an ihn wandte, um ihm Details über etwaige Missstände im Axel-Springer-Konzern zu berichten, rief Friedrich postwendend den Vorstandsvorsitzenden Mathias Döpfner an und erzählte dem brühwarm von seinem Informanten – offenbar Quellenschutz à la Holger Friedrich. Danach rügte ihn sogar der Presserat für sein Vorgehen. Nach dem Einmarsch von Putins Armee in der Ukraine hatte er auch kein Problem damit, zu einem Empfang in der russischen Botschaft zu marschieren, danach warnte die *Berliner Zeitung* vor «Russophobie» in der westlichen Welt. «Im Fall China wird die Vermischung von Journalismus und Propaganda noch deutlicher», schrieb jedoch die *Neue Zürcher Zeitung* über den obskuren Verleger nach dessen Besuch in Peking. Unter dem Motto «Marx reloaded: Treffen der modernen Marxisten in China» bejubelte Friedrich danach in seiner eigenen Zeitung die Veranstaltung. «Perspektiven auf den zukünftigen Glanz des Ostens und das mögliche Elend des Westens» wurden in einem Tweet auf X versprochen, mit dem seine Redaktion den Text bewarb.[160] Ohne auch nur ansatzweise die Argumentation des kommunistischen Regimes zu überprüfen, gab Friedrich die Positionen der chinesischen Führung wieder. So sprach er von einer «durch den Vorwurf von Menschenrechtsverstößen belastete Kontroverse zur uigurischen Minderheit», ganz so, als ob die Fotos und Satellitenbilder von Umerziehungslagern in der Provinz Xinjiang und die Aussagen von einstigen Insassen und Whistleblowern aus dem Apparat nicht existierten. «De-Risking», also der Versuch einer größeren wirtschaftlichen Unabhängigkeit von China, sei die «Angst vor fairem wirtschaftlichem Wettbewerb». Auch hier kein Wort zu staatlich subventionierten Dumpingpreisen und Wettbewerbsverzerrung von chinesischer Seite. Wirklich absurd wurde es jedoch, als der *Berliner-Zeitung*-Boss allen Ernstes behauptete, die KPCh und ihre Verbündeten seien überall an Frieden interessiert, «dies scheint gegenwärtig das Credo der Kommunistischen Parteien in allen Ländern zu sein».[161] Vom Säbelrasseln der Volksrepublik im Südchinesischen Meer, vom massiven Aufrüsten mit neuen Flugzeugträgern und immer mehr Atomwaffen und vom zunehmend aggressiven Kurs gegenüber Taiwan scheint Friedrich nichts mitbekommen zu haben. Entsprechend hart urteilt die *Neue Zürcher Zeitung* über Verleger wie Holger Friedrich. «Im angeblichen Bemühen, unvoreingenommen zu berichten», so ein Journalist der Zeitung, «machen sie sich zu nützlichen Idioten von Diktaturen.»[162] Bei Holger Friedrich scheint vieles nicht zusammenzupassen. So fährt er etwa Ferrari und bewundert zugleich Egon Krenz und Sahra Wagenknecht. Die Koalition der beiden China-Lobbyisten Holger Friedrich und Frank Sieren passt ganz bestimmt. Wie sagte gleich noch einmal Richard David Precht über seinen einstigen Talkshowgast: «großer Kenner, lebt seit 30 Jahren in China».[163] Das, so der Fernsehphilosoph, sei für ihn wichtig für eine profunde Berichterstattung, also Wissen und Unabhängigkeit. «Dann muss ganz wichtig sein, dass diese Information in dieser Form stimmt. (…) Und dann möchte ich eben genau wissen (…) woher er seine feste Überzeugung nimmt.» Dass Leute wie Frank Sieren dem Pekinger Regime nahestehen und teilweise finanziell davon profitieren, hat Richard David Precht seinen Zuschauern auf jeden Fall nicht verraten. Und auch Markus Lanz nicht. Der hatte vor einigen Jahren einen Gast in seiner Fernsehshow, der ebenfalls eng mit dem Unterdrückungsapparat in China kooperiert. Thomas Derksen alias Afu Thomas hatte gleich noch seine Frau Julie mit ins Studio gebracht.[164] Erfreut posteten sie danach Fotos, auf denen sie mit dem bekannten Moderator im Studio zu sehen sind, in ihre riesigen Netzwerke in China.

EPILOG

«... es kann jederzeit eskalieren!»

Noch lagen die beiden Schiffe im Hafen – die Fregatte «Baden-Württemberg» in der spanischen Stadt Rota, der Einsatzgruppenversorger «Frankfurt am Main» mit 200 Mann Besatzung in Wilhelmshaven – und wurden beladen. Doch ihre bevorstehende Reise sorgte bereits für Spannungen mit China. Außenministerin Annalena Baerbock hatte angekündigt, dass die beiden Schiffe während ihres Einsatzes im Indopazifik auch durch die Straße von Taiwan kreuzen könnten, es gebe ein «Recht der friedlichen Durchfahrt». Für das Auswärtige Amt ist die Sachlage eindeutig. Der Status sämtlicher Meeresgebiete wird auf der Grundlage des Seerechtsübereinkommens der Vereinten Nationen geregelt. «Danach hat das Küstenmeer eine Breite von zwölf Seemeilen», so trug es ein diplomatischer Vertreter vor einigen Jahren einmal im Bundestag vor. «Alles jenseits davon sind internationale Gewässer, in denen für alle anderen Staaten die Navigationsfreiheit gilt.»[1] Zwischen der Volksrepublik China und der Insel Taiwan liegen etwa 180 Kilometer Wasser, genügend Platz also, damit zwei Kriegsschiffe der Bundesmarine durchfahren können, ohne in nationale Hoheitsgebiete einzudringen. Doch das sieht die chinesische Seite anders. «Taiwan ist ein unveräußerlicher Teil von Chinas Territorium», antwortete postwendend der chinesische Außenamtssprecher auf die deutsche Ankündigung. Eine Durchquerung der Straße von Taiwan sei eine Provokation und Bedrohung Chinas – sie käme einer «Störung des Friedens» gleich. «China wird nicht schwanken, wenn es darum geht, die nationale Souveränität und die territoriale Integrität zu verteidigen», drohte er.[2] Für die deutschen Militärs war die Sache genauso klar. «Für Deutschland als Handelsnation sind freie und sichere Schifffahrtswege von größter Bedeutung», hieß es bei der Bundeswehr. Bei dem Einsatz handle es sich um «das wichtigste Projekt maritimer Verteidigungsdiplomatie in diesem Jahr».[3] Deutschland stehe «mit seiner Marine bereit, die regelbasierte internationale Ordnung aufrechtzuerhalten». Bei einem Besuch in Paris schwadronierte zur gleichen Zeit der chinesische Staats- und Parteichef Xi Jinping, dass «die Welt in eine neue Phase der Turbulenzen und des Wandels eintritt». Am 6. Mai 2024 war der Tag X nicht mehr so weit entfernt.

Tag X – darunter versteht die westliche Seite den Ernstfall. Etwa den Angriff und die militärische Besetzung der Insel Taiwan, die in den Augen der KPCh zur Volksrepublik China gehört. Im Geheimen bereitet das Regime in Peking diesen Tag X bereits vor. Militärisch, durch ein massives Aufrüsten und immer neue Provokationen rund um die Inselrepublik und die Anrainerstaaten. Chinesische Raketen drangen bereits in den taiwanischen Luftraum ein, der Flugzeugträger «Shandong» in die japanischen Hoheitsgewässer. Aber auch geheimdienstlich, durch eine immer intensivere Unterwanderung der USA und Europas. Kurz vor Weihnachten 2023 vermeldete die *Washington Post*: «Chinas Cyberarmee greift kritische US-Infrastruktur an».[4] So hätten die Geheimdienste Belege dafür, dass Hacker, die mit der chinesischen Volksarmee verbunden seien, allein im vergangenen Jahr in die internen Computersysteme von zwei Dutzend lebensnotwendigen Versorgungsunternehmen in den Vereinigten Staaten eingedrungen seien – in Elektrizitätswerke, Wasserversorger, Verkehrs- und Kommunikationsinfrastruktur. «Die Angriffe gehören zu einem größeren Plan, wie am besten Wege gefunden werden können, um Panik und Chaos zu verbreiten oder um die Infrastruktur zu stören, sollte es zu einem Konflikt zwischen den USA und China im Pazifik kommen», hieß es. Zu den digitalen Angriffszielen gehörten demnach die Wasserversorgung auf Hawaii, ein großer Hafen an der Westküste und Öl- und Gaspipelines. In Texas soll es den Versuch gegeben haben, in die Steuerungssysteme eines Elektrizitätswerks einzudringen. Laut US-Sicherheitskreisen gehören die Angriffe zu einer Operation, die «Volt Taifun» genannt wird, also eine Art elektrischer Wirbelsturm. Es gehe dem Pekinger Regime darum, quasi auf Knopfdruck «Chaos in der Gesellschaft» anrichten zu können, erfuhren die US-Journalisten von einem hohen Regierungsvertreter. «Das ist ein großer Unterschied im Vergleich zu den Cyberattacken vor sieben bis zehn Jahren, als es vor allem um wirtschaftliche und politische Spionage ging», bestätigte auch Morgan Adamski, Chef der Cyberabwehr bei der National Security Agency.

Nicht nur in den Vereinigten Staaten lassen sich die Konturen von Tag X immer präziser erkennen. Auch in Deutschland erlangt das Pekinger Regime immer mehr Kontrolle über große Teile des Alltags der Menschen, was in einem militärischen Konflikt zu erheblichen Problemen führen kann. Dagegen wären die Auswirkungen des russischen Angriffs auf die Ukraine, dessen Konsequenz das unangenehme, aber nicht lebensbedrohliche Ende des billigen Öl- und Gasimports für Deutschland darstellte, vergleichsweise unbedeutend. Sollte aus China die Einfuhr wichtiger Medikamente gestoppt werden, kann es für Menschen sehr schnell lebensbedrohlich werden. Schon länger gibt es den Verdacht, dass etwa über Huawei oder ZTE sensible Nutzerdaten auch an den chinesischen Staat fließen könnten. Technik der beiden Unternehmen ist im deutschen 5G-Netz verbaut, aber auch Mobiltelefone der Anbieter gelten als potenzielles Risiko. Mindestens genauso groß ist die Befürchtung in Teilen der Bundesregierung, die große Abhängigkeit von chinesischer Technik bei 5G könnte an einem Tag X dazu führen, dass China einen Blackout in Deutschland provoziert. Auf Knopfdruck würde Peking dann – zumindest teilweise – auch hier die Kommunikationsnetze abschalten können und so ein gigantisches Chaos in der deutschen Gesellschaft verursachen, ähnlich den Plänen in den USA. Doch die Gefahr ist noch viel größer und hört längst nicht bei den Handynetzen auf. Eine Untersuchung der Mozilla Foundation hat vor Kurzem zutage gefördert, dass E-Autos «datenhungrige Überwachungsapparate» sind.[5] Im Grunde betrifft das alle Hersteller, richtig problematisch wird es jedoch bei chinesischen Produzenten wie BYD, Nio, Ora, smart (Mutterfirma Geely) und anderen. Denn chinesische Konzerne haben eine Verpflichtung, Wissen aus ihrem Geschäft mit dem Staat zu teilen und mit den Sicherheitsdiensten zu kooperieren. «Während wir uns Sorgen darüber machen, dass unsere vernetzten Türklingeln und Smartwatches uns ausspionieren könnten, ist die Automobilindustrie still, leise und im großen Stil ins Datengeschäft eingestiegen», schreiben die Mozilla-Experten. So beobachteten die Digitalexperten von Mozilla «nie da gewesene Möglichkeiten» der individuellen Überwachung. Da geht es um sehr persönliche Informationen, von minutengenauer Ortung bis hin zu Gesundheitsdaten. Denn durch die Koppelung des Handys mit dem Bordcomputer startet der Austausch. «Wo sind Sie hingefahren? Was haben Sie mit wem gesprochen? Das ist alles erfassbar», warnt auch May-Britt Stumbaum, China-Expertin von der Universität der Bundeswehr in München.[6] «Je nach politischer Lage ist die Wahrscheinlichkeit hoch, dass Informationen abgezapft werden.»

In sensiblen militärischen Sicherheitsbereichen agieren die Emissäre des Pekinger Regimes schon heute mitten in Deutschland zunehmend rabiat. Auf einem Luftwaffenstützpunkt lief unlängst ein chinesischer Offizier, der zu einem offiziellen Besuch in Deutschland war, mit einer präparierten Aktentasche herum, die er ständig vor seinem Bauch trug. Aus der Schnalle filmte der Soldat den kompletten Bundeswehrstandort.[7] Als sich eine hochrangige Delegation von deutschen Offizieren in Hamburg zu einer vertraulichen Besprechung in einem Hotel traf, beeilte sich auf einmal eine Gruppe Chinesen, ebenfalls ins Gebäude zu gelangen. Bei den Personen handelte es sich um Attachés aus der Botschaft, wie sich später herausstellte. Doch die Vertreter aus Fernost waren den Offizieren aufgefallen, und diese hatten ihre Beobachtung dem Militärischen Abschirmdienst (MAD) gemeldet, der sich sofort an die Fersen der Gruppe heftete. So bemerkte die deutsche Seite gerade noch rechtzeitig, dass die Chinesen versucht hatten, in der Nähe des von den Soldaten belegten Konferenzraumes Hightechequipment zu installieren. Damit hätten die Spione aus der Volksrepublik dann auf die Handys der Offiziere gelangen können, so offenbar die Hoffnung der chinesischen Botschaftsmitarbeiter, die ganz offensichtlich im Geheimdienstauftrag unterwegs waren. «Die brauchen nur Bruchteile von Sekunden, um auf Mobilfunkgeräte zu gelangen», sagt ein Teilnehmer des Treffens in Hamburg rückblickend. «Einmal sind die auch mit einem Bus sehr langsam vorbeigefahren, um wahrscheinlich mit darin installiertem Gerät auf unsere Handys zu gelangen.»[8] Bei einem Abendempfang vor nicht allzu langer Zeit kam der chinesische Kulturattaché auf eine Frau zu. Die beiden kamen ins Gespräch. Irgendwann merkte er an: «Sie haben im Verteidigungsministerium gearbeitet?» Die Frau schrak zusammen. Ihr Aufenthalt im Berliner Bendlerblock lag da bereits mehr als fünfzehn Jahre zurück, inzwischen arbeitete sie als Galeristin und Ausstellungsmanagerin. «Die hatten mich vor dem Treffen komplett durchgescannt», sagt sie in Erinnerung an den Abend. «Wahnsinn, wie die Chinesen überall ihre Fühler ausstrecken.»[9] Schnell beendete sie das Gespräch mit dem Diplomaten. Er konnte keine brisanten Informationen abschöpfen. Bundeswehr-Offiziere werden inzwischen gebrieft, wie sie sich zu verhalten haben, wenn sie Termine im oder in unmittelbarer Nähe des chinesischen Generalkonsulats in Hamburg wahrnehmen müssen. Weil die Militärs offenbar nicht einmal mehr auf offener Straße in der zweitgrößten deutschen Stadt vor den Nachstellungen der Dienste aus dem Reich der Mitte sicher sind. «Uns wurde eine konkrete Fahrtroute am chinesischen Konsulat vorbei empfohlen», berichtet ein General, «und uns wurde gesagt, an welchem genauen Punkt wir unsere Handys ausschalten und wo wir sie wieder einschalten sollten.»[10] Denn deutsche Sicherheitsexperten hatten herausgefunden, dass sich die Chinesen an speziellen Stellen auf elektronische Geräte wie Mobiltelefone aufschalten konnten. Es reicht offenbar, wenn die Bluetooth-Funktion oder die Nahfeldkommunikation (NFC) eingeschaltet ist – also die Möglichkeit, etwa kontaktlos zu bezahlen. «Es ist kein Problem für die», so der hohe Offizier, «die sind nachrichtendienstlich sehr aktiv.»

Bei der Strategie der Pekinger Führung, die Welt nach den eigenen Vorstellungen im großen Stil umzugestalten, handelt es sich um einen Mehrstufenplan. Militärisch setzt die KPCh auf massive Aufrüstung und eine immer hemmungslosere Großmachtpolitik im Pazifikraum, was die Anrainerstaaten von Japan über Taiwan, die Philippinen bis Australien immer nervöser macht. Allianzen mit anderen autoritären Regimen wie Russland sollen den eigenen Spielraum für Tag X zudem erweitern. Daneben intensivieren die KPCh und ihre Organisationen die Arbeit der Geheimdienste, was die zunehmend breite Spionage auch in politischen und militärischen Bereichen in Deutschland belegt. Ebenso wichtig bleibt jedoch die Rolle der Einflussoperationen, die aus Peking gelenkt werden. Denn den chinesischen Machthabern ist bewusst, wie gefährlich und wirksam noch immer Zauberwaffe Nummer drei ist: die Einheitsfront und ihr weltweites Netzwerk. Damit sollen, hofft man in Peking, die Ziele der KPCh über informelle Kanäle im Ausland flankiert werden.

Das Foto ist schon etwas älter. Versonnen lächelt Henning Voscherau (SPD), der damalige Erste Bürgermeister von Hamburg, in die Kamera, der Mann neben ihm zeigt seine Zähne. Kwong Weisen betreibt in der Hansestadt seit mehr als sechzig Jahren erfolgreich ein China-Restaurant, das zu den ältesten und besten der Stadt gehört. «Hier schwingt die Prominenz ihre Stäbchen», werben die Betreiber, «und unser Haus ist für jeden einheimischen Chinesen ein Begriff.»[11] Bereits in dritter Generation betreibt die Familie Kwong das Restaurant direkt neben dem Schauspielhaus und gegenüber vom Hauptbahnhof, das Kwong Weisen 1964 eröffnet hat und das ihn zu einem wohlhabenden und angesehenen Gastronomen Hamburgs machte. Daneben hat der Mann aber noch ein zweites Leben, von dem in Deutschland kaum jemand weiß. In China wird er als Mitglied der Gesamtdeutschen Vereinigung der Übersee-Chinesen geführt, die er nach dem Eintrag zu seiner Person auch als geschäftsführender Vorsitzender lenkte. So steht es auf jeden Fall in der geleakten Kontaktliste aus der Einheitsfront. Unter dem Namen von Kwong Weisen, der sich in der Hansestadt Jack Kwong nennt, tauchen seine private Festnetznummer, die Restaurantnummer, eine Handynummer und seine Mailadresse auf.

Henning Voscherau jedenfalls, der sich im China-Restaurant des Mannes seinerzeit recht wohlzufühlen schien, hegte nicht nur Sympathien für Kwong und dessen Kochkunst. Er unterstützte auch das kommunistische Regime in Peking durch einen wichtigen Besuch. Nach dem Massaker auf dem Platz des Himmlischen Friedens in Peking hatte Deutschland die Kontakte zur Volksrepublik China abgebrochen. Drei Jahre später wollten einige Politiker aber einen neuen Versuch starten, mit dem kommunistischen Regime in Verbindung zu treten. An vorderster Stelle stand SPD-Mann Voscherau. Im September 1992 besuchte der Regierende Bürgermeister der Hansestadt Hamburg als erster deutscher Spitzenpolitiker erneut das Land, das nach den blutigen Vorfällen 1989 international geächtet worden war. Aus der Hamburger Stadtverwaltung hieß es seinerzeit, man wolle ein Zeichen für die «Bereitschaft[,] aufeinander zuzugehen», setzen.[12] Voscherau ist bereits seit einigen Jahren tot, daher kann er nicht mehr gefragt werden, ob der Kontakt zu Kwong Einfluss auf seine Versöhnungsgeste hatte. Allerdings gehört es zu den Zielen der Einflussoperationen, auch auf ausländische Politiker einzuwirken, damit diese im eigenen Sinne aktiv werden. Noch heute unterhält Einheitsfront-Mann Kwong Waisen – alias Jack Kwong – enge Beziehungen in die deutsche Gesellschaft. In dem Haus, das heute zum «wahrscheinlich bekanntesten China-Restaurant Deutschlands» geworden sei, wie sich die Betreiber selbst rühmen, gehen Küchenstars wie Tim Mälzer, Steffen Henssler, Johann Lafer oder Tim Raue ein und aus. Aber auch zur Politik bestehen weiterhin beste Kontakte. Mehrfach war auch schon der amtierende Bundeskanzler Olaf Scholz (SPD) zu Gast. Auf einem Foto lächelt Scholz neben Mary-Ann Kwong, auf einem zweiten neben Dennis Kwong, der dritten Generation der Hamburger Gastrodynastie, die ihre Wurzeln in China hat. Und deren Vorfahre enge Beziehungen zur KPCh unterhält.

Nach den vielen Monaten der Nachstellungen und der Hetzjagd auf ihn hat China-Experte Lutz Heppner vor allem eines über das kommunistische Regime in Peking gelernt. Nur selten werden Operationen ohne Hintergedanken oder weitreichendere Strategien durchgeführt. «Irrational sind sie nicht», sagt Heppner.[13] Darum hätten sie nach der Intervention durch die Bundesregierung in seinem Fall auch vom einen Tag auf den anderen den Psychoterror gegen ihn eingestellt. Es gab für die KPCh und ihre Handlanger nichts mehr zu gewinnen, sie hatten ihren Einfluss bewiesen. «Wenn es keinen Sinn mehr macht, dann hören sie auch mal mit einer Operation auf», so das deutsche Opfer der KPCh. Aus seinen Erfahrungen mit dem Pekinger Regime hat Heppner aber auch noch einen zweiten Schluss gezogen – er will dem immer größeren Appetit von Xi Jinping und dessen Apparat etwas entgegensetzen. Deswegen reicht es Heppner heute nicht mehr, nur Studien zu schreiben. Er sucht und findet das Ohr von sehr mächtigen Personen in der westlichen Welt und bestärkt sie in dem Willen, sich gegen das kommunistische Regime und dessen Weltmachtpläne zur Wehr zu setzen. Nur mit kühlem Verstand lasse sich der Krieg der Systeme gewinnen. Und dazu gehöre auch, die Einflussoperationen der KPCh und ihrer Unterstützer in Deutschland ernst zu nehmen und auf die Unterwanderung der deutschen Gesellschaft endlich zu reagieren. Zu Beginn müsse die Politik aber erst einmal verstehen, wie ernst es Xi Jinping und seinem Führungszirkel in der Volksrepublik China sei. «Sie sind berechenbar», schließt Lutz Heppner, «aber das macht sie nicht weniger gefährlich.» Im Frühjahr 2024 wartet der gelernte Wissenschaftler, der sich zum Politikberater entwickelt hat, noch immer auf sein gehacktes Handy. Nach der eingehenden Cyberprüfung wollte es der Verfassungsschutz ihm schon längst zurückgegeben haben. Doch hat sich die technische Arbeit etwas hingezogen. Um es wiederzubekommen, muss Lutz Heppner jetzt noch einmal einen Termin mit dem deutschen Inlandsgeheimdienst vereinbaren, einen Mitarbeiter treffen, die Entgegennahme quittieren – und dann sollte das schmerzhafte Kapitel endlich abgeschlossen sein. Das Gerät wird er nicht wieder verwenden, er wird es als mahnendes Erinnerungsstück aufbewahren. «Die KPCh ist fest entschlossen, ihren Machtkampf gegen uns zu gewinnen», sagt er, schaut auf die Uhr und nimmt seinen Rucksack, «es kann jederzeit eskalieren.»

Danksagung

Ohne die Unterstützung meiner wunderbaren Frau Chloé wäre dieses Buch nie entstanden. Während eines halben Jahres nutzte ich viele Abende, Wochenenden und große Teile des Urlaubs für das Recherchieren und Schreiben. Auch für meine drei Söhne blieb daher oftmals nicht genügend Zeit. Für dieses Verständnis ein großes Dankeschön. Was die investigative Arbeit anbelangt, so haben wir für «DragonCoop» ein sehr gutes Team zusammenbekommen. An erster Stelle muss hier Emil Hellerud genannt werden, der mit viel Herzblut und einer klugen Strategie die internationale Zusammenarbeit angestoßen hat und immer wieder ein offenes Ohr für alle Kollegen hatte. Zum Team gehörten Evi Dewitte, Jonas Muylaert und Joppe Nuyts aus Belgien, Arnaud Vaulerin aus Frankreich, Fabien Perrier aus Griechenland, Gabriele Carrer und Giulia Pompili aus Italien, Roland Strijker und Siem Eikelenboom aus den Niederlanden, Lukas Häuptli und Priscilla Imboden aus der Schweiz, Håkan Enmark aus Schweden, Daniel Iriarte, Marta Ley und Óscar Hernández Torres aus Spanien, Kamilla Marton, Szabolcs Panyi und Andras Petho aus Ungarn. Für Deutschland halfen Sonja Ewald, Larissa Thomé und Tim Kickbusch mit, Sergej Maier hat mit seinen Fähigkeiten, in den Tiefen des Internets noch die überraschendste Information zu finden, ebenfalls großen Anteil am Ergebnis der Enthüllungen. Ohne die fachliche Unterstützung von einigen der besten Chinaexperten und deren beeindruckende Kenntnisse des kommunistischen Regimes wäre dieses Buch so nicht möglich gewesen, ohne ihre unzähligen Querrecherchen, Hinweise und nützlichen Nachfragen hätten wir alle das große Bild der Unterwanderung wohl nicht so detailliert nachzeichnen können. Hier möchte ich mich vor allem bei Laura Harth von

SafeguardDefenders bedanken, die zu jeder Tages- und Nachtzeit erreichbar war und selbst die kniffligsten Fragestellungen zu beantworten half. Mareike Ohlberg vom German Marshall Fund hat ihr enormes Wissen zu den verdeckten Strukturen der «Einheitsfront» beigesteuert, was für eine möglichst präzise Recherche sehr weiterhalf. Peter Mattis und seine Mitarbeiterin Cheryl Yu von der Jamestown Foundation in Washington D. C. haben sich ebenfalls beide tief in die deutschen Strukturen hineingearbeitet. Gerade der Blick aus den USA half, um viele Argumentationslinien noch einmal nachzuschärfen. Die intensiven Diskussionen mit den Chinaexperten Andreas Fulda, Sascha Klotzbücher und Carsten Schäfer waren für mich persönlich nicht nur sehr bereichernd, sie haben mir vor allem geholfen, viele Zusammenhänge und Verwicklungen besser zu verstehen. Dass mir Tenzyn Zöchbauer von Beginn an so viel Vertrauen entgegengebracht und unzählige Kontakte hergestellt hat, war eine Voraussetzung, um tief in die Welt der chinesischen Diaspora und der Dissidenten in Deutschland eintauchen zu können.

Bei RTL gilt mein großer Dank Gerhard Kohlenbach und Patricia von Berg, die beide von Beginn an voll hinter dem Rechercheprojekt standen und konstruktiv und neugierig die langwierige Arbeit begleitet haben. Stephan Schmitter und Martin Gradl haben mit strategischer Weitsicht investigativem Journalismus bei RTL eine neue Heimat gegeben, was in Zeiten wie diesen nicht selbstverständlich ist. Mit Matthias Hansl von C.H.Beck hatte ich genau den richtigen Lektor, der durch seine Neugier und den Anspruch, immer noch mehr zu erfahren, das Buch entscheidend vorangetrieben hat. Seine Kollegin Claire Zander hat mit großer Geduld sämtliche Fußnoten und Belege noch einmal durchgearbeitet, was bei einer großen investigativen Recherche schnell sehr viel Zeit verschlingt, aber eben auch unverzichtbar ist. Merci dafür. Mein Agent Tommy Schmoll hat sich von Beginn an mit großer Begeisterung für das Projekt stark gemacht. Danken möchte ich auch meinem guten Freund Michael Dobis, dass er mal wieder so gewissenhaft das Manuskript durchgesehen und mir mit seinem wertvollen Rat zur Seite gestanden hat.

Zum Schluss müssen unzählige Personen erwähnt werden, die ich jedoch nicht mit Namen nennen kann. Entweder fürchten sie Repressionen gegen Familienangehörige in China, müssten mit Komplikationen für ihre Arbeit rechnen oder haben sogar Angst um ihre eigene Sicherheit. Dass sie trotzdem mit mir gesprochen haben, belegt einen großen Mut. Die Personen kommen aus Hongkong, Taiwan, aus Tibet und der Volksrepublik selbst. Sie träumen von einem demokratischen und friedlichen China, von einem Land, in dem sie frei leben können, ohne Unterdrückung und Gewalt.

Ihnen allen möchte ich dieses Buch widmen.

Anmerkungen

PROLOG – «Sie werden Ihres Lebens nicht mehr froh!»

1 Sämtliche Details der Szene gehen auf mehrere Gespräche mit dem Betroffenen zurück, die der Autor ab 15. Dezember 2023 geführt hat.

2 Mark Stokes/Russell Hsiao: The People's Liberation Army General Political Department Political Warfare with Chinese Characteristics, 2013.

3 Clive Hamilton/Mareike Ohlberg: Die lautlose Eroberung, 2020.

4 https://www.scmp.com/news/china/diplomacy/article/3021166/tweet-goodbyes-pakistan-outspoken-china-diplomat-zhao-lijian (zuletzt abgerufen am 4. Juli 2024)

5 In mehreren Gesprächen mit Diplomaten und Heiko Maas im April 2024 wurden die Vorgänge bestätigt.

TEIL EINS – Der Angriff

1 Die Schilderung beruht auf mehreren Gesprächen, die der Autor zwischen November 2023 und April 2024 mit Gyde Jensen geführt hat.

2 Dem Autor liegt der gesamte Schriftverkehr vor.

3 Gespräch des Autors mit Tenzyn Zöchbauer am 20. Juni 2024.

4 Gespräch des Autors mit Hu Jiang Qiao am 19. Dezember 2023.

5 In mehreren Gesprächen mit Su Yutong und Hu Jiang Qiao konnte die Szene rekonstruiert werden. Die Fotos und das Video liegen dem Autor vor.

6 https://www.rfa.org/cantonese/news/de-liqiang-06212023124332.html?encoding=simplified (zuletzt abgerufen am 4. Juli 2024)

7 Antwortmail des BMI vom 20. Februar 2024.

8 Antwort vom 21. August 2024 des Presseteams der chinesischen Botschaft auf einen Fragenkatalog des Autors.

9 https://www.auswaertiges-amt.de/blob/2608578/810fdade376b1467f20bdb697b2acd58/china-strategie-data.pdf (zuletzt abgerufen am 4. Juli 2024)

10 Gespräch des Autors mit der Frau am 17. Februar 2024.

11 Leaders_Communique_01_en.pdf (g7hiroshima.go.jp) (zuletzt abgerufen am 4. Juli 2024)

12 Xinhua; https://archive.ph/cYzDx (zuletzt abgerufen am 4. Juli 2024)

13 Aufgedeckt wurde die illegale Struktur in Deutschland erstmals in einem RTL-Bericht, 21. November 2023.

14 https://safeguarddefenders.com/en/blog/chinas-consular-volunteers (zuletzt abgerufen am 4. Juli 2024)

15 Interview des Autors mit Mareike Ohlberg am 20. November 2023.

16 Mail des Auswärtigen Amtes an den Autor, 22. November 2023.
17 Interview des Autors mit Laura Harth am 18. November 2023.
18 https://www.cbc.ca/news/canada/hamilton/mcmaster-university-china-1.5021406 (zuletzt abgerufen am 6. September 2024)
19 https://safeguarddefenders.com/en/blog/chinas-consular-volunteers; Gerichtsurteil: https://www.canlii.org/en/ca/fct/doc/2022/2022fc64/2022fc64.html?searchUrlHash=AAAAAQAJWXV4aWEgR2FvAAAAAAE&resultIndex= (zuletzt abgerufen am 30. Juli 2024)1
20 https://securingdemocracy.gmfus.org/incident/canadian-court-rules-prcs-overseas-chinese-affairs-office-conducts-espionage-gathers-information-on-diaspora/ (zuletzt abgerufen am 6. September 2024)
21 Gerichtsurteil, Absatz 33: https://www.canlii.org/en/ca/fct/doc/2022/2022fc64/2022fc64.html?searchUrlHash=AAAAAQAJWXV4aWEgR2FvAAAAAAAE&resultIndex=1 (zuletzt abgerufen am 4. Juli 2024)
22 Dem Autor liegt der Schriftverkehr mit dem Berliner LKA zu dem Fall vor.
23 Mail des «Presseteams» der chinesischen Botschaft vom 21. November 2021 an den Autor.
24 In einer Mailanfrage vom 19. August 2024 wollte der Autor von der chinesischen Botschaft unter anderem wissen, wer sich hinter dem «Presseteam» verbirgt, das über eine Google-Mailadresse kommuniziert. In der Antwortmail vom 21. August 2024 wurde keine der Fragen des Autors beantwortet.
25 Die chinesische Drohkulisse gegenüber der Bundesregierung wurde dem Autor aus diplomatischen Kreisen bestätigt.
26 Der Schilderung der Jubeldemo vor dem Brandenburger Tor liegen Gespräche mit mehreren Beteiligten zugrunde.
27 https://www.hln.be/binnenland/minstens-53-chinese-spionnen-in-ons-land-dit-is-middenvinger-van-china-naar-de-rest-van-de-wereld~a620a668/ (zuletzt abgerufen am 4. Juli 2024)
28 https://www.bundestag.de/resource/blob/840022/96e518e35a593ffc9a8f17c1abfc25b8/Protokoll.pdf (zuletzt abgerufen am 4. Juli 2024)
29 https://www.businessinsider.com/china-xinjiang-prisoners-blindfolded-tied-up-leaked-drone-footage-2019-10; https://www.dw.com/de/whistleblower-china-inhaftiert-muslimische-uiguren-ohne-jeglichen-grund/a-52397719 (zuletzt abgerufen am 4. Juli 2024)
30 https://www.welt.de/politik/ausland/article220693102/Pekings-Einfluss-China-Expertin-der-Linkspartei-verharmlost-Repressionen-gegen-Uiguren-im-Bundestag.html (zuletzt abgerufen am 4. Juli 2024)
31 https://www.geschkult.fu-berlin.de/e/oas/sinologie/institut/mitarbeiter/Emeriti/leutner.html (zuletzt abgerufen am 4. Juli 2024)
32 https://audi-konfuzius-institut-ingolstadt.de/institut/ueber-uns.html (zuletzt abgerufen am 4. Juli 2024)

33 https://dserver.bundestag.de/btd/19/271/1927109.pdf (zuletzt abgerufen am 4. Juli 2024)

34 https://dserver.bundestag.de/btd/19/241/1924163.pdf (zuletzt abgerufen am 4. Juli 2024)

35 https://www.scmp.com/news/china/diplomacy/article/3035627/chinese-professor-accused-spying-belgium-barred-entering (zuletzt abgerufen am 4. Juli 2024)

36 https://www.dewereldmorgen.be/artikel/2019/10/31/academische-samenwerking-met-china-onder-vuur/ (zuletzt abgerufen am 4. Juli 2024)

37 https://schengen.news/belgium-court-reverses-schengen-entry-ban-on-chinese-professor-accused-of-espionage/ (zuletzt abgerufen am 6. September 2024)

38 https://www.handelsblatt.com/politik/international/china-politik-berlin-draengt-auf-aus-fuer-uni-kooperationen-mit-chinas-konfuzius-instituten/29224482.html; https://www.handelsblatt.com/politik/deutschland/bettina-stark-watzinger-im-interview-man-darf-nicht-naiv-sein-forschungsministerin-raet-hochschulen-zu-radikalem-schritt-gegen-china/28430930.html (zuletzt abgerufen am 4. Juli 2024)

39 https://chinesestudies.eu/2014/report-the-deletion-of-pages-from-eacs-conference-materials-in-braga-july-2014/ (zuletzt abgerufen am 6. September 2024)

40 http://german.xinhuanet.com/2018-08/06/c_137371302.htm (zuletzt abgerufen am 4. Juli 2024)

41 https://www.abendblatt.de/region/mecklenburg-vorpommern/article208154481/Konfuzius-Institut-in-Stralsund-Bruecke-nach-China-schlagen.html (zuletzt abgerufen am 4. Juli 2024)

42 https://www.faz.net/aktuell/feuilleton/debatten/kooperation-von-konfuzius-instituten-mit-geheimdiensten-19359747/angela-merkel-eroeffnet-das-19359746.html (zuletzt abgerufen am 4. Juli 2024)

43 https://www.dokumentation.landtag-mv.de/parldok/dokument/58371/aktivitaeten_und_finanzierung_des_konfuzius_institutes_in_stralsund.pdf (zuletzt abgerufen am 4. Juli 2024)

44 https://icl.charite.de/fileadmin/user_upload/microsites/ohne_AZ/m_cc01/icl/Dokumente-ICL/StralsundRede.pdf (zuletzt abgerufen am 4. Juli 2024)

45 https://idw-online.de/de/news141833 (zuletzt abgerufen am 4. Juli 2024)

46 Classification and shelf-view of the books in the Collection (http://sass.unierlangen.de/catalog/classification-and-shelf-view-of-the-books-in-the-collection.shtml), abgerufen am 16. März 2021: https://web.archive.org/web/20200921212938/http://sass.unierlangen.de/catalog/classification-and-shelf-view-of-the-books-in-the-collection.shtml

47 https://oci.bfsu.edu.cn/info/1199/6155.htm; https://web.archive.org/web/20

221203120849/https:/oci.bfsu.edu.cn/info/1199/6155.htm (zuletzt abgerufen am 4. Juli 2024)

48 Antwortmail von Yan Xu-Lackner vom 22. August 2024 auf einen Fragenkatalog des Autors.

49 https://x.com/baotong1932/status/1029942261830696961?ref_src=twsrc%5Etfw%7Ctwcamp%5Et

50 https://www.uscc.gov/research/chinas-overseas-united-front-work-background-and-implications-united-states (zuletzt abgerufen am 4. Juli 2024)

51 https://foreignpolicy.com/2018/03/14/house-proposal-targets-confucius-institutes-as-foreign-agents-china-communist-party-censorship-academic-freedom/ (zuletzt abgerufen 4. Juli 2024)

52 https://www.nationalreview.com/news/leading-college-republicans-and-dems-draft-open-letter-urging-american-universities-to-combat-chinese-influence/ (zuletzt abgerufen am 4. Juli 2024)

53 https://dserver.bundestag.de/btd/20/079/2007990.pdf (zuletzt abgerufen am 4. Juli 2024)

54 https://www.waz.de/staedte/duisburg/article235777605/Konfuzius-Institut-Prof-Thomas-Heberer-sagt-Adieu.html (zuletzt abgerufen am 6. September 2024)

55 https://www.konfuzius-institut-frankfurt.de/10-09-2020-prof-dr-schmidt-glintzer-laboratorium-einer-neuen-moderne-die-neue-seidenstrasse-als-friedensprojekt-und-chance-fuer-europa/ (zuletzt abgerufen am 6. September 2024)

56 https://www.nzz.ch/meinung/xinjiang-china-kampf-gegen-terrorismus-und-separatismus-ld.1753509 (zuletzt abgerufen am 4. Juli 2024)

57 https://www.sueddeutsche.de/kultur/deutsche-sinologie-pro-chinesisch-aufruhr-thomas-heberer-helwig-schmidt-glintzer-1.6252806?reduced=true (zuletzt abgerufen am 4. Juli 2024)

58 https://www.aki-goettingen.de/ueber-uns/mitglieder/prof-dr-helwig-schmidt-glintzer/ (zuletzt abgerufen am 4. Juli 2024)

59 WAZ, Demonstration vor dem Konfuzius-Institut, 11.12.2020.

60 https://www.boersenblatt.net/news/verlage-news/felicitas-von-lovenberg-ein-verstoerendes-signal-210809 (zuletzt abgerufen am 4. Juli 2024)

61 https://taz.de/Hysterisches-Verhalten-des-Westens/!5183550/ (zuletzt abgerufen am 4. Juli 2024)

62 https://www.freiburg.de/pb/1042878.html (zuletzt abgerufen am 6. September 2024)

63 https://www.landtag-bw.de/files/live/sites/LTBW/files/dokumente/WP16/Drucksachen/7000/16_7404_D.pdf (zuletzt abgerufen am 4. Juli 2024)

64 https://www.eab-berlin.eu/system/files/2023-07/50-Stimmen_Kern_RZ.pdf (zuletzt abgerufen am 4. Juli 2024)

65 Ein Video der chinesischen Behörden zeigt das Verfahren. https://page.om.qq.com/page/OAusS6xy-EFZlfgjPe4GWnNQ0 (zuletzt abgerufen am 4. Juli 2024)

66 Foto beim Aussteigen aus dem Flugzeug am Flughafen Peking. https://page.om.qq.com/page/OAusS6xy-EFZlfgjPe4GWnNQ0 (zuletzt abgerufen am 4. Juli 2024)

67 https://www.propublica.org/article/operation-fox-hunt-how-china-exports-repression-using-a-network-of-spies-hidden-in-plain-sight (zuletzt abgerufen am 4. Juli 2024)

68 https://www.scmp.com/news/china/policies-politics/article/1768993/team-behind-chinas-operation-fox-hunt-revealed (zuletzt abgerufen am 4. Juli 2024)

69 https://freedomhouse.org/sites/default/files/2021-02/Complete_FH_TransnationalRepressionReport2021_rev020221.pdf (zuletzt abgerufen am 4. Juli 2024)

70 https://www.theglobeandmail.com/politics/article-csis-warns-chinas-operation-fox-hunt-is-targeting-canadas-chinese/ (zuletzt abgerufen am 4. Juli 2024)

71 Foto der Konferenz der Tausend; siehe https://www.quanzhou.gov.cn/zfb/xxgk/zfxxgkzl/qzdt/xsqdt/201809/t20180919_735774.htm (zuletzt abgerufen am 4. Juli 2024)

72 http://m.xinhuanet.com/comments/2018-09/22/c_1123468796.htm; siehe auch: https://www.163.com/news/article/DS7BPG2T0001875N.html (zuletzt abgerufen am 4. Juli 2024)

73 https://safeguarddefenders.com/en/110-overseas (zuletzt abgerufen am 6. September 2024)

74 In einem ersten Bericht der Menschenrechtsorganisation Safeguard Defenders war von 54 Polizeistationen die Rede, in einem zweiten kamen noch einmal 48 hinzu.

75 https://www.handelsblatt.com/politik/deutschland/spionage-chinesische-polizeistationen-in-deutschland-sind-weiter-aktiv/29034050.html (zuletzt abgerufen am 4. Juli 2024)

76 https://dserver.bundestag.de/btd/20/058/2005883.pdf (zuletzt abgerufen am 4. Juli 2024)

77 https://archive.fo/fCqyd (zuletzt abgerufen am 4. Juli 2024)

78 Chinas geheime Polizei in Deutschland, Christoph Koopmann und Georg Mascolo, erschienen in: Süddeutsche Zeitung, 25. Januar 2023.

79 https://www.youtube.com/watch?v=2J7F8bp70oY (zuletzt abgerufen am 4. Juli 2024)

80 Telefongespräch des Autors mit Xu Peihe am 27. August 2024.

81 Anruf eines chinesischen Lockvogels unter der Nummer von Xu Peihe am 20. Juni 2024.

82 Telefongespräch des Autors mit Shan Lianke am 26. August 2024
83 Telefongespräch des Autors mit Zhan Xiao am 26. August 2024.
84 http://europe.new-broad.com/show-27-6804-1.html (zuletzt abgerufen am 4. Juli 2024)
85 Telefongespräch des Autors mit Fu Hanhao am 27. August 2024
86 http://europe.new-broad.com/show-7-2354-1.html; https://archive.ph/73kAF (zuletzt abgerufen am 4. Juli 2024)
87 https://archive.fo/sTdMK (zuletzt abgerufen am 4. Juli 2024)
88 Auf eine Mail des Autors mit einem Fragenkatalog vom 25. August 2024 an Yang und eine weitere Anfrage über die Facebook-Seite des Mannes vom 27. August 2024 gab es keine Antwort.
89 https://www.sohu.com/a/355837641_162758 (zuletzt abgerufen am 4. Juli 2024)
90 Auf eine Mail des Autors mit einem Fragenkatalog vom 25. August 2024 an Yang und eine weitere Anfrage über die Facebook-Seite der Germany Chinese Public Diplomacy Association vom 27. August 2024 gab es keine Antwort.
91 https://archive.vn/lDw15
92 Mails des Autors mit ausführlichen Fragen zu seinem Engagement am 2. September 2024 an zwei Adressen von Lai Chengmin blieben unbeantwortet.
93 Anruf des Autors bei Zong Chuanhai am 2. September 2024
94 http://munich.china-consulate.gov.cn/zlgxw/202006/t20200602_3479976.htm (zuletzt abgerufen am 6. September 2024)
95 https://archive.md/cqN7a (zuletzt abgerufen am 4. Juli 2024)
96 http://dgrinfo.aaden.online/index.php/elementor-416/ (zuletzt abgerufen am 4. Juli 2024)
97 https://archive.md/cqN7a (zuletzt abgerufen am 6. September 2024)
98 https://www.sohu.com/a/470930005_118060 (zuletzt abgerufen am 6. September 2024)
99 https://safeguarddefenders.com/en/blog/patrol-and-persuade-follow-110-overseas-investigation (zuletzt abgerufen am 4. Juli 2024)
100 https://www.globaltimes.cn/page/202208/1273266.shtml (zuletzt abgerufen am 4. Juli 2024)
101 https://web.archive.org/web/20220819123248/https:/www.toutiao.com/article/7097510649319850533/?&source=m_redirect&wid=1660912368871 (zuletzt abgerufen am 4. Juli 2024)
102 https://www.theguardian.com/world/2023/apr/20/explainer-chinas-covert-overseas-police-stations (zuletzt abgerufen am 4. Juli 2024)
103 https://www.politico.com/news/2023/04/17/china-police-station-nyc-arrests-00092395 (zuletzt abgerufen am 4. Juli 2024)

TEIL ZWEI – Die geleakte Liste

1 https://www.verfassungsschutz.de/SharedDocs/publikationen/DE/wirtschafts-wissenschaftsschutz/2023-07-28-sicherheitshinweis-7.html (zuletzt abgerufen am 8. Juli 2024)
2 https://www.seeheimer-kreis.de/fileadmin/data/documents/20230416_Seeheim_Strategiepapier_Wirtschaft_China.pdf (zuletzt abgerufen am 8. Juli 2024)
3 https://www.spd.de/fileadmin/Dokumente/Beschluesse/Beschlussbuch_SPD-BPT2023.pdf (zuletzt abgerufen am 8. Juli 2024)
4 https://www.swp-berlin.org/publikation/chinas-diasporapolitik-unter-xi-jinping (zuletzt abgerufen am 8. Juli 2024)
5 https://www.bpb.de/kurz-knapp/lexika/das-junge-politik-lexikon/320425/gleichschaltung/ (zuletzt abgerufen am 8. Juli 2024)
6 https://www.derstandard.de/story/3000000181055/italien-bestaetigt-plan-zum-ausstieg-aus-seidenstrassengeschaeft (zuletzt abgerufen am 8. Juli 2024)
7 https://www.rtlnieuws.nl/onderzoek/artikel/5335199/china-nederlandse-bedrijven-eigendom-invloed-spionage (zuletzt abgerufen am 8. Juli 2024)
8 https://apnews.com/article/sweden-china-journalist-expelled-national-security-71c1339984ba197c10ab34af4877e098 (zuletzt abgerufen am 8. Juli 2024)
9 https://spyscape.com/article/chinas-spies-in-counter-intelligence-blitz-with-comics-video-social-media (zuletzt abgerufen am 8. Juli 2024)
10 Peter Mattis/Matthew Brazil: Chinese Communist Espionage. Annapolis 2019.
11 Alex Joske: Spies and Lies. Melbourne 2022.
12 https://irp.fas.org/world/china/xinhua/index.html (zuletzt abgerufen am 8. Juli 2024)
13 Peter Mattis/Matthew Brazil: Chinese Communist Espionage. Annapolis 2019.
14 https://warontherocks.com/2019/06/the-third-magic-weapon-reforming-chinas-united-front/; https://www.nytimes.com/2018/05/21/opinion/china-overseas-intelligence-yang.html (zuletzt abgerufen am 8. Juli 2024)
15 https://www.unibas.ch/de/Aktuell/Uni-Nova/Uni-Nova-136/Uni-Nova-136-Gespraech.html (zuletzt abgerufen am 6. September 2024)
16 https://2017-2021.state.gov/chinas-coercive-tactics-abroad/ (zuletzt abgerufen am 6. September 2024)
17 https://selectcommitteeontheccp.house.gov/media/press-releases/select-committee-unveils-ccp-influence-memo-united-front-101 (zuletzt abgerufen am 6. September 2024)
18 https://thediplomat.com/2019/12/china-tries-to-put-sweden-on-ice/ (zuletzt abgerufen am 8. Juli 2024)
19 Clive Hamilton/Mareike Ohlberg: Die lautlose Eroberung, 2020. S. 73.

20 https://www.swp-berlin.org/publications/products/studien/2022S09_ChinasDiasporapolitik.pdf
21 Ebd.
22 https://www.leseliebe.de/buchvorstellung/ein-corona-regenbogen-fuer-anna-und-moritz (zuletzt abgerufen am 8. Juli 2024)
23 http://german.china.org.cn/txt/2021-03/08/content_77286813.htm (zuletzt abgerufen am 8. Juli 2024); Einordnung durch Carsten Schäfer im Gespräch mit dem Autor am 15. April 2024.
24 https://www.dw.com/de/wie-china-den-r%C3%BCckruf-eines-deutschen-kinderbuchs-beeinflusste/a-56852431 (zuletzt abgerufen am 8. Juli 2024)
25 Ebd.
26 https://www.aargauerzeitung.ch/schweiz/ralph-weber-der-schweizer-professor-der-chinas-zorn-erregt-ld.2090235 (zuletzt abgerufen am 8. Juli 2024)
27 https://www.dw.com/de/wie-china-den-r%C3%BCckruf-eines-deutschen-kinderbuchs-beeinflusste/a-56852431 (zuletzt abgerufen am 8. Juli 2024)
28 https://www.dezim-institut.de/fileadmin/user_upload/Demo_FIS/publikation_pdf/FA-5558.pdf (zuletzt abgerufen am 8. Juli 2024)
29 Aus Interview mit Tuvia Gering in einem Podcast des INSS Israel; https://www.youtube.com/watch?v=LonzqnjS8bU (zuletzt abgerufen am 8. Juli 2024)
30 https://www.chinadaily.com.cn/a/202208/01/WS62e7065ea310fd2b29e6f60d.html (zuletzt abgerufen am 8. Juli 2024)
31 Zitate von Jörg-Meinhardt Rudolph, Ostasieninstitut der Fachhochschule Ludwigshafen am Rhein, stammen aus einem öffentlichen Brief an das Konfuzius-Institut in Frankfurt am Main, den er am 7. März 2011 veröffentlichte; siehe auch: http://www.igfm-muenchen.de/china/Aktuelles/Konfuzius-Institute.pdf (zuletzt abgerufen am 8. Juli 2024)
32 https://www.uscc.gov/research/chinas-overseas-united-front-work-background-and-implications-united-states (zuletzt abgerufen am 8. Juli 2024)
33 In einem chinesischen Online-Bericht wird der Besuch der deutschen Delegation ausführlich beschrieben: http://gcbv.de/德国中华总商会中国行 (zuletzt abgerufen am 8. Juli 2024)
34 Skepsis große Industrieverbände 2019; https://www.deutschlandfunk.de/gegenwind-auf-der-seidenstrasse-widerstand-gegen-cui-100.html (zuletzt abgerufen am 8. Juli 2024)
35 http://gcbv.de/德国中华总商会中国行 (zuletzt abgerufen am 6. September 2024)
36 https://sunwahvietnam.com/dr-jonathan-choi-donated-anti-epidemic-supplies-to-dusseldorf-city-germany.html; http://www.new-broad.com/uploadfile/2020/0423/20200423090314587.jpg (zuletzt abgerufen am 8. Juli 2024)

37 https://sunwahvietnam.com/dr-jonathan-choi-re-elected-standing-member-14th-national-committee-chinese-peoples-political-consultative-conferen ce.html (zuletzt abgerufen am 6. September 2024)

38 http://mwtxh.com/huarenhuaqiao/20141001/71.html; http://mwtxh.com/huarenhuaqiao/20141001/71.html (zuletzt abgerufen am 8. Juli 2024)

39 http://gcbv.de/组织机构 (zuletzt abgerufen am 8. Juli 2024)

40 http://gcbv.de/%e4%bc%9a%e9%95%bf%e4%b8%93%e6%a0%8f (zuletzt abgerufen am 8. Juli 2024)

41 Auf einen detaillierten Fragenkatalog kam von Zhang Xiangguo keine Antwort.

42 http://gcbv.de/ (zuletzt abgerufen am 8. Juli 2024)

43 Düsseldorf Schmitz; http://gcbv.de/%e5%a4%a7%e4%b8%ad%e5%8d%8e %e5%8c%ba-%e5%be%b7%e5%9b%bd%e4%bc%81%e4%b8%9a%e5%9c% 86%e6%a1%8c%e4%bc%9a%e8%ae%ae%e5%9c%a8%e6%9d%9c%e5%a1% 9e%e5%b0%94%e5%a4%9a%e5%a4%ab%e6%88%90%e5%8a%9f%e4%b8 %be%e5%8a%9e (zuletzt abgerufen am 8. Juli 2024)

44 https://rp-online.de/nrw/staedte/duesseldorf/duesseldorf-deutsch-chinesische-wirtschaftsvereinigung-kommt_aid-91294581 (zuletzt abgerufen am 8. Juli 2024)

45 https://www.northdata.de/?id=6217690908196864 (zuletzt abgerufen am 6. September 2024)

46 http://www.dzu-ev.de/home/ (zuletzt abgerufen am 8. Juli 2024)

47 Vorstellung der Handelskammer über uns – Deutsche Handelskammer Zhejiang (dzu-ev.de) (zuletzt abgerufen am 8. Juli 2024)

48 Ebd.

49 http://www.dzu-ev.de/home/ (zuletzt abgerufen am 8. Juli 2024)

50 http://www.dzu-ev.de/wp-content/uploads/2019/10/%E5%BE%80%E6 %9C%9F%E6%B4%BB%E5%8A%A8%E6%8A%A5%E9%81%93%E4% B8%80%E8%A7%882017%E5%B9%B4.pdf (zuletzt abgerufen am 8. Juli 2024)

51 Company Profile – THB Group; https://www.college-cn.com/Henan/19 21/ (zuletzt abgerufen am 8. Juli 2024)

52 https://table.media/china/professional-briefing/peking-droht-mit-auto-zoel len-solar-ueberkapazitaeten/

53 Doppelmord in Gelsenkirchener Massagesalon: Peng L. verurteilt – DerWesten.de (zuletzt abgerufen am 8. Juli 2024)

54 http://www.dzu-ev.de/wp-content/uploads/2019/10/%E5%BE%80%E6%9C %9F%E6%B4%BB%E5%8A%A8%E6%8A%A5%E9%81%93%E4%B8%80 %E8%A7%882017%E5%B9%B4.pdf (zuletzt abgerufen am 8. Juli 2024)

55 Mails des Autors gingen am 21. Juni 2024, am 28. und noch einmal am 30. August 2024 an den Verein.

56 https://www.gqb.gov.cn/news/2017/1113/43804.shtml (zuletzt abgerufen am 8. Juli 2024)
57 https://table.media/china/standpunkt/im-netz-der-einflussoperationen/ (zuletzt abgerufen am 8. Juli 2024)
58 Siehe auch https://english.news.cn/20231021/a48c4379ddb244c58122298d8955464e/c.html (zuletzt abgerufen am 8. Juli 2024)
59 Alex Joske in https://www.aspi.org.au/report/party-speaks-you (zuletzt abgerufen am 8. Juli 2024)
60 https://linguasinica.substack.com/p/lingua-sinica-newsletter-2-nov; Regisseur (archive.org) (zuletzt abgerufen am 8. Juli 2024)
61 https://www.theatlantic.com/international/archive/2020/01/stephen-schwarzman-china-surveillance-scholars-colleges/604675/ (zuletzt abgerufen am 8. Juli 2024)
62 RTL-Interview des Autors mit Wang Huiyao am 29. August 2024 in Wien.
63 https://www.bwa-deutschland.com/ccg-zu-gast-beim-bwa-bwa-organisiert-austausch-mit-den-gruendern-des-center-china-globalization-ccg (zuletzt abgerufen am 8. Juli 2024)
64 http://en.ccg.org.cn/archives/69741 (zuletzt abgerufen am 8. Juli 2024)
65 https://www.bwa-deutschland.com/nachlese-des-bwa-zur-60-muenchner-sicherheitskonferenz (zuletzt abgerufen am 8. Juli 2024)
66 https://www.bwa-deutschland.com/nachlese-des-bwa-zur-60-muenchner-sicherheitskonferenz Zuletzt abgerufen am 01.08.2024.
67 https://archive.ph/CLe29 (zuletzt abgerufen am 8. Juli 2024)
68 https://news.sina.cn/sa/2004-07-05/detail-ikkntiam0371480.d.html (zuletzt abgerufen am 8. Juli 2024)
69 Ebd.
70 https://www.gck.hamburg/ (zuletzt abgerufen am 8. Juli 2024)
71 https://archive.ph/ya9Bu (zuletzt abgerufen am 8. Juli 2024)
72 https://www.chinaqw.com/node2/node116/node119/node160/node1379/userobject 6ai86 965.html; https://archive.ph/wip/ZB9lg (zuletzt abgerufen am 8. Juli 2024)
73 https://www.szcu.edu.cn/2024/0528/c335a63535/page.htm; https://archive.ph/jl7eR (zuletzt abgerufen am 8. Juli 2024)
74 https://news.sina.cn/sa/2004-07-05/detail-ikkntiam0371480.d.html; https://archive.ph/kDYnI (zuletzt abgerufen am 8. Juli 2024)
75 https://physics.suda.edu.cn/75/4f/c14393a357711/page.htm; https://archive.ph/CLe29 (zuletzt abgerufen am 8. Juli 2024)
76 https://ices.fudan.edu.cn/da/c6/c6681a56006/page.htm; https://archive.ph/hP8le (zuletzt abgerufen am 8. Juli 2024)
77 http://www.beijingreview.com.cn/shishi/201509/t20150903_800037407.html; https://archive.ph/wip/s01Wm (zuletzt abgerufen am 8. Juli 2024)

78 http://accv.vc/index.php/wap/index/click/id/1493.html; https://archive.ph/wip/jAXPa (zuletzt abgerufen am 8. Juli 2024)

79 https://news.sina.cn/sa/2004-07-05/detail-ikkntiam0371480.d.html; https://archive.ph/kDYnI (zuletzt abgerufen am 8. Juli 2024)

80 https://www.szcu.edu.cn/2024/0528/c335a63535/page.htm (zuletzt abgerufen am 6. September 2024)

81 https://www.tesa.com/de-de/ueber-uns/press-insights/stories/joint-innovation-gute-verbindung-zu-top-talenten.html (zuletzt abgerufen am 8. Juli 2024)

82 https://www.tesa.com/de-de/ueber-uns/press-insights/stories/bereichernde-beziehungen-uni-kooperationen-weltweit.html (zuletzt abgerufen am 8. Juli 2024)

83 https://www.kas.de/de/web/china/veranstaltungsberichte/detail/-/content/sino-europaeische-wirschaftsbeziehungen-zwischen-zeitenwende-und-zero-covid; https://www.kas.de/de/web/china/veranstaltungsberichte/detail/-/content/jahrestreffen-in-guilin (zuletzt abgerufen am 8. Juli 2024)

84 https://www.linkedin.com/posts/weiping-prof-dr-mei-514b97142_%E5%9C%A8%E4%BA%BA%E6%B0%91%E5%A4%A7%E4%BC%9A%E5%A0%82%E5%8F%82%E5%8A%A0%E5%9B%BD%E5%BA%86%E6%8B%9B-%E5%BE%85%E4%BC%9A-activity-6851378286493229056-DhCl/?trk=public_profile_like_view&originalSubdomain=de (zuletzt abgerufen am 8. Juli 2024)

85 Ebd.

86 https://www.kas.de/de/web/auslandsinformationen/artikel/detail/-/content/es-ist-nicht-alles-gold-was-glaenzt-1 (zuletzt abgerufen am 8. Juli 2024)

87 Antwort-Mail vom 17. Juli 2024

88 https://german.cri.cn/2023/03/29/VIDEl0VfaBn3Goa8npuGEtYF230329.shtml Zuletzt abgerufen am 01.08.2024

89 https://www.wiwo.de/my/politik/europa/deutschland-und-china-verliert-die-ampel-die-kontrolle/29619406.html Zuletzt abgerufen am 01.08.2024

90 Am 22. August 2024 bekam der Autor per Mail Rückmeldung von Hong Zhong. Auf eine detaillierte Anfrage zu den Recherchen gab es keine Antwort mehr.

91 https://snb-law.de/asien.html (zuletzt abgerufen am 8. Juli 2024)

92 https://www.juve.de/markt-und-management/hamburg-chinesisch-europaeisches-schiedsgericht-eroeffnet/ (zuletzt abgerufen am 8. Juli 2024)

93 Mail vom 21. Juni 2024 von Mark-Alexander Huth an den Autor.

94 https://snb-law.de/asien.html (zuletzt abgerufen am 8. Juli 2024)

95 Antwortmail vom 27. Juni 2024 von Mark-Alexander Huth auf einen Fragenkatalog des Autors.

96 Video auf der Seite: https://web.archive.org/web/20240425122815/http:/xitheory.china.com.cn/2021-01/13/content_77111426.html; https://web.archi

ve.org/web/20240425125059/http:/cppcc.china.com.cn/2018-03/14/content_50707709.htm (zuletzt abgerufen am 8. Juli 2024)

97 https://web.archive.org/web/20240425122815/http:/xitheory.china.com.cn/2021-01/13/content_77111426.html (zuletzt abgerufen am 8. Juli 2024)

98 https://web.archive.org/web/20240425124241/https:/www.gqb.gov.cn/news/2018/0303/44447.shtml (zuletzt abgerufen am 8. Juli 2024)

99 Der Name des Mannes samt seiner deutschen Handynummer steht in Unterlagen zu den geheimen Polizeistationen, die dem Autor vorliegen. Demnach soll er einer von fünf Verantwortlichen für die deutschen Polizeistationen der «Lishui Overseas Police» sein.

100 https://web.archive.org/web/20240425124241/https:/www.gqb.gov.cn/news/2018/0303/44447.shtml (zuletzt abgerufen am 8. Juli 2024)

101 https://web.archive.org/web/20240425131833/https:/finance.sina.com.cn/roll/20111026/175610696025.shtml (zuletzt abgerufen am 8. Juli 2024)

102 Mail des Autors vom 26. August 2024 an den Sohn von Gong Liming zur Weiterleitung an den Vater.

103 https://web.archive.org/web/20240425131833/https:/finance.sina.com.cn/roll/20111026/175610696025.shtml (zuletzt abgerufen am 6. September 2024)

104 Ebd.

105 http://deutschland-hubei.de/ (zuletzt abgerufen am 8. Juli 2024)

106 http://deutschland-hubei.de/ (zuletzt abgerufen am 8. Juli 2024) / persönliche Angaben zu Zhou Jun

107 Antwortmail von Zhou Jun vom 29. August 2024 auf eine Anfrage des Autors.

108 http://www.join-universe.com/referenzen.html (zuletzt abgerufen am 8. Juli 2024) / Fotos OB Köln

109 http://www.join-universe.com/bildergalerie-zhou-meng.html (zuletzt abgerufen am 8. Juli 2024)

110 http://www.join-universe.com/bildergalerie-delegationsreise-mai-2016.html (zuletzt abgerufen am 8. Juli 2024)

111 https://www.sohu.com/a/355837641_162758

112 Ebd.

113 https://archive.fo/sTdMK (zuletzt abgerufen am 6. September 2024)

114 Mail des Autors an Yang Qianghua vom 25. August 2024 und eine Anfrage über die Kontaktfunktion auf der Facebook-Seite seiner Vereinigung, der Germany Chinese Public Diplomacy Association am 27. August 2024.

115 https://www.635w.com/mingrenyishi/62401.html (zuletzt abgerufen am 8. Juli 2024)

116 Ebd.

117 Ebd.

118 Gespräch mit der Sinologin am 14. Juni 2024.

119 https://www.635w.com/mingrenyishi/62401.html (zuletzt abgerufen am 8. Juli 2024)
120 Ebd.
121 Ebd.
122 https://www.zgqt.zj.cn/201891/202305/t20230508_55520.shtml; https://archive.ph/wip/roSqO (zuletzt abgerufen am 8. Juli 2024)
123 http://www.zjsql.com.cn/index.php?m=content&c=index&a=show&catid=13&id=23258; https://archive.ph/wip/MwIH5 (zuletzt abgerufen am 8. Juli 2024)
124 http://de.china-embassy.gov.cn/chn/sgyw/201509/t20150911_2772759.htm; https://archive.ph/wip/ntL33 (zuletzt abgerufen am 8. Juli 2024)
125 https://www.zgqt.zj.cn/201891/202305/t20230508_55520.shtml; https://archive.ph/wip/roSqO (zuletzt abgerufen am 8. Juli 2024)
126 https://www.635w.com/mingrenyishi/62401.html (zuletzt abgerufen am 8. Juli 2024)
127 https://www.chinaqw.com/hqhr/2015/03-14/41387.shtml (zuletzt abgerufen am 8. Juli 2024)
128 http://europe.new-broad.com/show-7-2354-1.html; https://archive.ph/73kAF (zuletzt abgerufen am 8. Juli 2024)
129 Ebd.
130 Mail des Autors vom 28. August 2024 über die offizielle Adresse des Restaurants «Ming Dynastie» an Chen Yuhua und Antwort vom gleichen Tag.
131 https://archive.ph/73kAF (zuletzt abgerufen am 6. September 2024)
132 http://www.dzu-ev.de/2017/11/ (zuletzt abgerufen am 8. Juli 2024)
133 Ebd.
134 http://www.qb.gd.gov.cn/cwszyhd/content/post_124901.html; https://archive.ph/LmvfW / (zuletzt abgerufen am 8. Juli 2024)
135 https://www.feinschmecker.de/geniessen/dim-sum-haus-in-hamburg) (zuletzt abgerufen am 6. September 2024)
136 https://www.zhanjiang.gov.cn/zjsfw/bmdh/wsj/zwgk/xwdt/content/post_294499.html (zuletzt abgerufen am 6. September 2024)
137 Mail des Autors mit einem ausführlichen Fragenkatalog an die offizielle Mailadresse des Restaurants vom 26. und 28. August 2024, Anfrage per SMS am 28. August 2024 und 2. September 2024.
138 Eine Anfrage des Autors an Hu Xudong vom 22. August 2024 mit einem Fragenkatalog blieb unbeantwortet.
139 Antwort des Mannes auf eine Anfrage des Autors am 28. August 2024.
140 Interview des RTL-Reporters Tim Kickbusch am 3. September 2024 mit Liao Zhipei.
141 Antwort-Mail auf eine Anfrage des Autors von Zhang Jianwei vom 12. Juli 2024.

142 Weitere Antwort-Mail auf eine Anfrage des Autors von Zhang Jianwei vom 17. Juli 2024
143 https://www.sueddeutsche.de/politik/china-spionage-uebersee-polizei-deutschland-1.5738787?reduced=true (zuletzt abgerufen am 8. Juli)
144 Interview von Jin Jianshu mit dem RTL-Reporter Tim Kickbusch am 3. September 2024.
145 https://www.bayern-international.de/termine-veranstaltungen/veranstaltungsdetails/delegationsreise-nach-china-2024-5136 (zuletzt abgerufen am 8. Juli 2024)
146 https://www.aspi.org.au/report/party-speaks-you (zuletzt abgerufen am 6. September 2024)
147 Auf eine Mail des Autors vom vom 2. September 2024 mit einem Fragenkatalog antwortete Xiao Ying nicht.
148 Mail von Lei Hanping an den Autor vom 5. September 2024 und https://www.dcih.org/2.html (zuletzt abgerufen am 6. September 2024)
149 https://www.dcih.org/14.html (zuletzt abgerufen am 6. September 2024)
150 https://www.dcih.org/6.html (zuletzt abgerufen am 6. September 2024)
151 https://www.oushinet.com/static/content/qj/qjnews/2023-10-20/1164947720097536051.html; https://archive.ph/wip/4lZeq (zuletzt abgerufen am 8. Juli 2024)
152 Ebd.
153 Ebd.
154 https://www.redhongan.com/p/47770.html; https://archive.ph/MJNU1 (zuletzt abgerufen am 8. Juli 2024)
155 http://www.qyjfz.com/fzdt/xwzx/693ed51a_ec4b_45cf_9e47_1fbb6db9f101.html (zuletzt abgerufen am 8. Juli 2024)
156 Erste Mail von Lei Hanping an den Autor vom 3. September 2024.
157 Mail von Lei Hanping an den Autor vom 5. September 2024.
158 https://www.northdata.de/Ye+Ye%27s+Kitchen+UG,+Kiel/HRB+18648+KI (zuletzt abgerufen am 8. Juli 2024)
159 Das Zoom-Interview des Autors mit dem Ehepaar Zhou Xionglie und Zhou Kwong Shuyan fand am 28. August 2024 statt.
160 Mail an den Autor vom 30. August 2024.
161 https://www.plattform-i40.de/IP/Navigation/DE/Home/home.html (zuletzt abgerufen am 8. Juli 2024)
162 https://www.plattform-i40.de/IP/Navigation/DE/Industrie40/WasIndustrie40/was-ist-industrie-40.html#:~:text=%C3%9Cbergeordnetes%20Ziel%20der%20Plattform%20Industrie,%C3%BCber%20geeignete%20und%20verl%C3%A4ssliche%20Rahmenbedingungen (zuletzt abgerufen am 8. Juli 2024)

163 https://www.chinadaily.com.cn/business/2015-04/17/content_20455801.htm (zuletzt abgerufen am 8. Juli 2024)

164 https://group.zoz.de/?page_id=14 (zuletzt abgerufen am 6. September 2024)

165 Mail mit einem ausführlichen Fragenkatalog des Autors an Zhou Xiangqian vom 6. September 2024.

166 https://www.siti.sh.cn/en/index4f1c.html?option=com_content&view=article&id=78:the-2nd-sino-german-industry-4-0-development-forum-and-the-sino-german-high-tech-investment-meeting-held-successfully-at-siti&catid=25&Itemid=127 (zuletzt abgerufen am 8. Juli 2024)

TEIL DREI – Schmutzige Hände

1 https://www.rfa.org/english/news/china/book-11132017110421.html (zuletzt abgerufen am 4. Juli 2024)

2 Austausch zwischen dem Autor und Clive Hamilton am 24. Juni 2024.

3 https://www.theguardian.com/australia-news/2023/dec/19/di-sanh-duong-guilty-liberal-candidate-donation-morrison-government-influence (zuletzt abgerufen am 4. Juli 2024)

4 https://www.abc.net.au/news/2023-12-19/sunny-di-sanh-duong-foreign-interference-chinese-communist-party/103247096 (zuletzt abgerufen am 4. Juli 2024)

5 https://www.legislation.gov.au/C2018A00067/latest/text (zuletzt abgerufen am 12. September 2024)

6 https://www.theguardian.com/australia-news/2024/feb/28/australian-politician-sold-out-to-foreign-regime-after-being-recruited-by-spies-asio-boss-says (zuletzt abgerufen am 4. Juli 2924)

7 Gespräch des Autors am 6. Dezember 2023 und am 20. Februar 2024 mit einem Augenzeugen des Treffens in Peking.

8 Mehrere Personen aus dem diplomatischen Bereich haben bestätigt, dass von den Treffen Scharpings in der Botschaft wenig bekannt ist.

9 https://www.welt.de/wirtschaft/article106177214/Ex-Politiker-als-gut-bezahlte-Tueroeffner-nach-China.html (zuletzt abgerufen am 4. Juli 2014)

10 Matthias Kamp, «Gute Beziehungen», in: WirtschaftsWoche, 30. Oktober 2006, Seite 18.

11 https://www.welt.de/wirtschaft/article106177214/Ex-Politiker-als-gut-bezahlte-Tueroeffner-nach-China.html (zuletzt abgerufen am 4. Juli 2024)

12 https://www.rsbk.de/company (zuletzt abgerufen am 4. Juli 2024)

13 «Scharping steigt ins China-Beratungsgeschäft ein», in: WirtschaftsWoche online, 28. Oktober 2006.

14 Matthias Kamp, «Gute Beziehungen», in: WirtschaftsWoche, 30. Oktober 2006, Seite 18.

15 Gespräch des Autors mit Harald Christ am 26. Juni 2024.

16 Matthias Kamp, «Gute Beziehungen», in: WirtschaftsWoche, 30. Oktober 2006, Seite 18.
17 https://www.rsbk.de/ (zuletzt abgerufen am 4. Juli 2024)
18 https://www.chinadailyasia.com/epaper/pubs/chinadaily/2022/10/19/01.pdf, S. 1 (zuletzt abgerufen am 4. Juli 2014)
19 https://www.chinadailyasia.com/epaper/pubs/chinadaily/2022/10/19/01.pdf, S. 11 (zuletzt abgerufen am 4. Juli 2024)
20 https://eur-lex.europa.eu/legal-content/DE/TXT/?uri=CELEX:32014R0810 (zuletzt abgerufen am 4. Juli 2024)
21 https://www.parismatch.com/Actu/Politique/Villepin-lache-le-barreau-pour-le-business-Nouvelle-carriere-814783 (zuletzt abgerufen am 4. Juli 2024)
22 https://news.cgtn.com/news/2024-03-20/Stephen-Perry-China-on-its-way-to-a-good-form-of-democracy--1s7sQY6FzZm/p.html
23 Interview von Rudolf Scharping mit Chinesischer Volkszeitung online, siehe: https://www.facebook.com/ChinesischeVolkszeitungOnline/videos/1086948861843879?locale=de_DE (zuletzt abgerufen am 4. Juli 2024)
24 https://www.zeit.de/politik/ausland/2019-09/heiko-maas-joshua-wong-treffen-hongkong-china; https://www.faz.net/aktuell/politik/ausland/china-kritisiert-treffen-von-heiko-maas-mit-demokratie-aktivisten-16377065.html#:~:text=Auch%20Hongkongs%20Regierungschefin%20Carrie%20Lam,Respektlosigkeit%E2%80%9C%20gegen%C3%BCber%20Chinas%20Souver%C3%A4nit%C3%A4t%20verurteilt. (zuletzt abgerufen am 4. Juli 2024)
25 Mehrere Personen, die mit den Vorgängen in der deutschen Botschaft damals vertraut waren, haben gegenüber dem Autor die Strafmaßnahme der chinesischen Seite beschrieben.
26 Interview von Rudolf Scharping mit Chinesischer Volkszeitung online, siehe: https://www.facebook.com/ChinesischeVolkszeitungOnline/videos/1086948861843879?locale=de_DE (zuletzt abgerufen am 4. Juli 2024)
27 Leaving Far Behind – The Film China Doesn't Want to See You, siehe: https://www.youtube.com/watch?v=wi8U-asY1QI (zuletzt abgerufen am 4. Juli 2024)
28 Helmut Schmidt: Ein letzter Besuch – Begegnungen mit der Weltmacht China. 2013, S. 10.
29 Interview von Giovanni di Lorenzo mit Helmut Schmidt im ZEITmagazin vom 13. September 2012, siehe: https://www.zeit.de/2012/38/Helmut-Schmidt-di-Lorenzo-China-Mao-Menschenrechte/komplettansicht (zuletzt abgerufen am 4. Juli 2024)
30 https://www.welt.de/politik/deutschland/article109187793/Altkanzler-Schmidt-verteidigt-Tian-anmen-Massaker.html (zuletzt abgerufen am 6. September 2024)

31 Helmut Schmidt: Ein letzter Besuch – Begegnungen mit der Weltmacht China. 2013, S. 24.
32 Gerhard Schröder, «Warum wir Peking brauchen», in: DIE ZEIT, 17. Juli 2008.
33 https://www.tagesschau.de/inland/innenpolitik/scholz-li-regierungskonsultationen-100.html (zuletzt abgerufen am 4. Juli 2024)
34 https://www.ardmediathek.de/video/report-mainz/umstrittenes-china-engagement-rudolf-scharping-in-der-kritik/das-erste/Y3JpZDovL3N3ci5kZS9hZXgvbzE5NTg5OTg (zuletzt abgerufen am 4. Juli 2024)
35 https://www.verfassungsschutz.de/SharedDocs/kurzmeldungen/DE/2023/2023-07-28-wis-hinweis-7.html; https://www.verfassungsschutz.de/SharedDocs/publikationen/DE/wirtschafts-wissenschaftsschutz/2023-07-28-sicherheitshinweis-7.pdf?__blob=publicationFile&v=6 (zuletzt abgerufen am 4. Juli 2024)
36 «Ferhat Cato trifft chinesische Spitzenpolitiker», in: Rhein-Zeitung, 25. November 2023.
37 https://www.rsbk.de/bri (zuletzt abgerufen am 6. September 2024)
38 http://munich.china-consulate.gov.cn/ger/lszl/202302/t20230228_11032900.htm (zuletzt abgerufen am 4. Juli 2024)
39 https://www.tagesspiegel.de/politik/die-csu-und-ihre-peking-connection-wenn-bayerns-justizminister-mit-chinas-generalkonsul-zur-wiesn-kutschiert-10498324.html (zuletzt abgerufen am 4. Juli 2024)
40 Gespräch des Autors mit Dolkun Isa am 14. Februar 2024.
41 https://www.csu-geschichte.de/themen/detail/strauss-und-mao-gemeinsam-den-grossen-baeren-bezwingen (zuletzt abgerufen am 4. Juli 2024)
42 Frank Dikötter, Maos Großer Hunger. Massen und Menschenexperiment in China, 2014.
43 https://www.csu-geschichte.de/themen/detail/strauss-und-mao-gemeinsam-den-grossen-baeren-bezwingen (zuletzt abgerufen am 4. Juli 2024)
44 https://www.merkur.de/politik/seehofer-reist-nach-china-728152.html (zuletzt abgerufen am 4. Juli 2024)
45 https://digitalarchive.wilsoncenter.org/document/88800/download (zuletzt abgerufen am 4. Juli 2024)
46 https://www.joachimherrmann.de/lokal_1_1_1558_Herrmann-zu-Gespraechen-in-Peking.html (zuletzt abgerufen am 4. Juli 2024)
47 Dem Autor liegt der Brief aus der chinesischen Botschaft vom 3. März 2016 vor.
48 Gespräch des Autors mit Andreas Starke am 23. Februar 2024.
49 Dem Autor liegt das Schreiben aus dem bayerischen Innenministerium vom 9. März 2016 vor.
50 Mailantwort der Pressestelle des Bayerischen Staatsministerium des Inneren auf eine Anfrage des Autors vom 22. August 2024.

51 https://www.bayern.landtag.de/aktuelles/aus-den-ausschuessen/europaausschuss-informationsgespraech-zu-konfuziusinstituten/ (zuletzt abgerufen am 4. Juli 2024)
52 https://www.youtube.com/watch?v=IvnXaip85rk (zuletzt abgerufen am 4. Juli 2024)
53 https://www.fau.de/2014/04/news/fau-sinologe-trifft-chinesischen-staatspraesidenten-xi-jinping/ (zuletzt abgerufen am 4. Juli 2024)
54 https://www.tagesspiegel.de/politik/was-es-mit-dem-neuen-netzwerk-auf-sich-hat--und-warum-die-mitglieder-geheim-bleiben-7557886.html (zuletzt abgerufen am 4. Juli 2024)
55 http://german.china.org.cn/txt/2020-05/07/content_76015554.htm (zuletzt abgerufen am 4. Juli 2024)
56 https://www.atlantik-bruecke.org/ueber-die-atlantik-bruecke/ (zuletzt abgerufen am 4. Juli 2024)
57 https://www.handelsblatt.com/politik/deutschland/einflussnahme-lobbyismus-debatte-menschenrechtler-kritisieren-china-bruecke/25949866.html (zuletzt abgerufen am 4. Juli 2024)
58 https://www.tagesspiegel.de/politik/was-es-mit-dem-neuen-netzwerk-auf-sich-hat--und-warum-die-mitglieder-geheim-bleiben-7557886.html (zuletzt abgerufen am 4. Juli 2024)
59 Ebd.
60 https://www.tagesspiegel.de/politik/reisen-nach-peking-und-ein-geheimer-verein-wie-deutsche-politiker-sich-fur-chinas-regime-starkmachen-9989776.html (zuletzt abgerufen am 4. Juli 2024)
61 Ebd.
62 https://www.deutschlandfunk.de/deutsche-china-politik-kein-wandel-durch-handel-100.html (zuletzt abgerufen am 4. Juli 2024)
63 https://www.reddit.com/r/de/comments/7wl02b/frankfurt_a_m/?rdt=50406 (zuletzt abgerufen am 4. Juli 2024)
64 https://www.journal-frankfurt.de/journal_news/Politik-10/Ming-Yang-kandidiert-als-Oberbuergermeister-Frankfurt-kann-mehr-31152.html (zuletzt abgerufen am 4. Juli 2024)
65 Eingeladenes Mitglied des Nationalkomitees der Politischen Konsultativkonferenz des chinesischen Volkes (PKKCV) über Mo Shibo (Ming Yang): Integrieren Sie sich in die deutsche Mehrheitsgesellschaft und erzählen Sie die «chinesische Geschichte» gut, siehe: https://www.163.com/dy/article/E99J1OS6054650GV.html (zuletzt abgerufen am 4. Juli 2024)
66 Auf der 30. gemeinsamen Studiensitzung des Politbüros des Zentralkomitees der KPCh betonte Xi Jinping die Notwendigkeit, die internationale Kommunikationsarbeit zu stärken und zu verbessern und ein reales, dreidimensionales und umfassendes China-Xinhuanet zu zeigen.

67 Gu Yimin (Hrsg.), Blue Book of Overseas Chinese, Annual Report on Overseas Chinese Study, Beijing: Shehui Kexue Wenxian Chubanshe, 2017, S. 214.

68 https://x.com/kalpitm/status/1582413339753254920 (zuletzt abgerufen am 4. Juli 2024)

69 https://www.swp-berlin.org/publications/products/studien/2022S09_ChinasDiasporapolitik.pdf (zuletzt abgerufen am 4. Juli 2024)

70 https://frankfurt.de/service-und-rathaus/verwaltung/aemter-und-institutionen/geschaeftsstelle-der-kav/die-kav/mitglieder-der-kav/ming-yang---cl (zuletzt abgerufen am 4. Juli 2024)

71 https://www.swp-berlin.org/publications/products/studien/2022S09_ChinasDiasporapolitik.pdf (zuletzt abgerufen am 4. Juli 2024)

72 https://www.swp-berlin.org/10.18449/2022S09/ (zuletzt abgerufen am 6. September 2024)

73 https://www.bff-frankfurt.de/artikel/index.php?id=1000. Zuletzt abgerufen am 02.08.2024

74 Letzte Mail des Autors an Pang Zhong-Wu vom 26. August 2024.

75 https://www.fr.de/frankfurt/ob-wahl-frankfurt-sti1524764/ming-yang-will-frankfurt-werden-10999086.html (zuletzt abgerufen am 4. Juli 2024)

76 Eingeladenes Mitglied des Nationalkomitees der Politischen Konsultativkonferenz des chinesischen Volkes (PKKCV) über Mo Shibo (Yang Ming): Integrieren Sie sich in die deutsche Mehrheitsgesellschaft und erzählen Sie die «chinesische Geschichte» gut, siehe: https://www.163.com/dy/article/E99J1OS6054650GV.html (zuletzt abgerufen am 4. Juli 2024)

77 https://www.swp-berlin.org/publications/products/studien/2022S09_ChinasDiasporapolitik.pdf (zuletzt abgerufen am 4. Juli 2024)

78 Eingeladenes Mitglied des Nationalkomitees der Politischen Konsultativkonferenz des chinesischen Volkes (PKKCV) über Mo Shibo (Yang Ming): Integrieren Sie sich in die deutsche Mehrheitsgesellschaft und erzählen Sie die «chinesische Geschichte» gut, siehe: https://www.163.com/dy/article/E99J1OS6054650GV.html (zuletzt abgerufen am 4. Juli 2024)

79 Mehrere Gespräche des Autors mit Carsten Schäfer im Mai und Juni 2024.

80 https://www.swp-berlin.org/publications/products/studien/2022S09_ChinasDiasporapolitik.pdf (zuletzt abgerufen am 4. Juli 2024)

81 https://werde-ich-ffm-ob.de/de/Feng-Xu-Kandidat-Oberbuergermeisterwahl-Frankfurt-2023 (zuletzt abgerufen am 4. Juli 2024)

82 https://www.hessenschau.de/politik/feng-xu-frankfurt-zur-gigawatt-solar-city-umbauen,video-180070.html (zuletzt abgerufen am 4. Juli 2024)

83 https://www.facebook.com/photo.php?fbid=10208001067647839&set=pb.1332666672.–2 207 520 000&type=3 (zuletzt abgerufen am 4. Juli 2024)

84 https://fff-post.de/?page=1 (zuletzt abgerufen am 4. Juli 2024)

85 Eine Mail des Autors mit einem ausführlichen Fragenkatalog an Xu Feng vom 26. August 2024 blieb ohne Antwort.

86 https://www.stadtpost.de/frankfurter-wochenblatt-mitte/feng-xu-will-ob-klimaneutralitaet-schaffen-id98466.html (zuletzt abgerufen am 4. Juli 2024)

87 https://www.deutschlandfunk.de/die-sed-solidarisierte-sich-sehr-offen-mit-diesen-100.html (zuletzt abgerufen am 4. Juli 2024)

88 https://www.deutschlandfunk.de/egon-krenz-china-dankt-fuer-solidarische-haltung-100.html (zuletzt abgerufen am 4. Juli 2024)

89 Egon Krenz, CHINA. Wie ich es sehe, Berlin 2018.

90 Der Würzburger Medienprofessor Lutz Frühbrodt beschreibt den Auftritt im Karl-Liebknecht-Haus in seinem Blog: https://www.zweite-aufklaerung.de/egon-krenz-der-neue-deutschland-minister-chinas/ (zuletzt abgerufen am 4. Juli 2024)

91 Hans Modrow, Brückenbauer. Als sich Deutsche und Chinesen nahe kamen. Eine persönliche Rückschau, Berlin 2021, S. 181.

92 https://www.linksnet.de/artikel/48183 (zuletzt abgerufen am 4. Juli 2024)

93 Gespräch des Autors mit einem ehemaligen Mitarbeiter der Deutschen Botschaft in Peking am 20. Februar 2024.

94 https://www.sevimdagdelen.de/gastvortrag-an-der-universitaet-in-shanghai-fuer-freiheit-frieden-und-gerechtigkeit/ (zuletzt abgerufen am 4. Juli 2024)

95 https://www.chinadaily.com.cn/a/202306/09/WS64828718a31033ad3f7bb5be.html (zuletzt abgerufen am 4. Juli 2024)

96 https://www.abgeordnetenwatch.de/profile/sevim-dagdelen/fragen-antworten/wer-hat-ihre-reise-in-die-volksrepublik-china-anfang-juni-2023-finanziert (zuletzt abgerufen am 4. Juli 2024)

97 https://www.spiegel.de/panorama/ex-linken-politikerin-dagdelen-wagenknechts-aussenministerin-a-902f1c09-16e3-4285-af3c-e154d1719b0d (zuletzt abgerufen am 4. Juli 2024)

98 https://www.auswaertiges-amt.de/de/service/laender/macau-node/politisches-portraet/200934 (zuletzt abgerufen am 4. Juli 2024)

99 https://www.spiegel.de/panorama/ex-linken-politikerin-dagdelen-wagenknechts-aussenministerin-a-902f1c09-16e3-4285-af3c-e154d1719b0d (zuletzt abgerufen am 4. Juli 2024)

100 https://www.linksfraktion.de/themen/nachrichten/detail/konfuzius-institute-es-gibt-keine-einmischung-aus-china/ (zuletzt abgerufen am 4. Juli 2024)

101 https://www.spiegel.de/panorama/ex-linken-politikerin-dagdelen-wagenknechts-aussenministerin-a-902f1c09-16e3-4285-af3c-e154d1719b0d (zuletzt abgerufen am 4. Juli 2024)

102 https://www.facebook.com/amira.mohamedali.offiziell/videos/1247758149402122/ (zuletzt abgerufen am 4. Juli 2024)

103 https://www.bundestag.de/dokumente/textarchiv/2022/kw45-de-china strategie-920038 (zuletzt abgerufen am 4. Juli 2024)

104 https://x.com/Amira_M_Ali/status/1654095344395776005 (zuletzt abgerufen am 4. Juli 2024)

105 https://zeitschrift-luxemburg.de/artikel/linke-positionierung-zu-china/ (zuletzt abgerufen am 4. Juli 2024)

106 https://www.nd-aktuell.de/artikel/1136929.china-und-die-linke-es-genue gt-nicht-gegner-der-usa-zu-sein.html (zuletzt abgerufen am 4. Juli 2024)

107 https://www.die-linke.de/start/presse/detail/gallert-keine-doppelten-standards-und-sonderstatus-fuer-china/ (zuletzt abgerufen am 4. Juli 2024)

108 https://www.links-bewegt.de/de/article/126.china-und-die-linke.html (zuletzt abgerufen am 4. Juli 2024)

109 https://das-blaettchen.de/2021/04/wissen-um-china-56788.html (zuletzt abgerufen am 12. September 2024)

110 Adolf Ehrt/Julius Schweickert (Pseudonym), Entfesselung der Unterwelt. Ein Querschnitt durch die Bolschewisierung Deutschlands, Berlin und Leipzig 1932.

111 https://x.com/guyverhofstadt/status/1782692772060836054 (zuletzt abgerufen am 4. Juli 2024)

112 https://www.facebook.com/maximilian.krah/posts/10212828777134859?ref=embed_post (zuletzt abgerufen am 4. Juli 2024)

113 https://www.dailymaverick.co.za/article/2018-02-21-iss-today-lessons-from-sri-lanka-on-chinas-debt-trap-diplomacy/; https://www.lowyinstitute.org/the-interpreter/belt-road-colonialism-chinese-characteristics (zuletzt abgerufen am 4. Juli 2024)

114 https://www.tandfonline.com/doi/full/10.1080/23792949.2019.1689828 (zuletzt abgerufen am 4. Juli 2024)

115 https://www.reuters.com/world/g7-counter-chinas-belt-road-with-infrast ructure-project-senior-us-official-2021-06-12/ (zuletzt abgerufen am 4. Juli 2024)

116 https://www.verfassungsschutz.de/SharedDocs/publikationen/DE/wirtschafts-wissenschaftsschutz/2023-07-28-sicherheitshinweis-7.pdf?__blob=publicationFile&v=6 (zuletzt abgerufen am 4. Juli 2024)

117 https://www.facebook.com/maximilian.krah/posts/10212828777134859?ref=embed_post (zuletzt abgerufen am 4. Juli 2024)

118 https://www.t-online.de/nachrichten/deutschland/innenpolitik/id_100247784/afd-maximilian-krah-das-geld-aus-china-und-die-geheimdienste.html (zuletzt abgerufen am 4. Juli 2024)

119 https://www.politico.eu/article/eu-china-friendship-group-suspended/ (zuletzt abgerufen am 6. September 2024)

120 Die Mail vom 6. Januar 2020 von Maximilian Krah an den ersten Parla-

mentarischen Geschäftsführer der AfD-Bundestagsfraktion liegt dem Autor vor.

121 Gespräch des Autors mit Nicolaus Fest am 24. Mai 2024.

122 https://www.t-online.de/nachrichten/deutschland/innenpolitik/id_100247784/afd-maximilian-krah-das-geld-aus-china-und-die-geheimdienste.html (zuletzt abgerufen am 4. Juli 2024)

123 https://europeanconservative.com/articles/news/claims-surface-against-mep-maximilian-krah/ (zuletzt abgerufen am 4. Juli 2024)

124 Gespräch des Autors mit Nicolaus Fest am 24. Mai 2024.

125 https://www.sueddeutsche.de/politik/china-maximilian-krah-afd-spionage-jian-g-festnahme-1.6565589?reduced=true (zuletzt abgerufen am 4. Juli 2024)

126 https://europeanconservative.com/articles/news/claims-surface-against-mep-maximilian-krah/ (zuletzt abgerufen am 4. Juli 2024)

127 https://www.europarl.europa.eu/meps/de/197481/MAXIMILIAN_KRAH/assistants#detailedcardmep (zuletzt abgerufen am 4. Juli 2024)

128 https://www.europarl.europa.eu/doceo/document/CRE-9-2023-12-12-INT-2-542-0000_DE.html (zuletzt abgerufen am 4. Juli 2024)

129 https://www.generalbundesanwalt.de/SharedDocs/Pressemitteilungen/DE/2024/Pressemitteilung-vom-23-04-2024.html (zuletzt abgerufen am 4. Juli 2024)

130 Vertrauliche Gespräche des Autors mit Personen aus deutschen Sicherheitskreisen am 23. und 24. April 2024.

131 https://www.n-tv.de/politik/EU-Parlament-suspendiert-Mitarbeiter-von-AfD-Politiker-Krah-article24894706.html (zuletzt abgerufen am 4. Juli 2024)

132 https://www.t-online.de/nachrichten/deutschland/innenpolitik/id_100247784/afd-maximilian-krah-das-geld-aus-china-und-die-geheimdienste.html (zuletzt abgerufen am 4. Juli 2024)

133 Gespräch des Autors am 28. August 2024 mit Jonas Müller-Töwe.

134 https://www.t-online.de/nachrichten/deutschland/innenpolitik/id_100247784/afd-maximilian-krah-das-geld-aus-china-und-die-geheimdienste.html (zuletzt abgerufen am 4. Juli 2024)

135 https://www.nzz.ch/international/die-afd-streitet-ueber-aussenpolitik-raus-aus-der-eu-raus-aus-der-nato-ld.1745170 (zuletzt abgerufen am 4. Juli 2024)

136 https://x.com/Alice_Weidel/status/1647871562945556483 (zuletzt abgerufen am 4. Juli 2024)

137 https://www.dw.com/de/afd-und-china-%C3%BCberraschende-ann%C3%A4herung/a-66492458 (zuletzt abgerufen am 4. Juli 2024)

138 https://x.com/Tino_Chrupalla/status/1554507728634187776?lang=de (zuletzt abgerufen am 4. Juli 2024)

139 https://www.sueddeutsche.de/projekte/artikel/politik/china-xi-jinping-

afd-maximilian-krah-neue-seidenstrasse-e944737/?reduced=true (zuletzt abgerufen am 4. Juli 2024)

140 Alle Informationen zu den Chatprotokollen stammen aus den Veröffentlichungen der Financial Times und des Spiegel: https://www.ft.com/content/601df41f-8393-46ad-9f74-fe64f8ea1a3f; https://www.spiegel.de/politik/deutschland/wie-chinas-stasi-einen-belgischen-politiker-anwarb-und-spuren-zur-afd-a-3ce67a4d-bbaa-4d39-baf3-7e2bb5b51b74 (zuletzt abgerufen am 4. Juli 2024)

141 https://www.senate.be/www/?MIval=/showSenator&ID=4222&LANG=fr (zuletzt abgerufen am 4. Juli 2024)

142 https://web.archive.org/web/20140320041430/http:/fr.ria.ru/presse_russe/20140319/200760876.html (zuletzt abgerufen am 4. Juli 2024)

143 https://www.spiegel.de/politik/deutschland/wie-chinas-stasi-einen-belgischen-politiker-anwarb-und-spuren-zur-afd-a-3ce67a4d-bbaa-4d39-baf3-7e2bb5b51b74 (zuletzt abgerufen am 4. Juli 2024)

144 https://dserver.bundestag.de/btd/19/302/1930204.pdf (zuletzt abgerufen am 4. Juli 2024)

145 https://www.spiegel.de/politik/deutschland/wie-chinas-stasi-einen-belgischen-politiker-anwarb-und-spuren-zur-afd-a-3ce67a4d-bbaa-4d39-baf3-7e2bb5b51b74 (zuletzt abgerufen am 4. Juli 2024)

146 EPDE: Politically Biased Election Observers; https://anton-shekhovtsov.blogspot.com/2014/11/fake-monitors-observe-fake-elections-in.html (zuletzt abgerufen am 4. Juli 2024)

147 Die Informationen aus dem Chatverlauf zwischen Creyelman und Woo beruhen auf dem Artikel: https://www.ft.com/content/601df41f-8393-46ad-9f74-fe64f8ea1a3f (zuletzt abgerufen am 4. Juli 2024)

148 https://www.globaltimes.cn/content/1197187.shtml (zuletzt abgerufen am 4. Juli 2024)

149 https://www.spiegel.de/politik/deutschland/wie-chinas-stasi-einen-belgischen-politiker-anwarb-und-spuren-zur-afd-a-3ce67a4d-bbaa-4d39-baf3-7e2bb5b51b74 (zuletzt abgerufen am 4. Juli 2024)

150 https://www.vrt.be/vrtnws/en/2024/01/11/belgium-politics-vlaams-belang-creyelman-criminal-investigation/ (zuletzt abgerufen am 4. Juli 2024)

151 https://afdbundestag.de/petr-bystron-china-strategie-der-bundesregierung-ist-besorgniserregend/ (zuletzt abgerufen am 4. Juli 2024)

152 https://www.n-tv.de/politik/Neue-Indizien-erhaerten-Verdacht-gegen-AfD-Politiker-Bystron-article24896406.html (zuletzt abgerufen am 4. Juli 2024)

153 https://www.welt.de/debatte/kommentare/article246779070/Aussenpolitik-China-wuerde-ein-antiamerikanisches-AfD-Deutschland-bejubeln.html (zuletzt abgerufen am 4. Juli 2024)

TEIL VIER – Kotau für Kohle

1 Die Vorgänge an der Hochschule wurden auf der Grundlage mehrerer Gespräche mit dem tibetischen IT-Experten, der inzwischen den deutschen Pass besitzt, im April und Mai 2024 rekonstruiert. Seine Angaben wurden durch Fotos und Videoaufnahmen von der Diplomverleihung verifiziert.
2 https://www.fudan.edu.cn/en/About/main.htm (letzter Abruf am 5. Juli 2024)
3 https://investmentpolicy.unctad.org/investment-policy-monitor/measures/3739/china-adopts-anti-foreign-sanctions-law (zuletzt abgerufen am 5. Juli 2024)
4 https://merics.org/de/kommentar/chinas-anti-foreign-sanctions-law-warning-world (zuletzt abgerufen am 5. Juli 2024)
5 Gespräch des Autors mit Helena Legarda am 15. Mai 2024.
6 https://npcobserver.com/legislation/anti-foreign-sanctions-law/ (zuletzt abgerufen am 5. Juli 2024)
7 Gespräch des Autors mit Jens Brandenburg am 13. Mai 2024.
8 U. S. Department of Defense: Military and Security Developments including the People's Republic of China 2022, Seiten 31 und 32.
9 https://unitracker.aspi.org.au/universities/harbin-institute-of-technology/ (zuletzt abgerufen am 5. Juli 2024)
10 Antwortmail der RWTH Aachen vom 6. Mai 2024 auf einen Fragenkatalog des Autors.
11 https://www.rwth-aachen.de/cms/root/studium/im-studium/internationales/outgoing/studium-im-ausland/rwthweltweit/~dhce/partnerhochschulen-weltweit/?showall=1 (zuletzt abgerufen am 5. Juli 2024)
12 Antwortmail der RWTH Aachen vom 6. Mai 2024 auf einen Fragenkatalog des Autors.
13 BMI, Verfassungsschutzbericht 2022, S. 292.
14 https://www.ftm.eu/chinascienceinvestigation (zuletzt abgerufen am 5. Juli 2024)
15 http://english.inest.cas.cn/IC/ (zuletzt abgerufen am 5. Juli 2024)
16 Antwortmail des Karlsruhe Institute of Technology (KIT) vom 22. Mai 2024 auf einen Fragenkatalog des Autors.
17 https://unitracker.aspi.org.au/ (zuletzt abgerufen am 5. Juli 2024)
18 https://www.deutschlandfunk.de/china-science-investigation-104.html (zuletzt abgerufen am 05.08.2024)
19 https://corporate.dw.com/de/chinesisches-milit%C3%A4r-made-in-germany-wie-chinas-milit%C3%A4r-das-wissen-deutscher-forscher-nutzt/a-61845635 (zuletzt abgerufen am 5. Juli 2024)
20 https://www.state.gov/wp-content/uploads/2020/05/What-is-MCF-One-Pager.pdf (zuletzt abgerufen am 5. Juli 2024)

21 https://unitracker.aspi.org.au/universities/national-university-of-defense-technology/ (zuletzt abgerufen am 5. Juli 2024)

22 https://www.linkedin.com/authwall?trk=gf&trkInfo=AQFgPcIWjoRSYQAAAZCBukZ44uzloIAoyLfoBlrnhqoacE_VQuMlUNCONUxrp4SW4GhkHWdaRbHYR9lAfn3P4-tovgD_J4_ZicvpNfRkcoEvA7QVmlzAnRocxjTLLcLaED2__28=&original_referer=&sessionRedirect=https%3A%2F%2Fwww.linkedin.com%2Fin%2Fthomas-reichenbach%2F%3ForiginalSubdomain%3Dde (zuletzt abgerufen am 5. Juli 2024)

23 https://www.generalbundesanwalt.de/SharedDocs/Pressemitteilungen/DE/2024/Pressemitteilung-vom-22-04-2024.html (zuletzt abgerufen am 5. Juli 2024)

24 https://www.stern.de/politik/deutschland/wie-spione-unsere-geheimnisse-fuer-russland-und-china-stehlen-34669376.html (zuletzt abgerufen am 5. Juli 2024)

25 https://table.media/research/analyse/chinesische-wissenschaftsspionage-streit-ueber-konsequenzen/ (zuletzt abgerufen am 5. Juli 2024)

26 Antwortmail der Universität Duisburg-Essen vom 7. Mai 2024 auf einen Fragenkatalog des Autors.

27 https://web.archive.org/web/20201230145631/https:/idragon.eu/ueber/firmenprofil/office-germany (zuletzt abgerufen am 5. Juli 2024)

28 https://www.generalbundesanwalt.de/SharedDocs/Pressemitteilungen/DE/2024/Pressemitteilung-vom-22-04-2024.html (zuletzt abgerufen am 5. Juli 2024)

29 Antwortmail des LfV Hessen vom 3. Mai 2024 auf einen Fragenkatalog des Autors.

30 Antwortmail des LfV Baden-Württemberg vom 3. Mai 2024 auf einen Fragenkatalog des Autors.

31 Eine Kopie des chinesischen Originalvertrags liegt dem Autor vor.

32 Antwortmail der Friedrich-Alexander-Universität Erlangen-Nürnberg vom 7. Mai 2024 auf einen Fragenkatalog des Autors.

33 https://www.focus.de/politik/china-kontrolliert-seine-top-studenten-in-deutschland-mit-knebelvertraegen_id_187774368.html (zuletzt abgerufen am 5. Juli 2024)

34 Antwortmail des LfV Bayern vom 3. Mai 2024 auf einen Fragenkatalog des Autors.

35 Dem Autor liegt der Vertrag zwischen der Freien Universität Berlin und der Zentrale der Konfuzius-Institute aus dem Jahr 2017 vor.

36 https://docs.google.com/document/d/1ni9ioWLiYTpbtxsocwiIjDw3SoYolJ_o/edit?pli=1 (zuletzt abgerufen am 5. Juli 2024)

37 https://www.aljazeera.com/program/head-to-head/2019/3/15/what-is-the-human-cost-to-chinas-economic-miracle (zuletzt abgerufen am 5. Juli 2024)

38 Dem Autor liegen die zitierten Drohbriefe und Mails an Andreas Fulda vor.
39 Mehrere Gespräche des Autors mit Andreas Fulda im Mai 2024.
40 https://dserver.bundestag.de/btd/19/118/1911839.pdf (zuletzt abgerufen am 5. Juli 2024)
41 BMI, Verfassungsschutzbericht 2022, S. 292.
42 https://www.faz.net/aktuell/wirtschaft/mehr-wirtschaft/china-verringert-den-patentabstand-zu-deutschland-19595496.html (zuletzt abgerufen am 5. Juli 2024)
43 https://www.ndr.de/nachrichten/schleswig-holstein/Kiel-plant-Partnerschaft-mit-Qingdao-Sicherheitspolitik-alarmiert,qingdao102.html (zuletzt abgerufen am 5. Juli 2024)
44 In mehreren Gesprächen mit China-Experten und Angehörigen der Bundeswehr wurde dem Autor die Gefahr beschrieben.
45 Carlo Masala, Bedingt abwehrbereit. Deutschlands Schwäche in der Zeitenwende, München 2023, S. 158 f.
46 https://www.br.de/nachrichten/wirtschaft/lieferengpaesse-bei-medikamenten-erreichen-2023-hoechstwert,U2DmU50 (zuletzt abgerufen am 5. Juli 2024)
47 https://www.francetvinfo.fr/monde/chine/chine-les-exportations-de-medicaments-anti-fievre-suspendues-pour-faire-face-a-la-demande_5557116.html (zuletzt abgerufen am 5. Juli 2024)
48 Julius-Maximilians-Universität Würzburg: EThICS EU Programm – Essential Therapeutics Initiative for Chemicals Sourcing for the European Union, Dezember 2022.
49 Gespräch des Autors mit Ulrike Holzgrabe am 11. April 2024.
50 Andreas Fulda, Germany and China, London 2024, S. 108.
51 https://table.media/china/analyse/trittin-china-solarindustrie/ (zuletzt abgerufen am 5. Juli 2024)
52 Andreas Fulda, Germany and China, London 2024, S. 108.
53 https://www.faz.net/aktuell/wirtschaft/frueherer-vw-chef-carl-hahn-gestorben-er-weitete-das-china-geschaeft-aus-18603147.html (zuletzt abgerufen am 5. Juli 2024)
54 https://www.welt.de/wirtschaft/article186697100/Herbert-Diess-Die-Zukunft-von-Volkswagen-wird-in-China-entschieden.html (zuletzt abgerufen am 5. Juli 2024)
55 https://taz.de/VW-und-Uiguren-in-China/!5053483/ (zuletzt abgerufen am 5. Juli 2024)
56 Ebd.
57 https://www.tagesspiegel.de/wirtschaft/neue-vorwurfe-gegen-vw-in-china-uigurische-zwangsarbeiter-eingesetzt-11208010.html (zuletzt abgerufen am 5. Juli 2024)

58 https://www.faz.net/aktuell/wirtschaft/amerika-draengt-vw-zum-rueckzug-aus-xinjiang-19541797.html (zuletzt abgerufen am 5. Juli 2024)

59 https://www.stuttgarter-zeitung.de/inhalt.porsche-chef-blume-sieht-china-sanktionen-skeptisch.57c49492-cd1d-472a-a744-0fbe8fb27aec.html (zuletzt abgerufen am 5. Juli 2024)

60 http://de.china-embassy.gov.cn/det/sbwl_/202310/t20231012_11159981.htm (zuletzt abgerufen am 5. Juli 2024)

61 https://www.electrive.net/2024/06/27/scholz-schlaegt-wohl-gleich-hohe-e-auto-zoelle-fuer-eu-und-china-vor/ (zuletzt abgerufen am 5. Juli 2024)

62 https://www.eqs-news.com/de/news/pvr/kuka-aktiengesellschaft-veroffentlichung-gemas-c2a7-26-abs-1-wphg-mit-dem-ziel-der-europaweiten-verbreitung/895271 (zuletzt abgerufen am 5. Juli 2024)

63 https://www.produktion.de/wirtschaft/insider-berichtet-warum-kuka-chef-reuter-wirklich-geht-112.html (zuletzt abgerufen am 5. Juli 2024)

64 http://de.china-embassy.gov.cn/det/sgyw/202307/t20230720_11115945.htm (zuletzt abgerufen am 5. Juli 2024)

65 https://www.augsburger-allgemeine.de/wirtschaft/Hauptversammlung-Zahl-der-Kuka-Mitarbeiter-in-Augsburg-bleibt-bei-4000-id51300246.html (zuletzt abgerufen am 5. Juli 2024)

66 https://hhla.de/medien/news/detailansicht/tollerort-wird-bevorzugter-hub-fuer-cosco-verkehre (zuletzt abgerufen am 5. Juli 2024)

67 https://homeland.house.gov/2024/03/12/wtas-joint-investigation-intoccp-backed-company-supplying-cranes-to-u-s-ports-reveals-shocking-findings/ (zuletzt abgerufen am 5. Juli 2024)

68 https://www.weser-maritime-news.de/post/hhla-terminal-in-hamburg-erh%C3%A4lt-zwei-weitere-gro%C3%9Fcontainerbr%C3%BCcken-aus-china (zuletzt abgerufen am 5. Juli 2024)

69 https://www.faz.net/aktuell/wirtschaft/mehr-wirtschaft/sind-hafenkraene-aus-china-ein-sicherheitsrisiko-19572611.html (zuletzt abgerufen am 5. Juli 2024)

70 https://dl.acm.org/doi/10.1145/3243734.3243846 (zuletzt abgerufen am 5. Juli 2024)

71 https://irp.fas.org/congress/2012_rpt/huawei.pdf (zuletzt abgerufen am 5. Juli 2024)

72 https://2017-2021.state.gov/the-clean-network/ (zuletzt abgerufen am 7. Juli 2024)

73 https://chinamediaproject.org/2020/11/12/china-growls-over-clean-network-plan/ (zuletzt abgerufen am 7. Juli 2024)

74 http://german.people.com.cn/n3/2021/1123/c209052-9923094.html (zuletzt abgerufen am 7. Juli 2024)

75 https://www.wiwo.de/unternehmen/dienstleister/5 g-netze-herr-hoettges-

warum-nehmen-sie-huawei-so-in-schutz/29446228.html (zuletzt abgerufen am 7. Juli 2024)

76 https://www.faz.net/aktuell/wirtschaft/unternehmen/telekom-chef-ueber-deutschlands-digitalisierung-und-wie-er-chatgpt-nutzt-19235287.html (zuletzt abgerufen am 7. Juli 2024)

77 Gespräch des Autors mit Andreas Fulda am 11. Mai 2024.

78 https://www.handelsblatt.com/politik/international/spionage-verfassungsschutz-warnt-firmen-vor-chinesischer-bedrohung/100034767.html (zuletzt abgerufen am 7. Juli 2024)

79 https://www.deutschlandfunk.de/von-der-leyen-droht-china-wegen-handels verzerrung-mit-abwehrmassnahmen-108.html (zuletzt abgerufen am 7. Juli 2024)

80 Gespräch des Autors mit Andreas Fulda am 11. Mai 2024.

81 https://www.youtube.com/watch?v=TfsBeSOjlso (zuletzt abgerufen am 7. Juli 2024=

82 https://www.bwa-deutschland.com/vorstand (zuletzt abgerufen am 7. Juli 2024)

83 In einem RTL-Interview des Autors am 1. Juli 2024 beschrieb Michael Schumann seine beruflichen Anfänge in China.

84 https://www.china-bruecke.org/ueber-uns/ (zuletzt abgerufen am 7. Juli 2024)

85 Der Dreh für RTL fand in den Verbandsräumen in Berlin statt.

86 RTL-Interview des Autors mit Michael Schumann am 1. Juli 2024.

87 https://table.media/china/standpunkt/im-netz-der-einflussoperationen/ (zuletzt abgerufen am 7. Juli 2024)

88 https://www.bwa-deutschland.com/praesidium (zuletzt abgerufen am 7. Juli 2024)

89 https://www.bwa-deutschland.com/bwa-unterstuetzt-budapest-security-dialogue (zuletzt abgerufen am 7. Juli 2024)

90 https://www.budapester.hu/ausland/eu-parlament-scheindemokratische-farce/ (zuletzt abgerufen am 7. Juli 2024)

91 https://table.media/china/standpunkt/im-netz-der-einflussoperationen/ (zuletzt abgerufen am 7. Juli 2024)

92 Gespräch des Autors mit Andreas Fulda am 15. Mai 2024. Screenshot des Kommentars von Juergen Kurz bei LinkedIn liegt dem Autor vor.

93 https://www.juergenk.de/ (zuletzt abgerufen am 7. Juli 2024)

94 http://german.chinatoday.com.cn/ch/wirtschaft/202403/t20240307_800359305.html (zuletzt abgerufen am 7. Juli 2024)

95 https://www.destatis.de/DE/Presse/Pressemitteilungen/2024/02/PD24_056_51.html#:~:text=WIESBADEN%20%E2%80%93%20Mit%20einem%20Au%C3%9Fenhandelsvolumen%20von,in%20Folge%20Deutsch

lands%20wichtigster%20Handelspartner. (zuletzt abgerufen am 7. Juli 2024)

96 https://www.iwkoeln.de/studien/juergen-matthes-deutsche-direktinvestitionen-nach-china-und-hongkong-auf-neuem-hoechststand-von-diversifizierung-kaum-eine-spur.html#:~:text=Deutsche%20Direktinvestitionen%20nach%20China%20und,Institut%20der%20deutschen%20Wirtschaft%20(IW)&text=Die%20neuen%20Direktinvestitionen%20der%20deutschen,auf%20einen%20neuen%20H%C3%B6chststand%20gestiegen. (zuletzt abgerufen am 7. Juli 2024)

97 http://german.chinatoday.com.cn/ch/wirtschaft/202403/t20240307_800359305.html (zuletzt abgerufen am 7. Juli 2024)

98 https://www.reuters.com/business/us-overtakes-china-germanys-top-trading-partner-2024-05-09/ (zuletzt abgerufen am 7. Juli 2024)

99 https://goglobal.podigee.io/15-prof-sandra-heep-herausforderungen-im-china-geschaeft (zuletzt abgerufen am 7. Juli 2024)

100 Zitat aus einem Radiobeitrag von Philipp Eckstein, ARD Hörfunk, vom 24. April 2024, siehe: https://www.tagesschau.de/multimedia/audio/audio-188480.html (zuletzt abgerufen am 7. Juli 2024)

101 Clive Hamilton/Mareike Ohlberg, Die lautlose Eroberung. Wie China westliche Demokratien unterwandert und die Welt neu ordnet, 2020, S. 12.

102 https://www.agenzianova.com/de/news/cina-il-generale-wang-i-nostri-militari-adottino-tattiche-di-guerra-ibrida/ (zuletzt abgerufen am 7. Juli 2024)

103 https://www.facebook.com/menschbrand/posts/unglaublich-chinakritische-literatur-kommt-nicht-auf-den-b%C3%BCchertisch-daf%C3%BCr-zahlt/273127866046423/?locale=hi_IN (zuletzt abgerufen am 7. Juli 2024)

104 https://www.spiegel.de/kultur/literatur/chinesische-propaganda-in-thalia-regalen-mit-lesen-waere-das-nicht-passiert-a-06f680ff-6e57-4ed2-928a-c4146294c755 (zuletzt abgerufen am 7. Juli 2024)

105 https://unternehmen.thalia.de/unternehmen/#:~:text=Wir%20glauben%20an%20eine%20Welt,Welt%2C%20in%20der%20Inhalt%20z%C3%A4hlt. (zuletzt abgerufen am 7. Juli 2024)

106 http://de.china-embassy.gov.cn/det/sgyw/202310/t20231019_11163448.htm (zuletzt abgerufen am 7. Juli 2024)

107 https://radio.cgtn.com/podcast/column/other/Stories-of-Xi-Jinping/1 (zuletzt abgerufen am 7. Juli 2024)

108 https://www.youtube.com/watch?v=LonzqnjS8bU (zuletzt abgerufen am 7. Juli 2024)

109 https://www.afuthomas.de/bio (zuletzt abgerufen am 7. Juli 2024)

110 https://www.sueddeutsche.de/leben/comedy-rudi-carrell-fuer-chinesen-1.4537820 (zuletzt abgerufen am 7. Juli 2024)

111 Mehrere Gespräche des Autors mit Christoph Rehage von Februar bis Mai 2024.

112 Landgericht Frankfurt am Main, Az. 2–03 O 113/23.

113 Gespräch des Autors mit «Erwin» am 28. November 2023.

114 Dem Autor liegt der Einladungsflyer vor.

115 In einem YouTube-Clip zitiert Christoph Rehage die Nachricht an ihn, siehe: https://www.youtube.com/watch?v=NozeMO1-i_c (zuletzt abgerufen am 7. Juli 2024)

116 Landgericht Frankfurt am Main, Az. 2–03 O 113/23.

117 https://x.com/suyutong/status/1611502013572956160 (gelöschter Tweet von Su Yutong)

118 https://www.youtube.com/watch?v=NozeMO1-i_c (zuletzt abgerufen am 7. Juli 2024)

119 Informationen zu dem Besuch im Generalkonsulat Düsseldorf und Zitate hier: https://www.youtube.com/watch?v=NozeMO1-i_c (ab Minute 25:51, zuletzt abgerufen am 12. September 2024)

120 https://www.dw.com/zh/%E4%B8%93%E8%AE%BF%E5%BE%B7%E5%9B%BD%E5%B0%8F%E4%BC%99%E6%91%87%E8%BA%AB%E5%8F%98%E4%B8%AD%E5%9B%BD%E7%BD%91%E7%BA%A2/a-19276905 (zuletzt abgerufen am 12. September 2024)

121 http://www.xinhuanet.com/english/2017-08/23/c_136548928.htm (zuletzt abgerufen am 7. Juli 2024)

122 http://www.xinhuanet.com/english/2017-08/23/c_136548928.htm (zuletzt abgerufen am 7. Juli 2024)

123 https://german.xinhuanet.com/2017-04/13/c_136205843.htm (zuletzt abgerufen am 7. Juli 2024)

124 https://german.xinhuanet.com/2017-03/09/c_136115057.htm (zuletzt abgerufen am 7. Juli 2024)

125 https://www.youtube.com/watch?v=lX8xdvhtb5s (Das ursprünglich in China über Weibo veröffentlichte Video, das 20 Millionen Views bekam, wurde von den Zensurbehörden inzwischen gelöscht.)

126 https://www.nzz.ch/international/zwischen-bewunderung-und-blanken-entsetzen-ld.1461049 (zuletzt abgerufen am 7. Juli 2024)

127 https://www.youtube.com/watch?v=Jz9I4upBqYY (zuletzt abgerufen m 7. Juli 2024)

128 https://www.dw.com/de/das-massaker-vom-4-juni-1989-war-kein-ausrutscher/a-17712012 (zuletzt abgerufen am 12. September 2024)

129 https://www.faz.net/aktuell/feuilleton/medien/deutsche-welle-kuendigt-chinesischer-bloggerin-13111957.html (zuletzt abgerufen am 7. Juli 2024)

130 https://www.spiegel.de/politik/der-club-der-roten-dichter-a-409b5d4d-0002-0001-0000-000129456831 (zuletzt abgerufen am 7. Juli 2024)

131 https://corporate.dw.com/de/premiere-f%C3%BCr-asia-talk-aus-peking/a-4963110 (zuletzt abgerufen am 7. Juli 2024)
132 http://www.sinocom.tv/pages/team.php?lang=DE (zuletzt abgerufen am 7. Juli 2024)
133 https://www.german-films.de/about-us/team/ (zuletzt abgerufen am 7. Juli 2024)
134 https://x.com/sascha_kb/status/1784479114621059576 (zuletzt abgerufen am 12. September 2024)
135 http://www.cmm-i.net/?page_id=9997 (zuletzt abgerufen am 7. Juli 2024)
136 https://www.tibetrightscollective.in/news/the-farce-called-xizang-development-forum--2 (zuletzt abgerufen am 6. September 2024)
137 Gespräch des Autors mit Sascha Klotzbücher am 17. Mai 2024.
138 https://www.german-films.de/german-films-service-marketing/ (zuletzt abgerufen am 7. Juli 2024)
139 Mail-Antwort von Anke Redl an den Autor vom 2. August 2024.
140 https://www.youtube.com/watch?v=Jz9I4upBqYY (siehe Kommentare unter der Sendung, zuletzt abgerufen am 7. Juli 2024)
141 https://apnews.com/article/ce543a468e3c4f27b7963a0e0579689b (zuletzt abgerufen am 7. Juli 2024)
142 https://apnews.com/article/xi-jinping-china-president-vote-5e6230d8c881dc17b11a781e832accd1 (zuletzt abgerufen am 7. Juli 2024)
143 https://www.youtube.com/watch?v=lQAxkh8-O-E (zuletzt abgerufen am 7. Juli 2024)
144 https://www.arabnews.com/node/2186271/%7B%7B (zuletzt abgerufen am 7. Juli 2024)
145 https://www.hindustantimes.com/world-news/former-chinese-president-hu-jintao-led-out-of-party-congress-closing-event-101666432297741.html (zuletzt abgerufen am 7. Juli 2024)
146 https://www.youtube.com/watch?v=mIstPETiABE (zuletzt abgerufen am 7. Juli 2024)
147 https://x.com/xhnews/status/1583829797297598465 (zuletzt abgerufen am 7. Juli 2024)
148 https://threadreaderapp.com/thread/1662699671532322817.html (zuletzt abgerufen am 7. Juli 2024)
149 Gespräch des Autors mit Sascha Klotzbücher am 17. Mai 2024.
150 https://x.com/sascha_kb/status/1662699671532322817 (zuletzt abgerufen am 7. Juli 2024)
151 Gespräch des Autors mit Sascha Klotzbücher am 17. Mai 2024.
152 https://news.cgtn.com/news/2023-05-23/Forum-on-development-of-Xizang-opens-in-Beijing-1k2OJRzokRa/index.html (zuletzt abgerufen am 7. Juli 2024)

153 https://web.archive.org/web/20230529091107/https:/www.tibetol.cn/html/zt/29/8/2023/0525/59054.html (zuletzt abgerufen am 7. Juli 2024)
154 Mails des Autors vom 11. Juli 2024 an Frank Sieren
155 Gespräch des Autors mit Andreas Fulda am 11. Mai 2024.
156 https://www.berliner-zeitung.de/politik-gesellschaft/china-totale-kontrolle-die-wahrheit-ueber-das-sozialkreditpunktesystem-li.2155024 (zuletzt abgerufen am 7. Juli 2024)
157 https://www.berliner-zeitung.de/politik-gesellschaft/geopolitik/putin-bei-xi-in-peking-die-zaehmung-des-widerspenstigen-li.2216569 (zuletzt abgerufen am 7. Juli 2024)
158 https://www.berliner-zeitung.de/politik-gesellschaft/geopolitik/umfrage-in-suedostasien-china-legt-zu-vertrauen-in-die-eu-sinkt-dramatisch-li.2212696 (zuletzt abgerufen am 7. Juli 2024)
159 https://www.berliner-zeitung.de/politik-gesellschaft/marxismus-konferenz-marx-reloaded-treffen-der-modernen-marxisten-in-china-li.2166381 (zuletzt abgerufen am 7. Juli 2024)
160 https://x.com/berlinerzeitung/status/1733290614995738878 (zuletzt abgerufen am 7. Juli 2024)
161 https://www.berliner-zeitung.de/politik-gesellschaft/marxismus-konferenz-marx-reloaded-treffen-der-modernen-marxisten-in-china-li.2166381 (zuletzt abgerufen am 7. Juli 2024)
162 https://www.nzz.ch/feuilleton/holger-friedrich-wenn-die-berliner-zeitung-zur-peking-rundschau-wird-holger-friedrich-der-umstrittenste-verleger-deutschlands-wirbt-fuer-chinas-errungenschaften-ld.1770434 (zuletzt abgerufen am 7. Juli 2024)
163 https://www.youtube.com/watch?v=mIstPETiABE (zuletzt abgerufen am 7. Juli 2024)
164 https://www.linkedin.com/posts/afuthomas_heute-abend-2330-uhr-bei-markus-lanz-im-activity-6521842088936558592-K1ej/?trk=public_profile_like_view&originalSubdomain=de (zuletzt abgerufen am 7. Juli 2024)

EPILOG – «... es kann jederzeit eskalieren!»

1 https://dserver.bundestag.de/btd/19/289/1928936.pdf (zuletzt abgerufen am 8. Juli 2024)
2 http://de.china-embassy.gov.cn/det/fyrth/202405/t20240506_11293523.htm (zuletzt abgerufen am 8. Juli 2024)
3 https://www.bundeswehr.de/de/organisation/marine/aktuelles/indo-pacific-deployment-2024#:~:text=Es%20ist%20das%20wichtigste%20Projekt,Pazifik%20oder%20internationalen%20Sicherheit%20dient. (zuletzt abgerufen am 8. Juli 2024)

4 Ellen Nakashima/Joseph Menn, China's cyber army is invading critical U.S. services, in: Washington Post, 11. Dezember 2023

5 https://foundation.mozilla.org/en/privacynotincluded/articles/its-official-cars-are-the-worst-product-category-we-have-ever-reviewed-for-privacy/ (zuletzt abgerufen am 8. Juli 2024)

6 https://www.stuttgarter-zeitung.de/inhalt.autos-aus-china-als-dienstwagen-spione-auf-vier-raedern.188f3022-3b80-412d-8bf0-3cb9d7676dba.html#:~:text=%E2%80%9EWo%20sind%20Sie%20hingefahren%3F,verpflichtet%2C%20mit%20dem%20Staat%20zusammenzuarbeiten. (zuletzt abgerufen am 8. Juli 2024)

7 Die Information erlangte der Autor aus deutschen Sicherheitskreisen.

8 Interview des Autors mit einem Bundeswehr-Offizier am 24. Juni 2024.

9 Interview des Autors mit der Frau am 25. Mai 2024.

10 Interview des Autors mit dem deutschen General am 6. Dezember 2023.

11 https://dimsumhaus.com/ (zuletzt abgerufen am 8. Juli 2024)

12 https://taz.de/Henning-Voscherau-auf-dem-langen-Marsch/!1661610/ (zuletzt abgerufen am 8. Juli 2024)

13 Interview des Autors mit Lutz Heppner am 15. Dezember 2023.